「幕末佐賀藩の科学技術」編集委員会●編

幕末佐賀藩の科学技術

上 長崎警備強化と反射炉の構築

岩田書院

上巻　目次

第二編　反射炉の構築

【下巻】

序章

編集委員会

佐賀の幕末明治初年の科学技術についての解明は、急速に進展し、これまでの定説的な事項の再検討が行われて、新しい段階になっている。この成果を収録したのが本書である。

国立科学博物館が中心になって実施された科学研究費特定領域研究「我が国の科学技術黎明期資料の体系化に関する調査・研究」（略称「江戸のモノづくり」）による調査と研究は二〇〇一年（平成一三）度より二〇〇五年度にかけて行われ、四〇〇余人の研究者が集い、全国規模で進められた。佐賀もその一端を担った。佐賀藩、小城藩、蓮池藩、武雄鍋島家、諫早家、その他の家文書などの関係史料の調査が進んだ。その成果としては、幕末明治初期の科学技術に関する資史料の一点ごとに解説を付した目録作成、貴重な絵図・地図のデジタル化、蘭書目録の作成、研究誌『幕末佐賀科学技術史研究』の刊行などがあった。関係者の全国集会では、各地での調査状況や研究成果の報告などで有益な情報が得られた。このようなことから、幕末明治初期の科学技術に関する認識が深まった。

この状況を更に進めたのが「九州・山口の近代化産業遺産群」（現「明治日本の産業革命遺産　製鉄・製鋼・造船・石炭産業」）の世界遺産登録推進事業であった。築地《ついじ》反射炉跡、多布施《たふせ》反射炉跡、精煉方跡、三重津《みえつ》海軍所跡の発掘調査が行われ、「江戸のモノづくり」の研究成果をさらに深めた。鉄塊、青銅製遺物、レンガ、陶磁器など出土遺物の蛍光X線やシンクロトロン光による分析によって、文書調査では解明出来なかった諸事項が明らかになった。

「江戸のモノづくり」の段階と異なるのは、県や市に所属する研究者が発掘や調査に従事し、新しい視点で分析を進めたことである。この間に行われた発掘調査の現地説明会と刊行された報告書は、下記のとおりである。

現地説明会

・二〇一〇年二月　多布施反射炉跡発掘調査現地説明会
・二〇一〇年六月　三重津海軍所跡一三区発掘調査現地説明会
・二〇一〇年八月　築地反射炉跡三・四発掘調査現地説明会
・二〇一一年一月　三重津海軍所跡一四区発掘調査現地説明会
・二〇一一年六月　三重津海軍所調査現地説明会
・二〇一一年一二月　三重津海軍所跡一八区発掘調査現地説明会
・二〇一二年九月　築地反射炉跡八区発掘調査現地説明会
・二〇一二年一二月　三重津海軍所跡二〇区発掘調査現地説明会

報告書等

・『幕末佐賀藩三重津海軍所跡』（佐賀市重要産業遺跡関係調査報告書第一集、二〇一〇年）
・『幕末佐賀藩製砲関係史料集』（佐賀市重要産業遺跡関係調査報告書第二集、二〇一〇年）
・『幕末佐賀藩三重津海軍所跡』Ⅱ（佐賀市重要産業遺跡関係調査報告書第三集、二〇一一年）
・『幕末佐賀藩反射炉関係文献調査報告書』（佐賀市重要産業遺跡関係調査報告書第四集、二〇一一年）
・『幕末佐賀藩三重津海軍所跡』Ⅲ（佐賀市重要産業遺跡関係調査報告書第五集、二〇一二年）

・『幕末佐賀藩反射炉関係文献調査報告書』Ⅱ（佐賀市重要産業遺跡関係調査報告書第六集、二〇一二年）

このような現地説明会の開催と調査報告書の刊行からも窺われるように、幕末期佐賀の科学技術に関する調査と分析は大きく進展した。この成果の一端を示したのが本書である。

本書に収録している論文の概要は、以下のとおりである。

【上巻】

第一編　長崎警備体制の強化

一八世紀における佐賀藩の長崎警備

富田　紘次

従来の長崎警備研究は、一七世紀またはフェートン号事件前後の時期以降を中心としてきた。本稿では、本書の中心となる幕末の前史として、主に台場や煙硝蔵など警備上の施設、また石火矢配備状況を中心とする警備地点という観点から、佐賀藩による長崎警備について、一八世紀を中心に論じている。

四代佐賀藩主鍋島吉茂の享保期では、藩主主導の形で外目も含めた警備地点の検討、外国船を意識した上で、石火矢の新製が行われたことを明らかにしている。これら警備強化策は必ずしも遂行されず、寛政期頃までは従来の方法が継続され、フェートン号事件を機に外目への注意が急速に増大した様子を辿っている。

長崎警備における三家―小城藩を事例として―

野口　朋隆

佐賀藩の上級家臣である大配分領主が同警備へどのように関わったのかという点について、分家である小城藩鍋島家を主な事例としながら明らかにしている。佐賀藩では、正保三年（一六四六）のポルトガル船来航をきっかけとして、小城藩に対して長崎湾を警備する高島番を命じるとともに、同じく分家大名であった鹿島藩に対しては、本藩主の名代として長崎へ行くように命じた。これらによって分家大名を長崎警備に組み込むとともに、彼らが佐賀藩の統制下にあることを示した。また佐賀藩では、寛政期におけるロシア船の日本海近郊出現という事態を受けて、長崎警備の強化を目指し、大筒の充実に努めたことをはじめ、小城藩士であった富岡助之進を佐賀藩士へ編入するなど、兵器の運用や人材の登用に力を入れたことを明らかにした。そして佐賀藩の指示のもと、小城藩では西洋小銃の装備や、イギリス軍船を導入(大木丸)するなど、西洋式の軍備を充実させていった過程を述べている。

佐賀藩の情報収集と意思決定―天保～嘉永期を中心に―　片倉　日龍雄

幕末期佐賀藩近代科学技術の先駆的導入、および幕府を動かし長崎警備強化を遂行した成果については、先行研究の蓄積があるが、その前提をなす組織的情報収集と戦略意思決定のプロセスについては明らかでない。

本稿では、一〇代藩主鍋島直正の情報収集と戦略意思決定のプロセスについて解明している。鍋島直正は就任初期から長崎・江戸・幕府中枢に至るまで情報網を張りめぐらして、迅速・正確な情報を収集しており、それによって的確な戦略意思決定がなされた実態を明らかにしている。さらにアヘン戦争の進行速報をいち早く入手して危機感を強めた直正が、長崎警備の抜本的強化策として外目台場の増強を献策し実現させるまでの、情報に基づく意思決定と果断な遂行過程を解明している。

長崎港外防備強化策の進展過程―両島台場築造の様相について―　倉田　法子

佐賀藩は幕末期に長崎警備の強化策として、長崎港外の自領に西洋の海軍に対抗できるよう洋式台場の築造を目指した。本稿では両島台場築造の工程に着目し、佐賀藩がどのようにして洋式台場の築造を実現しようとしたかについて検証を行っている。

両島台場は、それまで築造された在来台場とは異なる洋式の技術や思想が取り入れられた画期的なものであったが、当時から防御施設の面での不完全さを指摘されていた。しかし、知識や技術の面での限界があったとしても、両島台場の築造においては、伊王島・神島の自然地形を利用し、蘭書から得られた情報を基に試行錯誤を繰り返しており、限界を克服しようとした実態を明らかにしている。

長崎両島台場の変遷―幕末期洋式砲台としての評価―　田口　芙季

幕末期に佐賀藩が築いた長崎両島台場の配備砲の変遷および砲台としての設備について検討したもので「洋式海防砲台」としての評価を再考している。佐賀藩は、長崎警備を強化するため、嘉永三年（一八五〇）に長崎港外自藩領の伊王島・神島に独力で両島台場を増築することを決定した。配備砲強化について、青銅製カノンを中心として洋式対艦砲の配備を達成したこと、しかし、防御施設では不備な点が目立った状態であったことを解明し、その後も廃絶（一八六九年）に至るまで改良の形跡は認められないことを明らかにしている。品川台場が「和製洋式の水準」とすれば、先行して築かれた長崎両島台場は、前段階に留まるものと位置づけている。

第二編　反射炉の構築

ヒュゲーニン「鋳造書」の佐賀藩翻訳書の分析―『電子書籍・ノート』のソフトを用いて―　竹下　幸一・長野　暹

四種類のヒュゲーニンの佐賀藩翻訳書から最初の翻訳書を特定し、他の三種類の翻訳書は、いずれも最初の翻訳書の写本であり、写本の過程で編纂が施されていることを解明している。嘉永三年（一八五〇）の築地での反射炉の構築と鉄製大砲の鋳造にあたっては、オランダのヒューゲニンの原著が利用された。その翻訳書として、伊東玄朴らの『鉄砲全書』『鉄熕全書』『熕鉄全書』『熕鉄新書』が知られている。ここでは『電子書籍・電子ノート』を利用し、原著と翻訳書の構成・訳語と表記法の変化に注目し、翻訳書の成立過程を検討している。
最初の訳本は『鉄熕全書』であり、その「巻之五」の作成以後に『鉄砲全書』の作成が始まった。『鉄砲全書』は、佐賀の築地において利用された。『熕鉄全書』や『熕鉄新書』は、江戸に残された『鉄熕全書』の写本である。また注釈文の検討から、翻訳において杉谷雍介の寄与が大きいと指摘している。

幕末佐賀藩における反射炉操業の変化と画期　　前田　達男

日本で最初の築地反射炉および佐賀藩で二番目の多布施反射炉について、産業考古学的側面から、操業状況の変化と画期について解明している。築地反射炉では、試験的な初期操業期を経て、一応の実用化には成功したが、その操業は難航し、両島台場への鉄製砲供給の大部分は間に合わなかったことを明らかにしている。多布施反射炉では、初期の築地反射炉より溶解能力では五〇％ほどの向上が認められことなどから、多布施反射炉は質的に向上したこと解明し、佐賀藩反射炉が真に成功したのは、改良型の多布施反射炉の操業以降で、多布施反射炉が鉄製大砲の量産を成功させたことを指摘している。

佐賀藩「御鋳立方の七賢人」―経歴と事績を中心に―　　串間　聖剛

佐賀藩の反射炉築造および鉄製大砲鋳造の事業を成功に導いたとされる「御鋳立方の七賢人」の経歴と事績について検討している。「御鋳立方の七賢人」については『鍋島直正公傳』が初出であり、それぞれが各分野の専門家であったとしているが、彼らが御鋳立方のメンバーに選ばれた要因と、彼らの経歴や事績、その後については、本島藤太夫・杉谷雍助を除いてあまり知られてこなかった。本稿では最新の研究成果を基に、人物ごとの経歴と事績をまとめ、さらに「御鋳立方の七賢人」の由来についても併せて解明している。

鍋島文庫『褒賞録』からみる御鋳立方の技術者　　山口　佐和子・川久保　美紗

文政三年（一八二〇）から明治二年（一八六九）までの佐賀藩内で行われた褒賞の記録を基に、御鋳立方とその関係人物の活動内容を考察している。事例は嘉永七年（一八五四）の築地反射炉火通しから、慶応元年（一八六五）の公辺御頼御石火矢に対する幕府褒賞までを資料中から網羅している。これまで幕府資料中に記載のなかった事例も取り上げている。人物は本島藤太夫をはじめとする御鋳立方で活躍した人物のほかに、新たに数人の関係者が紹介されている。

佐賀藩反射炉見学者の実見録　**大園　隆二郎**

幕末佐賀藩の反射炉は嘉永五年（一八五二）後半期の築地単独期から安政六年（一八五九）の多布施単独期の八年間に稼働し、その間、各種の鉄製大砲や銅製大砲が生産された。この間、佐賀藩以外から反射炉操業を見学した者は、約三〇人ほどあり、そのうち長短・精雑はあるものの、見学を自己の記録に留めた者も一〇人ほどある。佐賀藩が反射炉による大砲鋳造に取り組んだ事業が、他藩の者にどのように映じたかを検討している。

佐賀藩御鋳立方　田中虎六郎の事績　**多久島　澄子**

佐賀藩御鋳立方七賢人の一人の田中虎六郎については、墓も不明で没年月日さえ定かではなかったが、田中虎六郎の書簡を平成二一年（二〇〇九）に見いだした。宛名は熊本藩の手永惣庄屋を勤めた玉名郡伊倉木下家の木下徳太郎（助之）である。徳太郎の長兄は木下韡村（犀潭）、義父初太郎の弟は横井小楠門下生竹崎律次郎で、律次郎の妻は小楠の後妻と姉妹である。さらに二〇一五年六月、虎六郎と徳太郎を含む七人の寄書を発見した。

玉名市立歴史博物館所蔵の書簡九通と一枚の詠草を中心に、田中虎六郎の人物像と安政二年（一八五五）から三年にかけての佐賀藩と熊本藩の交流を解明している。佐賀藩の蒸気船輸入に重要な役割を果たした蠟の「櫨《はぜ》打道具」と、熊本藩木下徳太郎宰領の優れた「西洋流小銃」についての記述が書簡の中心であるとしている。

佐賀藩反射炉跡出土鉄関連遺物の自然科学的分析　平井　昭司

築地反射炉および多布施反射炉跡から出土した鉄関連遺物を、複数の自然科学的分析法を駆使してその特徴を解明している。光学顕微鏡観察では、微視的な金属組織の分布、EPMA 分析ではミクロな金属組織での元素分布を分析している。燃焼赤外線吸収法では、鉄の特性を決定する炭素と硫黄の定量、中性子放射化分析法では鉄原材料の痕跡を残す微量元素の定量を行っている。健全な鉄が残存している資料では、片状黒鉛組織が観察されることから、ネズミ鋳鉄であることが明らかとなったとしている。リン・銅・ヒ素などの含有量が高い資料では、鉄原料が鉄鉱石であることと、バナジウム濃度がチタン濃度を超える資料では、国外産であることが示唆されたとしている。

佐賀藩反射炉跡出土遺物の分析―レンガ・鉄滓の蛍光X線分析―　田端　正明

築地・多布施反射炉跡から出土したレンガ・鉄滓について、蛍光X線分析を行ったことについて述べている。レンガの溶解付着物、鉄塊、鉄滓の分析からは、不純物の含有量が少なく、高純度の鉄の製造が幕末期に行われていることを裏付けている。また、今まで着目されていなかった微量元素により、鉄の組成を比較検討することは、製鉄に用いた原料や製造技術を知るうえで重要であることが分かったとしている。幕末期の反射炉跡出土遺物において、レンガの溶解付着物や微量元素に着目した研究はこれまでほとんどなかった。

【下巻】

第三編　蘭学・英学の摂取

佐賀藩武雄領における洋学導入　川副　義敦

佐賀藩の洋学研究は、武雄領の西洋砲術導入を始まりとして本格的な展開をみたとし、武雄領主鍋島茂義は、佐賀藩への蘭学の先導者ともいうべきとして、武雄鍋島家の家督を相続した天保三年（一八三二）に西洋砲術の第一人者であった長崎の高島秋帆のもとに、二三歳の家臣平山醇左衛門を入門させ、二年後には自らも入門したことを述べている。武雄領で始まった西洋砲術への取り組みは、やがて佐賀藩主鍋島直正の心を揺り動かし、藩の一大プロジェクトへと発展し、幕末佐賀藩躍進の原動力を形成したとして、武雄の砲術や武雄に残る洋学資料群を紹介しながら、武雄領主鍋島茂義について解明している。

佐賀藩における西洋医学の受容と展開　　青木　歳幸

佐賀藩の西洋学術の導入は、幕末期には軍事科学中心に展開したとする杉本勲氏らの見解に対して、西洋医学の導入もあわせて拡大発展していたことを実証している。江戸前期から中期までは紅毛流医学が佐賀藩へ導入されていたこと、佐賀藩は藩費を補助して藩医を研修させていたこと、一九世紀前後から西洋医学を体系的に学ぶ蘭学が発達し、一九世紀前半から伊東玄朴ら蘭方医が輩出しそのもとで、幕末期の科学技術導入のための蘭学教育が展開したことを解明し、嘉永二年（一八四九）に我が国初めての牛痘種痘に成功し、以後、藩費による無料の種痘普及システムが整備されたことや、嘉永四年から医業免札制度が開始され、医師の国家資格試験制度の先駆となったこと明らかにし、安政五年（一八五八）に設立された好生館により西洋医学導入がさらに積極的に推進されたことを分析している。こうした積極的な国家による医療制度改革が、近代医学の導入の基礎となったことを述べている。

石橋家資料に見る佐賀藩の長崎海軍伝習—安政五年・六年を中心に—　　百武　由樹

佐賀県立図書館・佐野常民記念館の寄託資料「石橋家資料」から、安政五年・六年（一八五八・五九）を中心とする佐賀藩の長崎海軍伝習について述べている。伝習のため長崎に詰めた佐賀藩士の名簿「着到」を取り上げ、伝習生や水夫などの人員構成を検討し、安政五年以前は西洋科学技術、洋船入手後は海軍・航海術の摂取が主になっていたとする。また、医師が医学伝習のみならず洋船の運用伝習に参加していたことから、長期航海に不可欠な海軍医・船医の育成、ひいては佐賀藩の海軍創設が海防のためだけではなく、海外進出の意図が底流にあった可能性を指摘している。

佐賀藩の英学の始まりと進展—石丸安世を中心に—

多久島　澄子

佐賀藩の英学の始まりは、万延元年(一八六〇)に小出千之助が米欧使節団に参加して帰国した後の文久元年(一八六一)に発令された稽古人石丸虎五郎(安世)・秀島藤之助・中牟田倉之助とされてきたとし、これに対して、安政六年(一八五九)、目付石橋三右衛門の「口達録」に同年四月から長崎海軍伝習生の石丸虎五郎と秀島藤之助がオランダ通詞三島末太郎を師として英学を始めていたことが記録され、石丸・秀島は英語稽古のため夜間外出許可を願う「覚」も書いていること、七年間の英学稽古を経て石丸は慶応元年(一八六五)、国禁を犯しイギリス留学を果たしたことを解明している。安政六年長崎で始まった佐賀藩の英語教育の実態を明治初期にまで検討している。

第四編　精煉方と蒸気船建造

幕末佐賀藩科学技術系役局の変遷

中野　正裕

幕末期の佐賀藩は、近代化事業を実現するために多くの役局を創設・新設する。鍋島直正が創設した役局は、これまで創設時期や存在は明らかになっているが、創設・新設から統廃合までの変遷を総覧しまとめたものはない。そこで、幕末期に設置した役局のなかで、医学寮・火術方・大銃製造方・精煉方・代品方・海軍取調方などを「科学技術系役局」と位置づけ、天保元年(一八三〇)から慶応四年(一八六八)を時代範囲とし、役局の創設・新設から統廃合の変遷をまとめている。その結果、設置期間・設置場所・人事体制が明らかとなり、幕末期に科学技術系役局を担当し、実務を経験したことが、旧佐賀藩出身者が明治維新後に各分野で活躍できた要因の一つであると結論づけている。

精煉方の活動―幕末佐賀藩の近代化産業遺産全般に対する歴史文献調査から―　松田　和子

一〇代佐賀藩主鍋島直正が設置した精煉方については、佐野常民が中心となり、佐賀藩外から技術者を招いて西洋科学技術の研究をおこなっていたことが知られているが、精煉方の実際の活動については、資料の制約から不明な点が多かった。平成二二・二三年（二〇一〇・一一）度に佐賀市と佐賀県が協同でおこなった幕末佐賀藩の近代化産業遺産全般に対する歴史文献調査の中で、精煉方に関する記述が確認できたことから、その文献調査の成果をもとに、現時点で判明している精煉方の人物や活動について紹介している。

幕末佐賀藩三重津海軍所跡の概要―在来技術と西洋技術の接点―　前田　達男

史跡三重津海軍所跡は、幕末期の海軍施設として遺構が良好に保存されていて国内では類例を見ない存在であり、幕末期に稼働した唯一現存するドライドック（乾船渠）遺構が確認された。

お雇い外国人や留学生に象徴される明治以降の近代化とは異なり、江戸時代の在来技術と新たな西洋技術との融合による、幕末期日本の近代化事業の過渡的様相を見るうえでも、きわめて重要である。「明治日本の産業革命遺産　九州・山口及び関連地域」の構成資産として世界遺産に登録された、三重津海軍所跡の概要について述べている。

幕末佐賀藩の蒸気船製造―凌風丸への道程―　本多　美穂

幕末の佐賀藩の人々は、アヘン戦争末期に日本にもたらされた「別段風説書」によって初めて蒸気船の情報に接した。その後、蒸気船や蒸気機関の実見、オランダ人からの伝習等を通じて急速に理解を深め、一時はオランダからプラントを輸入して長崎近郊に造船所を設置する構想を持った。しかし過剰な経費とおそらくは幕営長崎製鉄所の整備を理由として造船所の建設をとりやめ、佐賀城下にほど近い三重津で、大型の工作機械がなくても可能なやり方で船を修理し蒸気船凌風丸を製造することとした。佐賀藩の人々が蒸気船を知ってから、実際に自らの手で凌風丸を完成するまでの過程を明らかにしている。

佐賀藩三重津海軍所跡出土品の化学分析―銅製品・坩堝・炉壁―　田端　正明

三重津海軍所跡から出土した銅製品および銅付着物を中心に、蛍光X線分析を行い、三重津海軍所での作業内容と蒸気船の建造・修理のための技術について検討している。その結果、純銅・青銅・真鍮といった銅合金が、部品の用途に応じて使い分けられていたことが明らかにされている。付着物・微量元素に着目した研究は、これまでほとんどなかった。

第五編　文久～明治期の大小銃鋳造と電信技術

幕末佐賀藩における西洋銃陣の成立と変遷―天保から万延元年惣鉄砲制まで―　金丸　智洋

佐賀藩の西洋銃陣の変遷について、従来あまり取り上げられていなかった。西洋銃陣の移入の過程を、その中心となった火術方の変遷を追いながら解明している。古川松根の書写訳本の分析や、佐賀藩初代藩主の鍋島勝茂以来の基本組織である十五組を検討することで西洋銃陣編成の変遷を考察している。

佐賀藩における文久・慶応期の製砲事業　前田　達男

幕末佐賀藩の製砲事業において、反射炉による鉄製砲鋳造はその一部の期間に過ぎず、銅製砲についてはさほど調査・研究が行われてこなかった。銅製砲は常に佐賀藩の製砲事業の中で主体を占め、高島流砲術の受容に始まる始動期（天保・弘化期）から、海防用の大型対艦砲を量産した確立期（嘉永・安政期）、陸戦用の小型砲種に生産が移行した転換期（文久・慶応期）を経て、新たなライフル化製砲技術を受容しつつ、佐賀藩の製砲事業は終末を迎えた。この過程について、クリミア戦争・南北戦争に大きく影響を受けた世界史的な銃砲発達の過程をなぞるものであったことを明らかにしている。

精煉方から工部省へ

宇治　章

幕末佐賀藩の科学技術の発展にはめざましいものがあった。その中核をなした精煉方では、佐野常民を主任として、田中久重・儀右衛門父子・石黒寛次・中村奇輔など才気あふれる人材が集まり、蒸気機関、電信機、アームストロング砲といった最新の科学技術の研究と開発を行った。維新後、明治政府は鉄道・電信・造船といった近代国家にふさわしい産業と技術面でのインフラストラクチャーの整備が急がれた。それを担ったのが工部省であり、初代電信頭となった石丸安世や近代ガラス工業に先鞭をつけた藤山種広ら、多くの佐賀藩出身者であったことを述べている。田中久重らが起こした電信機工場は後の東芝に繫がり、近代日本の工業立国としての基礎を作り上げた。

ICP-MS法とエックス線分析法を用いた歴史鉄試料の分析

尾花侑亮・栗崎敏・沼子千弥・長野暹・横山拓史・山口敏男・脇田久伸

幕末・明治初期の鉄製大砲砲弾と工業機械の分析をポータブル蛍光X線装置で行った。砲弾は佐賀県徴古館のものを、砂鉄と鉄塊は島根県産のものを用いた。希土類元素の定量分析はICP-MS法、鋳試料はX線回折分析で行っている。ICP-MS分析から、砲弾の希土類元素含有量比パターンを島根県産の砂鉄の含有量比パターンと比較した結果、砂鉄とは異なる含有量比パターンが得られている。一方、砲弾と鉄塊の含有量比パターンを比較すると同じ傾向を示す含有量比パターンとなった。ポータブル蛍光X線分析より、工業機械や鉄製砲弾などの試料は純度が高いことが分かったことを述べている。微量不純物はAsやCuやZnである。鹿児島県尚古集成館の英国製と言われている紡績機械

（フライホイール）の錆を分析した結果も報告されている。

以上のように、本書には、「幕末佐賀藩の科学技術」について、アヘン戦争後から明治初期にかけての二六の論文を収録している。これまで幕末佐賀藩の科学技術については、主に『鍋島直正公傳』、秀島成忠『佐賀藩銃砲沿革史』、同『佐賀藩海軍史』などが拠り所とされてきた。その後、個別論文も出され解明が進められたが、研究が飛躍的に進展したのは、先述のように「江戸のモノづくり」と世界遺産登録推進事業によってであり、本書はそれらの成果に負うところが大きい。

編集委員
青木　歳幸
大園　隆二郎
長野　暹
本多　美穂
前田　達男

第一編　長崎警備体制の強化

一八世紀における佐賀藩の長崎警備

富田紘次

はじめに

「両家ノ武威、他ニ勝レタル面目ナリ」。大老土井利勝と儒学者林羅山の問答の一節に語られる佐賀・福岡両藩に長崎警備の台命が下った理由である。[(1)] これに続けて佐賀藩については、①長崎に佐賀藩領があること、②島原の乱での働きぶり、③朝鮮での武功、④初代藩主鍋島勝茂の正室高源院が家康養女であることが具体的な理由として挙げられている。すでに知られている通り、寛永一四年（一六三七）から翌年にかけておきた天草・島原の乱を契機に鎖国体制の整備が加速し、寛永一六年にはポルトガル船の来航を禁止し、翌年ポルトガル船が長崎に入津した際には乗組員六一名を斬首している。幕府はポルトガル船の再来航に備え、同年長崎港口の沿岸警備を福岡藩に命じ、翌年にはその台命が佐賀藩に下った。同二〇年には福岡・佐賀両藩による一年交替制が定まり、正保四年（一六四七）ポルトガル船来航を経て慶安四年（一六五一）には西泊御番所、承応元年（一六五二）には戸町御番所が整備された（以下、西泊・戸町の両方の御番所を指す場合は「両御番所」とよぶ）。さらに承応二年に幕府の命を受けた平戸藩によって長崎港口の七ヵ所に御台場が築造され、同四年に一番太田尾御台場以下、二番女神御台場、三番神崎御台場、四番白崎御台場、五番高鉾御台場、六番長刀岩御台場、七番陰ノ尾御台場が完成した。(2) 明暦元年(一六五五)からは、七ヵ所のうち一番から三番までの内目に位置する御台場は当番藩、四番から七番までの外目の御台場は非番藩がそれぞれ受け持つ体制となり、翌年には老中奉書なく両藩間で御台場の石火矢・大筒・玉薬の授受が可能となった。(3)

こうした警備拠点となる御番所や御台場などのハード面とその運用体制の一連の整備期を過ぎた明暦四年三月、初代藩主鍋島勝茂の病没をうけ孫の鍋島光茂が二代藩主として家督を相続した。同月に長崎警備の継続が仰せ出され、翌月には藩主として初めての長崎巡見を行っている。(4) しかしこの次に佐賀藩が当番年にあたる万治三年(一六六〇)に江戸参府を考えていた新藩主光茂に対し、前年に叔父にあたる鍋島直弘(白石鍋島家)から思いとどまるよう忠告が入る(5)(傍線筆者)。

(前略)万一此方よりなと被仰上、去年のことく来春も御上国被遊儀ニ候ハヽ、〆り長崎御番之儀別大明衆へ被仰付候て可有御座と奉存候、内々承候ハ細川肥後守殿よりも御番を御望左右ニ承及候、若別方ニなと被仰付様子ニ罷成候てハ御外聞無残処、弥御家中之者一人と候て御奉公をも可仕と奉存候者御座有間敷候、然上ハ御家も夫まて之儀ニ候条、万一御上国可被遊と被思召上候共、有無可被相留候、若於此上も御上国之儀　公儀へ被仰上候共、其段之御使者畏入候者有之間敷候間、左様ニ可被思召上事、

鍋島直弘は、当番・非番は一年交替であり、かつて定められた当番藩藩主の在国という原則は現在も変わっていないという認識の上で、当番にもかかわらず来春に江戸参府を申し出た場合は、長崎警備の任が別の大名家に仰せ付けられることもあるだろう。内々に聞くところによると三代熊本藩主細川綱利も警備の任を望んでいるという具体的な風聞に基づく危機感を示し、「然上は、御家も夫まで」、すなわち長崎警備継続は藩の存亡にかかわるという認識でその重要性を諭している。こののち長崎警備の重要性は歴代藩主による遺書や御代始条目でも表明され続け、明治維新

期までの約二三〇年間、佐賀藩と福岡藩による警備が続いていくこととなる。

従来の佐賀藩による長崎警備に関する研究では、一七世紀前半のポルトガル船来航および警備体制の整備期[8]、またはロシア船やフェートン号事件を契機とする一八〇〇年頃からの西洋列強の東アジア進出と警備変革期、あるいは異国船来航時の対応や、正徳五年（一七一五）の海舶互市新例（正徳新例）発給に伴う南蛮船から唐船への警戒対象のシフトなどを中心に研究成果が蓄積されていた[9]。幕末佐賀藩については外目に位置する佐賀藩領の神ノ島と伊王島に築造された佐賀藩台場、すなわち両島台場の築造と運用をハイライトとする『佐賀藩銃砲沿革史』[10]以来の研究史がある。確かに一七世紀前半の整備期以後、時代の経過とともに長崎警備においても次第に先例化・簡略化といった合理化が生じ、また「追年大平之御治世ニ付、自然と諸人弛も相付、武器之用意全備不仕ニ而は無之哉[11]」という危惧すら持たれる時代もあった。しかし先例でさえ、その継続の意志が伴わなければ途絶えてしまうものである。御家の存亡を左右するとまで言われ、約二三〇年間にわたって継続が意志され、公儀に対する任務としてその都度の個別具体的な課題への対応が善処されてきながら、従来の研究では佐賀藩の長崎警備について通史的な見通しが示される機会は少なかった。こうした中、梶原良則の研究により、寛政五年（一七九三）ラクスマンの根室来航以後、文化五年（一八〇八）フェートン号来航以前の期間に、佐賀・福岡両藩による石火矢を中心とする警備武器の刷新が行われた経過が明らかにされている[12]。そこで本論では、幕末の両島台場の前史として、佐賀藩による長崎警備について一八世紀を中心に紙幅の限り長期的な視野で論じることで、幕末期長崎警備の特徴を浮かび上がらせたい。

一　道生田煙硝蔵

佐賀藩主による長崎巡見は、大番年（当番年）に三回行われるのが通例だった。⑬巡見先は、両御番所および御台場、また佐賀藩の軍勢と船繋の最大の警備拠点である深堀を中心に廻るケースが多かったが、元禄三年（一六九〇）に木鉢郷の道生田《どしょうだ》に煙硝蔵が新設されて以降は、藩主就任直後を除き⑭、両御番所と道生田煙硝蔵のみを巡見するケースがほとんどとなる。⑮元禄三年以前の煙硝蔵は両御番所内に置かれていたが、元禄二年の西泊御番所付近への落雷を機に、防火のため五月から道生田で新たな煙硝蔵の普請が開始されて八月に完成し、一〇月一九日に煙硝の移設が完了している。⑯元禄八年に三代藩主となり翌年に初めて長崎巡見を行った鍋島綱茂は、没する宝永三年（一七〇六）まで六ヵ年にわたり巡見を続けるが、この間、道生田煙硝蔵で煙硝の管理方法について、表1のように詳細な指示を出している。

そして享保三年（一七一八）には煙硝の実演試験が福岡藩当番年に行われ、もと西泊御番所に置かれていた一箱が試験された。⑰試験後、煙硝は「御薬箱如前筵包被仰付、土佐守様御内平井七郎殿封御付被成候」として再び封印されているから、試験結果は実用に耐えうると判断されたものと思われる。同六年には、長崎奉行石河土佐守から佐賀藩に対し、「道生田御薬蔵、只今ノ通ニテハ雹火危ク候、穴蔵ニテモ又ハ在来ノ御蔵ニテモ雷除ノ仕様、番頭中吟味申達候様」との指示があり、これに対して佐賀藩は「道生田御薬蔵之儀、雷火之節無御心元候、雷落懸リ候半は、人家痛申儀も可有之候、穴蔵なとニ入置候而不苦候哉、道生田御蔵之儀、最初は両御番所江有之候処、元禄二年、西泊遠見御番所脇雹落、火災危候故、其節之御奉行様方御僉議之上、翌年道生田之様ニ為被相直儀ニ御座候、依之無別条儀と奉存罷在候、扨又御薬を穴蔵ニ入置候而は、御薬悪敷相成、急場之御用ニ相立間敷と奉存候⑱」と返答している。再三

表1　3代鍋島綱茂による道生田煙硝蔵巡見

元禄11年	4月	「道生田御巡見ノ節、鍋島官左衛門へ被遊御意候ハ、此辺ニテ火ナト疎早(粗相)ニ無之様申付ヘシ、番人何程ニテ相勤ルヤト御尋ニ付、四人程ニテ相勤、多葉粉ノ火ニテモ取扱不仕由申上ル」	「年譜」元禄11年4月12日条
	7月	「道生田ニテ、御薬箱封目裏ニ向ヒ、相見ヘサルニ付、皆以テ表向ニ積直スヘキ旨仰出サル」	「年譜」元禄11年7月26日条
元禄13年	4月	「道生田ニ而道明行灯、御蔵之方ニ有之、火用心不宜候条、海手之方ニ召置可然由御意被遊候」	鍋252-2
	7月	「道生田ニ而、北御蔵内之裏板ニ少充両所われ目有之候を被附御目、右われめ能様ニ可仕旨被遊御意」	鍋252-2
元禄15年	7月	「道生田にて、御薬しとり申さざる哉の由、御意遊ばされ候」	鍋252-2
	9月	「道生田ニテ北御蔵ノ内へ入セラレ、御薬湿気無之ヤト御石火矢頭人へ御尋ニ付、東ノ口ヲ明ケ折〻風ヲ入レ候由申上ル」	「年譜」元禄15年9月17日条
宝永元年		「長嵜道生田御薬蔵、潮風強ク当リ、御囲ヒ薬可損ヤト御気付被遊、其段御奉行衆へ被仰入候処、御見分ノ上、依御差図練塀相掛ラル」	「年譜」宝永元年是年条

(典拠)「年譜」:「綱茂公御年譜」／「鍋252-2」:「御石火矢方頭人日記抜書」

にわたり品質管理を善処してきた経験に基づき、湿気の観点から急場の用に立たない可能性を指摘し、穴蔵構造は適切でないと意見している。

同九年には再び煙硝の実演試験が実施されており、二月一六日道生田煙硝蔵に収蔵している新古の御薬二箱、および両御番所御蔵に収蔵している石火矢鋳玉一箱を持ち出すようにとの長崎奉行の指示を受け、二月二三日に、寛永一八年(一六四一)大坂城より運ばれた薬箱(当年まで八四年)と、慶安元年(一六四八)に納めれた薬箱(当年まで七七年)、鋳玉一箱、そのほか御薬立の諸道具などを佐賀藩御石火矢方頭人らが長崎御役所に持参し実演を行った。その結果、八〇年前後経過しているものの保存状態は良好で煙硝の品質に別状はなく、また両御番所および道生田煙硝蔵の実地見分の際も掃除等結構との評価を受け、莚包だけ新調して煙硝は封印のうえ再び道生田に納められた[19]。同一四年にはおそらく別の薬箱と思われる二箱の実演が行われ、これも再納されている[20]。

明和五年（一七六八）には、翌年から七年に一度の頻度で両御番所の石火矢・大筒の火通し（実演試験）が行われることが決まり、これに伴いおそらく享保期以来約四〇年ぶりと思われる煙硝試験が行われたが、翌年に石火矢・大筒の火通しが予定通り実施されていることから、この時の試験結果にも別状は認められなかったものと思われる。

煙硝に異常が確認されたのは、二三年後の寛政三年（一七九一）である。一一月一五日、道生田から唐津薬一箱と大坂薬一箱が立山御役所に運び込まれ、長崎奉行御用人立会いのもと試験が行われた結果、唐津薬は「甚立気不足」のため「御用立候程無覚束」、大坂薬は「唐津薬ゟハ少立気宜有之候」、ただし「只今ハ仮成ニ相成候得共、一両年経候は、御用達候程無覚束」と判断された[21]。これを受けて寛政六年に煙硝の総入替えが行われた[22]。この試験が行われた寛政三年は、佐賀藩による長崎警備が始まって一五〇周年にあたり[23]、元禄三年の煙硝蔵新造から一〇一年を経ていた。

フェートン号事件直後の文化五年（一八〇八）一二月、「土生田御塩硝蔵ノ義は、沖ゟ見込候場所ニテ要害不宜場所ニ付、港内御番所最寄山々ノ内へ引直□度ハ石蔵取建候積伺ノ通」、牧備前守殿より佐賀・福岡両藩に仰せ渡されその役目を終える。やがて文政元年（一八一八）には「道生田御塩硝ノ儀、所々御台場へ御備附相成候ニ付、道生田御塩硝蔵ハ明蔵相成候間、番人詰所共取壊」として、残されていた蔵や番人詰所が解体された[24]。

道生田に煙硝蔵が移設された元禄期には、煙硝箱の積み方や防火、風通しや湿気対策など品質管理の具体的な方法について三代藩主綱茂による直接の指導が行われ、享保期の三度にわたる試験、さらに石火矢・大筒火通しを機に行われた約四〇年ぶりとみられる明和五年の試験でもその効力が認められた[25]。寛政六年と文化六年には煙硝の詰替えがあるなど、元禄三年の設置以後、煙硝の品質チェックや建屋の維持管理は必要に応じて断続的に行われ、やがてフェートン号事件後の新台場・増台場の設置に伴って煙硝も各台場に移設されたことにより、道生田煙硝蔵は役目を終えた。「所〻御台場」に新設された煙硝蔵は、延焼防止のため砲座周辺や木屋区域などとは離れた別区域に設置されており、石蔵の周囲には石積みの囲いが設けられた。㉖元禄三年に煙硝蔵が両御番所から山々を隔てた道生田に移設された理由であった防火という観点㉗が生かされ続け、なおかつ御台場での急場の使用を可能にする体制がとられることとなった。

二　石火矢の試射と製造

はじめにで述べたように、佐賀藩の長崎警備研究では一七世紀の整備期、またはフェートン号事件以後の一九世紀が中心とされてきたが、文化五年（一八〇八）のフェートン号事件を契機として文化六年に新台場、七年に増台場が増設される形で石火矢増強を通じた警備強化が進められたことは夙に知られている。また外国船の来港を長崎から佐賀城下に知らせる白帆注進について、「寺社江在来之鐘撞鳴候合図」を用いる新しい体制の構築が文化六年に始まるなど㉘、現場はもちろんフロント側への連絡・報告体制も整えられた。しかし実はフェートン号来航以前、寛政五年（一七九三）のラクスマン根室来航に伴いロシア船の長崎来航が想定されたことから、寛政期に「長崎警備体制は火砲を中心として刷新され、増強」されたことが明らかにされている。㉙これは寛政五年の「御石火矢惣改」により石火矢二七挺が実用に耐えないことが明らかとなったため㉚、先述した寛政六年の煙硝詰替えに続いて佐賀・福岡両藩により石火矢鋳造が進められ、寛政一〇年五月に格納が完了したものである。㉛その結果、同年七月には煙硝詰替えと石火矢鋳替えが完了したため、天明八年（一七八八）に別段に新設していた御番方役所を廃止し以前の通り請役所内で取り扱うよう吟味されているように[32]、煙硝および石火矢の新製事業がひと段落している。フェートン号事件が起こるのはこの一〇年後のことで、文化期の新台場・増台場増設、そして弘化・嘉永期の両島台場へと展開する。そこで本節では寛政期以前における石火矢に関する佐賀藩の取り組みについて元禄期頃から通覧してみたい。

1 元禄期の石火矢試射

一八世紀における両御番所石火矢の試射を示す早い時期の例は、二代藩主鍋島光茂の時代にあたる元禄五年（一六九二）である。「元禄五年、其節之御奉行様江相伺得御差図、両御番所御石火矢不残放出仕らせ候、其節女神御台場江御石火矢を相直、大田尾山江向キ、海上其間六町程ニ而放出仕候[33]」、すなわち「残らず放出」というからすべての石火矢を対象に女神御台場から対岸の太田尾に向けて試射が実施されたものと思われる。また「元禄五年御石火矢放出仕候節、女神御台場迄御番所ゟ其間拾町程御座候海上を、船ニ御石火矢を乗送候故、船中之仕懸・陸路之仕懸、得と試仕候[34]」として御台場からの試射に加え船中からの試射も行われている。そして三代藩主鍋島綱茂の代には、元禄一三年の四月巡見では西泊御番所の石火矢蔵で藩主自ら石火矢在庫状況をチェックし、七月巡見でも両御番所の石火矢御覧があり、同一四年には両御番所の石火矢蔵が建て替えられている。

承応二年（一六五三）から整備が行われ、明暦元年（一六五五）に当番・非番による内目御台場と外目御台場の分担が定まった七ヵ所御台場だが、早くも半世紀ほどを経過した元禄期には、石火矢の個数について佐賀藩当番中に目録との相違があったようだと福岡藩より相談があったため、旧記を探したところ深堀にも佐賀城天守閣にも控えが見当たらないという状況になっていた[35]。元禄一三年、三代綱茂が両御番所巡見の際に出した指示を受けて提出された石火矢の配備目録には、一番から三七番までの石火矢について素材・砲種等が書き上げられているが[36]、御番請取りなどの際に佐賀・福岡両藩間で通用していたような目録は当然あっても、佐賀藩側にはもはや当初の記録は残っていなかったというから、ましてや石火矢の実際の性能や効果を熟知する者は少なかったものと推測される。こうした状況を背景として、元禄期には石火矢の在庫点検や試射など現状の確認作業に重きが置かれ、あわせて石火矢蔵の建て替えといったハード面の整備まで手当てが行われた(37)。

2　享保期の石火矢製造

(1)石火矢製造の状況

石火矢に関する取り組みは、四代藩主鍋島吉茂の代にさらに発展する。吉茂は宝永四年（一七〇七）五月に家督を相続する以前に長崎警備を仰せ付けられた異例の藩主だが、早くも家督相続以前に御石火矢方頭人原次郎兵衛に対し次のような質問をしている(38)。それは、御番所前と沖目では距離の遠近差があること、御台場が向き合う形で設置されている場所で、対岸の御台場を誤射する危険性、異国船が不意に出入りした場合の石火矢放出の仕組み、石火矢の他所への運送方法などであり、いずれも地形上の距離や、石火矢の飛距離、速射性、重量などにまつわる具体的な項目である。そしてこの時、御石火矢方役者の増員や、新たな鋳造を今後命じていく旨を早くも仰せ出している。また正徳元年（一七一一）に七ヵ所御台場の備砲一覧の提出を命じた際には「御筒上中下番付・玉目、書立可差上旨、仰出サル」とあるように(39)、各砲の性能の把握にも注意を払うなど、早期から石火矢配備について現況を把握するのみならず、新製造への関心も示していた。

ただしこの時期の石火矢製造は、「新製抱筒十八挺(40)」や「御旅筒二十挺(41)」、享保三年（一七一八）四月には「長崎表異変ノ節ハ、御公私ノ御石火矢有之トイヘトモ、自然別湊へ異船来着、又ハ他国へ御石火矢運送ノ節、便利宜キタメ、軽キ筒十挺ホト鋳立仰付ラルヘクト思召サル」[42]とあるように、場合によっては長崎以外の場所への持ち運びも可能な、軽量の筒や石火矢に重点が置かれていたことを示す記事が多い。

享保三年四月の仰せを受け、約二ヵ月後には新製造の一五〇目玉石火矢・自由台各六挺が完成して佐賀城天守閣に格納され[43]、七月には「新製御石火矢八百目玉十挺・百五十目玉十挺・三十目玉五十挺、段々出来立次第御天守へ相納[44]」として、新造され次第、石火矢が次々と佐賀城天守閣に納められる手筈になっていたことがわかる。砲種の点に注意すると、八〇〇目玉が一〇挺あるほかは、一五〇目玉や三〇目玉という、やはり比較的小型の石火矢が多くを占めている。そしてこれらのうち、小型の石火矢については間もなく大身家臣に割り当てられており[45]、配備に向けた動きが整えられている。

しかし、三つの砲種のうち最大の八〇〇目玉御筒だけは製造が遅れ、享保七年に完成する。しかも「先年ヨリ段々仰付ラレ候八百目玉御筒七丁出来立、都合十丁鋳立仰付ラルヘキ旨仰出シ置レ候ヘトモ、右七丁ノ分ニテ差置、一貫五百目玉御筒三丁鋳立仰付ラルヘキ旨仰出サル[46]」、つまり享保七年に完成したのは当初の計画にあった一〇挺のうち七挺だけであり、残る三挺は計画を変更してさらに大型の一貫五〇〇目玉の製造に切り替えられている。

このように、小型石火矢の一部の製造・割当てが行われた享保三年頃を期に、これ以降は大型の石火矢製造も目立つようになり、同年九月には、佐賀城下の周縁部にあたる大寄八幡小路という場所に新しく御石火矢方の設置が仰せ出され[47]、一一月一一日から作事が開始されている。付近には「大崎御火矢細工所」と呼ばれた火矢や諸道具の製作工房施設も設けられた[48]。翌年正月には初めて藩主吉茂自身が大崎の御火矢役所に御成りして製作物を実見しているほか[49]、年譜を辿ると、この年から炮術演習を行う岩田台場や火矢演習を行う高木才沖への藩主御越しが急増するなど、大型の石火矢や小型の細工物の製造と試射演習が活発化していく。

(2)石火矢製造のねらい

では、享保三年頃から大型の石火矢製造が目立ってくるのはどうしてだろうか。その背景を探る上で「吉茂公譜」所載の二つの記事が注目される。そのひとつが、正徳五年に吉茂から御石火矢方頭人に出されたオランダ通詞への問合せ指示である。[50]

左ノ箇条、通詞共へ承合スヘキ旨仰付ラル、（中略）
一阿蘭陀・南蛮・エケレス船ノ大小、水際ヨリ上ノ高サ、船板厚サ、欄干・矢狭間段数、船中間切ノ事、
一帆幷帆縄何品ニ候ヤ、右三国同然ニ候ヤノ事、（下略）

ここでは、オランダ船・ポルトガル船・イギリス船の各国船での、大きさ・高さなどの規模、船板の厚さや欄干、狭間の段数、帆や帆綱の数などの構造を中心にオランダ通詞への問合せを命じている。

次は、長崎奉行御目付渡辺外記から出された石火矢についての問合せに対する佐賀藩御石火矢方頭人原次郎兵衛による回答である。正徳五年の吉茂の指示を受け、一部についてはオランダ通詞への問合せ等が行われており、[51]享保四年のこの記事で原次郎兵衛は、ポルトガル船とイギリス船の区別までは示していないものの、唐船・オランダ船・南蛮船を区別して認識した上で敵船への攻撃方法や、石火矢の各砲種による有効距離や威力について詳述している。[52]長文のため以下に一部を抄出する（傍線・カッコ内筆者）。

外記殿御面談ニ而、弐拾目・三拾目玉鉄炮ニ而唐船打抜可申哉、
御答仕候は、弐拾匁・三拾匁位之鉄炮ニ而は此上抜兼可申候、百目玉ニ相成候而よりハ心安打抜可申候、
（船板が薄い唐船の打ち抜きは一〇〇目玉程度で十分可能。）

定而薬込抔ニ様子可有之由、御申被成候、

御答仕候は、成程御意之通御座候、前丹後守（二代鍋島光茂）代、元禄五年其節之御奉行様江相伺得御差図、両御番所御石火矢不残放出仕らせ候、其節女神御台場江御石火矢を相直、大田尾山江向キ、海上其間六町程ニ而放出仕候処、岩ニ中リ申候、玉弐尺前後岩ニ打込申候、（中略）先年丹後守（四代鍋島吉茂）阿蘭陀船乗申候節、供申付見分仕候処、船端厚サ凡弐尺程、下ニ段矢挟間之辺ニ而は弐尺余御座候、只今御意被成通候得は、唐船は手薄御座候間、若シ破却被仰付儀ニ候得は、手安儀ニ奉存候、

（元禄五年に女神御台場から太田尾方面に向けて石火矢を試射した際には、六町程離れた岩に命中した一貫目前後の玉が（南蛮船の船板の厚さに相当する）二尺ほど[53]岩に打ち込んだ。唐船に対しオランダ船の船板は厚く、宝永五年四代藩主吉茂に付き添ってオランダ船を見分した際には船端で厚さ二尺程度、下段狭間周辺は二尺余りだった。）

百目玉ニ而打抜候て、船ニ水入可申哉、扨又弐拾匁・三拾匁玉、千も弐千も打懸候ハヽ、船破損可仕哉と御尋ニ付

御答仕候は、玉水ニ中り候而は、それ申物御座候故、水際上を打申儀ニ候得は、百目玉ニ而一重打抜候而も、水入可申様無御坐候、弐拾匁・三拾匁、千も弐千も打懸候はゞ、段ゝニは破損可仕候得共、即時ニ破却は難叶候、七・八百目より壱貫目玉ニ及候鉄炮ニ而、矢先下りニ仕懸、両之船板打抜候半は、玉打出候所より水入可申候、百目玉勢分にてハ、二重を打抜候儀難叶御座候、

（船腹の片側だけを一〇〇目玉で打ち抜いても、船中に海水を浸水させることはできない。二〇匁玉や三〇匁玉を一〇〇

○発も二〇〇〇発も発射すれば船は徐々に破損するだろうが、即座の破却は困難。七〇〇・八〇〇目〜一貫目玉で船腹の両側を打ち抜けば、玉が突き出た箇所から船内に浸水させることができる。この両舷打抜きは一〇〇目玉では不可能。）

火矢を船ニ射懸、焼打之仕様可有之候、如何為仕物ニ候哉と御尋ニ付

御答仕候は、焼打之仕様も可有之儀候得共、此段は兎角難申上候、御制禁船入津仕候節は、御預ケ被召置候御番所御石火矢ニ而、仰付次第則時破却仕儀ニ付、常ヽ鉄炮勢分試之義鍛錬申付候、鉄炮至極之勢分を極置候付而、書述ニ書載仕候通、和ニ打申候儀は何分ニも心次第之儀ニ候、延宝元年ゟけれす船入津仕、貞享二年ニ御制禁船入津仕候、両艘共ニ見分仕候処、阿蘭陀船同様ニ相見申候、阿蘭陀船厚之儀は昨日申上候通御座候、船作り様之儀、寛文年中ニ当津繋居候阿蘭陀船自火にて焼失仕候、其節帆を懸、礒ニはせ上、阿蘭陀人は助申候、右船、寛文六年御解セ被成候を見申候処、角木をかすかひにてくさり、大なる帽子釘ニ而鹿子を結候様ニ、表裏ニ打抜申候、御制禁船之儀も、船厚サ・作様も大体阿蘭陀船同様ニ而可有御座と推量仕候、右を御石火矢ニ而則時ニ破却仕候義を、常ヽ了簡仕候、

（焼失したオランダ船が寛文六年（一六六六）に解体された際の見分実績や、寛文一三年および貞享二年（一六八五）来航の南蛮船の様子から、南蛮船はオランダ船に近い構造とみられる。これらの構造の船に対し、船中への海水浸入を目的として船の両舷に玉を貫通させるためには一〇〇目玉では困難で、七〇〇・八〇〇〜一貫目玉クラスが必要である。）

百目玉二ツ三ツ打中候半は、大破可仕哉と御尋ニ付

御答仕候は、百目玉差渡壱寸三、四部御座候、右ニ而二ツ三ツ打抜候分ニ而は、大破之儀は無御座候、弐、三拾放

も打懸候ハヽ、大破ニ及可申候、
七、八百目玉ニ而打候半は、如何可有之哉、
御答仕候は、拾放程も打懸候ハヾ、沈船ニ及可申候、
（外国船を大破させるためには一〇〇目玉であれば二〇〜三〇発を要するが、七〇〇〜八〇〇目玉であれば一〇発程度で沈船が可能。）

つまり総合すると、①船板が薄い唐船は一〇〇目玉程度の石火矢でたやすく貫通させることができる。②見分実績に拠ると、南蛮船は船端の厚さが二尺程度であるオランダ船とほぼ同じ構造とみてよい。③これらの船への砲弾貫通による浸水策を有効に行うためには、七〇〇・八〇〇〜一貫目玉クラスが適当である。④浸水ではなく破却による沈船をねらう上でも、七〇〇〜八〇〇目玉が適当である。

このように享保年間の初めころには、限られた経験に基づくものながら各外国船の構造が一定程度は把握されており、それに応じた破壊力をもつ石火矢の種別も理解されていた。そして正徳五年のオランダ通詞への問合せ指示は藩主からのものであり、享保三年九月にも「今度新製ノ御筒、百五十目玉・八百目玉ニテ七・八町ノ間放出ノ節ハ、何レノ御筒矢行能ク抜力強ク有之ヘクヤ」[54]と藩主吉茂が御石火矢方頭人に尋ねているように、破壊力と距離、それに応じた石火矢の選択に、藩主が直接関与していた様子が窺われるのである。

享保七年八月に八〇〇目玉筒七挺が新たに製造されたことは既に述べたが[55]、これに先立つ同年六月には岩の抜き打ち試射、七月には古民家を標的にした試射など[56]、一貫目前後の大型石火矢の製造と破壊力のチェックが行われている。原次郎兵衛が述べていたように、一貫目玉前後の大型石火矢の特徴は、南蛮船を打ち抜ける点にあった。つまり、享

保三年頃を期に大型の石火矢製造が目立ち始める背景として、小型の石火矢による外国船の追い払いだけではなく、大型の石火矢による外国船の破却という対処法が想定されていたと考えられるのである。その外国船とは、一〇〇目程度の石火矢で打抜き可能と認識されていた唐船ではなく、七〇〇・八〇〇目〜一貫目クラスを要するとされていた南蛮船である。[57]

3　享保期以後

享保一五年に五代藩主となった鍋島宗茂は、吉茂逝去に伴って隠居した原次郎兵衛から異国船来航時の福岡藩との連絡体制や石火矢での打ち沈め方法などについてレクチャーを受けている。しかし、先年設置されていた大﨑御細工所は閉鎖されて今後の火矢細工は御石火矢方役所内で行うこととされ、[58]石火矢や細工物製造の規模は縮小されたものとみられる。

その後、七年に一度の両御番所石火矢の火通しが始まる明和六年（一七六九）頃までの約四〇年間程は、石火矢配備に関する積極的な取り組みを示す史料は目立たない。安永三年（一七七四）には西泊御番所からやや北寄りの岩瀬道郷にある身投石という場所が、勢屯としても佐賀藩台場（幕府の御台場に対し、「自分台場」と呼ばれる）としても適地であるとの理由で藩御用地とされているが、[59]当地に佐賀藩台場が設置された形跡は見当たらない。佐賀藩当番年として最初の火通しが行われたのは翌安永四年だが、実はこの際、火通しの音を西泊御番所から長崎市中にまで響かせようと火薬量を増して放出したところ、筒が吹き破れ御石火矢方の役者五名が負傷するという事故が発生している。[60]安永七年には、近年は両御番所詰の御石火矢方手明鑓に若年者が多いことが問題にされ、御台場前の海上の遠近や地形の高低、船中からの石火矢の上げ下ろしの要領、諸道具の取り扱い方などに至るまで心得る必要が説かれている。寛政四年（一七九二）には、御石火矢方手明鑓は他の役筋とは異なり年来の稽古鍛錬を積んだ上でなければ御用に立たないとの理由から、転役がないようにとされている[61]。

こうした中、寛政五年の「御石火矢惣改」を契機に大規模な石火矢新造と配備替えが行われることとなるが、しかしこれとて、長崎奉行が交替した寛政七年、もし石火矢新造一件について新任の長崎奉行から佐賀藩に問合せがあった場合、原次郎兵衛は若年であり、他の御石火矢役にも心得があって応対できる人物はおらず、業前御覧の御沙汰があった場合も御石火矢方役人に功者がいないとして、鹿島鍋島家の冨岡助之進を候補者とすることとされている[62]。つまり火通しという実演を機に、安永〜寛政年間頃の佐賀藩には、実は石火矢を自在に取り扱うことができる役者すら限られていたことが露呈するほどだったのである。こうした状況からは、享保期から安永頃までの約半世紀間、佐賀城下の牛島射場や岩田台場での抱大筒や石火矢などの試射[63]が行われることはあっても、享保期に盛んだった石火矢の製造や理解がその後は急速に下火となっていった様子が窺われる。

三　警備場所

前節では、元禄期・享保期・享保期以後の三期に分け、石火矢の製造と試射の状況を見てきた。そこで本節では、主に台場の場所や台場への石火矢配備状況などから、警備上重視された場所について、一七世紀・享保期・寛政期・文化期の四期に分けて見ていく。

1　一七世紀

はじめにでも触れたように、寛永一七年（一六四〇）のポルトガル船焼討・乗組員斬罪の翌年から福岡藩に、翌々年から佐賀藩に長崎警備の台命が下り、寛永年間には佐賀藩により遠見番所が香焼島・沖ノ島・伊王島・高島・脇津の五ヵ所に設置された[64]。その後ポルトガル船が来航したのは正保四年（一六四七）のことで、このとき内目に入港したポルトガル船への対応として、高鉾島から陰ノ尾島に大綱を張り渡して一〇〇艘を並べ、また長崎湾でもっとも海峡が狭い女神と神崎を繋ぐラインにも船筏を組む張切を構えている[65]。直後の慶安から承応年間にかけて各施設の整備が行われた結果、西泊・戸町両御番所、および七ヵ所御台場を警備拠点とすることとなった。

明暦頃に整った内容を示すとみられる元禄一三年（一七〇〇）の各台場備砲の明細によれば[66]（表2「元禄一三年の石火矢配備」参照）、大筒を除く石火矢の備砲数が最も多いのは太田尾御台場の一一挺であり、女神御台場・神崎御台場の六挺がこれに次ぎ、外目の四御台場はいずれも三～四挺と少ない。また貫目数の点でも、一貫目以上の巨砲が五挺の太田尾御台場に対し、他の六つの御台場はいずれも〇～二挺である。つまり備砲の観点から見れば、一七世紀半ば以降は両御番所に最も近い太田尾御台場を筆頭に、女神御台場・神崎御台場を含む内目の三御台場への備えが重視されていたと考えられる。

2　享保期

正徳五年（一七一五）八月五日、長崎巡見に際して四代吉茂は、「両御番所遠見并香焼・沖ノ島・伊王島・上《（神）》ノ島・高鉾、高低遠近」について隠密のうちに測量を実施するよう御石火矢方頭人の原次郎兵衛と馬渡忠兵衛に仰せ出した[67]。これを受けて測量作業は二日後の同月七日から行われ二ヵ月後の九月八日までに完了し、測量結果は同月一一日に下村八兵衛に提出されている[68]。そしてこの測量結果を受け、石火矢放出上の適地が検討された[69]。ここで注目される一点

表2　元禄13年の石火矢配備

太田尾御台場　計16挺	
番付	貫目数
3番	1貫500目
4番	1貫100目
7番	600目
8番	2貫　目
9番	1貫　目
12番	8貫　目
29番	600目
30番	200目
33番	270目
36番	250目
37番	190目
大筒	100目
大筒	100目
大筒	30目
大筒	30目
大筒	

女神御台場　計8挺	
番付	貫目数
1番	1貫800目
5番	950目
10番	600目
31番	300目
27番	600目
24番	250目
大筒	100目
大筒	50目

神崎御台場　計8挺	
番付	貫目数
2番	1貫500目
6番	600目
11番	896匁
28番	600目
32番	300目
35番	250目
大筒	100目
大筒	50目

白崎御台場　計7挺	
番付	貫目数
20番	1貫　目
18番	600目
14番	1貫　目
26番	320目
大筒	100目
大筒	100目
大筒	50目

高鉾御台場　計7挺	
番付	貫目数
19番	600目
13番	900目
16番	600目
番付なし	500目
大筒	100目
大筒	50目
大筒	30目

長刀岩御台場　計6挺	
番付	貫目数
24番	700目
22番	800目
15番	1貫200目
23番	300目
大筒	100目
大筒	30目

陰ノ尾御台場　計6挺	
番付	貫目数
21番	1貫700目
17番	600目
25番	800目
大筒	100目
大筒	100目
大筒	50目

目は、既存の高鉾御台場がある高鉾島が、「高ほこ、高四十間有之、東西南北石火矢被打候ニ宜敷事」として、高さが四〇間あり東西南北の各方向に対して石火矢を放出する上で適地と見做されていることである。しかし結果的には、福岡藩が非番の際に沿岸部に設定されていた従来の高鉾御台場に石火矢を設置する都合上、佐賀藩が山上に独自に設置することは難しいとして台場設置は見送られている。二点目は、伊王島における石火矢設置の有効性について検討されていることである。伊王島にはすでに遠見番所が設置されていたが、その付近は四五間程の高さがあり、礒までの距離も数町の手広い場所があるとして測量対象とされた。しかし南蛮船は礒近くではなく沖を航行するとみられるため、いくら放出しても命中することはないとの理由で、最終的には石火矢設置場所としては不適当と判断されている。そして三点目は、「宜しき場所御座無く候」ゆえ、警備地区としての採用は見送られたものの、外目の沖ノ島と神ノ島についても検討対象地とされていることである。

さらに、享保一一年（一七二六）には佐賀藩所有の石火矢を高鉾山から放出する仕組みについて再び取り沙汰され、山上よりの仕組みはないものの、船中より放出のための役者は配置しているため、有事の際は山・船双方からの放出を想定した人員の手当ては可能とされている(70)。また佐賀藩の当番年にあたる享保一四年の長崎巡見に際して吉茂は、女神御台場と白崎御台場の中間に高山があることに着目し、この山の名称と海辺までの距離を御石火矢頭人に問合せている(71)。この場所はのちにフェートン号事件後の文化七年（一八一〇）に増台場として魚見岳御台場が設置される場所付近に相当する。

これら享保期に検討された、従来の七ヵ所御台場以外の候補地の共通点のひとつは、いずれも外目地区という点である。伊王島・神ノ島・沖ノ島など検討対象とされた島々は佐賀藩領であり、正徳五年の測量は「隠密」のうちに行うよう吉茂が仰せ出していることから、これらの検討は佐賀藩独自の動きとして進められたものと考えられる。候補

【本図について】

一、ベースマップは、「崎港測量図」（公益財団法人鍋島報效会所蔵・佐賀県立図書館寄託／中野禮四郎編『鍋島直正公傳　第四篇』侯爵鍋島家編纂所、大正9年、口絵所載）をトレースして筆者が作図した。

一、台場の位置や地名は上記絵図のほか、「長崎港鳥瞰図」、「長崎表調練図」、「正保四年長崎警備図」、「文化六年長崎警備図」、長崎各台場・番所絵図（いずれも江戸時代後期／公益財団法人鍋島報效会所蔵）、『国指定史跡長崎台場跡魚見岳台場跡保存管理計画書』（長崎市教育委員会、平成23年）を参照した。

一、海上の太線は、外国船が長崎湾内に進入する経路を示す。（「長崎港内外台場図」公益財団法人鍋島報效会所蔵に拠る）

一、神ノ島・四郎島、伊王島・沖ノ島の★印は、弘化・嘉永期に築造された佐賀藩台場（両島台場）の位置を示す。

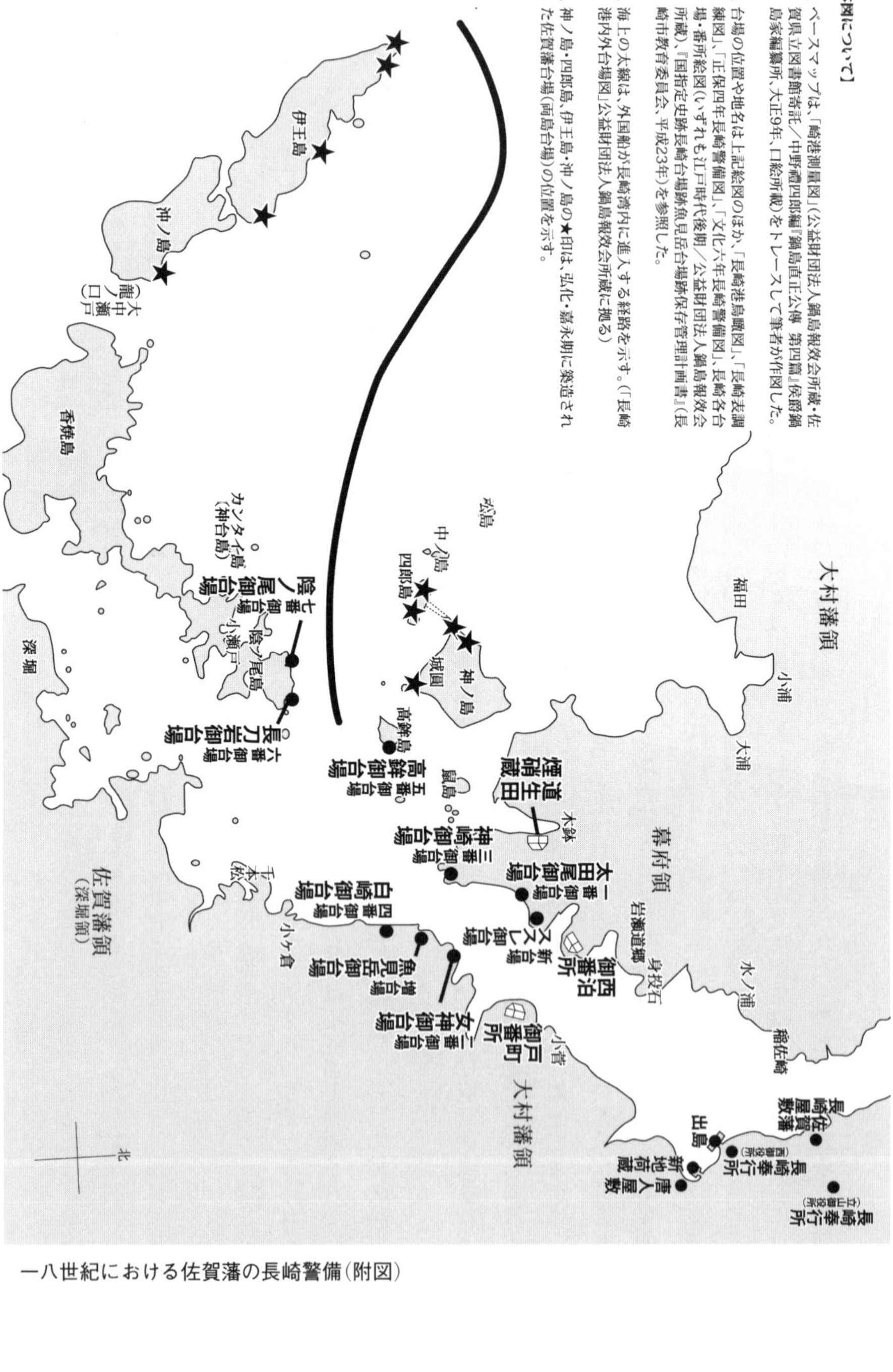

一八世紀における佐賀藩の長崎警備（附図）

地の第二の共通点は、女神御台場と白崎御台場の中間に位置する「高山」や、四五間ある伊王島などいずれも高地が選定されているという点である。高鉾島については、すでに沿岸部に御台場が存在していたにもかかわらず、さらなる台場候補として四〇間ある山頂部分が検討対象にされた理由も、東西南北を見通せる高所のためであった。

しかし結果的に、女神御台場と白崎御台場の中間に位置する山に着目した吉茂は、翌年の享保一五年三月に没しており、当地がその後どのように吟味されたのか、その経過を辿ることはできない。吉茂没後は、石火矢の製造・試射と歩調を同じくして、台場に関しても積極的な新しい取り組みは目立たなくなる。寛政三年（一七九一）には異国船が漂着し見分を拒んだ場合は大筒・火矢の使用も可能とされ、その場に大筒等がなければ最寄りの場所から取り計らうようにとされ、同七年には「いずれの場所にても放出仕試申したき」として、本庄江での船中試射が仰せ付けられている[72]。つまり、七ヵ所御台場以外の新たな佐賀藩台場の設置が検討された享保期とは異なり、その後は新たな拠点を求めるよりも、あらゆる場所での臨機応変な対応策へとシフトしているのである。

3　寛政期

寛政年間に佐賀・福岡両藩により石火矢鋳造が行われたことは、すでに梶原良則により明らかにされているが、まずはこの際の備砲について御台場別に比較検討してみよう（表3「寛政一〇年の石火矢配備」参照）。新造石火矢の格納が完了した寛政一〇年に両藩が長崎奉行所に提出した石火矢と大筒の各御台場への配備一覧[73]によると、内目の三御台場が各八挺、外目の四御台場は陰ノ尾御台場の三挺以外は四挺ずつ配備されている。外目よりも内目の御台場に砲数が多いという点は先に検討した元禄一三年の配備状況と同じだが、内目の三つの御台場を比べると、太田尾御台場は元禄の一一挺から三挺減少しているのに対し、神崎御台場と女神御台場は元禄の六挺から二挺増加されている。備砲

表3　寛政10年の石火矢配備

太田尾御台場　計8挺
（元禄13年：11挺）

番付	貫目数
1番	1貫900目
5番	2貫　目
6番	1貫　目
7番	1貫　目
9番	1貫　目
30番	500目
32番	500目
33番	500目

神崎御台場　計8挺
（元禄13年：6挺）

番付	貫目数
3番	2貫400目
4番	1貫500目
10番	600目
12番	2貫　目
29番	1貫　目
31番	1貫　目
37番	500目
38番	500目

長刀岩御台場　計4挺
（元禄13年：4挺）

番付	貫目数
20番	1貫300目
23番	400目
17番	1貫500目
39番	500目

陰ノ尾御台場　計3挺
（元禄13年：3挺）

番付	貫目数
21番	1貫300目
24番	600目
18番	1貫500目

女神御台場　計8挺
（元禄13年：6挺）

番付	貫目数
2番	2貫3--目
8番	2貫　目
11番	1貫　目
27番	1貫　目
28番	1貫　目
34番	500目
35番	500目
36番	500目

白崎御台場　計4挺
（元禄13年：4挺）

番付	貫目数
14番	1貫500目
16番	1貫　目
19番	1貫　目
26番	500目

高鉾御台場　計4挺
（元禄13年：4挺）

番付	貫目数
13番	700目
25番	900目
15番	1貫500目
22番	1貫目

＊大筒は除き、石火矢のみを示している。従って比較のため参考として示した元禄13年の合計砲数も、大筒を除いた石火矢のみの砲数を示した。

の貫目合計数でも、神崎が最大で、次いで女神が多く、太田尾は三番手である。

　では次に、寛政期において船溜として重視されていた場所はどこだろうか。寛政九年、長崎での船溜場所について長崎奉行が承知しておく必要上、佐賀・福岡両藩をはじめ諸藩に対し、報告を求める通達が長崎聞役に出された(74)。回答前に佐賀・福岡両藩で互いに相談したところ福岡藩の下書きに神ノ島が含まれていたため、佐賀藩側は差支えがあるとして神ノ島の削除を求めている。ところが佐賀藩が提出した報告書に神ノ島の記載はなく、「当番・非番共ニ大黒町蔵屋敷前、併又領内深堀ゟ小鹿倉を懸」、すなわち大黒町の佐賀藩長崎屋敷前と、深堀から小ヶ倉にかけてと答えている。ただし、その後すぐに「風之随順逆候而は、無拠香焼浜辺へも御船相繋候半而不叶義も御座候ニ付、香焼嶋之儀も御船溜場所へ差加へ候」と、香焼島も追加している(75)。

　また同年には、異変の際における諸藩の陣場設置場所について、佐賀・福岡両藩は他藩に優先すべきではとの伺いが両藩から長崎奉行に提出されている(76)。次に挙げる記事は、このとき佐賀藩が提出した伺いの一節である。

> 若張切ニも相成候節は、両御番所近辺其外、張切之弁利宜所へ備船相繋、様子次第陸地ニは仮小屋をも相懸致宿陣候積ニ御座候処、当番・非番人数之外、近国之御人数御奉行所御招寄ニ相成候砌、右之御方〻様御陣所張切場之内ニも有之候様相聞候、併先以当番之一手之働ニ被相任候義ニて、若焼討ニも取扱、御台場を初、所〻之出崎船〻ニも石火矢・大筒等仕懸打放申儀候得は、諸手之人数致混雑候而は、矢先之害も可有之、

　すなわち、佐賀・福岡両藩以外の諸家軍勢が内目に陣場を設けることについての佐賀藩の見解は、第一に内目では当番藩が優先的に働くべきであり、張切実施のため当番藩がその近辺に繋船し場合によっては沿岸部に仮小屋を設ける必要があること、第二に異国船焼討の事態となれば御台場や船から石火矢を放出する必要があるため、そこに各藩の軍勢が混雑すれば「矢先之害」も生じるということである。次に外目については、「深堀・小ヶ倉・香焼迄之儀は、

全手配之根本ニ計置申義御座候、偖又非番之節は、外四ヶ所御台場を初、至于時見計を以、弁利宜場所へ人数・船等相備置」、つまり時宜を見計らって適当な場所に軍勢と船を待機させ長崎奉行の下知を待つと述べている。また湊口については、「勿論湊口ニ領内有之候間、番所相建無油断穿鑿候様、寛永二十年御達書を以被仰付候ニ付、嶋〻へ遠見所相懸置、自然異候船相見候半は、直ニ御奉行所へ御註進仕」として、遠見番所と注進の役割を強調している。

さて寛政一〇年、オランダ船が高鉾島沖で強風のため破船した。その修復用材とするため、翌年に高鉾島と千本松に「相応之樹木見請候」として伐採の相談があったが、御備立方は「重き御場所柄」として難色を示した。わずか一〇本程度とのことで再度吟味されたが、やはり「右之場所は前段之次第ニ而」難しいと固辞し、結局は一本だけ香焼島から伐採し、残る九本は伊王島から松樹を伐採している。(77) 確かに香焼島・伊王島は「右両所共、御要害之地」とはされているが、御備立方や長崎御仕組方の判断では、千本松(小ヶ倉の一部)や高鉾島周辺に比べれば、沖目の島々、特に伊王島の要害としての位置づけは相対的に低かったと言えるだろう。

要するに寛政期の警備重点場所についてまとめると、まず有事の際の具体的な異国船対処法として想定されているのは、焼討と張切の二つである。石火矢による焼討を敢行する際、張切より内側に諸藩の軍勢が混雑していては「矢先之害」があるというから、焼討場所として想定されているのは内目である。張切とは神崎と女神を結ぶラインを船橋で繋ぐ戦法である。このことから、元禄期と比べ、神崎御台場と女神御台場の比重が相対的に増していた寛政期の石火矢配備の意味が了解できる。また高鉾島が「重き御場所柄」のため樹木伐採が拒否されていたのも、香焼島や伊王島より内目寄りに位置するため、あるいは外国船の航行ルートに近いためであろう。

次に、外目は基本的に軍勢と船の待機場所であり、湊口は遠見番所からいち早く注進を行う場所とされている。船溜場所の候補地として神ノ島を挙げようとした福岡藩に佐賀藩が待ったをかけたが、佐賀藩にとっての神ノ島は常用の船溜場所ではなく「弁利宜場所」のひとつ、つまり外目における軍勢と船の待機場所に過ぎなかったと考えられる。「全手配之根本ニ計置申義御座候」として重視され、長崎奉行への船溜場所報告書にも記載された深堀・小ヶ倉・香焼とは位置づけが異なる。つまり、神ノ島や伊王島など外目の島々は石火矢放出の重点でも船溜の拠点でもなく、基本的には軍勢と船の待機場所であり、あるいは注進のための遠見番所が置かれる場所という位置づけであった。なお、言うまでもなく深堀と小ヶ倉はかねてより佐賀藩の軍勢・船溜の根拠地とされてきた場所だが、これに対し香焼島の存在が浮上してくるのはこの頃からである。

4　文化期

レザノフ来航・フェートン号事件を受けて文化年間に築造された新台場・増台場について、当該期の石火矢配備の状況を示した見取図(78)に拠って寛政期と比較すると、砲数の点で大きく二つのグループに分かれる（表4「文化期の石火矢配備」参照）。まず一つは、二～五挺程度の増加にとどまる太田尾御台場・女神御台場・白崎御台場・陰ノ尾御台場である。二つ目は一〇～二〇挺程度も増加、倍率にして三～四倍増している神崎御台場・魚見岳御台場（但し増台場として新設）・高鉾御台場・長刀岩御台場である。このことから、新台場・増台場による石火矢増強の比重が後者の四つの御台場に置かれているのは明らかであるが、四御台場の貫目数や、砲口の向きを分析することで、その狙いを考えてみたい。

①神崎御台場……砲数二七挺は全御台場中で最多。七〇〇～八〇〇目クラスを超える大型石火矢の個数は、在来台場に八挺のうち二挺、新台場は三挺すべて、一～三増台場には計一六挺のうち一三挺あり、新台場・増台場への大型砲の割合が極めて高い。備砲の向きは、いずれの備砲も東南を向く在来台場に対し、新台場・増台場には、張切線の

神崎御台場　計 27 挺
（寛政 10 年：8 挺）

在来・新・増	貫目数
在来	500 目
在来	500 目
在来	2 貫　目
在来	600 目
在来	1 貫　目
在来	200 目
在来	50 目
在来	30 目
新	2 貫 400 目
新	1 貫 500 目
新	1 貫　目
一増	1 貫　目
一増	800 目
一増	800 目
一増	800 目
二増	1 貫　目
二増	800 目
二増	1 貫 500 目
二増	1 貫 500 目
二増	1 貫　目
二増	300 目
二増	800 目
三増	1 貫　目
三増	1 貫　目
三増	800 目
三増	500 目
三増	300 目

白崎御台場　計 6 挺
（寛政 10 年：4 挺）

在来・新・増	貫目数
在来	1 貫 500 目
在来	1 貫　目
在来	500 目
在来	200 目
在来	150 目
在来	50 目

高鉾御台場　計 18 挺
（寛政 10 年：4 挺）

在来・新・増	貫目数
在来	1 貫　目
在来	700 目
在来	200 目
在来	50 目
在来	30 目
新規	1 貫 500 目
新規	1 貫　目
新規	900 目
一増	1 貫 500 目
一増	800 目
二増	1 貫 500 目
二増	1 貫 500 目
二増	1 貫　目
二増	800 目
二増	800 目
二増	800 目
二増	300 目
二増	300 目

陰ノ尾御台場　計 8 挺
（寛政 10 年：3 挺）

在来・新・増	貫目数
在来	1 貫 300 目
在来	600 目
在来	200 目
在来	150 目
在来	50 目
新	1 貫 500 目
新	1 貫 500 目
新	1 貫　目

＊「在来・新・増」欄の、「在来」は在来台場、「新」は新台場、「一増」は一ノ増台場、「二増」は二ノ増台場、「三増」は三ノ増台場を示す。

表4　文化期の石火矢配備

太田尾御台場　計6挺
（寛政10年：8挺）

在来・新・増	貫目数
在来	1貫900目
在来	1貫　目
在来	500目
在来	30目
在来	50目
在来	150目

女神御台場　計11挺
（寛政10年：8挺）

在来・新・増	貫目数
在来	2貫　目
在来	1貫　目
在来	200目
在来	150目
在来	30目
新	2貫300目
新	1貫　目
新	500目
新	500目
新	500目
新	300目

魚見岳御台場　計22挺
（寛政10年：台場なし）

在来・新・増	貫目数
一増	300目
一増	500目
一増	1貫　目
一増	1貫500目
一増	800目
一増	1貫目
一増	700目
一増	500目
二増	600目
二増	1貫　目
二増	300目
二増	500目
二増	300目
二増	1貫500目
二増	800目
二増	750目
三増	500目
三増	800目
三増	500目
三増	1貫　目
三増	1貫　目
三増	300目

長刀岩御台場　計21挺
（寛政10年：4挺）

在来・新・増	貫目数
在来	1貫300目
在来	400目
在来	500目
在来	200目
在来	30目
増	1貫　目
増	1貫　目
増	800目
増	500目
増	1貫500目
増	800目
増	800目
増	300目
増	1貫　目
増	1貫　目
増	800目
増	300目
増	2貫　目
増	1貫　目
増	800目
増	800目

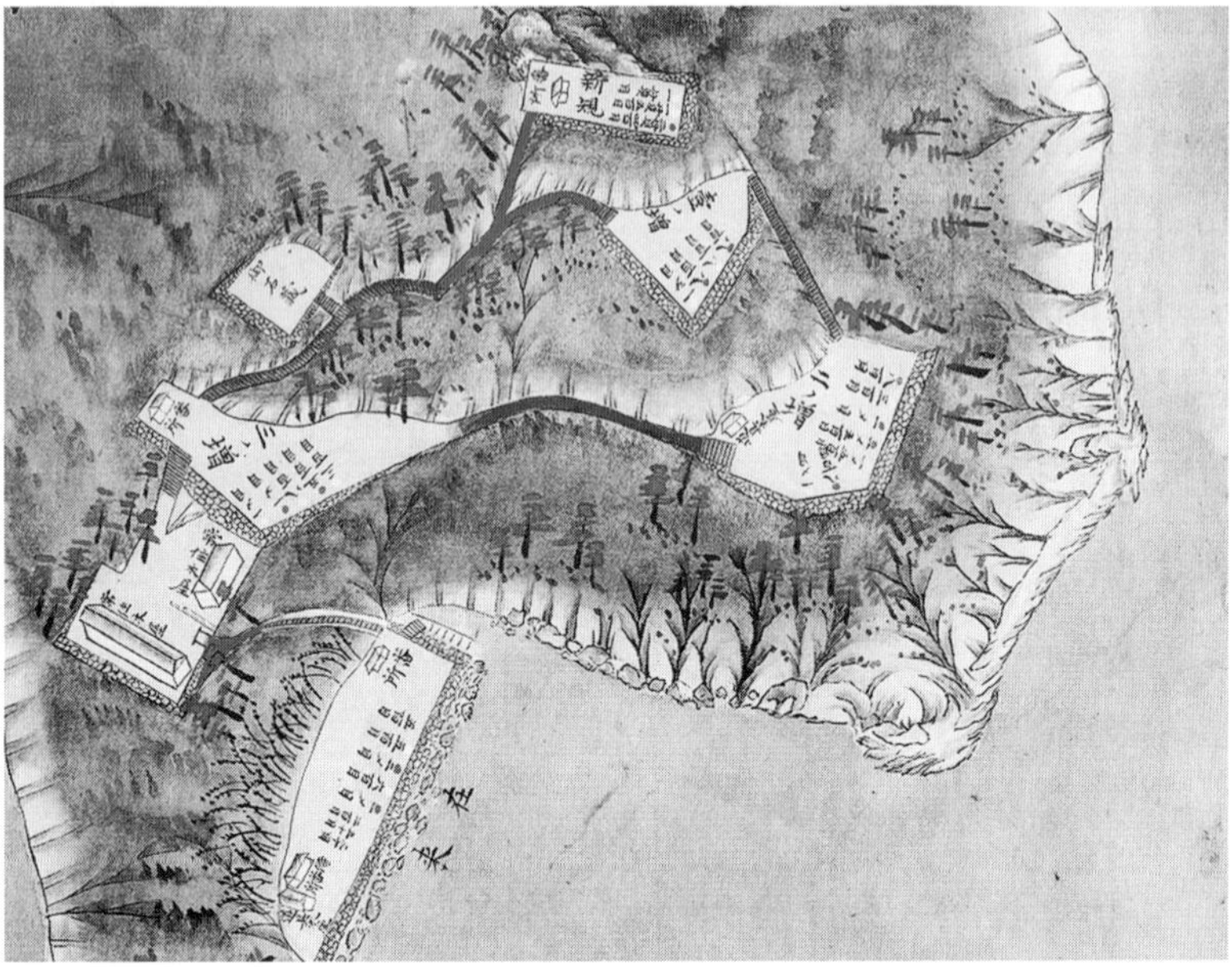

神崎御台場図(部分)　鍋島報效会所蔵

方角にあたる東に向けて備えられているものも多い。

②魚見岳御台場……外国船入港路の正面突き当りに位置する高所に新設された一～三の増台場。二二挺という備砲数は、最多の神崎に次いで多い。西の沖目と北西の張切線方向に向けて各砲が備えられている。

③高鉾御台場……外国船は高鉾島の西から現れ、南を通過し入港してくる。在来台場が島の南東に置かれていたのに対し、新台場はもっとも沖目に近い西南の突端、二ノ増台場はその東隣、一ノ増台場は山頂部である。備砲の向きを見ると、新台場三挺のうち一貫目を超える大型石火矢二挺はいずれも西(沖目側)に向けられている。二ノ増台場にある八挺のうち、一貫五〇〇目が西向きのほかはいずれも南向きだが、西(沖目側)から一貫五〇〇目、一貫目、八〇〇目(三挺)、三〇〇目(二挺)と大型の順に整列して配備されている。砲種の点で七〇〇～八〇〇目クラスを超える大型石火矢の割合は、在来台場は五挺のうち二挺、新台場は三挺すべて、一ノ増台場は二挺すべて、二ノ増台場は八挺のうち六挺であり、新台場・

増台場への大型砲の比重が高い。

④長刀岩御台場……外国船はこの御台場の西から現れ、北側を通過し入港してくる。北東に置かれていた在来台場から西、つまり沖目側に向けて連絡道路が延伸され、増台場の四区画はすべてこの道路沿いに並ぶ。備砲数は、四区から成る増台場はすべて各四挺であるのに対し、在来だけ五挺と多い。しかし砲種の点でみると、一貫五〇〇目～八〇〇目の大型砲は増台場四区に各三～四挺で、在来には一挺しか備えられていない。

要するに、寛政期の石火矢整備によって比重が増した神崎御台場が文化期においてもなお、最大の御台場となっている。その一方で、寛政期に神崎御台場と並んで比重が増していた女神御台場の文化期における増強は軽度であり、南隣に新設された二二挺配備の魚見岳御台場がこれを補強している。従って、外国船入港路のうち最も海峡が狭い張切船のラインが最重視されている点は寛政期と変わっていないと言える。寛政期と大きく異なる文化期の特徴は、高鉾御台場と長刀岩御台場の飛躍的な増強である。いずれの御台場でも新たな台場（新台場・増台場）には大型砲が重点配備され、その一部は、在来台場にはなかった沖目を狙う方角に配置された。

さて、文化元年のレザノフ来航の際、佐賀藩の諫早茂図は本来の小ヶ倉ではなく、香焼島の北端にある高地が「沖目へ差向、専要之場所故」、ここに陣場を布いた。小ヶ倉は汐浅のため強風時などには船懸りとして適しておらず、また福岡藩が長刀岩などに陣を置く場合は小ヶ倉からでは沖目での働きが不自由であるという。そしてここは大人数を配備できる地形ではないが、小ヶ倉陣場を根拠地として一組だけでもここに差し出せば万端自由の働きが可能になることを理由に、諫早茂図は今後も同所に陣場を布くべく長崎御仕組方に願い出ている[79]。

そしてレザノフ来航後あたりに、神ノ島と伊王島の御台場への備砲が整備されたようで、フェートン号来航の前年にあたる文化四年、伊王島には二貫目二挺、一貫五〇〇目一挺、一貫目二挺をはじめ計八挺、神ノ島には二貫目一挺、一貫目三挺をはじめ計七挺が備えられている。[80]このとき八〇〇目三挺と一五〇目二挺が配備された高鉾御台場や、八〇〇目三挺が配備された陰ノ尾御台場と比べると、伊王島・神ノ島には集中的に大型石火矢が配備されていることがわかる。そして翌年には島々に設置した佐賀藩台場に、異国船からの矢石を防ぐための「違土居」を目立たぬよう構築している。[81]フェートン号が来航するより五ヵ月も前であることに注意したい。

第一節で述べた、各御台場への煙硝移管によって道生田煙硝蔵が「沖ゟ見込候場所ニテ要害不宜場所」として役目を終えることとなったのはこの年である。煙硝蔵の場所は、元禄三年道生田に設置されて以降、一世紀以上変わっておらず、寛政期においても大規模な煙硝総詰替えを行うなど、あくまで道生田で煙硝を保管する方式が維持されていた。[82]それが文化五年になると、沖より入港してくる外国船から見える場所に位置していることを理由に、道生田は防衛上不適当と判断されることとなった。つまり神崎・女神のみを中心としていた寛政期に比べ、文化期頃に入ると、これに加えて高鉾御台場・長刀岩御台場の二つの御台場には沖目を狙う大型石火矢が新たに配備され、伊王島・神ノ島での佐賀藩台場整備や道生田煙硝蔵の解体など、沖目への注意が急速に増大したと言えよう。

四　両島台場へ

一七世紀の整備期から一九世紀初頭のフェートン号事件までの期間における佐賀藩の長崎警備を通覧するのが本論の主目的であったが、本節では幕末の両島台場について少し触れておきたい。一〇代藩主鍋島直正の時代、「此方領海島〻筒備場所も湊口虎口之儀ニ候得は、別而可入念と之儀ニ候」[83]として、沖目に位置する佐賀藩台場への注意は意識され続け、天保一四年（一八四三）には五〇〇目筒一三挺が新造されたほか「段〻新製御鋳立被仰出」[84]として、早くも天保年間頃には石火矢の新造が進められた。こうした中、弘化二年（一八四五）には御番方の筒備えについて、「当湊御備向之儀、去ル文化之度異船渡来後、新規御台場築立、其外如形御手当増相成居申義ニハ候得共、去夏阿蘭陀本国仕立之船渡来、且琉球表之振合等を以ハ、何時異変出来之程難計」との危惧から、「御備向之義、猶此上ニも利用之計は有之間敷哉」として、文化年間のレザノフ来航やフェートン号事件後に行われた整備をさらに充実する必要性が示されている。

弘化四年に至るとさらに具体策が見え始める。すなわち警備場所については「一躰、彼湊異国船之御手当古今之振合相替、文化之度異船渡来之後は、専内目不乗入通之御手配相成候、勿論異儀を含致渡来候船ニ候半は、軽易ニ内湊乗入候儀ハ有之間敷、左候得は当今防備之要地、全外目之事ニ有之[85]」として外目の重視が宣言され、石火矢については「中ゝ貫目以下之石火矢共ニ而は、（異国船の）船腹相貫候儀無覚束、然ルニ当御備向之儀、文化之度異船渡来以後は為被入御念儀ニは候得共、御台場ゝゝゝ之形勢十分無之上、過半は貫目以下之御筒相備」（カッコ内筆者）わっているから、「厳重之大御台場被御取建、大貫目之大銃、今又百挺程も相備置度[86]」として外目への大規模台場の築造と巨砲配備の必要性が説かれるようになる。幕末の両島台場のはじまりである。

明治元年（一八六八）一一月三日、長崎警備担当者のひとりだった佐賀藩士伊東次兵衛は、その日の日記に道生田を訪れたことを記している。「一今日道生田へ参り見調子之事　一両御番所御用地と有之候事　一裏ニ文化十五年癸寅三月建立とアリ、石凡壱尺方計リ有之候事[87]」。文化期における外目重視という警備重点場所の変化に伴って煙硝蔵が撤去された際に建てられた石柱の、サイズや表面・裏面に刻まれていた文字列を記録しているのである。「見調子（調査）」という態度と客観的な記録からは、あたかも歴史遺産を見るかのような眼差しすら感じられる。同日条には「今日於御番所、石火矢并玉薬等渡方」とあり、幕府から預かってきた石火矢や関連の諸道具を新政府に引き渡す作業に伊東も関与している。この年、佐賀藩の長崎警備は二二六年の歴史に幕を下ろした。

明治元年は、石柱が建立された文化一五年（一八一八）からちょうど五〇年後にあたる。「はじめに」で述べたように従来の佐賀藩長崎警備研究はこの五〇年間、すなわちフェートン号事件後から両島台場に至る道筋やその後の運用を中心に論じられることが多かった。しかし先述したように、両島台場の必要性を主張し、藩士伊東らをして事業を推進させた一〇代藩主直正自身も「文化之度」という、自らの世代の前提となる過去の時期の整備を踏まえた上で物事を考えていた。とすれば、両島台場について知る上でも、幕末佐賀藩が警備に関してどのような歴史認識を持っていたのかを理解する必要があろう。もっとも、その歴史認識というのも、長崎湾の現場に最も数多く足を運んだ佐賀藩士のひとりである伊東でさえも、五〇年前の石柱を調査や客観的な記録の対象とするという感覚だったのである。伊東は日記で石柱の歴史的意味にまでは言及していない。その究明までは伊東の仕事ではなかったのだろう。しかし我われが一八世紀を含む長崎警備を論じることは両島台場の意義を逆照射することにも繋がるだろう。

おわりに

本論では、以下のことを明らかにした。
第一節　道生田煙硝蔵
道生田に煙硝蔵が移設された元禄期以降、解体される文化期まで、煙硝の品質チェックや建屋の維持管理が続けられた状況を辿った。またこの間、藩主主導の具体的な指示としては、在庫の保管方法について三代綱茂による直接指導が行われていた。

第二節　石火矢の試射と製造

1　元禄期の石火矢試射……二代藩主光茂・三代藩主綱茂の元禄期には、警備開始当初の旧記も保存されていないなど、石火矢の実用的性能や効果が必ずしも熟知されていない状況の中、在庫点検や試射など、既存の石火矢の現状確認作業に重きが置かれていた。

2　享保期の石火矢製造……吉茂が四代藩主となった正徳・享保期に入ると、性能にまで踏み込んだ既存の石火矢の把握がなされるとともに、石火矢の新造が積極的に行われ、特に享保三年（一七一八）頃を期に大型の石火矢製造も目立つようになった。製造の背景としては、この時期には外国船の構造が国別に把握されており、それに対応する石火矢戦術とそれに必要な砲種が認識されていた。こうした石火矢の選択や製造には藩主吉茂が直接関与している様子が窺われた。

3　享保期以後……享保期に盛んだった石火矢製造と試射から一転し、四代吉茂没後は石火矢の火通しが始まる明和六年（一七六九）頃までの四〇年間程は下火となっていった。

第三節　警備場所

1　一七世紀……備砲の点から、一七世紀半ば以降は両御番所に最も近い太田尾御台場を筆頭に女神御台場・神崎御台場の内目三御台場が重視されていた。

2　享保期……既存御台場の警備に加え、佐賀藩独自の取り組みとして、外目の高地への新台場設置に向けた調査・検討が行われていた。しかしこうした動きは四代吉茂没後はほとんど継承されなかったものとみられる。

3　寛政期……備砲の点では一七世紀と同様に内目が重視されていたが、太田尾御台場が最重視されていた一七世紀とは異なり、寛政期では神崎御台場と女神御台場が最重視されていた。また軍勢と船の配置場所の点から、「手配之根本」とされた深堀や小ヶ倉に比べ、神ノ島や伊王島など外目の島々は軍勢と船の待機場所に過ぎないと認識されていた。なおこの点に関し、香焼島への注目がこの時期頃から見え始めた。

4　文化期……フェートン号事件を機に新台場・増台場という形で大幅に石火矢が増強された文化期においても、神崎御台場・女神御台場を中心とする点は寛政期と同様であった。しかしその一方で、外目の四御台場のうち特に高鉾御台場と長刀岩御台場には沖目を狙う大型石火矢が重点的に配備された。また香焼島への布陣の有効性が認識され、沖目の伊王島・神ノ島に佐賀藩台場が整備され、さらに沖目という場所柄を理由に道生田煙硝蔵が解体されるなど、沖目への注意が急速に増大した。

第四節　両島台場へ

弘化年間には文化期の石火矢増強策を認めつつも、「当今防備之要地、全外目之事ニ有之」として、より外目へ、そしてより大型の石火矢配備の必要性が説かれ、両島台場への方向性が見え始めた。

第一・二節で述べたように、石火矢や煙硝に関する対応について三代綱茂は、道生田煙硝蔵での煙硝箱の積み方や防火、風通しや湿気対策など品質管理の具体的な方法について指示し、西泊御番所の石火矢蔵では、番付の一二番から二七番が西泊御番所に保管されていない理由を担当者に尋ね、「御石火矢□門、可被遊御覧由被遊御意候ニ付而、一番・二番御石火矢幷八貫目玉せんをぬき懸御目、戸町ニ而も右之通被遊御意」など[88]、既存の煙硝・石火矢の在庫チェックや石火矢の一部については実演確認を行っていた。また御石火矢方頭人を褒賞した際に「公儀御石火矢等預置ルニ付テハ、随分精ヲ入相勤ムヘキ[89]」と仰せ出していることからは、幕府からのお預かり品に対する管理責任という意識が見て取れる。

これに対して四代吉茂は、既存の石火矢の在庫点検のレベルを越え、「長崎御番所御石火矢、一番ヨリ五番マテ勝レタル御筒ト御覚へ遊サル」と石火矢の性能上の優劣を把握し[90]、西泊御番所の石火矢御蔵では「八貫目玉御筒薄ク有之候、右ハ火矢ヲ打候用ニテモ可有之ヤ」[91]と、備砲中最大の八貫目筒の有用性について実用上の観点から尋ねており、のち寛政九年（一七九七）の試射の際に八貫目筒の薄さが問題とされるより[92]、約七〇年も前に吉茂はこれを見極め、着目する注意力をもっていた。さらに第二節2で述べた石火矢製造以外にも、既存の石火矢に合わせ、温石による玉の新造[93]や佐賀城火災による焼鉄を再利用した持筒製造[94]など、新たな道具の製造も積極的に指示している。また御石火矢方役人を褒賞するにあたり[95]、「長崎御番ニ付テハ、御石火矢方第一ノ儀ニ候」と警備における石火矢の最重要性を明言し、「此節ハ年数ニモ不相拘、抽テ御用可相立者、僉議可仕旨仰出サル」として、勤続者への格別の褒美に加え年数にかかわらず実力者は褒賞するという意識は、三代綱茂のそれとは異質であり、石火矢を戦術上の実用的な意味で重視していたと言えるだろう。

警備拠点の地形や町間数の把握に関して言えば、二代光茂は貞享元年（一六八四）七月巡見の際、内目の太田尾・女神御台場、および外目の四ヵ所御台場すべてを海上から巡見した上で、いずれにも上陸して御台場を実地検分し担当者に町間数などを尋ねている。二ヵ月後の九月巡見では遠見番所の巡見を自ら望み、高島・野母崎までは足を延ばさなかったものの、沖ノ島と伊王島を廻り香焼島に上陸している[96]。これは藩主自身が各御台場と遠見をくまなく巡見した数少ない事例のひとつであるが、その巡見先はいずれも既存の御台場や遠見番所であり、町間数を尋ねたのも七ヵ所御台場についてである。これに対し四代吉茂の指示による台場増設のための調査では、沖ノ島や伊王島・神ノ島、またのちに魚見岳御台場（増台場）が築造される山など、御台場が設置されていない外目の地点、高鉾島のように既存の御台場が（沿岸部に）あっても山上などより有利な地形といった、既存の御台場や遠見番所以外の地点が対象とされていた点で大きく異なっている。

すでに明らかにされている通り、唐船による抜荷が目立つようになった元禄期には唐人屋敷を設け、正徳五年（一七一五）に出された正徳新例により両御番所の人数を長崎市中に動員する制度が整うなど、長崎警備の使命として、本来の南蛮船対策に加えて唐人対策の比重が増加してくる。しかし第二節で明らかにしたように、船板が薄い唐船の打ち抜きは一〇〇目玉程度で十分可能と認識されていた享保期において、大型の石火矢が南蛮船の破却を想定して製造されていたと考えられる点には注意しなければならないだろう。結果的に新しい台場の設置は検討段階で終わり、実現には至らなかったと思われるが、このような享保期の石火矢に対する考え方は、「船腹相貫候儀無覚束」きため、「大貫目之大銃」を備える必要があるとする、弘化年間に始まる幕末の両島台場の考え方と基本的には通じる部分が大きい。

ただ異なっていたことは、享保期の事業が藩主主導の形で推進された側面が大きかったということである。このため享保一五年、吉茂が没した直後に大﨑御火矢細工所が閉鎖されるなど、第二節で述べた通り、これ以降、安永〜寛政期までの期間は石火矢に関する佐賀藩の取り組みは沈静化していく。その結果、安永期の火通しでは過大な火薬量を込めたため暴発事故が起こるなど御石火矢方役者の放出技術の未熟さが露呈し、御台場周辺の地形の不案内さが問題として浮上したことを考えれば、享保期の取り組みが次世代に継承されなかった部分は決して少なくない。そしてもう一点、享保期が文化期とも、弘化・嘉永期とも異なっていた点として、実際の異国船の脅威的な来航がほとんどなかったことが挙げられるだろう。第三節で論じたように、文化期では、寛政期と比べてわずか一〇〜二〇年の間で沖目に対する意識が大きく増大していたが、新たに香焼島北端に一組だけでも差し出せば自由な動きがとれることに諫早茂図が気づいた契機は、文化元年（一八〇四）レザノフ来航時の現地での実戦配備経験であった。

はじめにで紹介したように、歴代藩主の御代始条目や遺書の中で、長崎警備は佐賀藩の最重要任務の位置づけを与えられ続けた。三代綱茂の遺書や四代吉茂の御代始条目もその例に漏れない[97]。また吉茂は宝永五年（一七〇八）のオランダ船見分に際し、「阿蘭陀船へ御乗、御見分遊サルへク、其節御石火矢両頭人御供ニ召連ラレ、右子共両人幷御石火矢役ノ内、向以テ御用立へキ者両人ホト召連ラルへク候条、兼テ人柄吟味仕置へキ旨仰出サル」として[98]、御石火矢方頭人はもちろん、将来性を見込んでその子供や御石火矢方役者のうち成業が見込まれる人物を吟味して同行させることとしている。従って享保期の石火矢製造や新台場設置計画の目的は、藩主吉茂や御石火矢方頭人のみならず、次世代も見越して広く藩士の間に一定程度は共有されていたものと思われる。しかし藩主主導の側面が強かったため、文化期以降のように目前に迫る外敵が醸し出す実感としての脅威をベースとした、警備増強への使命が深く藩内全体で共感されるには至らなかったものと思われる。逆に言えば、天下泰平の一八世紀初期において、外国船の構造を理解した上で石火矢製造を推進し、外目への新しい台場の設置まで検討した享保期の取り組み自体が特異なものだった。

註

（1）　鍋島家文庫一一三‐六二「勝茂公譜考補　巻十上」（『佐賀県近世史料』第一編第二巻、佐賀県立図書館、一九九四年）。鍋島報效会所蔵・佐賀県立図書館寄託の鍋島家文庫資料は、以下では請求記号と資料名のみを記し、所蔵者名・寄託先名は省いた。また歴代藩主の年譜資料は、以下のとおり佐賀県立図書館発行『佐賀県近世史料』第一編の各巻に拠った。「寛元事記」「綱茂公御年譜」（第一編第三巻、一九九五年）、「吉茂公譜」「重茂公御年譜」（第一編第四巻、一九九六年）、「泰国院様御年譜地取」（第一編第五巻～一〇巻、一九九七～二〇〇二年）、「直正公譜」（第一編第一一巻、二〇〇三年）。

（2）　御番所・御台場の整備については、鍋二五三‐一九「御禁制船入津之節御奉行所可相窺覚」を参照。

（3）鍋二五二-二七「長崎御番方大概」。
（4）「寛元事記」明暦四年三月条。
（5）「鍋島直弘口上覚書」佐賀県立図書館所蔵・白石鍋島家文書第一九号（『佐賀県史料集成　古文書編』第一五巻第一九号文書）。
（6）宝永三年「鍋島綱茂遺書写」佐賀県立図書館所蔵・白石鍋島家文書第三二号（『佐賀県史料集成　古文書編』第一五巻第三二号文書）。
（7）享保一七年の五代藩主鍋島宗茂（「鍋島宗茂代始条目写」佐賀県立図書館所蔵・白石鍋島家文書『佐賀県史料集成　古文書編』第一五巻第三七号文書）、宝暦一一年の七代藩主鍋島重茂（「鍋島重茂代始条目写」佐賀県立図書館所蔵・白石鍋島家文書『佐賀県史料集成　古文書編』第一五巻第四七号文書）、安永元年の八代藩主鍋島治茂（鍋一一三-補二八「泰国院様御年譜地取」）など。
（8）長野暹「長崎警備初期の体制と佐賀藩―防備体制を中心に―」（『佐賀大学経済論集』三五―四、二〇〇二年）。
（9）例えば、藤野保編『続・佐賀藩の総合研究―藩政改革と明治維新』（吉川弘文館、一九八七年）第三章-第四節-第一項「長崎警備」では、「1　初・中期の長崎警備」で正徳年間頃まで叙述されたあとは、「2　フェートン号事件と佐賀藩」・「幕末期の長崎警備」と続いており、一八世紀についてはほとんど触れられていない。
（10）秀島成忠編『佐賀藩銃砲沿革史』（肥前史談会、一九三四年）。本書では第二編から第五編までが長崎警備関係の叙述で、第二編が寛永から文政、第三編から第五編までが天保以降を扱っている。
（11）「泰国院様御年譜地取」享和二年六月二〇日条。
（12）梶原良則「寛政～文化期の長崎警備とフェートン号事件」（『福岡大学人文論叢』三七―一、二〇〇五年）。

(13) 正保二年には「松平伊豆守殿ヨリ仰ラレケルハ、去年鍋島侍従殿御番ノ間ニハ、長崎見廻三度有之、三度ハ少キニ付、当年右衛門佐殿ハ、五度程モ御見廻可然由差図アリ」（「勝茂公譜考補　巻十中」是年条）、また翌年の初代佐賀藩主鍋島勝茂による巡見は「九月迄ニ四ヶ度御見舞有之」など不定だったが（「勝茂公譜考補　巻十中」是年条）、のち二代藩主となる鍋島光茂が初めて巡見した承応元年に「此節甲斐庄喜右衛門殿被相達ハ、向後御番所御見舞ノ儀、御下国ノ上一度、七月阿蘭陀入津ノ上一度、九月帰帆ノ節一度御見舞被成可然由、依之其後ハ、已上三度ノ御越ニ相成候」として、三回が基準とされた（「寛元事記」承応元年二月条）。

(14) 藩主就任後の初入部の年に行う長崎巡見では、出島・十善寺（唐人屋敷）入りとオランダ船の乗船見分を行うことが一八世紀中期には先例とされていた（「重茂公御年譜」宝暦一一年八月四日条、「泰国院様御年譜地取」明和八年七月二日条）。

(15) 一八世紀後半頃からは道生田煙硝蔵には名代を派遣するケースが増える（「泰国院様御年譜地取」）。

(16) 鍋二五三―一九「御禁制船入津之節御奉行所可相窺覚」。

(17) 「泰国院様御年譜地取」寛政三年四月九日条。

(18) 「吉茂公譜　巻五」享保六年五月三日条。

(19) 「吉茂公譜　巻六」享保九年二月二三日条。

(20) 前掲註(17)「泰国院様御年譜地取」寛政三年四月九日条。なお道生田煙硝蔵の箱数については、天明六年佐賀藩から長崎奉行に対し、北御蔵二箱・南御蔵二五箱との報告があるが（「泰国院様御年譜地取」天明六年一〇月朔日条）、享保年間の煙硝試験においてもいずれも再納されていことから、天明六年の報告と大差はないと考えられる。

(21) 「泰国院様御年譜地取」寛政三年一二月一五日条・一一月一七日条。

(22) 寛政三年の煙硝斤数は唐津薬一六七七斤・大坂薬一一七七斤の合計二八五四斤であり、同六年詰替えについて鍋二五二-一〇八「長崎御番所御備」には「寛政六年御囲ノ塩硝年久敷相成、用立兼ルニヨリ、当年搗直シ三千斤ノ高詰替相成」とあることから、すべての煙硝を対象に総詰替えが行われたと考えられる。このとき段階的に実施された詰替えについては以下を参照。「泰国院様御年譜地取」寛政六年七月八日条・七月二六日条・八月一一日条。

(23) 「泰国院様御年譜地取」寛政三年三月二六日条。

(24) 鍋二五二-八八「長崎御備一件書」、鍋二五二-八九「御番方沿革方書付」。

(25) 「泰国院様御年譜地取」安永九年七月条。

(26) 長崎両番所・御台場絵図(一九世紀前半／鍋島報效会所蔵・佐賀県立図書館寄託)。両番所および七ヵ所御台場(古台場)にススレ御台場(新台場)、魚見岳御台場(増台場)を加えた一一の施設について、周囲の景観とともに御台場・石蔵・木屋等の各施設や道路・勢屯等を描いた見取図一二枚(ただし高鉾御台場のみは内目より見取之図と外目より見取之図の二枚)。『古地図絵図録』(佐賀県史料刊行会、一九七三年)「郷土の部」目録番号〇二〇～〇三一。

(27) 鍋二五三-一九「御禁制船入津之節御奉行所可相窺覚」。

(28) 鍋三二六-一二六「触状写」所収五月一五日請役所より達帳、鍋三二六-一二三「触状写」所収九月五日長崎御仕組方触状など(『佐賀城下法令史料集』鍋島報效会、二〇一四年)。

(29) 梶原前掲註(12)。

(30) 「泰国院様御年譜地取」寛政五年ゟ同十年迄治茂公御年譜地取之内書抜。

(31) 「泰国院様御年譜地取」寛政一〇年五月二六日条。

(32) 「泰国院様御年譜地取」寛政一〇年七月一三日条。

(33)「吉茂公譜　巻五」享保四年二月一六日条。
(34)「吉茂公譜　巻五」享保四年二月二〇日条。
(35)鍋二五二-二「御石火矢方頭人日記抜書」。
(36)鍋二五二-二「御石火矢方頭人日記抜書」。
(37)「綱茂公御年譜　巻下」元禄一四年正月四日条。
(38)「吉茂公譜　巻一」宝永四年正月二七日条。
(39)「吉茂公譜　巻三」正徳元年七月晦日条。
(40)「吉茂公譜　巻三」正徳三年一一月七日条。
(41)「吉茂公譜　巻三」正徳四年四月条。
(42)「吉茂公譜　巻五」享保三年四月二四日条。
(43)「吉茂公譜　巻五」享保三年六月二九日条。
(44)「吉茂公譜　巻五」享保三年七月二三日条。
(45)「吉茂公譜　巻五」享保三年九月一三日条。後述するように八〇〇目玉が完成したのは享保七年のことであるから、この段階で大身家臣へ割り当てられたのはおそらく一五〇目玉と思われる。
(46)「吉茂公譜　巻五」享保七年九月二〇日条。
(47)「吉茂公譜　巻五」享保三年九月二一日条。
(48)「吉茂公譜　巻六」享保一一年三月一一日条、「同　附録」享保一六年一二月三日条。
(49)「吉茂公譜　巻五」享保五年正月九日条。

(50)「吉茂公譜　巻四」正徳五年八月五日条。
(51)鍋二五二‐八一「正徳五年未八月五日御直々仰付西泊戸町遠見山高海上程幷はね高鉾香焼上ノ嶋伊王嶋改候様被仰付所ミ相改候書付扨又上ノ扣付状扣」。
(52)「吉茂公譜　巻五」享保四年二月条。
(53)「岩と木ハ如何可有之哉」との問いに対し「御答仕候は、木ゟ岩は格別堅御座候」と認識されている(「吉茂公譜　巻五」享保四年四月二一日条)。
(54)「吉茂公譜　巻五」享保三年九月二日条。
(55)「吉茂公譜　巻五」享保七年八月二〇日条。
(56)「吉茂公譜　巻五」享保七年六月七日条・七月朔日条。
(57)「船破却被仰付候節は勢分強ク仕懸申候、又は追払に被仰付候節は、勢分和ニ有之様ニ仕懸申候」(「吉茂公譜」享保四年二月一六日条)。
(58)「吉茂公譜　附録」享保一六年一二月三日条「翌十六年十二月三日、大崎御細工所相省ラレ、御石火矢方役所ニテ御火矢細工モ可相整旨、宗茂公仰出サル」。
(59)「泰国院様御年譜地取」安永三年五月二六日条。
(60)「泰国院様御年譜地取」安永四年五月一一日条。
(61)「泰国院様御年譜地取」寛政四年二月九日条。
(62)「泰国院様御年譜地取」寛政七年九月二四日条。
(63)「重茂公御年譜」寛延二年九月二七日条・一〇月九日条。

(64) 鍋二五三‐一九「御禁制船入津之節御奉行所可相窺覚」。
(65) 鍋二五三‐一九「御禁制船入津之節御奉行所可相窺覚」。
(66) 鍋二五二‐二「御石火矢方頭人日記抜書」。
(67) 「吉茂公譜　巻四」正徳五年八月二日条。
(68) 鍋二五二‐八一「正徳五年未八月五日御直々仰付西泊戸町遠見山高海上程幷はね高鉾香焼上ノ嶋伊王嶋改候様被仰付所ゝ相改候書付扱又上ノ扣付状扣」。
(69) 鍋二五二‐七九「黒船五度来着ニ付而其心得」。
(70) 「吉茂公譜　巻六」享保一一年五月一三日条。
(71) 「吉茂公譜　巻七」享保一四年九月一八日条。
(72) 「泰国院様御年譜地取」寛政七年二月二四日条。
(73) 「泰国院様御年譜地取」寛政一〇年九月四日条。
(74) 「泰国院様御年譜地取」寛政九年七月二一日条。
(75) 「泰国院様御年譜地取」寛政九年閏七月朔日条。
(76) 「泰国院様御年譜地取」寛政九年八月一六日条。
(77) 「泰国院様御年譜地取」寛政一一年正月二九日条・二月二九日条・三月一七日条。
(78) 在来台場・新台場・増台場の区別を示した各御台場ごとの見取図。各備砲について貫目数や砲口の向き、「御自分(佐賀藩)御筒」・「筑前御筒」の区別も示されている。また石火矢配備の状況に加え、石蔵・番所・木屋などを含む周辺の景観も描いたもので、ススレ御台場(新台場)を除き、七ヵ所御台場および魚見岳御台場(増台場)の八図が残されている。

いずれも鍋島報效会所蔵。

(79) 鍋二五二-八九「御番方沿革方書付」文化三年二月二七日条。
(80) 鍋二五二-八九「御番方沿革方書付」文化四年五月一四日条。
(81) 鍋二五二-八九「御番方沿革方書付」文化五年三月一〇日条。
(82) 「宝永二年長崎警備非番之図」(鍋島報效会所蔵／図録『佐賀藩　長崎警備のはじまり展』(鍋島報效会、二〇一二年)所載)には、道生田と香焼島の二ヵ所に「煙硝蔵」が確認されるが、基本的には道生田での一括管理が行われていた。
(83) 「直正公譜　巻三」天保一三年一〇月七日条。
(84) 「直正公譜　巻三」天保一四年二月二〇日条。
(85) 「直正公譜　巻四」弘化四年九月条。
(86) 「直正公譜　巻四」弘化四年一〇月一一日条。
(87) 伊東次兵衛「胸秘録」(『佐賀県近世史料』第五編第一巻、佐賀県立図書館、二〇〇八年)。
(88) 鍋二五二-二「御石火矢方頭人日記抜書」。なお同書では「但、御番所御巡見之節、御石火矢之せんを抜置候義は、此時より相始候由」として、実用的な観点での石火矢確認の嚆矢と位置づけている。
(89) 「綱茂公御年譜」元禄一六年五月一三日条。
(90) 「吉茂公譜　巻五」享保三年四月二四日条。
(91) 「吉茂公譜　巻六」享保一〇年六月二一日条。
(92) 両御番所の石火矢試射が行われた寛永六年に、「八貫目御筒之義、地金薄玉目相応之薬込難相成」(「泰国院様御年譜地取」三月二九日条)、「八貫目御石火矢之儀、元来薄張ニ而、玉目相応之業前難相成候得共、火矢御筒ニ〆ハ御用ニ相立候」（「同書」六月二四日条）として、火矢としての活用は可能と判断されている。
(93)「吉茂公譜　巻六」享保一〇年一〇月七日条。
(94)「吉茂公譜　巻六」享保一一年六月六日条。
(95)「吉茂公譜　巻五」享保三年七月二二日条。
(96)鍋二五三-一九「御禁制船入津之節御奉行所可相窺覚」。
(97)四代吉茂は宝永五年六月一五日付「条々」（鍋島報效会所蔵）の三条目で、「一、長崎御番之儀、代ヽ於当家為規模之間、自然之刻可励忠勤覚悟可為専一事」と述べている（「吉茂公譜　巻二」同日条参照）。また三代綱茂も、大身家臣に宛てた遺書の二条目で次のように述べている。「一、長崎御番之義、別而大切ニ存候条、其仕組無油断様ニ可然候、兼而定置候虎口前置目之事、弥無相違様ニ可被申談事」（宝永三年一一月二五日「遺書之条ヽ」鍋島報效会所蔵）。
(98)「吉茂公譜　巻二」宝永五年五月二二日条。

長崎警備における三家
――小城藩を事例にして――

野口朋隆

はじめに

本稿は、佐賀藩が公儀役として担った長崎警備の内、上級家臣である大配分領主がどのように関わったのかという点について、分家大名である小城藩鍋島家を主な事例としながら明らかにすることを目的としている。

これまで佐賀藩による長崎警備に関する研究は多くの蓄積がある。[1] しかし、佐賀藩の上級家臣である大配分領主がどのように長崎警備に組み込まれていたのか、という点については、あまり触れられることがなかった。

佐賀藩は、時期によっても異なるが、おおよそ一八世紀以降、身分格式上、三家（小城・蓮池・鹿島各鍋島家）を頂点とした分家大名以下、親類、親類同格、家老までが大配分領主とされ、自身の知行地支配について、他の家臣（小配分）とは異なる自律的な支配を展開していた。[2] 佐賀藩の直臣であった親類以下はともかく、特に三家は、将軍の家臣として、やはり同じく一八世紀以降、幕府から勅使馳走役や江戸城門番役といった公儀役を命じられており、長崎警備に動員されることは、二重の役負担となる。しかし、分家創出以来、佐賀藩による支配統制が強力であり、かつ将軍とも主従関係を持つ二重主従制にあったため、[3] 長崎警備も担っていたのである。こうした対幕関係と藩内事情のなかで、長崎警備はどのように遂行されていったのであろうか。この問題を明らかにするためにも、大配分領主がどのように動員されていたのかを明らかにすることは重要である。

そこで、本稿では、三家のなかでも最大の七万三〇〇〇石余の石高を有した小城藩を中心に、大配分領主による長崎警備の状況を明らかにしていきたい(4)。まず第一節では、小城藩を含めた三家がどのように長崎警備に組み込まれていくのかについて述べる。第二節では、小城藩による長崎警備の変遷について明らかにする。第三節では、集権化を進めていく本藩が小城藩をどのようにその統制下に置いていったのかを検討することにしたい。

一　本家の名代としての小城藩

幕府は、寛永一六年(一六三九)七月以降、ポルトガルと断交するとともに、これに備えるため、同一八年、長崎警備を福岡藩黒田家に命じ、翌年三月には佐賀藩鍋島家にも命じた。

これが江戸時代を通して佐賀藩が担う公儀役となるのだが、少なくとも一七世紀における長崎警備は、必ず佐賀藩や福岡藩が担う役として定まっていたわけではない。年不詳だが一七世紀中頃と推定される勝茂の五男鍋島直弘から、同じく勝茂の孫同光茂宛の諫言書にも「長崎御番之儀、別大名衆へ被仰付にて可有御座と奉存候、内々承候ハ、細川肥後守殿ゟも御番を御望左右ニ承及候、若別方ニなと被仰付様子ニ罷成候てハ、御外聞無残(5)」しと熊本藩主細川光尚も長崎警備を望んでいると述べている。元禄元年(一六八八)一二月推定、一八日付、水戸徳川光圀から小城藩主鍋島元武宛の書状にも「黒田殿も隠居被致候、長崎向之事ハ誰ニ可被仰付も相知不申候(6)」と、福岡藩主黒田光之が隠居したものの、長崎警備が誰に命じられるかは光圀も分からないと述べており、長崎警備をどの大名家が担うのか、当時の認識としては流動的であったことは確かである。

ただ、これ以降も、佐賀藩と福岡藩に対して、変わらず長崎警備が命じられたことから、結果として江戸時代を通して、両藩が長崎警備を担ったということになる。

さて、ここで問題となるのが、長崎警備に小城藩がいつから組み込まれたのか、いわば参加をしたのか、ということだが、後述する通り、安政四年（一八五七）以前には長崎湾の外側（外目）に浮かぶ高島の守備を本藩から命じられていた。これがいつから始まったのか、ということだが、残念ながら一次史料から見いだすことはできない。ただし、後年の史料となるが、小城藩の「日記」文化三年（一八〇六）八月二二日の項によれば、佐賀藩備立方から長崎警備についての問い合わせに対して、小城藩では「正保四年正月、高島番小城請持ニ相成候趣之事」と答えている。正保四年（一六四七）六月には断交していたポルトガル船が長崎へ来航しており、佐賀・福岡両藩以外、熊本藩細川家や柳川藩立花家など、九州の諸藩が警備のため長崎に動員されており、同地に緊張が走ることになる年である。また「請持」と言っているように、これは幕府から命じられたのではなく、あくまで佐賀藩主から命じられるものであり、佐賀藩の長崎警備に包摂されているところに大きな特徴がある。すなわち、小城藩を含めた三家は、自余の大名とは異なり、将軍から領知朱印状を交付されない内分分家としての分家大名ということもあって、当初、幕府から勅使馳走役や江戸城の門番役といった公儀役を命じられることがない「部屋住格大名」であった(7)。三家はあくまで本藩の指揮命令下にあったことから、佐賀藩が幕府から命じられる公儀役を、佐賀藩の命令のもと担う存在であったのである。こうした点は、万石以上を有する多久家・諫早家・須古鍋島家・武雄鍋島家といった佐賀藩の大身家臣と同様の存在であったといえよう。もちろん、これらの家が幕府奉公することはない。

元禄五年三月に、五代将軍徳川綱吉は小城藩鍋島元武に対して、公家衆馳走役を命じており、以降、同藩では公儀役を負担することになる一方、高島守衛も続けられたことから、小城藩は幕府・本藩の両者から役負担を命じられることになった。なお、蓮池藩と鹿島藩もまた、同時期に伊王島番を担当したものと思われる。

こうした長崎警備に三家が組み込まれることになった点と関連して、長崎警備における三家の役割として、本藩主の名代として長崎へ赴くという事態が出現したことをあげておきたい。

佐賀藩主は江戸から佐賀へ帰国すると、警備を確認するため、必ず長崎へ行くのだが、この名代として赴いたのが、勝茂の庶子で鹿島藩主となった鍋島直朝である。正保四年六月、直朝は、来日したポルトガル船に対処するため、長崎へ赴いている。(8) かかる点、「江戸幕府祐筆所日記」や『徳川実紀』を見ても、幕府が直朝へ命令したことが確認できないことから、おそらく父勝茂によって命じられたものと思われる。小城藩と同様に、幕府から公儀役を命じられていなかった鹿島藩も実質的に長崎警備に参加していた。

その後、万治三年（一六六〇）にも、勝茂の孫で本家当主となった光茂が本来、長崎へ行くべきところ、病のため行けなかったため、再び直朝が名代として同地へ赴いている。鹿島藩主が名代となる理由としては、同藩が表高二万石と、小城（七万三〇〇〇石余）・蓮池（五万六〇〇〇石余）両藩に比べて規模が小さいことから、本藩としても指示・命令が与えやすかったものと考えられる。

もっとも、これ以降、延宝元年（一六七三）に貿易の再開を求めてイギリスが長崎へ派遣したリターン号の入港時には、勝茂の末子で神代家を継いでいた直長が長崎へ光茂の名代として赴いており、(9) 次に述べる明和二年（一七六五）までのおよそ一〇〇年間、三家が名代として長崎へ赴くことはなくなり、警備のため家臣団を派遣することになる。

三家が名代を勤めなくなった状況に変化が現れたのは、明和二年七月、鹿島藩主治茂（最初直煕だが、本稿では治茂に統一する）が、本藩主重茂の名代として長崎へ赴いてからである。本藩主鍋島宗茂の庶子であった治茂は、鹿島藩主鍋島直郷の養子となり、宝暦一三年（一七六三）四月七日、鹿島藩主に就任していた。なお、名代としての役割が途絶えていた一七世紀中頃から一八世紀中頃の約一〇〇年間は、三家でも大名としての格式が幕府から認められ、本家からも一定度の政治的自立性を獲得していた時期であった。しかし、治茂が鹿島藩鍋島家へ養子に入って以降、佐賀藩自体の財政難や本分家の結び付きが再び強まる傾向にあった。[10]この治茂による一〇〇年ぶりの名代復活も、分家が本家の名代を担っていた一七世紀前期の役割を佐賀藩が再び持ち出したものである。

特に、これ以降で特徴的なこととして、名代が鹿島藩以外にも及んだことがあげられる。まず寛政九年（一七九七）五月一五日、本藩から小城藩に対して「長崎表、自然異国船来着之節者、御留守之義、多久長門殿迄被差置候間、大殿様江自然之節ハ長門殿ゟ御相談も可被仕候間、其節ハ御承知被成候様相達有之候」[11]と、本藩主斉直が在江戸で佐賀に不在中に異国船が長崎へやって来た場合は、対応するはずの家老多久長門が「大殿様」（直愈）に相談するかもしれないというのである。これは一見すると、当然のことのように思えるが、実際に高島守衛以外、長崎の警備そのものに小城藩主が関わるという点において、従来なかったことである。これもまた、三家を長崎警備により組み込んでいく動向として捉えることができる。

もっとも、こうした動きは、実は佐賀藩だけのことではなく、福岡藩でも同様の動きがあった。天明五年（一七八五）五月と同六年一二月に、幕府は分家である秋月藩黒田家に対して、本藩主がまだ幼少とのことから、藩主長舒に対して長崎警備を命じているし、文化五年六月、福岡藩主黒田斉清の名代として秋月藩黒田長韶が長崎へ赴いている。[12]秋月藩黒田家は、佐賀藩の三家とは異なり、将軍から領知朱印状を拝領する別朱印分家であるが、分家大名が本来持っていた本家の名代という機能のほか、長崎警備を福岡藩と秋月藩を合わせたところの黒田家で担うという軍役本来の在り方が持ち出されたのである。

さて、こうした動向を経て、小城藩でも、本家当主の名代として長崎へ赴くことが始まり、文政元年（一八一八）七月、小城藩主直尭が斉直の名代として長崎へ出発すると、供として家老野口十太夫他の藩士も出崎した。二一日には、本藩主と同様に、まず立山の長崎奉行所を訪れ、次いで乗船して長崎湾内の番所や台場を見廻っている⑬。こうした動きは、同七年も同様であり、本藩から藩主斉直が江戸滞府のため、直尭が「長崎御番所見廻等之儀、其方江名代申達候、付而ハ自然彼地江黒船幷相替候船来着之到来候者、早速長崎可被相越候、尤右之節、都合為心遣鍋島山城罷越候様申付置候条、万端無迦可被申談者也⑭」として、名代に命じられており、親類格で本藩から派遣される鍋島（白石）直章とともに見廻りをするよう達せられた。なお、慶応四年（一八六八）三月二五日、鹿島藩は本家から再び名代を命じられている⑮。

二　ロシアの脅威と長崎警備

1　小城藩によるロシアへの警戒

一八世紀以降、日本近海にロシア船が頻繁に現れるようになり、寛政四年（一七九二）に同国使節ラックスマンが根室に来航したこともあって、幕府を中心に海防に関する危機意識が急速に高まっていた。

佐賀藩では、文化五年（一八〇八）一月に小城藩に対して、前年一二月に幕府から、「魯西亜船取計方之義ニ付（中略）向後何れ之浦方ニ而もおろしや船と見請候ハヽ、厳重ニ打払、近付候おひてハ召捕、又者打捨、時宜応し可申者勿論之事候⑯」と、ロシア船を見たら、「打払」「召捕」「打捨」てるようにと命じられたことを達している。

ただ、話は前後するが、佐賀藩では、幕府から達せられる以前から、外国からの脅威について警戒をしており、寛政五年二月九日、小城藩を含めた全家臣団に対して、「御家者御番方ニ付、格別累年厚御仕組被仰渡、全其心得有之儀ニ而、是等者御案中之事候得者、右御仕組之大意可被仰達事候、乍然其業専御家中之覚悟ニ相懸事候条、何時異変之儀有之候得共、間ニ合候通猶又心懸勿論候、就中於武門不束之儀等有之候而者、末代為恥辱事を能々致勘弁[17]」すよう達している。これは、本家へ戻り藩主となった治茂が、天明元年（一七八一）に創設した藩校弘道館における教育とともに、文武に励むよう説いていたもので、当然、外国の進出が意識されていた。

かかる点において興味深いのは、小城藩「日記」寛政四年二月一一日の項に、「今度ムスコビア大将、朝鮮国随申へきため大軍を起し、大将元達、副将観蘭翰六万騎をさしそへ朝鮮国へ押渡候由、専風聞有」と、現在小城鍋島文庫に残されている「日記」中、ほとんど唯一といっていいくらい、風聞という未確認情報が記入されていることである。ムスコビアとは、林子平が天明五年に『三国通覧図説』を書いた際に、蝦夷地を征服する意図を持ったロシア人の名前として挙げたものであり、これがどのように小城藩の情報として藩日記にまで書かれたのか、その経緯は不明ながらも、ロシアの脅威を小城藩が認識していたことは事実であろう。もちろん、実際に朝鮮がロシアに侵略されることはなかったのだが、未確認の情報を藩日記に記載していることは重要である。

さて、佐賀藩では、ロシアからの脅威に対して、長崎警備を強化するため、大筒（大砲）の充実を図っている。寛政七年には、小城藩士で武衛流砲術の指南役であった富岡助之進を佐賀藩士として召し抱えている。佐賀藩といえども、佐賀藩士と小城藩士の区別は当然あり、身分格式が固定していた一九世紀において、両藩の間で藩士が自由に行き来できるというようなことはない。ただし、佐賀藩儒者であった古賀精里が寛政八年に幕府昌平坂学問所へ登用され幕臣となったように、上位権力が下位権力の家臣をいわば引き抜くことは実際に行われたが、秩序の維持という点からすると頻繁に行えることではない。

佐賀藩では、寛政七年四月一〇日に、富岡へ「由緒書」を提出するよう命じ[18]、さらに八月一〇日には、領内佐賀郡八幡原において、富岡に百目玉放出の砲術演習を行わせて、その技術を確認している[19]。この時、藩主は不在であったものの、請役家老であった諫早茂次・鍋島茂親・鍋島茂矩や、親類同格の村田(久保田)政敏・鍋島茂真以下、藩の重臣が一同に集まって代覧を行っており、佐賀藩がいかに重視していたかが理解される。富岡の身元を確認するとともに、砲術に関する知識・技術をも確認するため演習を行った上で、佐賀藩士に編入したのである。

もっとも小城藩でも自藩士が引き抜かれることに抵抗を示しており、九月二五日には、富岡が佐賀藩の請役所から呼び出されたが、「則日肥州様《(治茂)》御目見等迄被仰付御手配相成居候趣[20]」があるため、「不快」と称して、佐賀城への出仕を拒んだ。もちろん、小城藩の命令で富岡は出仕しなかったのである。しかし、翌年三月七日には、ついに抗しきれず、「砲術鍛錬ニ付、切米六拾石被為拝領被召出[21]」ている。佐賀藩にとっては陪臣にあたる富岡を引き抜き直臣としたことは、佐賀藩がいかに大筒(大砲)を重視していたかを示すものであり、これが長崎警備のためであったことは想像に難くない。

2　警備体制の変化

正保四年(一六四七)より高島番を担ってきた小城藩であったが、実際にはどのような体制であったのであろうか。「日記」から確認することができる一八世紀の事例を見てみると、毎年四月に侍格以上の藩士一人が主従四人として派遣されており、寛政三年四月からは主従三人に減少している。ほかに足軽も五人派遣されていたが、やはり同年から四人に減少している。そして一〇月の冬番として、やはり侍格以上の藩士が主従二人で番として詰めることになっており、同様に足軽は二人派遣されている。

一九世紀になると、南下策に伴うロシア船やその他の外国船の出現に対処するため、小城藩一手で勤めてきた高島番は大きく変更されている。

文化五年二月、高島番には、従来から勤めてきた小城藩に加えて、蓮池藩鍋島家と、親類格の久保田村田家を交代にして詰めるようになっている。しかし蓮池藩については、従来通りの伊王島番を継続しており、久保田村田家が新たに加わったようである。この時、派遣する藩士も増加しており、鉄砲組頭二人で主従にして五人、侍四人で各主従三人、足軽五〇人と大幅に増えている。(22)

そして安政元年（一八五四）二月、小城藩の警備担当は、高島から蓮池藩が勤める伊王島と同島の南東香焼島と同じく南島にある魚見岳へと変更になっている。この理由としては、同月、三家の幕府への奉公を五ヵ年間停止する「公務御用捨」となっており、これを三家へ通達したことと連動するものであった。すなわち、それまで佐賀藩では、三家へ財政援助を行ってでも彼らの幕府に対する奉公を継続してきたが、長崎警備を強化する目的から、これを中止した。(23)「公務御用捨」を行った上で、三家に伊王島を担当させたのである。伊王島は高島同様、長崎湾外の外目に位置するが、高島の北に位置し、湾内の内目により近く、外国船も必ず通航する重要な島であった。ここに小城藩も配置することによって、長崎の警備を強化しようとする意図があったと考えられる。

佐賀藩では、文久三年（一八六三）四月二日、「香焼偖又深堀之儀、猶又御厳備無之而不叶」という理由から伊王島と高島の守衛を止めることにし、これを同地詰の三家へ通達している。(24)このため、三家の兵力は、香焼島・魚見岳と、これもまた「公務御用捨」後に命じられていた神島の警備に集中することになった。これは佐賀藩が稲佐山に台場を建造してこれに三家をあてるための一時的な処置であったが、慶応三年（一八六七）一月二七日には、「出格之訳」をもって「公務御用捨中」は、神島の台場のみを受け持つことになった。小城藩にとって三度目の「公務御用捨」は、慶応元年からも実施されており、詰める藩士は、小城藩で筒方二四人、足軽七人、蓮池藩で筒方一七人、足軽五人、鹿島藩で筒方六人、足軽二人となっている。また、これもいつからかは不明だが、小城藩士は、文化六年に台場が設置された長刀岩にも詰めている。

つまり、「公務御用捨」とは、五ヵ年の間に三家の財政を立て直し、再び幕府へ奉公を行うことを目的として実施されたものであるから、これ以上、三家が長崎警備に対する財政を負担することを避ける意味合いがあった。ただし、例えば、文久三年三月二〇日には、長崎奉行から本藩に対して、長崎が万一の際は非番であっても出兵するよう命じられたことが小城藩へも通達されているように[25]、緊急の際は長崎へ出兵することが決められており、三家の長崎警備負担が低下したことにはならない。かつ慶応三年の段階において、倒壊寸前の幕府に対する奉公を佐賀藩が重視していたかどうかは疑問である。

三家は佐賀藩内では、他の藩士が小配分と称されていたのに対して、領地の規模およびより上級の領主権を持つ大配分に属していたが、他の大配分領主の警備状況については、従来、佐賀藩の当番年には太田尾、陰ノ尾には本藩の家臣が詰め、非番の年には、高鉾に鍋島（白石）家が、白崎に諫早家が、長刀岩に主水（横岳鍋島）家が、陰ノ尾に鍋島（深堀）家がそれぞれ詰めていたが、いわゆる新台場が建設された文化六年五月一四日、長崎仕組方から安芸、鍋島（須古）家、主水家、鍋島（神代）家、鍋島（倉町）家、鍋島（太田）家は六〇日交代で、高鉾・白崎両台場に、それぞれ組頭二人、足軽五〇人にて詰めるよう命じられている[26]。それから沖島には、親類同格の多久家と鍋島（武雄）家が交代で詰め番にあたっていた[27]。そして、嘉永七年（一八五四）には、鍋島（武雄）家・鍋島（白石）家とともに、高島番に変更となっている。これは小城藩が、高島番から伊王島番へ変更になったのに伴う処置である。

三　長崎警備における三家の統制

佐賀藩では、長崎警備と佐賀城下の警備体制を連動させている。「日記」天保一一年（一八四〇）九月三日の項では、小城藩に対して、「長崎表自然異変之節、御留守仕組ニ付、唐人町口固被仰付候」と、本藩から長崎が万一の際、つまり外国から侵入を受けたりなどした際に、佐賀城下の唐人町を警備するよう命じられたのである。本藩の城下町の警備を小城藩が担当するということは、小城藩が自余の大名であれば考えられないことであるが、やはり分家大名として佐賀藩に包摂された存在であるからこそ可能なのであり、この時期に小城藩を佐賀藩の警備体制に組み込んだことは、三家の従属化という点で重要な意味を持っていた。

さて、本藩による長崎警備を通した分家の統制としては、まず文化五年（一八〇八）四月に、長崎仕組方より小城藩に対して、「此御方御所持之火矢・炮烙、其他大筒書出有之候様被相達候」[28]として、所持している鉄砲や大筒を書き上げて提出するよう命じたことが挙げられる。同じく、佐賀藩では、小城藩の領地であった伊万里・山代郷に在住している家臣についても書き上げの提出を命じている。さらに四月六日には、「御家中内、火矢等打方心得有之候面々名書、且流儀付御用有之候」として、砲術の師家および門弟を書き上げて提出するよう命じている。このため、小城藩では、武衛流富岡三太夫およびその門弟八人、真田流東島政太郎および門弟四人、中川流箕田市右衛門および門弟一人などを調査した上で提出している。大筒などの火器に関する所在調査や、流派の把握というのは、まさに佐賀藩が大砲を重視し始めたためであり、それは当然、外国船の出没による対応策であろう。なお佐賀藩にとって長崎警備の重要性を再認識させられたフェートン号事件は、同年八月であり、すでにそれより以前から、佐賀藩は外国への備えを開始していたことは確かである。しかし突発的に同事件が起こってしまったため、佐賀藩は太平の世の中で危機感が喪失していたという評価がなされてしまったのではないだろうか。

大配分のなかでも武雄鍋島家は、天保期以降、領主鍋島茂義による蘭学および西洋軍事技術の導入に向けた動きが顕著であったが、他の領主においては目立った動きをみせておらず、小城藩でも西洋軍事技術の導入という点については本藩や武雄鍋島家に比べて後れをとった感が否めない。

(1)小銃装備

小城藩では、文政一三年(一八三〇)から藩校興譲館において、近世初頭のことを扱った軍記物や歴代藩主の年譜を、親類・家老以下、重役列席の下、二と七の付く日に購読していく軍書会を開催しており、これもまた対外的な危機感のなかで行われていた[29]。

実際、佐賀藩内における最大の石高を有する小城藩であっても、西洋軍事技術の導入は、本藩の指示・命令・援助のもとに実施されている。安政四年(一八五七)一二月七日、小城藩では、本藩の火術方から、「西洋流銃陣」の練習を行うよう命じられた。これを受けて小城藩では、一六歳から三九歳までの侍・小頭・徒士については残らず出席するように、四〇歳以上は勝手次第とすることを、文武方および大組を通して達している。ここで興味深いのは、出席者については「出席帳」を作成するのだが、この作成主体は、「出席帳、其外取締向等、御火術方ニ而取調子、差出候事[30]」とあるように、小城藩士の出席管理を行うのが本藩(火術方)だったことである。小城藩士は、もともと鍋島直茂や勝茂に仕えていた武士の子孫が多く、それぞれ八三士と七七士という由緒をつくりあげ[31]、他の新参の家臣と区別してきた。分家の創設当初はともかく、一七世紀中頃以降は、分家当主と家臣との間で知行を媒介とした主従関係が築かれていたことは間違いなく、小城藩士にとって直接の主君は小城藩主であった。したがって、本藩から小城藩士が制約を受けることは、刑罰権などに接触しない限り基本的にあり得なかった。しかし、ここで、火術方が小城藩士の出席を調査・把握していることは、やはり、それだけ本藩の支配・統制が強まっていることを示すものである。

これと並行して、同月一七日には、小城藩士犬塚杢之助が火術方に入門して「初段」を取得している。これは火術方が、西洋銃取り扱いなどの稽古について「初段」「二段」に分けて取得させるものであり、もはや、技術や知識の伝来を、火術方が窓口となった、小城藩を含めた佐賀藩全体に実施するものであり、もちろん、小城藩以外の大配分領主の家臣達も対象となっていた。そして慶応二年（一八六六）九月一六日には、本藩から、今後の銃訓練はすべて西洋銃陣によるようにとの命令があり、統一されることとなった。

西洋銃の装備という点でいうと、「日記」慶応元年七月一九日の項によれば、本藩の備立方より家老が呼び出され、これまで装備していた「八匁之雷銃」（八匁ドンドル銃）から、今後は段々とエンフィールド銃に統一するよう命じられている。このため一〇月には、詳細は不明だが、家臣下川甚五兵衛と深川瀬兵衛が「エンヒイルト銃一条」に付、長崎への出張を命じられている。そして、「日記」同四年三月四日には同じく備立方より、「物成千石以下、右銃手従者之義、組内訓練、偖又御火術方出席業前習熟、隊伍編成聊不束之義無之様、組々ニおゐて申合候様、尤於御火術方も業前御試等被仰付儀候」として西洋銃の訓練と火術方に出席して稽古の試験を受けるよう指示があった。このように、小城藩における小銃の装備については、本藩から命じられることで実施するところに大きな特徴がある。

⑵軍船の導入

大配分領主における軍船の導入については、現在、小城藩でのみ確認される。以下、「日記」から確認していくと、慶応二年二月一四日、本家請役所から命じられたこととして、長崎において小城藩がイギリスから「西洋形帆船」を買い入れたいという願いに関して、本藩主鍋島直正が許可したので、まず、長崎奉行へ報告するよう命じられている。

このため長崎へ藩士綾部新五郎と久留与平が派遣されている。

この時、小城藩では本藩の願いによって、幕府から参勤交代を免除される状態にあり、事実上、これまでと同様の「公務御用捨」となっていた。これは、長崎警備や西洋科学技術の導入に積極的な本藩が、三家への財政援助を嫌がったためであり、三家の側でも財政の立て直しとともに軍備の増強が図られた。

しかし、小城藩では「西洋形帆船」購入にあたり、自身でその費用を捻出することができず、このことを本藩に相談していた。一六日には、本藩懸硯方から、「欽八郎（直虎）殿勝手向累年不如意之半ニ候得共、時勢柄ニ付、軍器之儀者致充実候半而不叶ニ付、此度西洋形帆壱艘買入度候処、代金壱万四千両余ニ相及、大金之調儀不行届ニ付、右之半高七千金丈、年割返上ニして拝借被仰付度願出相成」、というように、小城藩は財政窮乏だが、軍備を充実させないといけないので帆船を購入したいというのだが、代金一万四〇〇〇両余を自藩では払いきれないため、本藩へその半分七〇〇〇両の借用を願い出たのである。このため、懸硯方では、満額とはいかないが六〇〇〇両の拝借を決定している。言うまでもなく、懸硯方は、本藩主の意向が大きく左右することから、拝借には直正の意思があったと考えられる。借用金は、懸硯方から直接小城藩へ貸し付けられるのではなく、本藩の表方の役職である船方から借用し、同じく同方へ返済する仕組みとなっていた[32]。

さて、小城藩が本藩から借金をしてまで購入した「西洋形帆船」は、長崎にて、本藩家臣佐野常民などが出張のもと、イギリスから引き渡されると、船名を「大木丸」と改めている。大砲を備えた大木丸の運用には、佐賀藩三重津海軍所があった寺井から舸子松田伝蔵以下六人、新町から江口十七蔵、伊万里山代から長谷川清太郎・野田利三郎があたったほか、久留与平のつてを通じて、讃岐国塩飽島音吉や島原四良吉・広島浅吉など、他国者一二人も舸子として雇い入れられている。四月一九日には小城藩領内住之江へ入津した。大木丸購入は、費用の捻出の在り方からしても、小城藩独自の考えや動きではなく、本藩による大配分領主への軍備充実の一環として捉えるべきであろう。

おわりに

本稿では、小城藩を中心に、近世後期における佐賀藩内大配分領主の長崎警備について論じてきた。最後に明らかになったことをまとめておきたい。

第一に、佐賀藩では、小城藩に対して、正保三年(一六四六)のポルトガル船来航をきっかけとして高島番を命じるとともに、鹿島藩に対しては、本藩主の名代として長崎へ行くよう命じることで、長崎警備に組み込むとともに彼らが佐賀藩の統制下にあることを示した。こうした名代としての機能は、三家が江戸で大名として認知されたこと、とりわけ将軍権力の強化を図った徳川綱吉が本藩とは別に公儀役を課したことで、低下していくことになった。第二に、佐賀藩では寛政期におけるロシア船の日本海近郊出現という事態を受けて、長崎警備の強化を目指し、大筒の充実をはじめ、小城藩士であった富岡助之進を佐賀藩士とするなど、兵器の運用にも力を入れていた。第三に、一九世紀以降、従来の警備体制を見直し、高島番には小城藩・蓮池藩・久保田村田家を詰めさせ、安政元年(一八五四)には小城藩を魚見岳番へと変更した。さらに慶応三年(一八六七)には神島詰へ変更となっている。第四に、佐賀藩の影響・指示のもと、小城藩では西洋小銃の装備やイギリス軍船を導入(大木丸)して、西洋型の軍備を充実させていった。

佐賀藩は幕府から長崎警備を命じられたことにより、江戸時代を通して長崎との関係を通して西洋の情報や物資をいち早く手に入れることのできる環境にあった。もちろん、長崎警備は佐賀本藩のみならず、本稿で明らかにした小城藩をはじめとする大配分を含めた全家臣団が動員されることで成り立っていた。本稿では、史料の制約上、小城藩を中心に明らかにしてきたが、蓮池藩や鹿島藩の実態については、今後の課題としたい。

註

（1）代表的なものを挙げておくと、藤野保編『佐賀藩の総合研究』正続（吉川弘文館、一九八一年、一九八七年）、長野暹「長崎警備初期の体制と佐賀藩―防備体制を中心に―」（『佐賀大学経済論集』三五〔四〕、二〇〇二年）、梶原良則「寛政～文化期の長崎警備とフェートン号事件」（『福岡大學人文論叢』三七〔一〕、二〇〇五年）など。

（2）大配分領主の自律性については、高野信治『近世大名家臣団と領主制』（吉川弘文館、一九九七年）を参照されたい。

（3）小城藩の二重主従制については、拙著『近世分家大名論』（吉川弘文館、二〇一一年）を参照されたい。

（4）小城藩と長崎警備や軍事技術の導入という問題については、すでに青木歳幸・野口朋隆編著『「小城藩日記」にみる近世佐賀医学・洋学史料』前編・後編（佐賀大学地域学歴史文化研究センター、二〇〇九年、二〇一一年）のなかで、拙稿「長崎警備と小城鍋島家」（前編）、同「近世後期、小城鍋島家における軍事技術の導入」（後編）として述べたが、解題という限られた紙面・文字数内での発表であった。そこで、重複することもあるが、本稿であらためて述べることをお断りしておきたい。

（5）「白石鍋島家文書」一九号（『佐賀県史料集成』一五巻、佐賀県立図書館）八三頁。

（6）「義公書翰」五（『義公・烈公書翰集』茨城県立図書館）六頁。

（7）公儀役負担と大名身分は大きく関連しているが、かかる点については拙著前掲註（3）で述べているので参照されたい。

（8）『鹿島市史』中巻、一六三頁。

（9）「神代家文書」（鍋島報效会所蔵）。

(10) 拙著前掲註(3)。
(11)「日記」(小城鍋島家文庫、佐賀大学付属図書館所蔵)。以下特に注記しないかぎり「日記」と略称する。
(12) 秋月藩黒田家の動向について、天明五年五月と同六年一二月の事例については『寛政重修諸家譜』(続群書類従完成会、一九六五年)第七巻から、文化五年六月の事例については、「日記」文化五年六月二四日の項。
(13)「日記」文政元年七月二一日の項。
(14)「日記」文政七年七月一一日の項。
(15)「日記」慶応四年三月二五日の項。
(16)「日記」文化五年一月二三日の項。
(17)「日記」寛政五年二月九日の項。
(18)「日記」寛政七年四月一〇日の項。
(19)「日記」寛政七年八月一〇日の項。
(20)「日記」寛政七年九月二七日の項。
(21)「日記」寛政八年三月七日の項。なお、小城藩における富岡家の名跡および砲術師家は、弟三太夫が継承している。
(22)「日記」文化五年二月一〇日の項。
(23) 拙著前掲註(3)。
(24)「日記」文久三年四月二日の項。
(25)「日記」文久三年三月二〇日の項。
(26)「日記」文化六年五月一四日の項。

(27)『多久市史』第二巻、近世編、二六〇頁。
(28)「日記」文化五年四月三日の項。
(29)拙稿「小城藩における政治と教育―藩校興譲館の設立と文武修行―」(生馬寛信・青木歳幸編『小城の教育と地域社会』佐賀大学地域学歴史文化研究センター、二〇一〇年)。
(30)「日記」安政四年一二月七日の項。
(31)かかる点については、拙稿「小城鍋島家における家臣団の由緒について」(伊藤弘明編『成立期の小城藩と藩主たち』佐賀大学地域学歴史文化研究センター、二〇〇六年)を参照されたい。
(32)「日記」慶応元年一〇月一日の項。

佐賀藩の情報収集と意思決定
――天保～嘉永期を中心に――

片倉日龍雄

はじめに

幕末期佐賀藩の近代科学技術の先駆的導入とその成果については、すでに先行研究によって明らかにされているところである。ただ、それらは、結果として成功事例の時系列的列挙にとどまっており、その前提をなす組織の戦略的意思決定の問題―どのような情報を集め、どのように判断し、どのように意思決定を行ったか―の詳細については明らかになっていない(1)。

しかしながら、組織として重要施策の実行にあたっては、事前の情報収集にはじまる戦略的意思決定の過程が重要な意味を持つ。本稿では、佐賀藩において近代科学技術導入路線を確立させた天保～嘉永期（一八三〇～一八五四）を中心に、佐賀藩の情報収集と意思決定の構造を明らかにするとともに、アヘン戦争を契機に対外危機認識を深め、伊王島・神の島など外目台場増強を佐賀藩単独事業として実施するに至った過程における情報収集と意思決定の実態について検証したい。

一　佐賀藩における情報収集と意思決定

天保元年(一八三〇)佐賀藩主に就任した鍋島直正は早い時期から、長崎警備担当藩の責任者として、海外の動向、特に兵器、砲術など近代軍事技術について強い関心を持っていた。天保八年九月、次のような指示をしている。

唐・紅毛持越品之内、是迄不有触有用之武器類有之由被聞召及、此御方御役向ニ而異邦之火術其外御心得無之而不相叶ニ付、実用相立候武器類御註文被成度被思召候、(後略)(2)

すなわち、「中国やオランダの貿易品の中には威力ある目新しい兵器類もあると聞く。長崎警備担当として、海外の新兵器や砲術について無知であってはならず、いち早く導入したい」、長崎聞役などは長崎奉行へそのことをよく相談するようにというのである。

藩主直正の判断・意思決定の根底には、常に長崎警備担当としての使命感があった。目的を遂行するために、幕府中枢までも及ぶ多方面の情報ネットワークを通じて核心に迫る情報を集め、迅速的確な戦略意思決定および指示を行った。

この節においては、佐賀藩の情報収集体制、組織意思決定者である藩主自身の活動、意思決定機関である御仕組所について検討し、佐賀藩における情報収集と意思決定の構造を明らかにする。

1　多方面からの情報収集

極秘情報を含む情報収集に重要な役割を果たした役職・人物には、長崎聞役、長崎の医師楢林宗建、江戸町奉行鍋島直孝、江戸の医師・蘭学者伊東玄朴がいた。

⑴長崎聞役

長崎聞役は、西国一四藩が長崎奉行からの指示を国元へ伝える連絡担当として、正保四年（一六四七）以来長崎に配置された。[3]天保後期の佐賀藩長崎聞役の活動状況がわかる史料として、次のものがある。[4]

一筆啓上候、阿蘭陀船今入津無之ニ付加飛丹江被相尋候処、最早旬季も相後候ニ付、入津之程も無覚束旨申出候段、御奉行所去八日御書付を以被相達候ニ付、其段申越置候、右加飛丹御奉行所江御答申上候横文字之和解、御立入之通詞江為知候様申達置候処、別紙之通為知来候ニ付、右書付写之差越申候、此段為可申越如斯御座候、

九月十一日　　　　　　　　　　嘉村　源左衛門

井上　孫之允様
成松　萬兵衛様
井内　傳右衛門様
中村　彦之允様

差出人の嘉村源左衛門は、天保期の佐賀藩長崎聞役である。この書状は天保一二年、オランダ商船が当年は来航しないことの理由書を、長崎のオランダ通詞から入手したので知らせる、という聞役通報文である。宛名四人の当時の役職は、井上（請役相談役）、成松（御蔵方頭人）、井内（請役相談役教授兼帯）、中村（請役相談役格御蔵方立会役）であり、かつ御仕組所（藩政重要事項の最高意思決定機関―後述）の構成員であった。

この文面から次のことがわかる。①一見緊急性ある重要案件ともみえない事項（貿易船欠航）についても、情報を得た都度、すぐに通報する体制が確立していた。②日常的に通詞と懇意な関係ができており、比較的容易に情報が入手

できる安定情報源が確保されていた。③聞役（長崎現地）から藩上層部へ直接、間断なく無修正の生の情報が送られていた。

後述するが、アヘン戦争情報、「別段風説書」等、外交秘的情報をいち早く佐賀へ通報したことなど、長崎聞役情報は、以後の佐賀藩の防衛戦略決定に大きな影響を与えた。

⑵ 楢林宗建

長崎在住の医師楢林家は、もともとオランダ通詞であった初代楢林進五兵衛（鎮山）がオランダ商館付医師から医術を学び、後に通詞職を長子量右衛門に譲って自分は医業に専念したことに始まる。[5] 佐賀藩とのかかわりは、宗建の祖父栄哲（高茂）代に「御家臣ノ御取扱ニテ長崎屋舗出入医ニ被召成、五人扶持被為拝領」となってからである。[6]

楢林宗建は文政一〇年（一八二七）父栄哲（高連）の跡を継いで永代長崎居住の佐賀藩医（鍋島孫六郎組）となり、「常ニ蘭館へ出入スル訳ヲ以御内密御用」を仰せ付けられた。[7] 始祖を同じくする医師楢林家と通詞楢林家は常に親密な親戚関係にあった。

宗建の業績は、種痘の導入が有名であるが、佐賀藩のために行った情報活動の実績も顕著である。宗建の活動の仕組みがわかる次の史料がある。[8]

只今楢林定一郎・西慶太郎両名ニ而別紙之通為知来申候、右は夜前御奉行所より御書取を以被仰渡候ニ付、今朝かひたんアメリカ船へ相越、申聞候趣ニ御座候、尚彼船より之返答は、跡方かひたん帰候上為知参可申、先此段申上候間、早速御側江被仰上可被下候、以上、

四月五日晩　和山拝

淇流様

これは、北海道松前領に漂着したアメリカ人一五人が長崎へ回送され、嘉永二年（一八四九）迎えに来たアメリカ船プレブル号へ引き渡すについて、最終交渉が行われるという情報を佐賀藩へ通報するものである。「和山」は楢林宗建の雅号、「淇流」は佐賀藩の長崎聞役米倉権兵衛（嘉村源左衛門の後任）の雅号である。宗建が親戚である通詞の楢林定一郎・西慶太郎から得た情報を聞役米倉へ知らせ、佐賀藩へ速報するよう促している。

医師としてオランダ商館出入自由の特権を持ち、(9)通詞楢林家と親戚関係にある宗建が対外交渉の最前線で情報を集め、長崎聞役を通じて佐賀藩へ通報する仕組みが出来上がっていた。宗建は別段風説書入手のほか、弘化四年（一八四七）ごろから蒸気船関係情報をもたらしている。(10)嘉永三年には、佐賀藩から「内密御用筋等格別骨折」「諸聞合等立働御用立ニ付」として長崎聞役米倉とともに表彰を受けている。(11)

(3)鍋島直孝

鍋島直孝は藩主直正の六歳年長の異母兄（筆頭家老鍋島安房の同腹兄）で、そのころ（天保一四年一〇月〜嘉永元年一一月）江戸北町奉行を勤めていた。直孝の養家（通称餅木鍋島家）は、佐賀藩の藩祖鍋島直茂の二男忠茂が徳川秀忠に仕えたことに始まる五〇〇〇石の旗本家である。直孝は文政二年に養子入りした。直孝の養父帯刀の室は佐賀藩主直正の叔母宜（後離縁）、帯刀の父伊予守は小城六代藩主直員の三男であるなど、佐賀とは深い縁戚関係にあった。(12)この時期、佐賀藩から直孝へ毎年米六〇〇石が援助されており、(13)直孝の町奉行就任に際しては、佐賀藩主直正が金五〇両を贈り激励するなど特に親しい関係にあった。(14)

直孝は幕府中枢の極秘情報を提供した。天保一五年長崎来航の軍艦パレンバン号によってもたらされたオランダ国王書簡は、オランダ側においても当初から徹底した秘匿体制がとられ、長崎においても開封されることなく江戸へ直送され、極秘体制で翻訳が進められたが、直孝は翻訳開始後一〇日目の日付で、翻訳途中の書簡和訳文を佐賀へ送っている[15]。直孝は幕府評定所の構成員として、オランダ国王書簡対応の一部始終に深くかかわっていた[16]。

幕府は、国王書簡がわが国への開国勧告という重大な内容であるにもかかわらず、親藩三家へも知らせることなく、老中以下ごく少数者の判断で拒絶の通告書を返した[17]。長崎警備担当の佐賀藩主・福岡藩主へ公式に開示したのは弘化二年九月[18]であった。後述するように佐賀藩主鍋島直正は、弘化二年には早くも長崎の防衛戦略方針を決めているので、直孝の速報した国王書簡の内容（アヘン戦争におけるイギリスの脅威）が、アヘン戦争速報情報とともに直正の戦略意思決定に大きな影響を与えたと思われる（後述）。

直孝はこのほか、長崎台場増強について幕府から拝借金を得るために、折衝上の具体策を助言し実現させるなど、佐賀藩に対し特段の協力をしている[19]。

(4) 伊東玄朴

伊東玄朴は、神埼郡仁比山出身の医師である。蘭医シーボルトに学び、文政一一年から江戸で開業し医師として名声を得た。その後、佐賀藩に重用され天保一四年には「蘭学医術抜群熟達ニ付」として「一代被召出七人御扶持拝領」を仰せ付けられている[20]。また、医業の傍ら蘭学塾象先堂を開き、医学・兵事関係蘭書の翻訳を行い佐賀藩へ提供した。特に、佐賀藩が独力で反射炉を作り鋼鉄製大砲を完成させるについての唯一の技術指導書、ヒュギューニン著『熕鐵新書』を、杉谷雍助らとともに完訳した[21]。玄朴の翻訳完成は薩摩の島津齊彬や水戸の徳川齊昭らからも渇望されていた[22]。

玄朴は江戸からの秘密情報提供者でもあった。さきに鍋島直孝が通報したオランダ国王書簡に関して、翻訳開始から約一か月後の一〇月二七日付で手紙を送っている[23]。国王書簡内容の的確な要約と背景説明、書簡の取り扱いをめぐる幕府内部の動き、米価の高騰など、江戸市中の状況や風聞を伝えている。内容から鍋島直孝（内匠頭）や江戸留守居らとの連携が推測される[24]。

以上のことから、幕府中枢、長崎、江戸各方面において、重要情報の発信源に最接近し、複数の人物が連携を取りながら緊急かつ核心に迫る情報を収集・通報する体制が整っていたことがわかる。

2　藩主自身の活動

藩主鍋島直正自身は該博な情報の持ち主であり、自らも行動した。

(1) オランダ国王使節船視察

直正からのオランダ国王使節船視察の申し出に対し、長崎奉行伊澤政義は、「外様大名が外国船に乗り込むさへ多少外聞を憚るべき」うえに、使節船が軍艦であることを理由に即答しなかった[25]。直正は長崎聞役米倉権兵衛に次の伺書を提出させた[26]。

（前略）阿蘭本国船之儀、軍船仕立之趣ニ付而は、後々御番方心得ニも可相成儀ニ付、彼船内其外一躰之振合見置度旨被申付越候、（中略）御内慮奉伺候処、色々被成兼候御都合被仰聞候趣、則国許申越候、然処最前も申上候通、此節本国船之儀は軍船之儀ニ而、一躰船内石火矢其外備付之振合相見置被申候ハヽ、御番方第一之事柄、以来の勘弁ニも可相懸儀ニ付、（後略）

すなわち、佐賀藩としては、使節船が軍艦であるからこそ艦内視察は長崎警備のため必要と考え要望した。軍艦備え付けの大砲、その外の軍事装備を見ることが主目的であり、それは長崎警備の今後の成否にもかかわることであると主張している。この強い意志表明により、前例にない外国軍艦視察が実現した。

直正ら一行は、艦内主要箇所を巡視し、大砲、銃剣、火薬庫等の装備、兵員による銃砲操作や調練の実演、医務室などを見た[27]。

後述するように、この軍艦視察は直正の戦略意思決定に大きく影響した。

(2) ペリー艦隊来港予告

直正はペリー来航前年、いわゆる「ペリー来航予告」第一報を長崎奉行から直接聞き出している。直正に御年寄（御側役のトップ）として長年仕えた鍋島市佑（夏雲）の「鍋島夏雲内密手控」、嘉永五年の部分に次の記事がある[28]。

（前略）此節鎮台へ逢ひ玉ひしに、蘭人別段風説之次第有之、江府伺中ニ付御差図次第ニ追々御承知可被成旨沙汰ニ付、明年亘り異船ニても可参や尋ね玉ひしに、寛急ハどふもはかられ不申由返答ニ付、左すれハ只今の事もはかられ不申、然るを江戸御往復之上御知らせとハ余り御緩やかて、夫ニてハ御備受持安心不相成旨、再応の玉ひしかハ、アメリカ可参趣申ける由、其末又御屋敷へ高島作兵衛を召して問ひ玉ひし、風説之和解ニ立合せしか訳ハ不聞由陳しける故、夫ハ落合玉わす、作兵衛ハ懇意成より内々尋るに、和解ニ立会なから不知と申や、正敷鎮台よりも聞玉ひしことありと詰玉ひしかハ、猶取調子可申上由ニて引取、印封之書取差上ける趣ニ而見セ玉ひけり、矢張鎮台の咄同し、（後略）

長崎奉行が別段風説書の内容を、江戸伺いの後知らせると告げたのに対し、直正はそのような悠長なことでは長崎警備担当として責務が果たせないと迫り、アメリカ来航のことを聞き出した。その上で町年寄高島作兵衛にも問い詰めて裏付け確認をしたというのである。同史料によれば、その後楢林宗建からも、来年アメリカが江戸近海へ渡来するとの通報があり、一二月には江戸から、先月阿部老中から渡されたとして「封印之御書取」（内容は「アメリカ渡来之一条」）が届き、請役家老・御年寄らも披見したとある。

(3) 広範な国際情報

前述二つの事例からも、長崎警備を至上の責務と考え、それを切札として談判する優れた交渉者としての直正の姿が見えるが、直正自身の広範な情報蓄積、特に国際情勢についての認識は抜群のものがあった。記録によりそれを検証する。

「嘉永七年　御目通幷公用諸控」という記録がある。(29) 執筆者は、直正の藩主就任以来執政として佐賀藩の行政全般を統御した鍋島安房の自筆記録である。一年間だけであるが、内容は、「御出座」として当時の佐賀藩の最高意思決定機関「御仕組所」（後述）の会議記録一七回、「御目通」として藩主直正と執政鍋島安房との打ち合わせ一六回の記録がある。ほとんどが直正自身の発言記録で占められている。

この年には、日米和親条約や日露和親条約が結ばれ、また、中国では太平天国の乱、ヨーロッパではクリミア戦争があった。同記録において、直正は四月一四日付で、日露交渉における双方主張の内実や、ロシア船の行動予定などを、五月一八日付では、「清と天徳和睦」により大黄（漢方薬）の輸入価格が下がることを、六月一九日付では、日米交渉におけるアメリカの主張と幕府の不定見や、下田開港で決着したこと、ペリーの行動予定などを記し、閏七月二一日付では、長崎来航のイギリス船（スターリング）がロシアとの交戦（クリミア戦争）を告げ、日本へも協力を求めていることや、イギリスの底意などを、その都度御仕組所メンバーへ披露している。時々刻々激変する当時の日本と外国の国際関係について核心的情報を、即時・広範に収集蓄積していることに驚く。また、藩政上層メンバーに対し自ら積極的に情報共有化を図っていることにも注目すべきである。

3　最高意思決定機関「御仕組所」

情報は集められただけでは素材にすぎない。情報は総合的見地から的確な判断がなされ、目的に沿った意思決定がなされなければならない。佐賀藩の最高意思決定機関として御仕組所があった。前記1-(1)の長崎聞役からの通報にみられるように、各方面からの情報はここへ集められ、執政鍋島安房が主宰し藩主直正も随時出座して案件審議し、佐賀藩の組織意思決定がなされた。前述「御目通幷公用諸控」はその会議記録を含む鍋島安房の自筆記録である。ここでは、御仕組所の成立経過と組織性格について述べる。

御仕組所(御仕与所)は、すでに文政八年から存在していた。その年、九代藩主鍋島齊直が退隠意思を表明し「政雑筋鍋島山城始重職中江委任」されたことから、その後の藩政運営方針決定のため、支藩三家および親類など門閥家臣、さらにまだ若殿であった直正の側役も加え「三家・門閥家臣・直正側役の三者による合議政治の中核をなす役所」として作られたのである(30)。

直正藩主就任後、天保三年、それまで相続方と混住であったものを独立させ、請役相談役・御年寄・御側頭も御仕組所へ出仕させることとし、附役も配置して、行政と御側合同の統一重役会議として独立機能を確立した(31)。

天保七年一二月、直正はそれまでの藩政改革の成果をある程度は評価しながらも、「国家之基本相立、教化行候場ニは遥程遠事」と不満を表明し、御仕組所が「是迄は瑣細之義迄も吟味」してきたが、今後は「地行之義は成丈其役筋ニ而」処理し、御仕組所は「専ら経国之基本講求せしむる事」、すなわち、藩政重要事項の意思決定に特化することを目的として御仕組所の抜本的改組を行った。新メンバーとして、請役、請役相談役、相続方相談役、大目付、目付、御年寄、御側頭、御側目付が任命され、附役も配置された(32)。

このようにして鍋島安房を主宰者とする御仕組所体制が整備され、佐賀藩統一の最高意思決定機関として機能を発揮する状況は、「御目通幷公用諸控」により確認することができる。代表的意思決定事例として、蒸気船製造一件がある。嘉永七年閏七月九日付記事によれば、「蒸気車よりは蒸気船は制作易シ」という中村奇輔の見解が披露され、

「蒸気船御製造、於長崎有之筈ニ付、御一手ニ被仰付候様、尤、長崎之者共御雇可相成、自然六ケ敷候へは、一艘分之御費用は此御方より被差出候而も」と、佐賀藩が費用負担してでも蒸気船製造を引き受けたい意思が表明され、同年一一月二八日、武雄の鍋島十左衛門を「右心遣」として「於御番方、蒸気船製造被仰出」された(33)。

これまで述べた情報収集から意思決定に至る構造を、概念図としてまとめると図1のようになる。

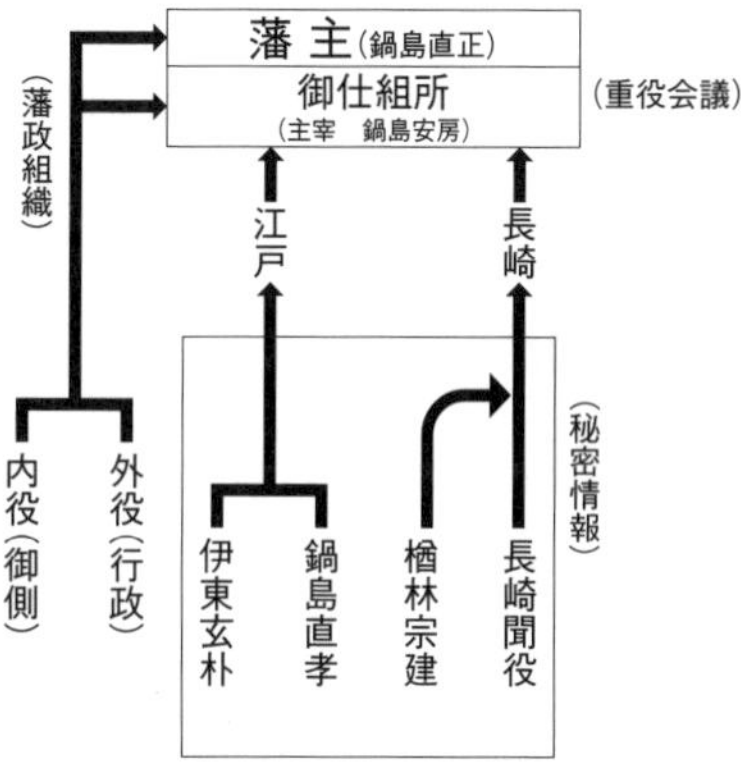

図１　佐賀藩情報収集と意思決定の構造（天保～嘉永ころ）

二　海防戦略遂行における情報収集と意思決定

前節においては、長崎警備を至上の責務とする藩主直正の強い使命感のもと、展開された佐賀藩の情報収集と意思決定の構造を明らかにした。その背景にはアヘン戦争やオランダ国王使節船来航によって醸成された対外危機認識があった。

佐賀藩はアヘン戦争を契機として対外危機を認識し、その対抗策として伊王島・神島など外目台場を増強して、反射炉による鉄製大砲を鋳造するなど、近代科学技術の本格的導入を含む大事業を佐賀藩独力で遂行する。本節においては、アヘン戦争における危機対応、および伊王島・神島など外目台場を増強する海防戦略遂行において、どのように情報を収集し、どのように方針決定し、どのように対幕府交渉を行ったか、その過程を検証する。

1 アヘン戦争の衝撃

佐賀藩が、いち早く近代科学技術導入へ方向付けする動機となったのは、アヘン戦争の衝撃であった。佐賀藩は、文化五年（一八〇八）のフェートン号事件という屈辱的歴史記憶を持つが、これは直接軍事技術近代化には結び付かなかった。[34] アヘン戦争の衝撃は、当時の超大国であり日本の文化的母国である清国が、イギリス艦隊の機動的攻撃力と、圧倒的火砲の威力の前に、なすすべもなく連戦連敗した事実の衝撃であった。また、九州は中国と地理的に近接していることもあり、長崎警備を担当する佐賀藩としては、切迫した危機的状況として認識された。

わが国へのアヘン戦争情報は、天保一一年（一八四〇）六月来航のオランダ船から提出された通称「別段風説書」によりもたらされた。内容は、アヘン戦争の発生原因や経過報告である。別段風説書は極秘扱いであったが、佐賀藩はこれを最初から入手していた。[35]

翌一二年はオランダ船の来航はなく、一三年六月一九日の来船で二年分の別段風説書が提出された。その時点では既に戦争の大勢は決し、和平交渉が始まっていた。佐賀藩の長崎聞役嘉村源左衛門は、七月一三日付で次のように通報している。[36]

（前略）大通詞かひ丹相尋候処、一躰は唐国と和睦ハ相整候得共、既北原迄攻入之末ニ而、如形和睦ニは相成、大揔之銀高唐国より差出シ、其上大成島をヱケレス人江相与届ニ而、右ニ而領掌候旨、（後略）

すなわち、イギリスはすでに北京近くまで侵攻し、和平交渉が始まっているが、清国は多額の賠償金を取られ、大きな島を与えることになるらしい、というのである。また、別報では、イギリスに占領された地域の地図を二回にわたり送るなど、別段風説書よりも詳細な情報を同時進行的に通報している。[37] 佐賀藩は幕府よりも早く情報を手に入れていた。

また、アメリカ船モリソン号が日本で砲撃を受けたことが海外で報道され、報復的世論があること、イギリスは中国の次は日本へ向かうという風聞なども通報しており、[38]佐賀藩にとって緊迫した危機感を抱かせるものであった。これを受けて藩主直正は、九月一五日、自ら総騎馬編成の軍勢を指揮して長崎へ出張した。長崎警備責任者として、即断即決し、危機対応の臨戦態勢を固めたのである。[39]

2　外目台場増強の意思決定と強行

アヘン戦争による切迫した危機的状況は一応過ぎたが、天保一五年（弘化元年〔一八四四〕）のオランダ国王使節船をはじめ毎年外国船の来航接近があり、長崎警備体制の再構築が必要になっていた。

(1)外目台場を増設し大型大砲を備える意思決定

直正は、オランダ国王使節船来航翌年の弘化二年、台場を増設し大型大砲を備えて、外洋から侵入する敵艦の侵入を防ぐという恒久的防衛戦略を決定した。その意思決定の理由を、前述の御年寄鍋島市佑による「鍋島夏雲内密手控」は次のように述べる。[40]

長崎表之義、昨年来之様子を以ハ、此以後節々異船渡来可致処、其時々爰元より御人数出し玉ひてハ、御領中の騒は不及申、耕作等も自然と取荒し申べく、第一御入用も不少、旁ニ付而は一課之御物入ハありとも、御台場ケ所増玉ひ、大貫目の石火矢数十挺備付玉ひ、三五艘之船ハ、何時も打挫之御手配なし置玉ふべき旨、御治定なし玉へり、

直正が懸念しているのは、出費もさることながら、むしろ「耕作等も自然と取荒」す農業生産基盤への影響と、動員兵力確保の問題があった。すなわち、前年一一月に長崎御番方から、長崎警備の一年詰は「足軽躰小身之者共ニは

表1　外国艦船渡来と佐賀藩の長崎警備動員

	渡　来　日	退　去　日	渡　来　艦　船	渡来目的	守備人員（人）	うち佐賀藩（人）
1	1804年9月6日	翌年3月19日	ロシアのレザーノフ	通商要求	37,893	30,930
2	1808年8月15日	8月17日	英艦フェートン号	オランダ拿捕船		
3	1844年7月2日	10月18日	蘭国軍艦パレンバン号	開国勧告	10,644	8,546
4	1845年7月4日	7月8日	英国軍艦サマラン号	測　量	6,566	5,266
5	1846年6月7日	6月9日	仏国軍艦3隻（セシル）	寄　港	15,879	8,400
6	1849年3月26日	4月5日	米国軍艦プレブル号	遭難者引取		
7	1853年7月18日 12月5日	10月23日 翌年1月8日	露国軍艦4隻（プチャーチン）	通商要求	17,365	8,146
8	1854年3月23日	3月29日	同上軍艦3隻（同　上）	同　上		
9	同　年7月28日	9月7日	蘭国軍艦スンピン号	海軍伝習		
10	同年閏7月15日	8月29日	英国軍艦4隻（スターリング）	寄港要求		

（古藤浩『開国前夜の佐賀藩』より、出典「増補長崎略史」下巻）

農業等差欠」、士気にも支障があるので半年詰にして欲しいとの要望が出された[41]。結局この要望は却下されたが、長崎警備の動員兵力が限界に達している深刻な実態が露呈されたのである。

たしかに、表1に見るごとく、外国船来航時には、平常配置（当番年一三〇〇、非番年五〇〇）の六倍～一〇倍の非常時動員を余儀なくされていた実態があった。

「御台場ケ所増」と「大貫目之石火矢」は、

①長崎警備の恒久的強化

②警備のための安定兵力確保

という課題を解決するについて、この時点での抜本的最適解として直正が決断した策であった。

(2) 阿部老中へ単独会見し外目台場強化を提言

長崎警備の基本方針として、外目（外洋向け）重視の佐賀藩に対し、内目（長崎港内）強化で十分とする福岡藩との間に基本的な方針の違いがあった[42]。直正は、福岡藩との協議未了のままでも、佐賀藩提案の真意を直接幕府トップへ説明することを決意した。この決意に基づく以後の直正の意思決定および行動は、戦略家・優れた交渉者としての核心的部分であるので、若干詳細に経過を検証する。

弘化三年一二月、阿部老中に対し、さきのオランダ国王書簡の内容や近年の外国船来航の実情をみるとき、長崎警備の強化は当面の急務であるとして、次のような異例の直接面談の申し入れをする[43]。

（前略）至而重キ事柄ニ而、中々紙上筆端抔ニ而分明相弁候義ニ無之、（中略）委曲御直ニ相伺度候、依之参勤之義、明年御番代之上引揚奉願度奉存候得共、表立候而は余リ屹度立候故、（中略）暫御目見も不仕候ニ付、早々御機嫌奉伺度、且病気療養をも仕度、（中略）御手前様限直ニ御聞置可被下候、已上、

すなわち、国防の重大事を直接面談して説明したい、参勤時期を繰り上げて参府したいが、目立ってはいけないのでご機嫌伺い旁々病気治療に行くということにしたい、という異例の申し入れである。長崎警備に対する直正の強い意思表示でもあった。

弘化四年、繰り上げ参府を実現した直正は、福岡藩の同意も得た上で、一〇月一一日、阿部老中に対し、長崎警備強化についての意見書を直接差し出した。それは、藩主自身のオランダ国王使節船（軍艦）への乗船体験や、佐賀藩の情報集積に裏付けされた長崎警備の抜本的強化の具体策提案であり、決意表明でもあった。以下は主要部分の抜粋である[44]。

（前略）一体西洋之儀、専研究火術種々利用大銃等相用候趣は、唐山戦争之振合ニ而も被推度、眼前使節船等ニも

大銃数十挺備付、且全躰之船制、海城とも相唱候程厳重之結構ニ候得は、中々貫目以下之石火矢共ニ而は、船腹打貫候儀無覚束、（中略）防禦之要地全外目之事ニ可有之、去迚進退自在之船ニ候得は、内外何処を戦地と難差極、彼是を以は孰れ当港咽喉之地より首尾一体之形連続之備相立候方可然、惣而右様進退自在之上、堅城同然之結構ニ而、専用火術候得は、防禦之術先ハ石火矢之業前ニ相限義ニ付、乗入候海路ニ随、切所々々之地ニ於て厳重之大御台場被御取建、大貫目之大銃今又百挺程も被相備置度、左候得は数艘之賊船何時襲来候共、守衛之者共逸居待受、乗寄候半は一勢ニ打挫、乗離候半は其儘差置、及数日候而も台体同様之備立を以相防、（中略）前件海防之儀は実ニ天下之大事家職之急務、殊ニ不容易当今之時勢ニ候得は、何時不慮之変事出来可仕哉難計、片時も安心不相成、何卒急ニ廟算被相決、両家存念之通相届候様偏ニ奉願候、（後略）

西洋諸国においては、近代的火器銃砲技術が大いに発達していることはアヘン戦争の実態からも明らかになった。また、オランダ国王使節船（軍艦）にも大砲が数十挺装備されており、かつ、軍艦の構造はあたかも海に浮かぶ城砦ともいうべき堅固なもので、貫目以下の石火矢（大砲）では船腹を打ち貫くこともできない、と現状の不利を指摘する。そして、これを防御するには、外目（長崎港外）で撃退すべきであるが、相手は進退自由の軍艦なので戦闘拠点は一定しない。そこで軍艦の進路へ向けて陸地の要所要所に大型の台場（砲台）を造り、大型大砲を百挺ほど備え付け守備兵を配置しておけば、数艘の敵艦が来ても一斉砲撃して打ち払うことができ、数日の戦闘にも耐えることができる、と防衛戦術の抜本的改善策を提案する。

大砲が勝敗の帰趨を決したアヘン戦争の実態、オランダ軍艦の重装備など、直正自身の体験および情報の裏付けに基づく現状分析と大胆な改善策の提案であった。後半では、長崎警備を責務とする使命感と、切迫する外圧への危機感が、この提案の強い推進力になっていることを窺わせる。

意見書提出後、半年経過しても返答がないまま嘉永元年（一八四八）三月帰国の時期を迎えた直正は、阿部老中に対し、「海防之儀は実ニ天下之安危相係、別而重き事柄」であり「片時も猶予不相成」状況であるにもかかわらず、「至此節、御一左右不奉承知候而は、誠ニ不本意之至ニ御座候間、何卒速ニ御差図有御座度奉存候」と強い調子の申し入れ書を書き送って帰国する。[45]

しかしそれでも返事は来ない。同年七月、再度の督促をする。「御取調之儀、其後如何之御容子ニ候哉、日夜夫而已懸念罷在候」として、「長崎表之儀は、外国を被御引受候要港候得は、何時不虞出来候哉難計」場所なので厳重な備えが必要である。「殊ニ伊王島之儀は、第一咽喉之地ニ而」、「非常之節は防禦方至極枢要之切所」なので、「万一願立之儀、全分御吟味急ニ相付兼候半は、先以伊王島等枢要之所々、為天下急ニ御決算有御座度奉希候」というものである。[46] ここで注目すべきは、具体的に伊王島という拠点名を挙げて、全体判断ができないならば伊王島だけでも切り離して、先行判断して欲しいと迫っていることである。

伊王島という拠点は、以後の対幕府との海防戦略論議の中で重要な意味を持つ。佐賀藩においても伊王島の持つ海防戦略上の位置づけについては賛否両論の情報があった。複数情報の検討事例としてそのことにも触れたい。

(3) 伊王島台場についての情報検討

台場の増強計画には、それまで収集した情報が参考にされたと考えられる。「籌邊新編」中の台場関連情報を抽出すると、表2のものがある。佐賀藩は比較的早い時期から台場についての情報を集めていた。天保一一年には、西洋台場構築の工法やアムステルダム港の台場配置図を入手していた。[47] 弘化二年には、台場適地の選定要件（敵が内目へ侵入するとき必ず通る道筋であり、かつ、敵に奪取されても当方に害とならない場所）や、大砲配備の具体例（例えば、アントウエルペン《アントワープ》では数百挺の大砲を備えている）などの情報を入手している。[48] 直正の意見書にあった「乗入候海路ニ随、切

表２ 「籌邊新編」の台場関係情報

入手時期	収録冊子	史料の性格	情報の内容
天保11年	蘭人風説雑(3)	長崎からの通報	西洋の台場構築法、海防戦略、アムステルダム港台場配置図等
弘化２年	同上	長崎からの通報	西洋台場の構築法、台場適地などＱ＆Ａ
(不明)	蘭人風説雑(2)	長崎からの通報	伊王島実地での台場適地等をカピタンから聞き取り

（鍋島家文庫　鍋991-574による）

所々之地ニ於て厳重之御台場被御取建、大貫目之大銃今又百挺程も被相備置度」という外目撃退論の提案内容と酷似していることに注意したい。

また、伊王島へ台場を設置することを想定した具体的検討も行っていた。これは長崎聞役通報と思われる情報である。[49] 情報入手経過は、「かひたん頃日伊王島旗棹見分罷越、幸之折柄ニ付、自然当島江台場等取立候節、場所其外かひたん之勘考如何存候哉之段、内密通詞江相含、船中雑話ニ為承候」、すなわち、商館長がオランダ国旗掲揚地である伊王島へ実地見分に出張した折、通詞へ頼んで台場設置の適地などの情報を聞き出したというもので、その要点は次のようである。

・伊王島は「長崎之咽喉ニ而入り来候敵船を防止候ニ最上之島」で台場設置に好適である。
・この島の「出崎押シ廻シ候処」に台場を築き、敵船が外洋から侵入するのを防ぎ止めた方がよい。島の外目南側の辺も上陸を防ぐためによい。
・北側の方も悪くないが万一敵に取られると当方の不利。
・敵に取られて不利になる所に築くときは、その台場を打ち崩すことのできる地点にもう一つ築き、最初の台が万一取られたときは、退却し取られた台場を打ち崩す方法もある。
・敵の仮想侵入航路を想定し訓練すべし。
・海浜見通しの場所へ火薬庫は危険、山の裏手見えにくい所にすべし、西洋では不寝番を置く。等々。

ここでも、外洋からの敵艦侵入に対し「長崎之咽喉」である伊王島の「出先押シ廻シ候処」から砲撃し撃退するという外目撃退論の意見が述べられており、西洋ではすでに常識化された海防戦略理論であったことがわかる。

しかし、伊王島については推進論ばかりではなく、他の情報もあった。嘉永三年佐賀藩は、当時砲術家として定評のあった佐久間象山の許へ本島藤太夫を派遣して、台場への大砲配備数や弾薬準備基準、実戦運用法など、台場構築の具体的技法等のほか、長崎港周辺の台場適地についても意見を求めた。象山は、台場適地は白崎が第一、次が神崎、その次に神ノ島とした。伊王島は「風波之節援兵被差出候由候得ハ、貴重之大砲を御備置候ハんニハ御人数少くてハ甚危く」、「然ル間敷候」とする否定的見解を述べている[50]。これは、幕府の考えがそうであったように当時の国内多数意見を代表しているものと思われるが、現有戦力を前提とした受動的専守防衛論であり、機動性ある外国軍艦の攻撃にどの程度対応できるかは未知数であった。

佐賀藩は結果的に、外目撃退論、すなわち西洋型海防戦略を採用した。戦略意思決定の過程において、複数情報の吟味、取捨選択がなされていたことを示す事例である。

(4) 提案否決に対し単独実施を再提案し強行

外目台場強化提案から一年二か月経過した嘉永二年一月、提案否決の通知が届く。理由は「人数手配等旧来之姿ニ倍増いたし」、「往々両家之疲弊を相招」くので伊王島・神島には手をつけず、長刀岩・高鉾など港内の台場を増強すればよいという内目重点主義のものであった[51]。これに対し直正は、伊王島・神島こそ防禦の要地であると強く主張し再審議を求める書簡を阿部老中へ送る[52]。

（前略）防禦之要地全外目ニ相帰候、右之段は御直ニも委曲申陳候処、此節先伊王島・神島等は不被及御沙汰旨、右は全実地現業之上ニおいて大ニ致齟齬、対異船、於沖目不法等相働候とも、伊王島等咽喉之要地ニ御備無之候而は、急速打払行届申間敷、（後略）

という抗議文に近い内容である。一貫して「外目」、「伊王島」という外目撃退の西洋型海防戦略に執着し主張している。

しかし、これは組織論的にみれば、与えられた権限の枠を逸脱した言い分である。なぜなら、当時日本の外交防衛に関しては幕府の専担事項であり、その中で佐賀藩は長崎警備という一セクションを担当していたに過ぎない。幕府の意思決定により、内目防衛で事足りるという基本方針が示されたのであるから、それに従うべきであろう。現に福岡藩はそれに従った。佐賀藩の提案は、幕府決定の形骸化につながる要素を持っていた。

それにもかかわらず、佐賀藩は、伊王島などの港外要地が佐賀藩領であることを根拠に、独力での実行を幕府へ再提案する。嘉永三年二月、阿部老中へ提出した書面において次のように自信をもって言い切る。(53)

（前略）幸伊王島・神島等は領分之儀ニ御座候故、私手前ニをひて台場取立、人数・船等致手当、当番・非番共御番方一手之手配ニ取結候様可仕奉存候、尤疲弊不致通ニは成丈其取計仕候心得ニ御座候、（後略）

すなわち、伊王島・神島は佐賀藩領なのでそこへ台場を造り、且つその守備についても当番年・非番年にかかわらず佐賀藩で責任を持つというものである。

この提案にも問題がある。長崎警備については、佐賀藩と福岡藩が当番を隔年交替で行うという二〇〇年を超える制度化された慣行が確立していた。(54)伊王島・神島に限ってはいるが、佐賀藩一手で担当させよという提案であるから、前例踏襲が鉄則であった当時にあって、制度破綻につながる要素をもっていた。

しかしながら、幕府においてこれらが問題化されることはなかった模様である。佐賀藩では、同年一二月二日、軍事担当に対し、次の指示をしている(55)。

（前略）伊王島・神島等之儀は幸御領分之義故、於御手前御台場築立、御人数・船等被相備、御当番・御非番共御番方一手之御手配ニ被御取結候様可被成旨、公辺被仰達候段は、当春御参府中被仰越置候、依之、右両島等江御台場御築立並大銃御製造、御人数・船等之義一刻も取調、夫々相整候様、（後略）

幕府から、佐賀藩独自で伊王島・神島へ台場を築き、守備も当番非番にかかわらず一手担当でよいという承認を得たのですぐ取りかかるように、との指示である。

幕府としては、切迫する対外危機対応のためには、あえて佐賀藩提案を容認せざるを得ない状況があったと思われるが、海防戦略論としては、外目撃退という西洋型海防理論の現実的有効性が、現有戦力を前提とした受動的専守防衛論（内目防衛）を説得したといえる。西洋型理論に絶大な信頼を置く直正の主張が、当時の硬直化した幕府支配体制の一角に風穴を明ける結果ともなった。

佐賀藩は、同年一二月から伊王島・神島台場築造工事に着工し、神島―四郎島間の埋め立てを含む大工事を嘉永六年三月までに完成させた。

おわりに

以上、佐賀藩における情報収集と意思決定の問題について、情報収集と意思決定の仕組み、具体的事例として対外危機対応としての台場増強策をめぐる問題について検討した。次のことを明らかにすることができたと思う。

①幕末期佐賀藩は、幕府中枢、長崎、江戸各方面において、重要情報の発信源に最接近し、複数の人物が連携を取りながら緊急、且つ核心に迫る情報を収集・通報する体制を確立していた。
②藩主自らも率先して情報活動を行い、世界的視野の広範な知識・情報を蓄積していた。
③集められた情報は、最高意思決定機関である御仕組所に御側・行政の重役が一堂に会し論議され、最終意思決定者である藩主直正により的確・果断な意思決定がなされた。
④佐賀藩は、抜本的海防強化策として、台場を増設し大型大砲で撃退する戦略を構想したが、これは、限界に達していた動員兵力問題の解決策でもあった。
⑤また、戦略拠点として、伊王島など外目台場増強を主張したが、これは、西洋ではすでに常識化していた海防戦略情報に基づくものであった。
⑥提案は一旦否決されたが、佐賀藩は伊王島・神島が自領であることを根拠に再提案し、幕府支配体制にとって危険要素(幕府決定の形骸化、交替当番制の破綻)を内包しつつも、現実有効性に勝る外目撃退論(西洋型戦略理論)が承認された。

青年藩主鍋島直正が求めた「唐・紅毛持越品之内、是迄不有触有用之武器類」は単にモノだけではなかった。「有り触れざる有用の武器類」は銃砲・軍艦は当然ながら、軍事技術、軍事情報、戦略理論も含まれていた。しかもそれは、「唐」ではなく「紅毛」=西洋を中心としたものであった。

佐賀藩は「有り触れざる有用の武器類」を手にするため、一冊の翻訳書を頼りに反射炉を造り、鉄製大砲鋳造に成功し、幕府御用の大砲工廠となる。蒸気船製造にも挑戦する。すべて西洋がお手本であったが、青年藩主直正の思考は、明治以後の奔流のような西洋的富国強兵化を先取りしていたともいえる。

註

（1）中野禮四郎編『鍋島直正公傳』（侯爵鍋島家編纂所、一九二〇年）、『続佐賀藩の総合研究』（吉川弘文館、一九八七年）。

（2）「直正公御年譜地取」（『佐賀県近世史料』第一編第十一巻、佐賀県立図書館、二〇〇三年）五三一頁。

（3）『通航一覧』（国書刊行会、一九一三年）。

（4）鍋島報效会所蔵　佐賀県立図書館寄託鍋島家文庫、鍋二五三-二七「和蘭風説書」（以下同文庫史料については鍋×××-×××と表記）。なお、異本史料が日蘭学会・法政蘭学研究会編『和蘭風説書集成』（一九七九年）に収録されている。

（5）渡辺庫輔「阿蘭陀通詞楢林氏事略」（親和銀行済美会『崎陽論攷』、一九六四年）。

（6）鍋〇三四-一三「楢林氏之伝」。

（7）右同史料。

（8）鍋九九一-五五一「籌邊新編　嘉永元年申亜墨利加漂流者　後」。「籌邊新編」は「籌邊」（辺境の軍事を計画する）という標題が示すように佐賀藩が集めた軍事・国防関係史料を編纂したもので、鍋九九一-五五一および鍋九九一-五七四の二群二七冊が佐賀県立図書館に架蔵されている。収録史料名は次ページ一覧表のとおりである。編纂者の明記はないが、①冊子中に「清陰所蔵」（清陰は鍋島安房の雅号）の押印があること、②鍋島安房は鍋〇一五-一「多久家書物」の前書きに「小城所蔵の秘書を書写させた」ことを記すなど、古記録収集編纂に熱心であったこと等から、鍋島安房編纂史料と比定して差し支えないと考える。なお、同史料の詳細については、拙稿「幕末期佐賀藩の情報収集と対応―「籌邊新編」をめぐって―」（幕末佐賀科学技術史研究会『幕末佐賀科学技術史研究』一、二〇〇五年）を参照されたい。

「籌邊新編」一覧

冊　子　名	冊子No.	内　容
阿片風説　全	A-1	阿片戦争報告書
琉球風聞　(1)	A-2	琉球国異国船来航関係報告書および通報文
同　上　(2)	A-3	同　上
弘化元年辰阿蘭陀使節船来津(1)	A-4	オランダ国王使節船来航関係の報告書
同　上　(2)	A-5	同　上
同　上　(3)	A-6	同　上
弘化二年巳長崎英吉利船来津(1)	A-7	イギリスサマラング号来航関係の報告書
同　上　(2)	A-8	同　上
同　上　(3)	A-9	同　上
弘化三年午佛郎察船長崎来津　全	A-10	フランスセシーユ艦隊来航関係の報告書
弘化四年未亞墨利加人漂着　全	A-11	エトロフ漂着米人送還関係の報告書
嘉永元年申亞墨利加漂着者　前	A-12	松前領漂着米人長崎回送関係の報告書
同　上　後	A-13	米国プレブル号来航および同上米人送還関係報告書
蘭人風説　一	A-14	天保十一年別段風説書
同　上　二	A-15	天保十二年　同
同　上　三	A-16	天保十三年　同
同　上　四	A-17	天保十四年　同
同　上　五	A-18	天保十五年　同
同　上　六	A-19	弘化二年　同
同　上　八	A-20	嘉永四年　同
同　上　九	A-21	嘉永五年～嘉永六年別段風説書(五年は抜粋)
同　上　十	B-1	安政二年別段風説書
同　上　十一	B-2	安政三年および同五年別段風説書
蘭人風説　雑　(1)	A-22	長崎聞役等の通報文
同　上　(2)	B-3	同　上
同　上　(3)	B-4	同　上
唐人風説	B-5	阿片戦争経過、戦争後の清国状況報告等

(註)冊子No.の記号Aは鍋991-551、Bは鍋91-574を示す

（9）前掲註（6）「楢林氏之伝」。

（10）前掲註（8）鍋九九一-五七四「籌邊新編　蘭人風説雑」、弘化二年「火船製造蘭書の記事を横文字のまま送る」「火船の絵図送る」、嘉永元年「昨年注文した蒸気船雛形は今回積載されていない」など。

（11）前掲註（2）「直正公御年譜地取」七二六頁。

（12）鍋一一一-四四「餅木鍋島家系図」。

（13）鍋三四一-九「御物成幷銀御遣方大目安（天保一～弘化一）」、鍋三四一-四六「同（弘化一～嘉永一）」、鍋三四一-四七「同（嘉永一～安政一）」によれば、佐賀藩は天保元年から弘化四年まで毎年「内匠（頭）殿御助力米渡」として米六〇〇石または銀四〇貫目を支出し、その後、嘉永元年からは九〇〇石に増額している。

（14）前掲註（2）「直正公御年譜地取」六一六頁。

（15）前掲註（8）鍋九九一-五五一「籌邊新編　弘化元年辰阿蘭陀使節船来津三冊之内1」、一〇月一三日付で、「殊ノ外急、大広間ニ而」として翻訳途中の国王書簡訳文を送っている。詳細は前掲註（8）引用の拙稿「幕末期佐賀藩の情報収集と対応―「籌邊新編」をめぐって―」を参照。

（16）箭内健次編『通航一覧　続輯』（清文堂出版、一九七三年）第二巻、五二八～五二九頁。

（17）オランダ国王書簡をめぐる経過等については、永積洋子「通商の国から通信の国へ」（『日本歴史』四五八、一九八六年）、森岡美子「弘化年間における日蘭国書往復について」（『日本歴史』三〇一、一九七三年）、佐藤昌介「弘化嘉永年間における幕府の対外政策の基調について」（石井孝編『幕末維新期の研究』吉川弘文館、一九七八年、後に佐藤昌介『洋学史の研究』中央公論社、一九八〇年、に収録）、松方冬子『オランダ風説書と近世日本』第六章（東京大学出版会、二〇〇七年）等にくわしい。

(18) 前掲註(2)「直正公御年譜地取」六四三頁。
(19) 前掲註(1)『鍋島直正公傳』第三編、四三二〜四三五頁。
(20) 伊東栄『伊東玄朴傳』(玄文社刊を八潮書店複刻、一九七八年)。
(21) 長野暹『佐賀藩と反射炉』(新日本出版社、二〇〇〇年)。
(22) 島津齊彬文書刊行会『島津齊彬文書』上巻二一六頁。
(23) 鍋二五三-三〇「内密写」鍋島家文庫目録には、「天保十三年渡来蘭人差出候漂流人差送候書簡之写」と表記された合本史料十数点中の一点である。
(24) 右同、例えば、鍋島直孝や古賀大一郎(佐賀藩江戸留守居役)とのかかわりや、オランダ使節船の帰帆予定が一〇月二〇日頃など、当時では限られた者のみ知り得た事実や情報であった。また、文面から推して藩主直正(尊君様)周辺の人物へ宛てた書簡であると考えられる。
(25) 前掲註(1)『鍋島直正公傳』第三編、一七三〜一七四頁。
(26) 前掲註(16)箭内健次編『通航一覧 続輯』第二巻、四九九〜五〇〇頁。
(27) 前掲註(8)鍋九九一-五五一「籌邊新編　弘化元年辰阿蘭陀使節船来津三冊之内3」、および前掲註(6)「楢林氏之伝」。
(28) 鍋〇二三-五三「鍋島夏雲内密手控」嘉永五年。
(29) 小宮睦之監修『嘉永七年御目通幷公用諸控』(古文書研究会(佐賀)、二〇〇七年、原本は鍋島報效会所蔵)、四五〜四七頁、七七頁、九一〜九二頁、一一〇頁。
(30) 高野信治『藩国と藩輔の構図』(名著出版、二〇〇二年)第九章第五節。

(31) 前掲註(2)「直正公御年譜地取」四五〇〜四五一頁。
(32) 鍋三〇九-一八「天保八年御意請」、前掲註(2)「直正公御年譜地取」五一五〜五一六頁。
(33) 前掲註(29)『嘉永七年御目通并公用諸控』九九〜一〇〇頁、前掲註(2)「直正公御年譜地取」七九九頁。
(34) たしかにフェートン号事件後、幕府が主導し佐賀・福岡両藩合同で、新台場・増台場の増設および大砲の増強が行われ、台場は七台場が二四台場に、大砲は三九から一三四と大規模な増備が行われたが、大砲は旧式のものであり、台場増に伴う警備兵員の増派遣については、事件直後には増配置がなされたものの、数年後には事件以前の規模に戻っている。長野暹「幕末期佐賀藩の長崎警備と対外危機認識」(『佐賀大学経済論集』三三―五・六(通巻一二七)、二〇〇一年)、梶原良則「寛政〜文化期の長崎警備とフェートン号事件」(『福岡大学人文論集』三七―一(通巻一四四)、二〇〇五年)参照。
(35) 前掲註(8)鍋九九一-五五一「籌邊新編　蘭人風説一」、この史料は、一般的に別段風説書第一号として知られている国立公文書館内閣文庫一八五-〇〇七二「阿片招禍録」と同じ原本をもとに和訳されたと思われる内容を持つが、構文が異なっていること、人名など固有名詞や数量の訳語が異なるなど、明らかに翻訳者が別人であることがわかる。「籌邊新編」には別段風説書が通巻ほぼ揃っており、いくつかは入手経路(長崎から直接)も判明することから、佐賀藩では特別な入手ルートを持っていたと考えられる。
(36) 前掲註(8)鍋九九一-五七四「籌邊新編　蘭人風説雑三冊之内2」、七月一三日付の通報。
(37) 前掲註(8)鍋九九一-五七四「籌邊新編　蘭人風説雑三冊之内3」に「寅七月」付の通報、「寅八月」付の通報。
(38) 右同史料中、「寅八月」付の通報、「寅九月」付の通報。
(39) 前掲註(2)「直正公御年譜地取」六〇七頁。

(40) 前掲註(28)「鍋島夏雲内密手控」弘化二年。
(41) 前掲註(2)「直正公御年譜地取」六三三頁。
(42) 台場増強計画において佐賀藩は、外目(伊王島・神島など港外)重点を主張したことに対し、福岡藩は内目(港内)増強で足りるとする基本方針の相違があり協議は難航した。この経過の詳細は前掲註(1)『鍋島直正公傳』第三編、二七五〜二八六頁、および三〇五〜三一七頁参照。
(43) 前掲註(2)「直正公御年譜地取」六六一頁。
(44) 同右、六七八〜六七九頁。
(45) 同右、六九二〜六九三頁。
(46) 同右、七〇〇頁。
(47) 前掲註(8) 鍋九九一-五七四「籌邊新編　蘭人風説雑三冊之内3」、「子六月」付の通報。
(48) 同右、日付なし「西洋台場ハ凡如何いたし築候哉…」で始まる通報文。
(49) 前掲註(8) 鍋九九一-五七四「籌邊新編　蘭人風説雑三冊之内2」、日付なし「かひたん頃日伊王島旗棹見分罷越…」で始まる通報文。
(50) 杉本勲ほか編著『幕末軍事技術の軌跡—佐賀藩史料『松乃落葉』—』(思文閣出版、一九八七年)五〇〜五二頁。
(51) 前掲註(2)「直正公御年譜地取」七〇八頁。
(52) 右同、七〇八〜七〇九頁。
(53) 右同、七二四〜七二五頁。
(54)「勝茂公譜考補」(『佐賀県近世史料』第一編第三巻、佐賀県立図書館、一九九四年)六八八頁。長崎警備当番は寛永一

七年、および一八年は福岡藩が担当したが、一九年佐賀藩が担当を命じられ、以後一年交替で行うことになった。

(55)　前掲註(2)「直正公御年譜地取」七三六頁。

長崎港外防備強化策の進展過程
――両島台場築造の様相について――

倉田法子

はじめに

嘉永・安政期は、幕末佐賀藩において軍事分野で西洋技術の受け入れと具現化が急速に進んだ時期であり、藩政史を考える上でも重要な時期に位置づけられている(1)。寛永以来、福岡藩と隔年交代で長崎港を警備していた佐賀藩にとって、天保・弘化期からの国際情勢の変化とそれに伴う海防に対する危機的意識の高揚により、海防対策は急務の課題となっていた(2)。続く嘉永・安政期は独力で長崎港外に位置する自領の伊王島・神島へ台場を増築し、大型の大砲を配備して、警備要員も常置させるなど、異国船の侵入に即時対応できる長崎警備の強化を目指した時期である。この時期は台場増築だけでなく、洋式船・蒸気船の入手や洋式海軍の設置といった西洋の軍事技術の積極的な導入、長崎警備に必要な補給地の確保を画策するなど、長崎警備体制の強化に対してさまざまな取り組みが見られる(3)。

両島台場増築に至る経緯や、台場に配備する大砲の鋳造などをはじめ、長崎警備体制の強化の各施策については先学により明らかにされている。ここでは、その中の一つである長崎港外の防備強化策として着手された伊王島・神島台場（以下、両島台場）の増築に着目したい。幕末に洋式技術の取り入れを図って造られた台場については、品川台場

（東京）をはじめ祇園之洲砲台（鹿児島）などが発掘調査の進捗により明らかにされているが[4]、長崎では伊王島・神島とともに台場の遺構の残存状況は総じてあまり良好とはいえず、発掘調査例に乏しいのが現状である。このうち国の史跡に指定されている四郎島は遺構の残りが比較的良好で、近年確認調査が行われており、今後の発掘調査の進展が期待されるところである。

両島台場増築事業の担当者は、洋式台場築造技術の情報収集や現地見分の実施等を重ね、築造計画を立てており、工事を実施していく中でも現地の状況に応じて検討し直すなど、手探りで事業を進めていた様子が窺える。両島台場築造に携わった佐賀藩士本島藤太夫は、明治一七年（一八八四）に著した『松乃落葉』の巻末に、元治元年（一八六四）改築の元御屋敷台場までは「未西洋砲台之築法等夫々調合不行届、其上至而急場之御経営等御筒備其他不完全之儀も有之」といい、洋式台場の築造法（技術）の調べが行き届かず、試行錯誤していたことを記している[5]。そこで両島台場築造の工事過程を具体的に見ることで、佐賀藩の洋式台場築造の様相に迫りたい。そして当時の担当者あるいは佐賀藩がどのようにして長崎警備の強化を実現しようとしたのかを知る手がかりとしたい。

一　幕末の両島台場築造まで

1　文化～嘉永期までの長崎警備の状況

佐賀藩は寛永一九年（一六四二）以来、福岡藩と隔年交代で長崎警備を担当している。対外政策として長崎警備を強化する動きは寛政期ごろから見られ、文化期に入ってからも対外情勢に連動して対策が検討された。文化期に蝦夷地で起こったロシアとの問題から、長崎奉行によって、警備体制の見直しが行われ、連絡体制の強化と台場へ大砲を常時配備することで迅速な対応を可能とする体制の検討がなされた。しかし、長崎は外国との交渉地であり、打ち払いを第一に考える場所ではないとして、緊急に改編する必要性は低いとされたようである[6]。その後に起きた文化五年（一八〇八）のフェートン号事件に関する研究でも、長崎警備体制が武装した外国船への対応を念頭に置いたものでなかったことが指摘されている。フェートン号事件以降、長崎港内外に新台場・増台場が造られ、長崎警備は両藩によって、より大型の規格化された石火矢の設置と港外を意識した台場増設の方向で強化された。しかし、この強化体制は隔年交代で行われていたもの以上に、非番年にも負担がかかり、継続が難しく、縮小されるに至ったようである[7]。

天保期に入ると、佐賀藩では一〇代藩主鍋島直正が襲封後、藩財政の建て直しに取り掛かるが、海防に対しては藩財政の問題が解決した後でとしつつも、並行して西洋式兵器に対する情報収集や軍事力を強化する動きが見られる[8]。この時期の海外情勢として、特にアヘン戦争の勃発と清国の敗北により、幕府内でも対外的な危機感が高まっていた。また弘化以降の長崎港では、弘化元年（一八四四）オランダ国王ウィレム二世の将軍宛親書を携えたオランダ軍艦パレンバン号の長崎入港、弘化二年の英軍艦サマランや、同三年の仏軍艦三隻の伊王島沖来航など、外国船が出没する機会も頻繁になり、ますます長崎警備強化の必要性が求められることになる[9]。

具体的に長崎警備強化が表面化するのは、弘化二年九月に老中が長崎奉行を通じて、佐賀・福岡両藩へ強化策について諮問したことに端を発する。弘化以降に行われた両藩による長崎警備に関わる現地調査や協議は、佐賀藩で「筑前示談」として進められ、弘化三年九月にとりまとめて意見書を提出している[10]。この筑前示談の際に、長崎港外（外目）の警備強化として両島台場の築造についても議論されたが、福岡藩から、伊王島は位置が遠方であり、防衛のための兵が間に合わないなどを理由に保留にされていた。結果、幕府は既存の高鉾・長刀岩台場等の増強を重視するが、佐賀藩は長崎港外の一番先端に位置する自領の伊王島と神島へ台場を増築し、大型の大砲を大量に配備することを長崎警備に組み入れてほしいと再三提言する。しかし、両藩による台場増強策としては許可が下りず、佐賀藩一手で増築することを申し出た末、嘉永三年(一八五〇)三月に、ようやく幕府より築造の許可が下り、両島台場の増築が具体的に進められることになった[11]。こうして佐賀藩による両島台場増築工事が着手されるに至るのである。

両島台場の築造について、木原溥幸は、佐賀藩と幕府との交渉の経過や台場築造に対する佐賀藩の姿勢、台場築造をめぐる幕府の海防論の在り方などから、嘉永期の佐賀藩の長崎警備強化がもつ意味を検討している[12]。佐賀藩では嘉永期を中心として長崎警備を増強するため藩政全般にわたる改革が行われ始めており、両島台場の築造は幕末佐賀藩政史上、重要な出来事に位置づけられる。

2　洋式台場築造技術の情報収集

両島台場を築造するにあたって、洋式砲台や海岸警備に関しての情報収集と研究が行われた。具体的には、本島藤太夫が韮山代官江川太郎左衛門や松代藩佐久間象山に学んでおり、その内容が『松乃落葉』に記載されている[13]。

嘉永三年三月、本島は洋式台場の築造と配備する鉄製大砲の鋳造について学ぶため、江川太郎左衛門の元へ派遣された。江川塾では「サハルド」(サヴァール著『要塞築城技術書』)など蘭書の翻訳書の会読などを行っている。江川は相談を受けた砲台建設の準則になるだろうと、製作をしていた八菱城形の雛形を本島に見せており、完成後、佐賀藩へ贈っている。また本島は滞在中、砲台築造書の翻訳が入手できないかと手を尽くしていた。富川武史は、江川が渡した「八菱城形雛形」は、両島台場築造の基本とされ、特に四郎島台場は、地形の関係による形成であることを否定できないとしながらも、「サハルド」の築城技術が生かされたものと推測している[14]。両島台場において四郎島台場は主要な砲台に位置づけられており、その築造には洋式技術の取り入れが図られたことがわかる。

次に佐久間象山への質問項目を見ると、配備砲や突然の襲来に対する防衛法の練習、砲弾等に至るまで多岐にわたっている。その中で特に台場の築造に関わるものについては、次の四項目がある。

①台場より海面江之遠射左之通位之町数、遠近有之場所ニ者砲場之高サ水面より何間位築立可然哉、海上へ遠射凡二十四五丁之処、凡十七八丁之処、凡十四五丁之処、

②弾薬庫造法并弾薬囲様之事、

③海岸台場築造法之事、

④海岸ニ備ル利用なる砲架之事、

台場や弾薬庫の築造方法やその位置について質問しており、佐久間からは、次のとおり回答がなされている。

①砲台ニ砲を居候高サハ海面より六間、又ハ六間半斗常法ト致し候、

②弾薬庫造法并位置ハ、オーフルスタラーテン、パステュール等ニ相見へ候、

③台場築法ハカルテン、ベウセル、オーフルストラーテン、サハルドの類御参考宜しく候、

④海岸砲架ハ二十四ポンド以上キュスト・アホイトの製可然候、十二ポンド砲ハヘルト・アホイトを可用候、

①の海岸に設ける砲台は水面から六間または六間半の高さに設けること、②と③については参考となる蘭書を複数紹介し、④は大砲の性格に応じて砲架を選ぶことを示している。台場の築造にあたっては内容に適した蘭書を参考に築造を行うことが示されている。

この回答の中で佐久間からは伊王島への台場の設置については、島の位置から風波の際には援兵が出せないことが想定されることから、設置に適した場所としては疑問視されていた。両島のうち伊王島は、台場の設置場所としてあまり積極的な評価を受けていないが、弘化期頃からの外国船の出没状況や長崎港への侵入経路、伊王島の地理的な位

置から考えると、長崎警備を担当する佐賀藩にとっては、伊王島は初めに外国船の脅威にさらされる場所であったといえる[15]。長崎港へ武装した外国船の侵入が想定される中で、台場の設置を検討したのではないかと推測する[16]。

二　両島台場の築造

伊王島・神島台場は、嘉永三年（一八五〇）一二月に外目台場増築の担当者が選ばれ、現地の見分が着手された。翌年一月二二日、佐賀藩の番方役内に「外目御台場御増築方」が設置され、本格的に工事に着手している[17]。その後、両島台場は嘉永六年頃にはある程度工事が完了していたと推測され[18]、翌年六月には幕府より褒賞を受けている[19]。また、台場への大砲の配備等も順次行われており、安政五年（一八五八）頃には完成したようである[20]。

両島台場築造の現場は、嘉永三年一二月に、神島台場から見分を始め、伊王島台場は翌四年二月に見分を行っている[21]。設置した台場は、神島に四ヶ所（兜崎・崎雲・四郎島・飛渡）、伊王島に四ヶ所（円通庵下・大明寺干場・中ノ田・出鼻）である。工事過程をみると、台場や陣屋などを結ぶ通路整備、平坦面を確保するため島の地形の切崩しや造成工事、台場床の整備、出張所や倉庫などの諸施設の建設、大砲配備に付随する砲座などの付帯工事に分けられる。これら台場築造の進捗状況について神島・伊王島をそれぞれ追っていこう。

1　神島台場の築造

神島は長崎港外西側に位置しており、海を挟んで南西に伊王島を臨む。「神島台場」は、神島の南西に位置し塡海工事によって陸続きになった四郎島を含め、神島に設置した台場の総称である。神島に設けた台場は、島内南側の兜崎（山上を含む）、崎雲（山上・岬・濱手）、四郎島（山上・下段・縁場・小島）、島内北側の飛渡の四ヶ所であった。

先にも述べたとおり、嘉永三年一二月から神島の現地見分に着手し、現地報告と築造の見積りを作成している。(22) 現地見分は、事前に作成した絵図に沿って、台場・建物の配置や道など、現場合わせをしながら目印の杭打ちを行っている。台場の基本構造としては、土地を掘削および盛土により造成し、台場床（土台）を石垣で造り、防御施設として台場の前方周囲に土手を築造するというものであった。(23) 現地見分で行った杭打ちは、鍋島報效会所蔵の「神之島図」（八九八）に記された「一番杭」などにあたると思われる。

現地の報告書をみると、神島台場内の飛渡台場は福田沖に向かっているため、「西泊御番所搦手御守衛之為ニも可相成場所」として位置づけられていたことがわかる。飛渡台場側は長崎港への主要な進入経路ではないが、小船等に移って通り抜けられる可能性を想定していたのであろう。神島は島山と表現されるように、急峻な地形であり、大砲の配備場所は既存地形の斜面を削り、平坦な土地を確保する必要があった。そのため、まず削平によって地ならしする場所が多く、史料中にもその内容が散見される。台場の築造には、自然地形の開削や整備場所に位置する人家の移築など、さまざまな課題があったようである。中には現地での見分によって当初の計画を変更した場所もある。例えば、予定していた二筋の通路を一筋に変更したこと、崎雲の東側に位置する場所へ東南方向に砲配備を計画していたが、地形が悪く、かつ四郎島台場でカバーできると判断され、設置を見合せたことなどである。

両島台場は、海上に新たに埋め立てて造った品川台場とは異なり、島の自然地形を利用して築造された台場であり、地形上の制約は台場を設置する島だけでなく、周辺環境も同様であったようで、周辺地形の改変の計画も見られる。現地報告の中に、大砲を配備するにあたり「同所（神島）南之方江有之候松嶋・中嶋矢障相成候条、何連も中程迄切落」しをしたいと書かれており、射程を確保するために周囲の状況を変えることも検討されていたことがわかる。

嘉永四年一月、伊王島の見分が済んでいない段階で、神島の内、崎雲台場床、崎雲浜手の築出し部分、松島・中島・四郎島頂上の切り下げについて、当役鍋島安房から先行着手の指示が出され、二月には人夫が神島へ現場入りしたようである。㉔ 現地を調査した田代孫三郎が職人などの諸役の従事延べ人数を算出しているが、神島台場の築造には作業員が約二〇万人でだいたい二年半ほど、石工が約一八万人で三年かかり、完成する見通しであったようである。㉕ また、伊王島・神島の工事を同時に進めることは、佐賀藩にとって担当者の人員配置などの面で容易ではなく、優先的に地形の切り下げ工事が必要な神島から進められたと推測される。㉖ 初めの現地見分後に作成された台場築造の見積り費用を単純に比較しても、伊王島台場が金七〇二八両九合余、神島台場が金二万七六四九両余(神島と四郎島間の塡海工事は除く)と約四倍の差がある。これは神島・四郎島の切り下げや四郎島と小島の接続工事など、伊王島に比べて、大規模な造成工事が計画されたことによるものと考える。

その神島台場の築造工事の中で、検討に時間を要した事項があった。それは、⑴台場築造に用いる石材及び調達、⑵神島と四郎島を結ぶ「海中築留」(塡海工事)、⑶四郎島台場の築造(小島との接続を含む)である。これらについてどのように進められたのか、詳しく見ていくことにしたい。

⑴台場築造に用いる石材

台場の築造と神島・四郎島間を結ぶ塡海工事を行うにあたり、運送人夫や石工などはもちろん、築造に用いるための石材を大量に必要としていた。さらに石垣用の石材には、どのような石を用いるのかも検討された。

田代孫三郎たちは、嘉永三年一二月より、神島内から産出する石の材質調査を開始している。材質は、島内の場所により多少の違いがあるが、基本的に砂岩系の石では使えないとして、周辺の島から調達しないといけないとみていた。㉗ しかし、領内の他の島々も思うように材質のよい石がないようであった。その中で神島の北に位置する大村領内

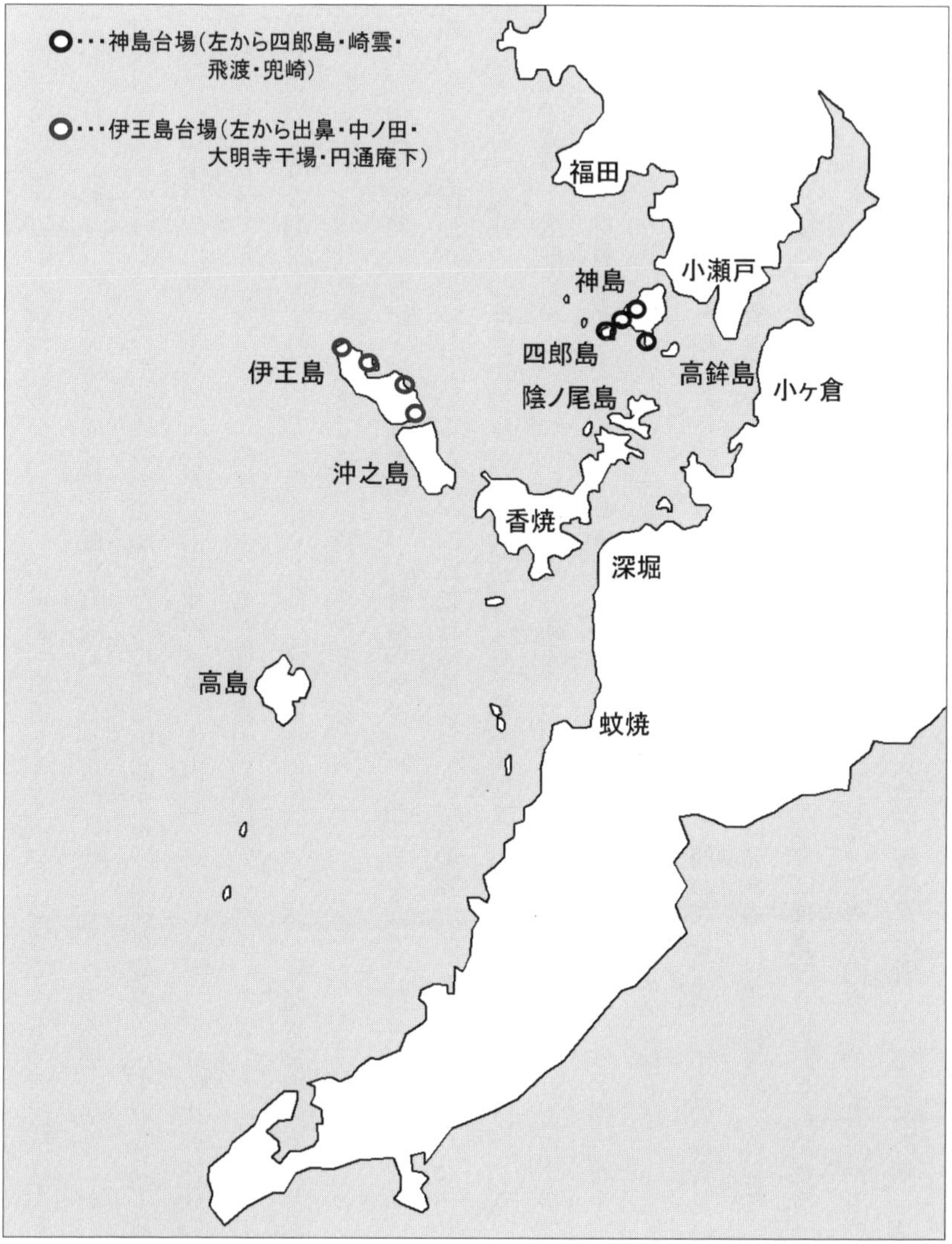

図1　長崎港周辺の位置図

の福田周辺の浜辺によい石があるとして、大村藩へ相談できないかと伺っている。田代らは、その後も石場について調査を行っており、伊王島南の沖合に位置する高島の石が石垣に使えるとして候補に挙げるが、距離があるため運送が厳しいとみている。そのため運搬の面からも大村領福田浦からの集積が提案されている（図1参照）。

大村領福田周辺には、基本的に長崎火山岩類の複輝石安山岩が露頭しており、この比較的硬い石材に目を付けたのであろう。安政二年に築造された福田の田子島台場は安山岩が用いられていることから、両島台場の築造に際しても、当初このような石材を求めていたと考えられる。深堀領高島については、表層地質のほとんどが沖ノ島層に属する砂岩であるが、これは石垣に使用できると判断されている。

大村領福田浦から石材を調達する話は、大村藩の聞役へ相談する方向での動きがみられたが(28)、実際に大村領の石を用いたという記述が見られないことや、四郎島等の遺構に安山岩の利用がほとんどみられないため、実現していないようである。現在の四郎島台場跡の護岸石垣等を見ると（あくまで肉眼観察によるものであるが）、石材のほとんどがこの地域で産出する砂岩が用いられているようである。結局、石材の調達は、島の切り下げ工事で出た崎雲や四郎島頂上の石が相応の材質であったため、それを各所に用いることになった(29)。結果的に砂岩系の石を用いることになったが、当初想定したものよりも質が良く、台場の築造にも使えると判断したものとみられる。

また、神島と四郎島を結ぶための埋立てに用いる石は、材質を問わないため、領内の最寄りの島々から調達するよう手配した。周辺の佐賀藩領の島々は砂岩、本土部においては砂岩あるいは黒色片岩・緑色片岩であり、外海に面した強固な護岸石垣の石材としては不向きでも、埋立てに使用する分には充分と判断したのだろう。最寄りの島々は、小ケ倉から蚊焼、長刀前から香焼の辰ノ口までの浜辺とみられる。この島内からの取り寄せも当初は難航していたようで、深堀の地方役人より、石場からの「拾石」は地元も必要であるため断りの相談があり一時中断された。しかし工事に差し支えるため、嘉永四年七月に田代が当役鍋島安房へ相談し、提供してもらうよう「拾石」の件を深堀家来へ伝え、示談の末、香焼島内の外海に面したところを除いて集積することとなった(30)。

両島台場建設に関わる石材の選定、調達については、計画段階では石の質や運搬の問題などから、他領からの調達の可能性も探っていた。結果的には、四郎島や崎雲などの地形を切り下げた際に得られた砂岩系の石材でも石垣用に使用できると判断され用いられたといえる。また塡海工事の裏込めなどに用いる石については、多量に必要であり、質を問わず領内の島々から調達した。

(2)「海中築留」工事

神島（崎雲）と四郎島を繋ぐ「海中築留」工事（塡海工事）は、神島台場の要所である四郎島台場に大砲を配備するために行われたもので、佐賀藩にとって「類例も無之事柄」とされた(31)。

塡海工事については、大坂在勤の下目付へ諸国の石垣築造や波止工事などの現場に携わる石工の調査を行わせている。嘉永三年一二月、他国の城郭や波止場の石垣工事の情報収集が行われ、種々検討された。その結果、巧者との情報が得られた、備前宮野浦村の石工清兵衛と万兵衛を呼び寄せ、塡海工事の見積りを依頼することになった。嘉永四年二月、備前石工が佐賀へ参着しており、さっそく施工法などを尋ねられている。備前石工はこれについて次のように答えている。

御築切之場所、水底捨石ニ而築立、凡壱丈弐尺位ゟ上長石を以与上ケ、大図別紙坪積之通ニ御座候、依場所枠摘ニ而与上候義も有之候得とも、海中之義ハ土付早ク朽損後年ニ相乱及破損候ニ付、前断之通捨石ニ而仕整候方丈夫有之候事、

海底における工事については、木枠よりも捨石を用いた方が丈夫だとしている。波が強く当たる場所は、水上三間

表1　塡海工事見積り比較

石工	仕様	坪数	見積高
石工清兵衛・万兵衛（備前宮之浦村）	長120間、辻幅50間、敷96間半、高9間半	坪数83,823坪	63,119両余
	辻幅10間の場合		37,933両余
石工棟梁武富清右衛門（佐賀）	長120間、辻幅50間、敷70間、高9間	坪数64,800坪	45,098両余
石工小頭兵蔵（小城郡西川宿）	長120間、辻幅50間、敷70間、高10間	坪数72,000坪	77,740両余
石工林五郎（長崎馬込）	長120間、辻幅50間、敷70間、高10間	坪数72,000坪	100,080両余

（鍋島家文庫「伊王嶋神ノ嶋両所外目御台場御増築ニ付諸控写」亥三月より作成）

位に築造が必要であるという[32]。具体的には現地を見てから判断するとして、翌三月に備前石工の両人は塡海工事の見積りのため神島へ赴き、かつ石場を見るため高島まで足を運んでいる[33]。

この塡海工事の見積りについては、備前石工だけでなく、佐賀の石工武富清右衛門、小城郡西川宿の石工、長崎馬込の石工の三者へも同様に見積書を作成させて比較したようである。見積りの仕様はほぼ同じであるが、高さなどに若干相違があり、それぞれ金額も大きく異なる結果となった（表1）。当初の見積りで、築留場所の幅を五〇間（約九〇メートル）と広く考えていたようであるが、別途、備前石工へ通行可能な幅で再見積りを依頼し、幅一〇間にして、見積高三万七九三三両余となった。備前石工が提出した図面によると、底に捨石を敷き、その上に石垣を築く、という仕様であったことがわかる。この結果を受けて担当者である田代はそれぞれの見積書について、

清右衛門積書之義者少々内廉之入目相見、右者目論見書之通築立之見込違目有之、夫丈ケ坪数相減□敷積合ニ相見候得共、清兵衛共見込ゟ者大石遣方之見立ニ付、坪数ハ相減候而も大石丈ケ波受等丈夫之訳も可有之、是以一通之利方ニ相見申候、外両人之石工共積方も大図同様之見立ニ而候得共、石値段等ニ而格別銀高相増申候、兎角大業柄之義

ニ付、何れと取極候義者出来申間敷、何れ業合功拙《巧》寄り銀高増減可有之相見申候、尚委細者栄左衛門江相含候義候条、御承知可被成候、以上、

と報告しており、施工法や費用の面で差異があり、決定できないとしている㉞。

佐賀表の御仕組所でも塡海工事は類例がない大工事であるため、「一向評決之場不相至」の状態であった。そのため海中に築造する石垣については、海底の様子を詳しく取り調べた上で協議することになり、嘉永四年三月二六日に神島と四郎島間の埋立場所の海底を水練の者に探索させた㉟。海底は岩石が続いており、干潮・満潮時にはどのくらいの深さになるかなどが調査された。このとき作業の関係から海口を狭めることになるため、四郎島東脇に位置する小島と四郎島との接続工事の先行着手が提案されている。

しかし肝心の四郎島と神島間の塡海工事については、なかなか決定されないままであった。同三月二六日、本島藤太夫は田代孫三郎へ塡海工事の経費削減のため、塡海通路の規模縮小や埋立用の石材の調達方法と急場の対応策などの相談を行っており、頭を悩ませていた様子が窺える㊱。また塡海工事着手が決定するまで備前石工らを一旦帰国させている。

その後どのような経緯を経て判断がなされたか定かではないが、五月には塡海工事を進めるため、四郎島の切下げと小島の接続は先延ばしにして、集中的に領内の島々から塡海用の割石を集積することになった。塡海場所については、翌月にも海底の調査をしており、三月の時点より詳しく調査できたため、佐賀石工武富へ再度工事の見積りを作成させた。塡海通路の幅は五間に減らし、当初のおよそ一割程度の費用となった㊲。神島と四郎島の塡海工事は協議の末、七月に決定し、まずは四郎島側から着手するよう指示が出された㊳。一旦帰国させた備前石工については、塡海工事決定後も史料上に確認できず、増築方担当者の佐賀石工武冨清右衛門を中心に実施したようである㊴（図2）。

塡海工事はようやく嘉永四年八月初め頃に着手し、重点的に進められた。二ヵ月後、現場の田代孫三郎・清水武平次らから石積船の不足と石工の増員が必要と報告される(40)。石積船は深堀や島々より三〇艘が従事していたが、さらに二、三〇艘の増加を図るものであった。領内の島々より集めていた石も少なくなり、中ノ島・松島からも割り出すため、石工の増員が必要となった。一二月には両岸から七〇間ほど築造が進み、残り約六〇間になっていた。

嘉永五年には、佐賀藩主鍋島直正の下国に併せて両島台場築造工事を完成するよう指示が出されたため、急ピッチで工事が進められることになる。同二月、埋立用の石運搬に一〇〇艘近くが従事していた。閏二月にはさらに一三〇艘に増やし、かつ多少の雨天でも作業が進められた。着手から七ヵ月後、閏二月二九日に、干潮時に一、二尺程石垣が海上に現れるほどになり、歩いて渡れる状態となる(41)。

四月に藩主の巡見を迎えるが、その後も築造された通路幅では風波による破損の恐れがあるので、道幅を六、七間まで拡げ、かつ弾薬運送等の通行が見えないように土居の

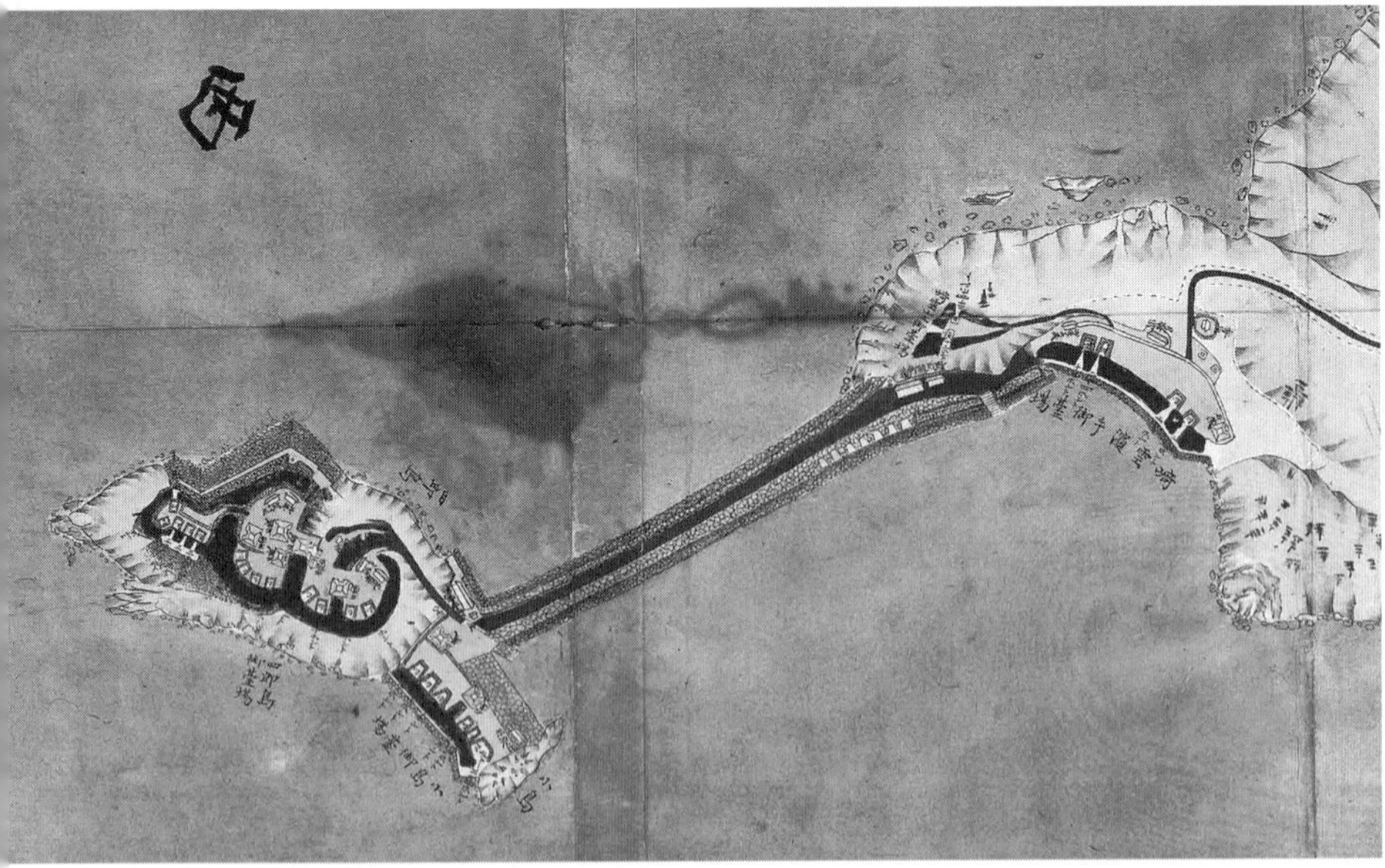

図２　塡海通路（鍋島報效会所蔵「神嶋」絵図(013)一部拡大）

築造に取り掛かることになった[42]。

最終的に神島と四郎島を結ぶ塡海通路は、追加工事の仕様から、幅約七間（約一二・六メートル）、長さ一一七間（約二二八・六メートル）、海中より高さ約六間から一一間となったとみられる[43]。

(3) 四郎島台場の築造

四郎島台場は「矢利十分之場所」、「彼湊要路ニ差向、殊伊王島御台場被致対合、御筒備之形勢利用十分之場所相見、当節外目御台場御増築中之眼目相当」とされており、神島台場内で重要な砲台に位置づけられていた[44]。

四郎島台場の築造は、島内への台場設置に加えて、四郎島東脇に位置する小島を接続し、小島にも砲配備を計画した。四郎島は島の地形を切り崩して台場の場所を造成することから始められ、頂上の切崩しは、嘉永四年二月に他の工事に先行して着手した。この自然地形の切り下げは容易ではなかったようで、同三月に四郎島と崎雲の切り低める作業は、「注文通切低候ニハ、余程切下候而者手入り之都合不差分ニ付、只今低目有之候丈を平均ニ切下」、調整しながら切り下げを進めるように検討され、小島の接続工事も四郎島を切り崩した際に出る土石を用いれば便利と判断された[45]。こうして、四月には二間余ほど切崩しが進み、接続工事についても同月に着手の指示が出された。

七月、四郎島は地形的に東西に高低差があったことから、二段に造成して砲を配備するよう調整している[46]。二段に造成することになった四郎島台場の形状をみると、東上ノ段と西下ノ段とし、下ノ段は上より一間余低くなっている[47]。上ノ段は外周に幅四、五間位の土手を掘り残し、内側を約一間二合程掘り低めて一八間方形の砲配備の場所を整備している。下ノ段には「欠ケ目或ハ低ミ之処有之候ニ付、南西北ニ打回シ石垣等築立」するとある。これは現在も島の北側に見られる石垣と推定されており、台場の土台部分の補強のために築かれたと思われる[48]。嘉永四年四月、当初、増築方では四郎島の高さを平均六間に切り低める予定であったが、地形的な制約から、東側上段と西側下段の二段に造成することで砲配備を達成しようと考えたようである。

同七月、現場について本島へ相談した内容から、四郎島台場へ掘り残しながら築く土手に設置する砲眼についての記述がある。砲眼は砲門ともいい、土塁などに設けた射撃口のことを指す。これについて「砲眼等之義ハ追而相整可然哉之事」と尋ねられ、本島は「砲眼等相開候義ハ何れ、明春之事と相考申候」と回答している。現在、四郎島の西側縁場箇所には岩盤を掘り込んだ塁壁に砲眼を設けた遺構が残っており、その形状を知ることができる(49)(写真1)。

四郎島と東脇に位置する小島を接続する計画は、長さ四〇間、幅二〇間の石垣を築造して接続するというものであった。嘉永四年一〇月の段階では、過半は出来たようで、四郎島台場も土台の石垣を築造中であった(50)。

嘉永五年閏二月頃には、深堀からの増援部隊が、小島と接続部分の石垣上の土居を築造する作業に取り掛かっていたが、「何分雛形之通築揚手際不行届」であったので、今まで手慣れた雇夫による作業が検討されている(51)。その後は台場の整備も進み、付属施設の建設が着手された。同五月には増築方内でまず

写真1　塁壁に砲眼を設けた遺構

四郎島頂上へ石造の小玉薬蔵一ヶ所の建設が指示された。この小玉薬蔵の築造は、職人たちにとっても「不致馴事」であったため、中ノ島から雛形に合う石を割り出せば製作も運送も便利だとして、それを用いて四郎島頂上へ一ヶ所建設することになった。小玉薬蔵は内法一間半の方形で、高さは一間程度であった。本島から「石其外製作方大略之仕様書付」を届けてもらい、八月末頃から「底石部方」に取り掛かっている(52)。九月時点では、地開は大方済み、主に石造玉薬蔵の製作作業に取り掛かっている状態であった。しかし「別而手入之義ニ而、雛形ハ本嶋藤太夫ゟ被相渡置候得共、分兼候義有之」であるため直接、本島に尋ねたいと現地から申し出があったとあり、初めのうちは思うように進まなかった様子がみられる(53)。四郎島台場の完成時期については定かではないが、嘉永五年一一月までは火薬庫の建設を行っていたことがわかる。

このように、四郎島は約半年ほど地形の開削と造成を行い、次に台場床の石垣を築造し、その上の台場前面に土手を築立するという工程を経て、工事着手から約一年半後に施設の建設へと進んだ。

2　伊王島台場の築造

伊王島台場は、嘉永四年二月から現地見分に着手された(54)。伊王島には島内の北面を中心に四ヶ所（円通庵下・大明寺干場・中ノ田・出鼻）に台場が築造された。

築造工事は同三月初めの長崎奉行の巡見までに不都合のないように、台場床の縄張りや通路の整備などを急ぎ整えなければならない状態から始まった(55)。しかし、神島と同時に工事するには担当者の手が回らないため、巡見後は一旦、取止めにしたようである(56)。工事の着手については、同五月に増築方から当役鍋島安房への報告の中で、両島台場の内、先行して四ヶ所へ筒二挺ずつを配備することになり、そのうち伊王島の配備場所は出鼻台場と円通庵下台場に決まったことから、地開の着手の指示を仰いでいるため、これ以降に部分的に始められたとみられる[57]。

伊王島内の各台場の進捗についてみると、円通庵下・中ノ田・出鼻台場は、嘉永四年七月には開削に取り掛かっていることがわかる。一〇月には、大明寺干場も台場床の造成に着手している。この場所は特に岩石等があるようにはみえないため順調に進むだろうとみている。また大明寺干場台場から本通り（伊王島内を東端から西側の出鼻まで繋ぐ通路）までの通路の造成も実行されつつあった。このうち伊王島の陣屋については、建設予定地が思わしくなかったため、大明寺干場と中ノ田陣屋は網ノ浦上番所脇へ場所の変更を行っている。

各台場とも石垣や土手の築造などを進め、併せて道具蔵等の建設にも着手、嘉永五年二月には、完成に向けて残りの工事に取り掛かっていた。伊王島台場も、土台を石垣で築き、台場床の前方周縁に土手（土居）を築造する仕様であった。伊王島の円通庵下台場を例にとると、見積り時の計画では、台場床前方周縁に築造する土居は、敷四間、辻三間、高さ一間二尺という規模のものであった[58]。翌閏二月には、円通庵下・大明寺干場台場床が完成した。中ノ田台場はまだ石垣を築立中であった。出鼻台場は「玉利十分」な場所に至らず、開削工事が継続されていた。

七月に佐賀藩御側より伊王島・神島台場に配備する大砲と台・玉薬ともに整えるよう指示が出され、八月には増築方より玉薬庫など建設する附属施設の書き出しが出された（表2）。表のうちいくつかの施設については、すでに建設中であった。同一一月頃には佐賀で鋳造された大型大砲が、順次回送され次第に台場へ配備されるようになった[59]。

嘉永六年三月、両島台場へ配置される詰目付や砲手の出発はまだ指示が出されていない状況であったが、三月末頃を目安に詰小屋などを準備するよう田代孫三郎らへ伝えられた[60]。その後、四月には両島台場の規定が番方より達せられ、両島詰の人々も決まり、台場へ派遣されることになった[61]。

表2　伊王島・神島附属施設

場所	施設名	軒数
四郎島	小玉薬庫	4軒
	大玉庫	1軒
	玉製作所	2軒切組
	出張所	2軒
	小番屋	1軒
小島取繋の場所	小玉薬庫	2軒
	道具庫	1軒
	小番屋	1軒
崎雲	小玉薬庫	1軒
崎雲浜手	小玉薬庫	1軒
	出張所	1軒
	小番屋	1軒
菅ノ坂	大玉庫	2軒
	大薬庫	2軒
	道具庫	1軒
	井	1箇所
堂ノ上	大玉庫	1軒
	井	1箇所
	物頭小屋	1軒
	侍小屋	2軒
	手明鑓小屋	2軒
飛渡	台場床地拵	
金毘羅下	大薬庫	2軒
池御前社下	道具庫	2軒
	侍小屋	3軒
	手明鑓小屋	3軒
池御前社下浜手	物頭小屋	1軒
	侍小屋	2軒
	侍小屋	1軒
	手明鑓小屋	1軒
	小番屋	1軒
神島	舸子小屋	1軒

施設名	場所	軒数
円通庵下	小玉薬庫	4軒
	大玉庫	1軒
	小番小屋	1軒
	道具庫	1軒
	玉製作所	2軒切組
	物頭小屋	1軒
	侍小屋	3軒
	手明鑓小屋	2軒
大明寺干場	小玉薬庫	4軒
	大玉庫	1軒
	大薬庫	1軒
	道具庫	1軒
	出張所	1軒
	小番屋	1軒
網ノ浦上	大玉庫	1軒
	大薬庫	1軒
	物頭小屋	1軒
	侍小屋	3軒
	手明鑓小屋	3軒
	足軽小屋	1軒
中ノ田	大薬庫	1軒
	大玉庫	1軒
	小玉薬庫	2軒
	道具庫	1軒
	出張所	1軒
	小番屋	1軒
出鼻	小玉薬庫	1軒
伊王島	舸子小屋	1軒

（鍋島家文庫「伊王嶋神ノ嶋両所外目御台場御増築ニ付諸控写」嘉永五年八月条より作成）

三　両島台場増築工事の進捗

両島台場は、長崎奉行の内外台場巡見の際にも、その行程の中に組み入れられたようである。築造工事の進行は、長崎奉行や佐賀藩主鍋島直正の台場巡見のタイミングに左右された状況も見受けられるため、工事の進捗状況との関係を確認したい。

佐賀藩が神島台場の工事に着手した直後の嘉永四年（一八五一）二月三日に、長崎奉行内藤安房守が伊王島・神島を巡見する話が持ち上がった[62]。両島台場増築の件について、幕府はすでに取り掛かっていると聞いていたようであった。しかし現地の状況としては、神島に着手したばかりで、伊王島は未着手の状態であった。現地は進捗が目に見える状態ではないため、一ヵ月の猶予をもらい三月の巡見となった。さっそく現地の状況を確認している点から、この台場築造が長崎警備を統括する長崎奉行側においても重要視されていたことは疑いないといえる。佐賀藩側は長崎奉行の巡見について「両島御台場御取立之利不利等、御見分被成置との御主意と相見候」と考え、一ヵ月後には奉行へ見分願いが出せる状態となるよう現場へ指示を出している[63]。三月初めの長崎奉行の巡見までに四郎島と崎雲周辺を切り低める作業と道筋の整備が決まり、伊王島台場の現地見分の実施、二月半ばに見積りの作成など、急ぎ工事の手配が進められた[64]。そして三月初めに長崎奉行の巡見を迎えた。

佐賀藩は両島台場の一手築造願いを行った際、工事にあたって幕府へ拝借金を願い出る話をしており、実際に長崎警備に関係する事業であることを主張して、嘉永三年七月に拝借金貸与の願いを出している[65]。併せて、佐賀藩は台場築造の進捗状況をたびたび幕府へ報告しており、自領への台場増築工事とはいえ、長崎警備強化の一環であることが意識されていたといえる。

嘉永四年九月、長崎奉行所より完成時期の見通しを尋ねられ、藩主鍋島直正からも翌年の下国までに台場築造と大砲鋳造に関しては整備を進めるよう命令が下された[66]。同二二日には、拝借金願いが通ってから取り掛かる予定であった伊王島の築造も改めて神島と同様に着手するよう指示されている。

一二月二〇日には、拝借金願いが通り、幕府から五万両の拝借金が言い渡された[67]。そのため両島台場の築造は、「耳目ニ相顕候通無之而不相叶儀候条、急度其取計致し候様」として進められることになる。現地担当者だけでなく深堀へも取り計らい、嘉永五年春の藩主下国までに完成の見通しを整えるよう命じられた。ここで藩主の下国（巡見）を指標として急速に工事を進めなければならない状況になったといえる。嘉永五年一月、深堀領からも神島台場築造に対して増援が行われ、多くの人員が投入された[68]。同四月両島台場の築造状況としては、道具蔵や玉薬蔵などの設備は手残りの部分もあったが、懸案であった神島崎雲と四郎島を結ぶ塡海通路が海面まで現れ、藩主直正の両島台場巡見を迎えることとなった[69]。

両島台場の築造は、長崎警備のうち幕府との関係による時間的な制約のある中で進められており、当初予定よりも急ピッチで作業を進行していた側面があったと思われる。

四　両島台場の設備

1　嘉永七年一月の台場の状況

両島台場の本体施設や大砲配備に付随する設備について、その築造状況を知る手がかりとして嘉永七年（一八五四）

一月の川路聖謨一行の視察記録に着目する。嘉永六年一二月よりロシア使節プチャーチンの応接掛として長崎を訪れていた幕府の川路聖謨らは帰府前の嘉永七年一月一五日・一六日に両島台場（主に神島台場）を視察している。この時、台場を見学した人々の記録があり、当時の台場の様子を知ることができる。視察の様子を書き残しているのは、勘定奉行川路聖謨をはじめ、蘭学者の箕作阮甫・古賀謹一郎、古賀の門下生で随行していた窪田茂遂・片山一貫・八木鈞らである。(70) 中でも一六日に視察に随行した古賀の門下生は、見学した様子をより細かく記述している。彼らは長崎港から船で内外台場を視察し、高鉾島側から神島へ上陸、飛渡台場から崎雲台場、塡海通路を通り四郎島台場へと至る。(71) 一五日の視察では、伊王島の出鼻台場から順に大砲を打ち、同様に神島も四郎島台場から順に打つという大砲の発射を見ている。こうしたことから彼らが訪れた神島台場について、嘉永七年一月時点でどのような設備が整えられていたのかという点に着目し、神島台場の全体像を俯瞰したい。

一月一六日の視察順路を記述に沿って追うと、まず神島北側の池御前社前より上陸し、飛渡台場へ向かっている。大村領福田浦側に面している台場で、旧式の砲が配備されていたとある。そこから下ると崎雲台場（山上・浜手）に着く。どちらを示すかは定かでないが、砲配備が行われており、火薬庫（薬室または火茉弾丸と表現）が一基設置されていた。海岸には砲を載せた船を二五艘繋いでいた。神島（全体と思われる）には玉蔵が五つ存在していたともある。

次に塡海通路に至ると、野戦銃一四、五車を配備していた。塡海通路については、およそ長さ一五〇間、高さ（出水面）二間とあり、幅については「五間」または「六、七弓」と若干長さの取り方が異なる。(72) 嘉永五年五月に塡海通路の幅は五間から二間追加で築造する計画が記録に見えるため、追加工事の築増分は存在したと考えられる。

四郎島台場は上下二段による二層になっており、砲が配備されていた。上段には石造の「薬室」（薬庫または硝茉弾丸倉）が、四基設置されていたようである。下段にも薬室が二基あり、「剣銃一廠」「ゲベル蔵」があった。薬室の数は見学者によって多少異なるため定かでないが、四郎島には五、六基ほど設置されていたようである。神島台場の全体的な記述として、「台場の上土手」と表現される胸壁が整備されていたが、ボムフレイを設けていなかったという。

神島台場は各台場を結ぶ通路から、玉薬庫・弾丸、大砲も一部備えられていた状態であったことがわかる[73]。同一月の視察内容からは、大部分が整備され、台場として稼動していた様子が読み取れるが、嘉永七年五月頃に、台場へ配置する人々の詰小屋や道具蔵がまだ不足していて新設するための見分を行っており、視察の時点ではすべての施設が完成していたわけではなかったと思われる。

2　台場の設備

この視察から、特に洋式台場築造の技術が取り入れられたと考えられる設備について、見学者にはどのように映り感想を持ったのかという点に着目する。視察内容の記録の中で、台場本体である防御施設について記述があったものは、胸壁と玉薬庫である。

まず、敵の射弾を防ぐ目的で設けられる胸壁（胸墻）は、各台場内の砲配備場所の前面に設けられた土手（土居）にあたる。両島台場を描いた絵図からも和流台場の玉除け土手とは異なるものと推測できる[74]。土手の形状は台形状で、高さは一間から一間二尺程あったようだ。土居の築造は、四郎島のように、一部島の地形の切り下げに伴い、掘り残して築くものもあったようである。また四郎島と接続した小島の土居築造の様子からは、台場の雛形が作成されており、それを基にして実際の作業に取り掛かっていたことがわかる（図3、写真2）。

神島台場に設けられた胸壁について、見学者は大砲が「岸頭に露れ、ボムフレイをも設けず」としたり、「台場之上土手少し薄く卑く」見えた、と記述している[75]。彼らの目には、砲台の胸壁としては不完全に映っており、防御機能

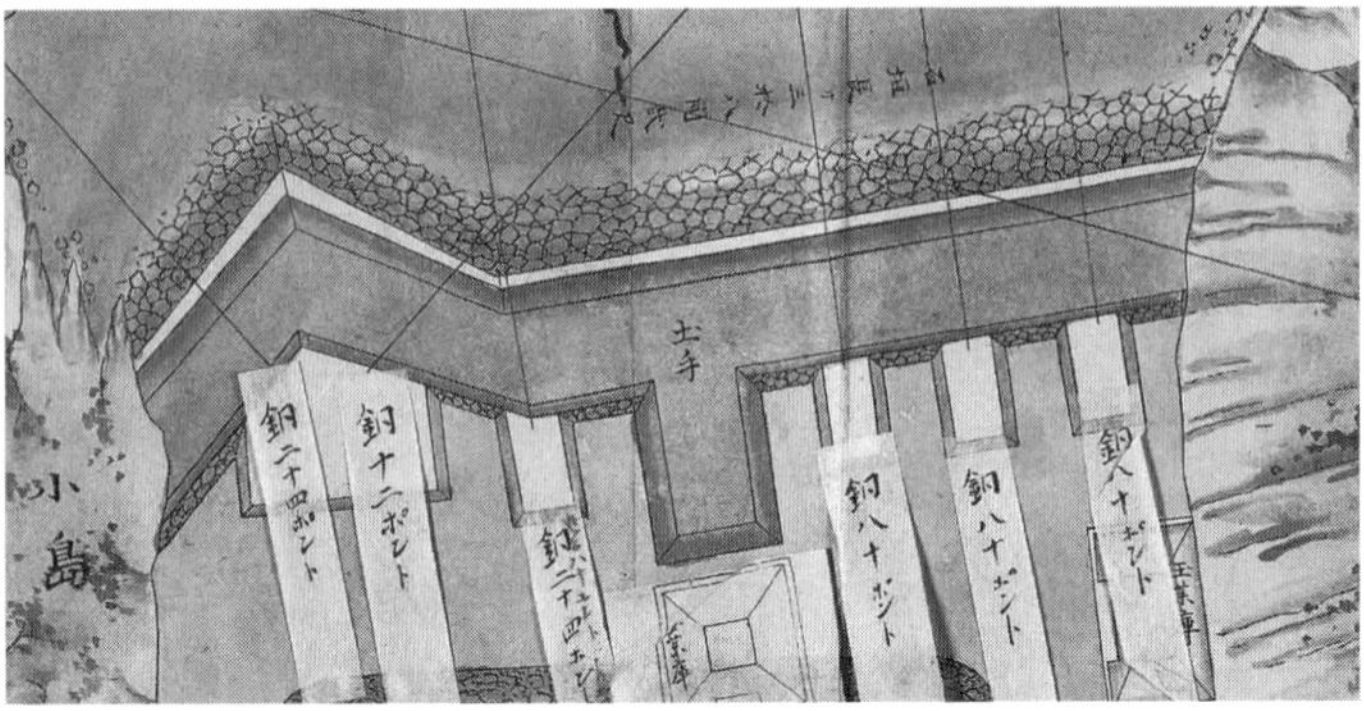

図 3　四郎島台場と小島の接続部分の土手
（鍋島報效会所蔵「四郎島御台場」絵図(015)部分）

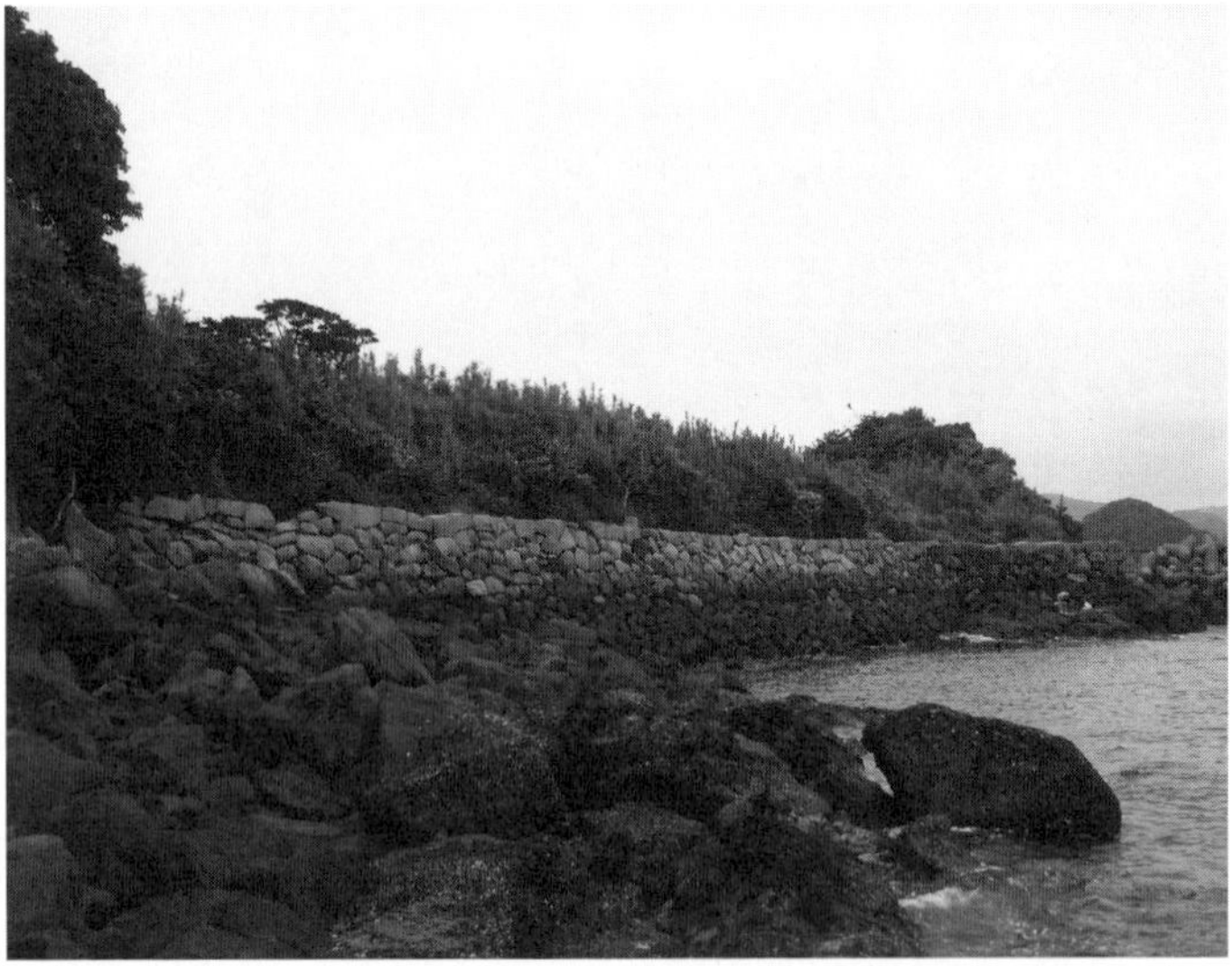

写真 2　四郎島台場と小島の接続部分（南西から見る）(2009 年撮影)

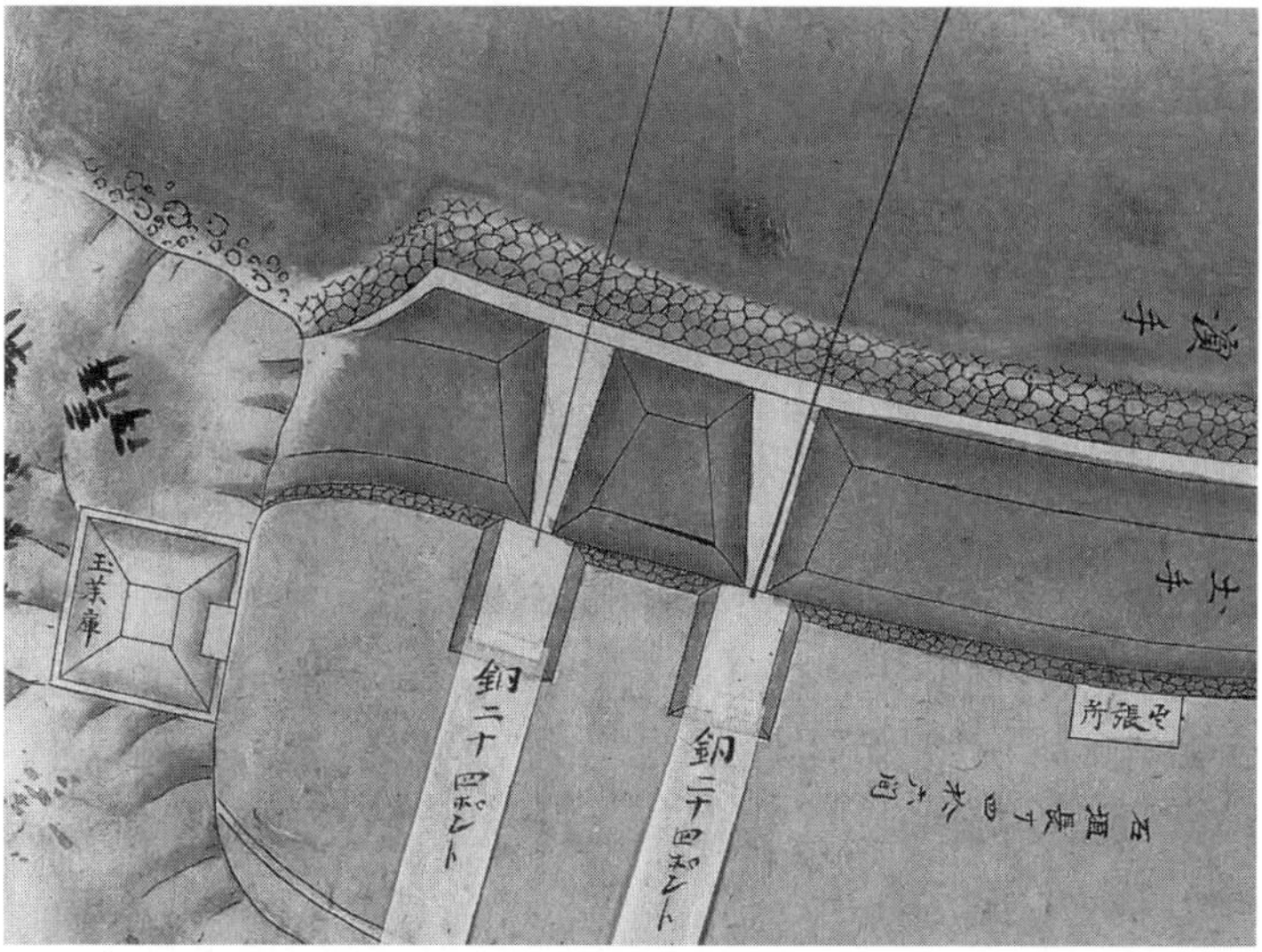

図４　崎雲浜手台場の砲眼及び石造玉薬庫
（鍋島報效会所蔵「崎雲浜手台場」絵図(014)部分）

が十分でないと評価していた。

胸壁については、場所によって砲眼を設けたところがあったようである。前述した四郎島に加え、神島崎雲の浜手にも嘉永四年七月に砲眼を設ける記述がある[76]。

一同（神島崎雲）浜手築出シ之場所、汐中ゟ高弐間半ニシテ長四拾間余石垣築揚入拾五間埋方、地平均出来立、此節石垣上、海岸通土手築立、砲眼相開置候、尤土手裏余地之処江追々出張所偖又玉製作所等被相建候積りを以、取計置候事、

崎雲浜手台場の海岸に面した側に築立する土手に砲眼を開くことがわかる。神島崎雲の浜手については、同年九月四日と五日に神島崎雲台場辺で四貫二〇〇目積載船の試し打ちが行われた際、石火矢を陸に揚げて、「同浜手土手内砲眼ゟ弐三放かんだひ島見込ニ而放出」しているため、この時点で存在したことが確認できる[77]。

次に形状等の記載が見られたのは石造玉薬庫（小玉薬庫）である。佐賀藩増築方では台場の施設の内、弾薬庫である「小玉薬蔵」を、上下四面とも石で築造する計画であった。絵図

からもわかるように形状は、それまでの石蔵とは異なる構造であった（図４）。

石造玉薬庫については、見学者もその形状について記してる。四郎島で見学した玉薬庫は「石甃土墁、上厚四尺強、下方四五間、方台形、以防炸弾」、「上下四方石ニ而外江漆喰ニ而囲む、厚サ四尺計、大砲を請ても破れ不申」と表現されている。(78) 石造で上部の厚さが四尺ほどあり、外壁には漆喰が塗られていた様子がわかる。玉薬庫の形状は、敵の砲弾を受けても破壊しないためであると記されているが、見学者の一人武田斐三郎は、「火薬庫は浅露にして危うく」とし、深さが足りない上、露出しているので危ないと評価している。(79) 玉薬庫の形状には、防弾の配慮がなされたものであることがわかるが、神島台場の小玉薬蔵は、築造位置が海上より視認できることから砲撃を受ける危険性を増してしまっていたといえる。

配備砲についても記述されているが、中でも大砲を配備するために設けられた設備については、「砲墩の制卑下」、「バッテレーの築方与違候」との評価を受けていた。(80) バッテレーとは一連の砲座からなる砲台を指す。「砲座」は大砲を据える台座のことで、神島台場の築造過程からは明らかでないが、伊王島内円通庵下台場の築造に際して、「砲座」の記述が確認できる。(81) 砲座は和流台場にはなく、嘉永四年一二月に円通庵下台場へ試験的に設けられたようである。円通庵下台場は地形に応じて配備場所を二段に造成した台場で、砲台の前面に土手を築いている。砲座については「土手御筒備之場所、幅五間ニ地平均いたし、御筒四挺丈之砲座を高凡壱尺五六寸、幅二間、長弐間半位ニ一先為試取立置申候」と設置を試みた。絵図を見ると大砲ごとに設けたようである。他の台場の砲座についても絵図上に表記されていることから同様に設置されていたと推測される。砲座を含めた砲台については、見学者が想定していた築造方法とは異なっていると見えたようである。

同時代の見学者の評価としては、全体的に台場の規模や塡海工事といった自然地形の克服による実現に感心した様子が記されていた。しかし、増築担当者が台場築造の過程において苦慮していたとみられる部分は、完成当時からも不完全な状態として指摘されていた。

なお前田達男・田口芙季によれば、両島台場は打撃力と防御力の観点より、洋式対艦砲を備えた海防砲台といえるが、胸墻やボムフレーの不備により砲手への防弾が図られていないことから間接的な防御の不備があったと指摘されている(82)。

おわりに

佐賀藩が長崎警備強化策として嘉永期に取り掛かった長崎港外に位置する両島台場の築造は、西洋の海軍に対抗できる洋式台場を目指したものであった。そして、現実に両島へ設置された台場は、これまでのわが国において築造された台場とは異なる洋式の技術や設計が取り入れられた画期的なものであった。一方で、試行錯誤による築造であったことから特に防御施設の面で不完全さを有するものでもあったといえる。

両島台場の築造は、第一に蘭学者や蘭書の参考書等から洋式台場の姿を創造していくという情報面での制約、第二に自然の島を利用したという地形的な制約、第三に長崎警備強化の事業として幕府との関係における時間的な制約といった様々な課題を抱えた中で、実現に向け、現場の状況に合わせながら試行錯誤で進められていたことが確認できる。

その中で、特に神島台場の築造においては、より強固な土台（石垣）の築造を目指し、使用する石材にこだわっていたことやその石材集積に苦労していた様子、神島崎雲と四郎島を結ぶ大規模な塡海工事を行うにあたり、土木技術の情報収集から職人の調査、工法や見積りの検討を行い、数度の現地調査を重ねて、よりよい工法、より安い方法を検討し選択していたことは、築造の様相として注目される。また、四郎島台場では、小島の石垣上に土手を築造する際や石造火薬庫の築造に際し、雛形を基に工事を進めていた様子が見られ、洋式台場施設の設置に際して、その技術情報等の具体的な伝達方法が窺える。神島台場は急峻な地形の切削、造成工事や塡海工事もあり、多額の費用を要していたが、その中でも現地調査を重ね、より現実的な計画へと進めていった現場の実態があった。このほか、築造過程をみると、矢利が十分な場所を確保するために台場の高さの調整がたびたび行われており、自然地形に制約された築造工事は思うようにいかなかった様子も見受けられる。両島台場の築造の過程には、深堀をはじめ佐賀藩領内の職人や人夫が多く関わり、藩事業の実現へ向けて集中させた巨大なプロジェクトであったことがわかる。

このように長崎港という外国船の侵入の可能性が常に高い環境下にあり、急速な警備強化の対応を迫られた両島台場は、洋式台場としては未熟な部分を有しつつも、幕末の洋式台場築造の先駆けとして完成したといえる。冒頭でも記したように両島台場築造担当者の本島藤太夫が、幕末初期の洋式台場は時間的・技術情報的な制約の中で築造されたと回想しているが、伊王島・神島の自然地形という制約と蘭書から得られた情報を正確に実現できるようなノウハウを有しておらず、試行錯誤で行わざるを得なかったという技術的限界も抱えていた。初期の洋式台場築造の姿は、これらの課題が浮き彫りとなったものといえる。とはいえ、佐賀藩が手がけた両島台場は、わが国における洋式台場のパイオニアとして、その後の国内各地の台場築造に大きく影響を及ぼしたものと評価できよう。

註

（1）　木原溥幸「佐賀藩における嘉永・安政期の歴史的意義」（『九州史学』四〇、一九六七年）。

（2）木原溥幸「佐賀藩天保改革における藩財政と長崎警備」（『幕末期佐賀藩の藩政史研究』九州大学出版会、一九九七年）二九～八一頁。
（3）木原溥幸「幕末期における佐賀藩の軍制改革」（前掲『幕末期佐賀藩の藩政史研究』）二一五～二五四頁。
（4）港区教育委員会事務局『第一台場遺跡発掘調査報告書』（港区内近世都市江戸関連遺跡発掘調査報告二七、一九九九年）、鹿児島県立埋蔵文化財センター『鹿児島紡績所跡・祇園之洲砲台跡・天保山砲台跡』（鹿児島県立埋蔵文化財センター発掘調査報告書一七二、二〇一二年）、ほかにも大阪の楠葉台場などがある。
（5）『幕末軍事技術の軌跡―佐賀藩史料『松乃落葉』―』（思文閣出版、一九八七年）三三七頁。以下、『松乃落葉』とする。
（6）松尾晋一「ロシア船来航への警戒と長崎警備―文化三・四年の蝦夷地の状況をふまえて―」（『研究紀要』九号、長崎県立大学、二〇〇八年）一〇三～一一三頁。
（7）梶原良則「寛政～文化期の長崎警備とフェートン号事件」（『福岡大学人文論叢』三七―一、二〇〇五年）三三九～三七七頁。
（8）木原前掲註（2）六五～七〇頁。
（9）長野暹「幕末期佐賀藩の長崎警備と対外危機認識」（『佐賀大学経済論集』三三、二〇〇一年）一一九～一四六頁、片倉日龍雄「幕末期佐賀藩の海外情報収集と対応―『籌邊新編』をめぐって―」（『幕末佐賀科学技術史研究』一、二〇〇五年）六四頁。
（10）梶原良則「弘化期の長崎警備について」（『福岡大学人文論叢』二六―四、一九九五年）二〇四三～二〇七五頁、木原溥幸「嘉永期佐賀藩の長崎台場強化と幕府」（『幕末期佐賀藩の藩政史研究』九州大学出版会、一九九七年）一七一～一九二頁。
（11）木原前掲註（10）一七七～一七九頁。許可の理由として同時期に全国的に海岸警備を強化するよう幕府から指示が出されており、それに伴って受理するとの位置づけであった。

（12）木原前掲註（10）一七二頁。

（13）『松乃落葉』嘉永三年四月、四一～五七頁。

（14）富川武史「幕末期における長崎警衛と江戸湾防備―軍事技術関係蘭書による影響を中心に―」（『日蘭学会会誌』三〇―一、二〇〇五年）四七～五六頁。

（15）「私記」（鍋島家文庫、鍋〇二三―五〇）嘉永三年六月頃。池田半九郎の記録。伊王島への外国人上陸を想定し、その対策について検討されている様子がみられる。鍋島家文庫は鍋島報效会所蔵・佐賀県立図書館寄託。以下同文庫の史料は（鍋〇二三―五〇）のように記す。

（16）片倉前掲註（9）六五～六六頁。また糸山東一によれば「伊王島・四郎島・神之島矢利絵図」から、両島台場の侵入艦船迎撃力は、直進して長崎港侵入をはかる艦船に対して統制射撃を行うというもので、幕府へ演舌した骨子を具現するものと指摘している（「鍋島家所蔵「伊王島・四郎島・神之島矢利絵図」について―伊王島・四郎島・神之島台場洋式砲による長崎港口防禦―」『軍事史学』三九（三）、二〇〇三年、六六～六七頁）。

（17）「贈正二位公御年譜地取五」（『佐賀県近世史料』第一編第一一巻、佐賀県立図書館、二〇〇三年）七四一頁。『松乃落葉』六四頁。外目台場増築方のメンバーは、中野神右衛門・伊東次兵衛・本島藤太夫・田代孫三郎・石川寛左衛門・清水新右衛門・牟田口兵之丞・吉村重四郎・下村八左衛門・兵動忠右衛門・森川利左衛門・武富清右衛門などとある。

（18）木原前掲註（10）一七九頁。

（19）「直正公譜六」（『佐賀県近世史料』第一編第一一巻、佐賀県立図書館、二〇〇三年）安政元年七月五日条、一二三四頁。

（20）前田達男・田口芙季「幕末佐賀藩における長崎砲台の配備記録」（『銃砲史研究』三七五、二〇一三年）二七頁。

(21)「伊王嶋神ノ嶋両所外目御台場御増築ニ付諸控写（書写）」（鍋三五八‐六）嘉永三年一二月、嘉永四年二月。
(22)「伊王嶋神ノ嶋両所外目御台場御増築ニ付諸控写（書写）」（鍋三五八‐六）嘉永三年一二月。「伊王島神島両所外目御台場御築立ニ付諸控写（書写）」（鍋三五八‐五）では、嘉永三年一二月一九日に見分に取り掛かり、晦日に見分内容の報告書を提出。翌嘉永四年一月一〇日に積書・従事人数および日数・絵図面・見分書を石川寛左衛門へ提出したとしている。
(23)「伊王嶋神ノ嶋両所外目御台場御増築ニ付諸控写（書写）」（鍋三五八‐六）嘉永三年一二月条。
(24)「伊王嶋神ノ嶋両所外目御台場御増築ニ付諸控写（書写）」（鍋三五八‐六）、『松乃落葉』嘉永四年二月二日条、六七頁。
(25)「伊王嶋神ノ嶋両所外目御台場御増築ニ付諸控写（書写）」（鍋三五八‐六）。
(26)「私記」（鍋〇二三‐五〇）嘉永四年三月一九日条。
(27)「伊王嶋神ノ嶋両所外目御台場御増築ニ付諸控写（書写）」（鍋三五八‐六）嘉永四年一月に「神嶋内者砂石勝ニ而用立兼…」との記載がある。今日、神島の表層地質を見ると、島の東部側は新第三紀長崎火山岩類の凝灰角礫岩であり、崎雲側の島の南西部、四郎島・中ノ島には香焼層の砂岩が分布している。これらの石材は、軟らかく加工しやすい反面、風化しやすいことから敬遠されたものと思われる。
(28)「伊王嶋神ノ嶋両所外目御台場御増築ニ付諸控写（書写）」（鍋三五八‐六）嘉永四年二月二九日に米倉権兵衛より現場担当者へ必要な石材の場所の確認と当役まで聞き届けられたことが伝えらえている。
(29)「伊王嶋神ノ嶋両所外目御台場御増築ニ付諸控写（書写）」（鍋三五八‐六）嘉永四年七月田代孫三郎より「大村領之内ゟ御相談ニも相成候半而相叶間敷ニ付、其段及御達置候処、当春以来四郎島・崎雲等之頂上段々切下ケ候処、相応之石性ニ而随分御取用可相成ニ付、右を以ケ所々々相整、然処追々小島取繫之義御達相成候ニ付、是以切崩之石ニ而石垣等過半相整申候」とある。

(30)「伊王島神島両所外目御台場御築立ニ付諸控写（書写）」（鍋三五八-五）嘉永四年七月、八月一七日条。
(31)「伊王嶋神ノ嶋両所外目御台場御増築ニ付諸控写（書写）」（鍋三五八-六）嘉永三年一二月。
(32)「伊王嶋神ノ嶋両所外目御台場御増築ニ付諸控写（書写）」（鍋三五八-六）嘉永四年二月二一日備前石工より提出。
(33)『松乃落葉』嘉永四年三月一〇日条、七〇頁。
(34)「伊王嶋神ノ嶋両所外目御台場御増築ニ付諸控写（書写）」（鍋三五八-六）嘉永四年三月条。田代孫三郎より伊東次兵衛・石川寛左衛門・下村八左衛門・森川利左衛門らへ伝達。
(35)『松乃落葉』嘉永四年三月二六日条、七二頁。
(36)「伊王嶋神ノ嶋両所外目御台場御増築ニ付諸控写（書写）」（鍋三五八-六）、本島は塡海通路を「凡三四間、根はへ四五拾間位」にし、「島々其外最寄之漁民共江持集」まるように呼びかけてはどうかと検討していた。
(37)「伊王島神島両所外目御台場御築立ニ付諸控写（書写）」（鍋三五八-五）嘉永四年六月二日現地調査、同一四日高島等の石場見分、同二七日木枠を沈める試験実施。『松乃落葉』七四頁。「伊王嶋神ノ嶋両所外目御台場御増築ニ付諸控写（書写）」（鍋三五八-六）嘉永四年六月に武富清右衛門が見積りを提出、約正銀三六〇貫（その他約二三貫を加えても、約三八五貫）。武富が三月に提出した約正銀二九七七貫に比べてかなりの減額となった。
(38)「伊王島神島両所外目御台場御築立ニ付諸控写（書写）」（鍋三五八-五）嘉永四年七月二〇日条。
(39)『松乃落葉』嘉永四年四月二日、七二頁。備前石工は「不及雇入」と記されている。
(40)「伊王嶋神ノ嶋両所外目御台場御増築ニ付諸控写（書写）」（鍋三五八-六）嘉永四年一〇月二四日当役鍋島安房まで報告。このとき、四郎島から約四〇間、神島崎雲から一二間築造が進んでいた。
(41)「伊王島神島両所外目御台場御築立ニ付諸控写（書写）」（鍋三五八-五）嘉永五年三月二日条。

(42)「伊王嶋神ノ嶋両所外目御台場御増築ニ付諸控写（書写）」（鍋三五八‐六）嘉永五年四月二六日条。森川利左衛門らから本島藤太夫らへ。この追加工事は一一月までかかっていたようで、「四郎島取繋場所内手石垣込石等手残有之」と作業の様子も確認されるが、その後記事が見られないため嘉永五年中には完了したのだろう。
(43)「伊王嶋神ノ嶋両所外目御台場御増築ニ付諸控写（書写）」（鍋三五八‐六）嘉永五年五月。高さについては、「汐下深ミ之処はヘ高平均八間」、「同（汐下）浅ミ之処同高サ三間」、「汐上（中略）高サ三間七合」とある。
(44)「伊王嶋神ノ嶋両所外目御台場御増築ニ付諸控写（書写）」（鍋三五八‐六）嘉永四年五月。
(45)「私記」嘉永四年三月一九日条。小島接続工事は見合わせる指示があったが、四郎島開削の土石を置いたままでは却って流れてしまうので接続工事に使うのが便利であると検討されている。
(46)『松乃落葉』嘉永四年七月、増築方から田中善右衛門へ、七四頁。
(47)「伊王嶋神ノ嶋両所外目御台場御増築ニ付諸控写（書写）」（鍋三五八‐六）嘉永四年一二月。
(48)長崎市教育委員会『四郎ヶ島台場跡—範囲確認調査に伴う石垣測量調査報告書—』（二〇一一年）。
(49)長崎市教育委員会『四郎ヶ島台場跡—第一次～第三次発掘調査報告書』（二〇一二年）。
(50)「伊王嶋神ノ嶋両所外目御台場御増築ニ付諸控写（書写）」（鍋三五八‐六）嘉永四年一〇月。田代孫三郎らから現場の状況報告。
(51)「伊王嶋神ノ嶋両所外目御台場御増築ニ付諸控写（書写）」（鍋三五八‐六）嘉永五年閏二月、作成の手覚。
(52)伊王嶋神ノ嶋両所外目御台場御増築ニ付諸控写（書写）」（鍋三五八‐六）嘉永五年五月一五日条。森川利左衛門らから田代孫三郎らへ指示。「伊王島神島両所外目御台場御築立ニ付諸控写（書写）」（鍋三五八‐五）嘉永五年五月一九日・八月二八日条。五月に仕様書が届く。

(53)「伊王嶋神ノ嶋両所外目御台場御増築ニ付諸控写(書写)」(鍋三五八-六)嘉永五年九月二八日。
(54)『松乃落葉』嘉永四年二月、六七頁。
(55)「伊王嶋神ノ嶋両所外目御台場御増築ニ付諸控写(書写)」(鍋三五八-六)嘉永四年三月(五日)の進捗状況では、伊王島内は東から出鼻台場まで在来の道を整備、出鼻台場床の開削に着手していたことがわかる。
(56)「私記」嘉永四年三月一九日条。「伊王嶋神ノ嶋両所外目御台場御増築ニ付諸控写(書写)」(鍋三五八-六)嘉永四年四月一二日、森川利左衛門らから田代孫三郎らへ指示、「伊王島之義ハ御巡見迄ニ而取止」とある。
(57)「伊王嶋神ノ嶋両所外目御台場御増築ニ付諸控写(書写)」(鍋三五八-六)嘉永四年五月、増築方。同七月六日に原一郎左衛門らから田代への現地報告の中で八日に円通庵下台場の地開に着手予定とある。
(58)「伊王嶋神ノ嶋両所外目御台場御増築ニ付諸控写(書写)」(鍋三五八-六)嘉永四年二月、田代孫三郎作成の「伊王島御台場床其外地開凡積」。敷とは土居の底面、辻は土居の天端を指すと思われる。
(59)「伊王嶋神ノ嶋両所外目御台場御増築ニ付諸控写(書写)」(鍋三五八-六)嘉永五年一一月六日条。神島台場へ配備。
(60)「伊王嶋神ノ嶋両所外目御台場御増築ニ付諸控写(書写)」(鍋三五八-六)嘉永六年三月五日。
(61)『松乃落葉』嘉永六年五月一六日条、九七〜一〇〇頁。
(62)『松乃落葉』六七頁。
(63)「伊王嶋神ノ嶋両所外目御台場御増築ニ付諸控写(書写)」(鍋三五八-六)嘉永四年二月九日に佐賀表から現場の米倉権兵衛へ伝達。
(64)「伊王嶋神ノ嶋両所外目御台場御増築ニ付諸控写(書写)」(鍋三五八-六)嘉永四年二月一四日、田代孫三郎らより伊東次兵衛らへ報告。

(65) 木原前掲註(10)一八〇頁。

(66)「伊王島神島両所外目御台場御築立ニ付諸控写（書写）」（鍋三五八-五）嘉永四年九月八日条、「直正公譜」二〇六頁。

(67)「直正公譜」嘉永四年一二月二〇日条、二〇七頁。

(68)「伊王嶋神ノ嶋両所外目御台場御増築ニ付諸控写（書写）」（鍋三五八-六）嘉永五年一月一〇日。深堀家来より神島増築のため必要な人数等、問い合わせがある。

(69)「贈正二位公御年譜地取七」（『佐賀県近世史料』第一編第一一巻、二〇〇三年）嘉永五年四月一二日条、七六二頁。

(70) 川路聖謨「長崎日記」（『大日本古文書幕末外国関係文書』附録之一、東京大学、一九八六年）、箕作阮甫「征西紀行」（同上『大日本古文書幕末外国関係文書』附録之一）、窪田茂遂「長崎日記」（『米沢市史編集史料集』第一四号、米沢市史編さん委員会、一九八四年）、片山一貫「従征日記」（片山一貫吾道『従征日記　附・追征日記』一九二八年）、八木鈞「陪征日記」（東京大学史料編纂所謄写本、二〇七三―三三）

(71) 窪田前掲註(70)一二五～一二六頁。

(72) 塡海通路の仕様については、窪田が「百五十間海を埋め、幅五間高二間位石垣ニなす」、片山が「長可二町、横六七弓、出水二丈許」、八木が「長一百五十丈、寛可五丈、出水面二丈許」とそれぞれ記している。

(73) 前田・田口前掲註(20)二六頁、この時は配備の初期段階にあたるとある。

(74) 鍋島報效会所蔵の両島台場の絵図を見ると、胸壁は土手と石垣の二種類で表記されており、現地見分後の当初に土手築造が予定されている台場には土手が設けられ、それ以外の神島兜崎と伊王島中ノ田は石垣で築かれたとみられる。

(75) 箕作前掲註(70)四八二頁。窪田前掲註(70)一二七頁。

(76)「伊王嶋神ノ嶋両所外目御台場御増築ニ付諸控写（書写）」（鍋三五八-六）嘉永四年七月、本島が提出した手覚。これは同五月に先行して筒を二挺ずつ配備する場所が四ヶ所選ばれ、そのうちの一つが崎雲築出（浜手）であったため、整備が進められたと推測される。ただし、先行して配備する筒の砲種は不明である。

(77)「伊王島神島両所外目御台場御築立ニ付諸控写（書写）」（鍋三五八-五）嘉永四年九月四日・五日条。四貫二〇〇目石火矢は、嘉永二年閏二月に長崎配備用に製造された銅製石火矢と思われる（「直正公譜五」嘉永二年閏四月二七日条、一八三頁）。

(78) 古賀前掲註(70)二七六頁。窪田前掲註(70)一二六頁、小玉薬蔵のスケッチがある。

(79) 箕作前掲註(70)四八二頁。

(80) 箕作前掲註(70)四八二頁。窪田前掲註(70)一二七頁。

(81)「伊王嶋神ノ嶋両所外目御台場御増築ニ付諸控写（書写）」（鍋三五八-六）嘉永四年一二月。

(82) 前田達男・田口芙季「幕末佐賀藩における長崎砲台の見聞記録」（『銃砲史研究』三七七、二〇一三年）一六頁。

長崎両島台場の変遷
――幕末期洋式砲台としての評価――

田口　芙季

はじめに

幕末、長崎警備を担当する佐賀藩にとって長崎警備の体制強化は重要な課題であり、それは警備の要である台場の強化についても同様であった。

文化五年（一八〇八）、フェートン号事件が起こると、幕府からの預かりであった長崎港口の台場（古台場）に新たな台場（新台場・増台場）が増設される。一八四〇年（天保一一）には、第一次アヘン戦争が勃発。中国敗北の情報とともに西洋列強の圧倒的な兵装についての情報が入ったことで、海防の強化はいっそう重視されるようになり、長崎警備を担当していた福岡藩・佐賀藩と幕府の三者によって、長崎警備の強化について協議が重ねられた（筑前示談）。結果、嘉永年間（一八四八-五四）には、長崎港外に位置する伊王島・神島（神島・四郎島を含む）に、両島台場（伊王島台場・神島台場）を佐賀藩独力で造築することが決定する。そして、両島台場に据えつける大砲鋳造のため佐賀城下に反射炉をはじめとする製砲施設が築かれ、洋式の銃砲を扱う人材の育成、試射場、訓練場の整備が行われた。また、台場の補完戦力として海軍の創設が決定し、洋式船の建造・購入、人材の育成が行われ、洋式船運用に必要とされる港・繋留地・修船施設等の整備、蒸気船燃料調達のための炭鉱開発等が行われた。

幕末の佐賀が積極的に西洋の科学技術を受容し近代化を進めたことは有名であるが、その契機の一つに長崎警備の強化と、長崎両島台場の築造があったことは疑いない。佐賀・福岡両藩による長崎警備と設置された台場群に関しては、これまでにもさまざまな観点から研究が進められてきている。

なかでも長崎港外に佐賀藩が築いた両島台場は、幕末の情勢下において、長崎防備を強化するために築かれた洋式砲台と評価されてきた。両島台場は、「その後に建造された江戸品川台場とともに蘭書の記述を基に築造された洋式砲台の先駆的存在であり、その後に全国的な普及をみせる洋式砲台に影響を与えたとされる。ことに五稜郭のような要塞レベルの洋式城郭はその経験があってこその成功」と評価されている。(1)

このように両島台場は、初期の洋式海防砲台として高く評価されることが多いが、安政元年（一八五四）当時、大洲藩士で蘭学者でもあった武田斐三郎が佐賀藩の両島台場をみて「砲台の様式は洋風に合っていない点が多く、不完全な点が多い。世間の評判はよいが、これほどいいかげんなものとは思わなかった。火薬庫をはじめ不十分な状態で他に誇っていては井の中の蛙である。鎖国の弊は大きい」といった指摘をしていることも見逃してはならない。(2)

両島台場そのものについては、漠然と洋式砲を配備した洋式海防砲台であると評価されることが多いが、どのような点が〈洋式〉であるのか、これまで細かな検討はなされてこなかった。

そのため本稿では、台場の本質的な価値を構成する要素である台場に据えつけられた大砲の質的な問題とその量的な変遷について検討を加え、その上で、幕末当時の外国人による両島台場の評価を基に両島台場の価値を再考したい。

一　両島台場の配備計画

1　両島台場建設以前

長崎警備の始まりは、島原の乱終結後の寛永一七年（一六四〇）に発生した、日本側が行ったポルトガル船への焼き討ちに対する報復に備えたものである。寛永一八年に福岡藩（黒田家）、同一九年には佐賀藩（鍋島家）に対して、幕府が下命したもので「長崎御番」と呼ばれた。それ以降、幕末まで両藩は、当番・非番に分かれて隔年交代で長崎警備を担当した。③

寛永一八年に始まる長崎警備の初期段階では、台場は設置されず、関船で来航船を取り囲んで封鎖する方法と鉄砲・槍などによる攻撃が防備の主体であった。④慶安年間（一六四八−五一）に、西泊・戸町の両番所が整備され、承応二年（一六五三）からは白崎・陰ノ尾・長刀岩・高鉾・神崎・女神・太田尾の七地点で、石火矢・大筒の台場の整備が行われた。これが幕末に「古台場」と呼ばれた台場群である。

その後、対外的な緊張関係の高まりによって、幕府から貸与の石火矢・大筒の点検が行われた寛政年間（一七八九−一八〇一）には、「石火矢三九挺の内二四挺は実用に耐えない可能性があることが判明」⑤したため、佐賀・福岡両藩によって一〇〇年ぶりに石火矢が更新される。寛政一〇年九月四日には、佐賀・福岡両藩は新規鋳造を終え、元禄一三年（一七〇〇）段階と比較して石火矢三九挺・大筒二〇挺の総数に変化はないが、「石火矢の大型化と規格化、および砲弾の一新が実現」し、「長崎警備体制は火砲を中心として刷新され、増強」された。⑥

フェートン号事件後の文化七年（一八一〇）には、新台場・増台場が新たに整備される。文化六年六月には、まず応

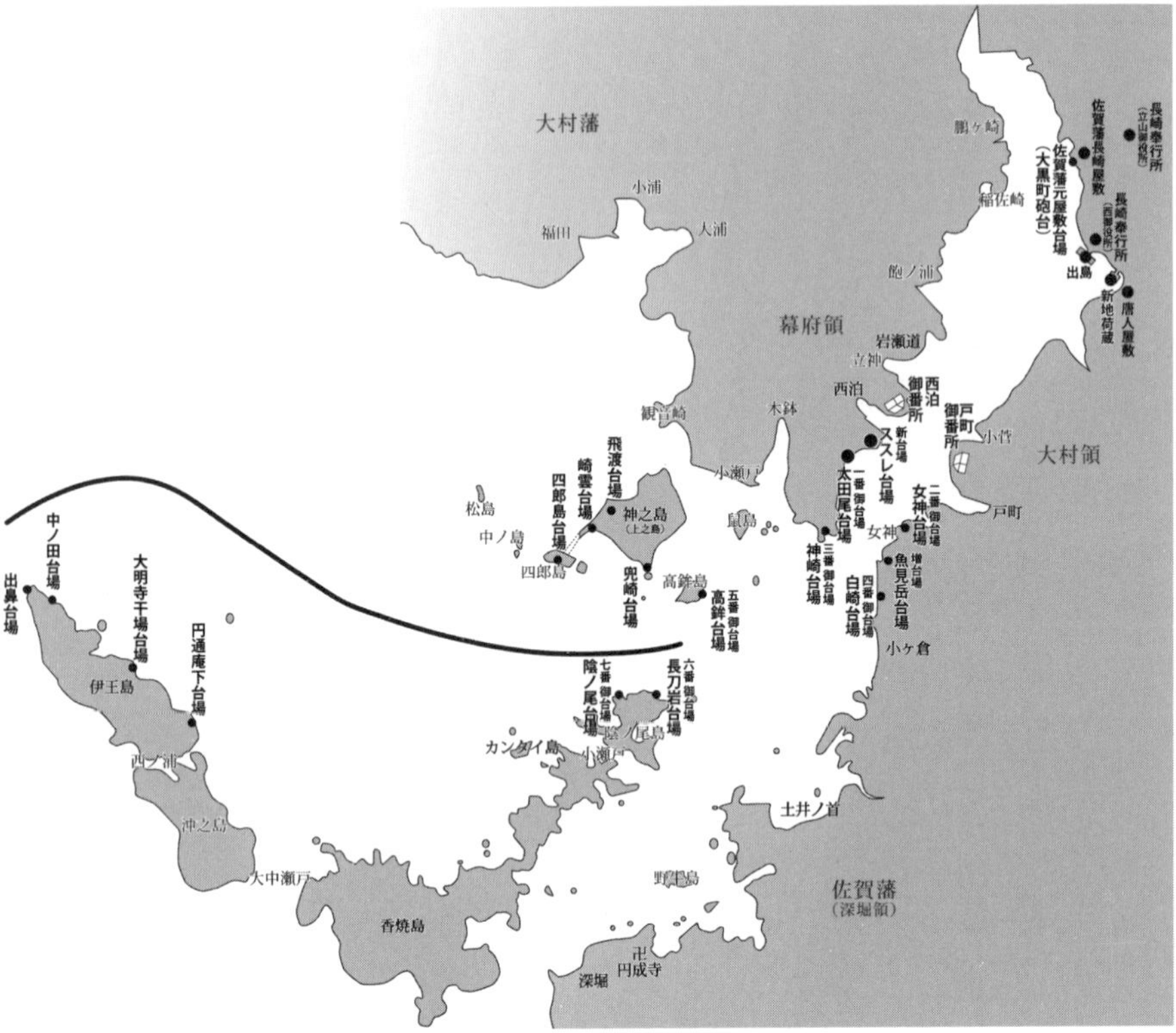

図1　長崎台場の配置（内外台場と両島台場）

急の長崎警備増強策として新台場を整備するとして、スズレに台場が新設。同時に古台場があった女神・神崎・高鉾・藤ノ尾の四地点に台場が増設された。これが、「新台場」と呼ばれる台場群である（図1）。

続いて翌七年には、四、五艘以上のイギリス船・ロシア船の来航にも対応できる増強策として台場が新たに整備され、魚見岳に台場を新設。神崎・高鉾・長刀岩に台場が増設された。これが、「増台場」と呼ばれる台場群である。

この新台場・増台場増設の結果として、「二四台場、常備火砲一三四挺という大規模な増強が実現した。このため、従来の福岡・佐賀両藩による隔年交代では対応できず毎年警備同様の体制となったことから、新台場・増台場築造にともなう莫大な財政負担とともに、窮乏していた藩財政を直撃し、増強された長崎警備体制の継続を困難にした」と指摘されている[7]。

江戸時代、長崎港内を指して内目と呼び、港外を外目と呼んだ。両島台場より前に整備された「古台場」「新台場」「増台場」は、港口を中心としたこの内目と外目に設置され、そのすべての台場を合わせて「内外台場」とも呼び称される。この内外台場は、幕府領と大村藩領に設置されていた。

それに対して、両島台場の置かれた伊王島・神島・四郎島は元々佐賀藩深堀領であった。佐賀藩の長崎警備が始まってほどなく、慶安二年以降、深堀鍋島家初代鍋島茂賢は、独自に深堀山頂に遠見番を置き、のちに香焼島・沖島・伊王島・高島・脇津の五ヶ所に遠見番を置いた。長崎警備を担当する長崎仕組方が整備されていくなかで、長崎に領地を持つ深堀鍋島家は次第に長崎警備が定役となり、深堀に近い諫早鍋島家もまた、当番・非番に拘わらず、知行地の矢上に規定以上の人数を詰めさせていた[8]。

伊王島には洋式の海防砲台が築かれる以前、弘化期にはすでに和流の台場が築造されていたと言われている[9]。それは幕末に「在来台場」と呼ばれた台場で[10]、内外台場と同様、和筒が据えられていた。「在来台場」とは固有名詞ではなく、従来の台場という意味であり、伊王島に複数個所設置されていた。その台場は、長崎警備のために幕府が設置した内外台場とは別に、佐賀が独自に設置した台場であった。

神島にも佐賀藩で鋳造された和筒が据えられており[11]、嘉永七年（一八五四）、両島台場の築造後、伊王島神島に備え付けられていた和筒は、当時蘭筒と呼ばれた洋式の大砲に変更されていくこととなる[12]。

表1　長崎内外台場配備の石火矢・大筒（1855年2月）

鉛貫目表記	口径近似値	種別	挺数	鉛貫目表記	口径近似値	種別	挺数
—	—	—	—	8貫目	17.5 cm	唐銅火矢筒	1
2貫400目	11.8 cm	唐銅石火矢	1	—	—	—	—
2貫300目	11.7 cm	唐銅石火矢	1	—	—	—	—
2貫目	11.2 cm	唐銅石火矢	4	—	—	—	—
1貫900目	11.0 cm	唐銅石火矢	1	—	—	—	—
1貫500目	10.2 cm	唐銅石火矢	13	—	—	—	—
1貫300目	9.7 cm	唐銅石火矢	2	—	—	—	—
1貫目	8.9 cm	唐銅石火矢	26	—	—	—	—
900目	8.6 cm	唐銅石火矢	1	—	—	—	—
800目	8.3 cm	唐銅石火矢	19	—	—	—	—
750目	8.1 cm	唐銅石火矢	1	—	—	—	—
700目	8.0 cm	唐銅石火矢	2	—	—	—	—
600目	7.6 cm	唐銅石火矢	3	—	—	—	—
500目	7.2 cm	唐銅石火矢	18	500目	7.2 cm	大筒	1
400目	6.7 cm	唐銅石火矢	1	—	—	—	—
300目	6.1 cm	唐銅石火矢	12	—	—	—	—
—	—	—	—	200目	5.4 cm	大筒	6
—	—	—	—	150目	3.5 cm	大筒	4
—	—	—	—	50目	3.2 cm	大筒	4
—	—	—	—	30目	3.0 cm	大筒	5
唐銅石火矢　計			105	火矢筒・大筒　計			21

「長崎下向御目付永井岩之丞殿ゟ御尋御ヶ條御答書」より作成

2　内外台場の大砲配備状況

両島台場と比較するためにも、江戸時代の従来の台場である内外台場に据えられた大砲の配備状況を見ていきたい。

フェートン号事件後の文化七年に整備された内外台場による長崎港口を中心とした海防体制は、両島台場増設以降も維持されていた。佐賀・福岡両藩による内外台場の当番・非番の隔年交代による警備体制も、基本的には変更されていない。

内外台場の大砲配備状況については、両島台場増設後の安政二年（一八五五）二月の記録が残されている[13]。内外台場の各台場に配備された石火矢・大筒は総合計一二六挺と記録される（表1）。前述したように、文化七年の段階では石火矢・大筒の総数は一三四挺とカウントされており、四〇年ほどの間に配備された石火矢・大筒も数の変動があったようである。

内外台場の石火矢・大筒の貫目表記は、鉛球弾（実体弾）の重量を表す規格であるので、鉛比重一一・三として球弾径を算出し、石火矢・大筒が球弾前装滑腔形式であることからこれに遊隙見込値〇・四㎝を加えて、石火矢・大筒の口径近似値を求めた（表1）。また、比較のため両島台場配備のオランダ式前装滑腔カノンの規格ごとの鉛貫目表記と鉄蘭ポンドの対照表をつける（表2）(14)。佐賀藩では嘉永六年あたりまでは、オランダ式前装滑腔カノンの規格について、鉛貫目表記と鉄蘭ポンド表記を併用していた。

表2　長崎両島台場配備の前装滑腔カノンの口径表記一覧

鉛貫目表記	鉄蘭ポンド表記	種別	口径
28貫800目筒	150ポンド	青銅製カノン	27.27 cm
15貫500目筒	80ポンド	青銅製カノン	22.27 cm
7貫200目筒	36ポンド	鋳鉄製カノン	17.27 cm
5貫　目筒	24ポンド	青銅製カノン	15.11 cm
2貫400目筒	12ポンド	青銅製カノン	11.96 cm

「両島新御台場御備大砲其外於築地ニ鋳立記」「手覚」「贈正二位公御年譜地取七」より作成

　安政二年二月段階で内外台場に配備されていた石火矢・大筒は、八貫目筒が最大で口径一七・五㎝程度であるが、これは火矢筒とあるので配備砲とは思い難い。そうすると、口径一一・八㎝程度の二貫四〇〇目石火矢が最大であるが、配備数を勘案すると、口径一〇・二㎝程度の一貫五〇〇目石火矢（二三挺）、口径八・九㎝程度の一貫目石火矢（二六挺）、口径八・三㎝程度の八〇〇目石火矢（一九挺）、口径七・二㎝程度の五〇〇目石火矢（二八挺）あたりが主戦装備であったものと思われる。内外台場の配備砲とは、このように多種多様で小口径のものであった。

　規格化された一二ポンドから一五〇ポンドの中口径から大口径のオランダ式の砲種で揃えられた両島台場の配備砲と比較すると、内外台場は小口径の多様な石火矢・大筒といった和筒が配備されており、このようなあり方こそが、江戸時代従来の台場の姿であった。

3　両島台場建設に至る経緯と配備構想

　両島台場の増築については弘化二年（一八四五）以降、肥前佐賀側から提案がなされ、筑前福岡、幕府の三者で協議が重ねられた。結果、嘉永三年三月、佐賀藩は、独力による両島台場増築を幕府に願い出る。それが受理されると、伊豆韮山の江川英龍、松代藩の佐久間象山らに意見を求めるなどして、両島台場の築造、大砲の配備の構想を練り上げていく。その中で両島台場の構想は幾度となく形を変えていった。

(1)弘化二年(一八四五)

弘化二年一〇月七日付けの佐賀藩において長崎警備を担当する番方による達には、伊王島・神島そのほかに「大御台場」を築き立てるので筑前との示談に取り掛かるとあり[15]、この時点で佐賀藩が両島台場を増築する方針であるとともに、その増築について長崎警備をともに担当する福岡藩と調整を行う予定であったことがわかる。

同二年一二月二日付けの番方による示談手覚には、増やす予定の筒数を尋ねられた場合には凡そ百挺程度とあり、筒の大きさを尋ねられた場合、外目は射程が遠いので一貫目以上の筒でなければ役に立たず、場所によっては五貫目位の筒も取加える必要がある、と指摘されている[16]。

一貫目筒(口径八・九cm程度)は、鋳鉄比重七・〇七で球弾換算して遊隙見込値〇・四cmを加えると、蘭ポンド(リーブルポンド・フレンチポンド：メートル法の五〇〇g)換算では五ポンドカノンに相当する。五貫目筒は口径一五・一一cmの二四ポンドカノンである(表2)。内外台場配備の石火矢・大筒と比較すると、小口径の砲を廃して中口径以上の砲を指向していたことが読み取れる。また、この時点で計画された両島台場への配備砲の予定数は一〇〇門程度であり、新台場・増台場の段階で増設された石火矢・大筒七五挺を大きく上回る。ただし、最大口径の大砲が二四ポンド台に留まる点は、後の両島台場配備状況とは大きく異なっている。

(2)弘化四年(一八四七)

弘化四年一〇月一一日付けの幕府老中阿部伊勢守への演舌書では、西洋軍事技術の優秀性は唐山戦争(アヘン戦争)

の結果で明らかであり、長崎港へ来航したオランダ使節船でさえ数十門の砲を備えて防御力も高く、一貫目以下の筒ではその船腹を撃ち抜くことは難しいと指摘し、大貫目の大銃を今又一〇〇挺程も備える必要があると主張している[17]。この段階では、一貫目筒を基準としながらも、より大口径の大砲を配備することを指向しているようである。

(3)嘉永三年（一八五〇）

嘉永三年三月、佐賀藩は、独力による両島台場増築を幕府に届け出る。そして、後に両島台場配備の大砲を生産する大銃製造方の主任となる本島藤太夫を、伊豆韮山の江川英龍のもとに支援要請のため派遣した。本島が持参した一〇代藩主鍋島斉正（号は閑叟。後に直正と改名。以後は直正に統一）の自翰には「右台場備用八十ポントボムカーン其外之大砲」についての記述がある[18]。この段階では八〇ポンドカノンが主戦装備として想定され、両島台場への配備計画が具体化していたことがわかる。

その後、本島は江戸にも出て、松代藩の佐久間象山と面会し、両島台場についてさまざまな議論を行っている。その中では、配備予定の砲種として「八十ポンドボムカノン」「三十六ポンドカノン」「三十ポンドカノン」「二十四ポンドカノン」を挙げ、この四砲種を地形に合わせ、外海方向に開けた海岸にはなるだけ大口径の砲を配備し、内海方面に向かうにしたがって小口径とし、不測の事態が起こった場合に備え、手早く発射するため外海方面へ向かった場所にも二四ポンドカノンを取り混ぜ、内海方面にも大口径砲を取り混ぜたいが、どれくらいの配分で行えばよいだろうか、と配備方針についての意見を求めている[19]。佐賀藩が二四ポンドカノンに緊急対応の速射機能を持たせようとしたことも窺える。

この配備方針に対して佐久間は、この四砲種のほかに銅製一二ポンドカノンを配備すべきと答えた。敵が砲台近くに接近した場合、缶入散弾を撃ちかけるために一二ポンドカノンを砲台ごとに三門程度配備すべきであるとし、対艦砲座を防御するための砲を据えることの重要性を説いた。また、二四ポンドカノン以上の対艦砲座にはキュスト・アホイト（端軸砲架）、一二ポンドカノンにはヘルト・アホイト（野戦砲架）を用いるべきとし[20]、目的に合わせて端軸砲架（旋回砲座[21]）と野戦砲架を選択するように、と後日書面で助言している。

キュスト・アホイトとは、上架と下架に分離され、砲口側で台架を固定する旋回軸（端軸）を支点として、砲尾側で主軸に直交する方向に付けられた車輪が、砲座（砲架に載せた火砲を据え付けるスペース）の砲床（砲座の床面）に設置された半円状のレールの上を移動することによって旋回し、射角（射界：水平角）を得る。砲床に対して砲身を高い位置で保持できる。上架の側面に付けられた輪は、砲を移動させるための装輪ではなく、発射の反動で後座した上架を複座させるためのハンドルである。対艦砲のような大口径砲に向いた固定用の砲架であり、分解しない限り砲架を移動させることはできない。

それに対して、ヘルト・アホイトは、野戦用として砲を移動させるのに適する大きな装輪を有した単脚式二輪砲架である。単脚端を手挺で浮かせて射角を得る。地面に対して砲身は低い位置に収まる。比較的小型の中小口径に向き、砲身をセットしたまま、陣地間などを移動できた。

一二ポンドカノンを移動することのできるヘルト・アホイトに載せるのは、対艦砲を守るため、自由に移動させる必要があったものと思われる。

(4) 嘉永四年（一八五一）

本島の帰藩後、嘉永三年六月末に佐賀城下北西の築地に大銃製造方が設置され[22]、両島台場に配備するための反射炉を含む製砲所の整備が始まった。

嘉永四年一月二二日には、番方役内に「外目御台場御増築方」が設置された[23]。同四年九月二〇日には、伊王島・神島の八地点に台場を設置すること、そこに大砲四〇門を配備することが決定されたが、なお数年を要する見込みで、ともかく翌五年春までに青銅砲六門ほどを揃えることになった㉔。

この時点で、両島台場配備砲について、量的な面では当初構想されていた大量配備方針（一〇〇門程度）は修正され、質的な面では最大口径を二四ポンドカノン（口径一五・一一㎝）から八〇ポンドカノン（口径二二・二七㎝）へと拡大していた。両島台場の配備方針は、量・質の両面で、内外台場的なあり方から、完全に脱却していたことがわかる。

同四年九月二三日には、佐賀藩御用鋳物師の谷口弥右衛門に対して、八〇ポンド青銅製カノン一門、二四ポンド青銅製カノン五門、一二ポンド青銅製カノン二門の計八門について、翌五年春までの鋳造見積りが命じられている㉕。築地反射炉の実用化については、いまだ目処が立っていない状況であり、谷口による銅製鋳立場が新たに築地の大銃製造方内に設置された㉖。この見積りに一二ポンド青銅製カノンの鋳造が含まれている点は、前記の佐久間象山による助言が受け入れられた結果と考えられる。

表3　番方による両島台場の配備計画（1852年4月）

青銅砲	門数	鋳鉄砲	門数
—	—	150ポンド鋳鉄製カノン	2
80ポンド青銅製カノン	1	80ポンド鋳鉄製カノン	13
—	—	36ポンド鋳鉄製カノン	14
24ポンド青銅製カノン	11	—	—
12ポンド青銅製カノン	9	—	—
計	21	計	29

『松乃落葉』より作成

(5) 嘉永五年（一八五二）

嘉永五年四月に番方から差し出された「両島御増築御入用凡積書」に記載された五〇門の配備予定の大砲のうち、二九門は鋳鉄製カノンである㉗。前述の佐久間に提示した砲種のうち、三〇ポンドカノンについての記載は無く、三六ポンド鋳鉄製カノン、八〇ポンド鋳鉄製カノンとともに、新たな主戦装備として一五〇ポンド鋳鉄製カノンが含まれている（表3）。おそらく、対艦砲としては中途半端なサイズである三〇ポンドカノンの採用を取り止め、この種の前装滑腔カノンとしては最大クラスの一五〇ポンドカノンを採用したものと思われる。

配備計画段階での鋳鉄砲量産に対する強い期待が現れているが、幕末佐賀藩の反射炉操業の時期区分では、この時点は築地反射炉による試験的な初期操業の時期にあたり、鋳鉄砲を増産する体制は整っていなかった[28]。

築地の銅製鋳立場で鋳造された八〇ポンド青銅製カノン一門を除くと、この段階では、三六ポンドカノン以上の全ての砲種が鋳鉄製カノンとして計画されていたこともわかる。この点は、両島台場配備において企図されていた、鋳鉄砲と青銅砲の使い分けを明示するものであり、きわめて重要である。

つまり、砲座に固定されて移動させる必要がほぼ無い三六ポンドカノン以上の大口径砲には鋳鉄砲を採用し、移動させる可能性あるいは必要がある二四ポンドカノン・一二ポンドカノンの中口径砲には、青銅砲を採用することが計画されていたことになる。

適度に硬く適度に粘る鋼鉄とは全く異なり、砲身材料としての鋳鉄の特性は、硬いが粘らず、脆く破裂しやすい。粘りがある青銅砲と同一の弾道特性（同じ形状・重量の弾丸を、同じ装薬量によって、同じ直線的な低い軌道で、同じ速度を保たせながら、同じ距離だけ遠くに飛ばせる能力）を維持できるだけの耐久性を持たせるには、鋳鉄砲では破裂を防ぐために、より肉厚にする必要があり、その結果、重量は増す。

青銅砲に対して鋳鉄砲は佐賀藩の例では二三〜五五％ほども重くなり、この重量増加の傾向は大口径（大型）砲になるほどより顕著になる[29]。しかしながら、「長崎の海防砲台に固定する（動かさずにすむ）ような対艦（大口径）砲の場合では、鋳鉄砲の重量増大による欠点は、我慢できる範囲に収まった」と考えられる[30]。

この点から考えると、二四ポンドカノンに青銅砲が採用された理由は、前述の緊急対応として速射機能を持たせるためであろう。砲身重量が軽くなるほど、緊急時に対応できる操作性は確実に向上すると考えられる。より小型の一

表4　大銃製造方における鋳砲数（1851年12月-1853年12月）

青銅砲	門数	鋳鉄砲	門数
150ポンド青銅製カノン	2	—	—
80ポンド青銅製カノン	11	—	—
36ポンド青銅製カノン	10	36ポンド鋳鉄製カノン	5
24ポンド青銅製カノン	10	24ポンド鋳鉄製カノン	1
12ポンド青銅製カノン	12	—	—
8ポンド青銅製カノン	1	8ポンド鋳鉄製カノン	3
計	46	計	9

前田論文「幕末佐賀藩における鋳鉄砲の試射記録」表1より引用

二ポンドカノンであれば、青銅砲を採用するメリットは、さらに大きくなる。このように、幕末佐賀藩は、鋳鉄砲と青銅砲の特性を深く理解し、両島台場の配備方針を計画していたものと考えられる。

しかし、二か月後の同五年六月一一日には、両島台場配備の海岸砲架は、佐久間象山の助言による新式のキュスト・アホイト（端軸砲架：旋回砲架）ではなく、古くからあるロルパールド（台車砲架）に決定されるとともに、両島台場の主戦装備である一五〇ポンドカノン・八〇ポンドカノンは青銅砲にすることが決定されている。[31]

ロルパールドは、低い台状で小さな装輪を有する四輪砲架のことをさす。キュスト・アホイトに比べ、射角の変更はほとんどできず、砲身は砲床に対して低い位置に収まる砲架であった。艦載砲のみならず陸上固定砲にも用いられ、砲のサイズは選ばないが、移動には向かない。装輪の機能は、もっぱら砲架を後座させるためにあった。

同五年七月二七日の番方よりの伺では、ひとまず四〇門ほどの砲配備を目標とし、最終的には五〇門ほどに増強するとあり[32]、四〇門という数値は前述の嘉永四年九月二〇日の記事と合致している。

嘉永四年一二月から同六年一二月までに、大銃製造方で生産されたオランダ式前装滑腔カノンの八〇%ほどは、青銅砲であった（表4）。

嘉永五年六月一一日の築地反射炉第一五次操業において、築地反射炉の四炉全てを稼働し、両島台場配備規格であった三六ポンド鋳鉄製カノンの鋳造に成功しているが[33]、結局のところ、築地反射炉による鋳鉄砲の実用化は、両島台場配備には間に合わなかったものと思われる。

二　両島台場配備砲数の変遷

1　両島台場と配備砲数の変遷段階

前述のような経緯で、両島台場の増築、大砲配備の方針が決定されると、嘉永五年（一八五二）一一月には、両島台場への大砲配備が始まっている[34]。

両島台場とは神島・伊王島に複数存在した台場群の総称であった（図1参照）。神島は展開工事によって隣の四郎島と地続きとなり、神島・四郎島に存在した台場をまとめて「神島台場」と呼んだ。神島台場には四郎島台場・崎雲台場・兜崎台場・飛渡台場の四ヶ所があり、各台場それぞれ四郎島台場は上段・中段・下段（縁場）・小島、崎雲台場は山上・浜手、兜崎台場は山上・浜手というように、日本城郭の郭状に何段かに分けて砲台が設置されていた。

同様に伊王島にも、「伊王島台場」が設置されたが、円通庵下台場、大明寺干場台場、中ノ田台場、出鼻台場の四ヶ所に台場があり、円通庵下台場は上段・下段・縁場の三段に分けて砲台が配置されていた。

本節では両島台場配備砲の変遷について、史料の流れに沿って整理していく。表5は、両島台場の大砲配備数を、関連史料[35]（以下、史料○と略記）から年代ごとに抽出してまとめたものである。その変遷は、(1)配備直前段階、(2)配備初期段階、(3)配備完成段階、(4)配備削減段階、の四段階に大きく区分できる。

表5　両島台場配備火砲数の変遷（1852-67年）

配備先	砲種	史料1（不明）	史料2（1852）	史料3（不明）	史料4（1855）	史料5（1860）	史料6（不明）	史料7（不明）	史料8（1867）
伊王島	150ポンド	0	0	0	0	0	0	0	0
	80ポンド	1	6	6	6	6	1	1	1
	36ポンド	8	12	12	12	12	3	5	3
	24ポンド	4	4	4	4	4	5	4	4
	12ポンド	4	4	4	4	4	6	5	4
	小計	17	26	26	26	26	15	15	12
神島	150ポンド	2	2	2	2	2	2	2	2
	80ポンド	9	11	7	11	11	9	5	4
	36ポンド	11	5	7	9	10	3	2	2
	24ポンド	8	5	7	7	7	8	6	6
	12ポンド	5	5	5	5	5	4	3	4
	小計	35	28	28	34	35	26	18	18
合計		52	54	54	60	61	41	33	30

史料1「両島御備筒幷町数調子控」　史料2『松乃落葉』　史料3「長崎御番人数割」
史料4「長崎下向御目付永井岩之丞殿ゟ御尋御ヶ条御答書」　史料5「両御番所其外御武具一通」
史料6「火術控（長崎台場備砲控）」　史料7「硫黄神ノ島御筒備秘書外二冊」　史料8「手覚」　より作成

2　配備直前段階（一八五二年）

この段階は、配備計画の最終段階にあたり、幕末佐賀藩の反射炉操業の時期区分では、築地反射炉が単独で操業していた時期（一八五二-五四）にあたる[36]。

「両島御備筒幷町数調子控」（史料1）は、年代は不明であるが、両島台場の台場ごとの配備砲五二門の記録がある。伊王島台場一七門、神島台場三五門（一五〇ポンドカノン二門、八〇ポンドカノン一〇門、三六ポンドカノン一九門、二四ポンドカノン一二門、一二ポンドカノン九門）で、後述の史料2とはかなり様相が異なる。特に神島飛渡台場への配備数が多く（八〇ポンドカノン二門、三六ポンドカノン四門、二四ポンドカノン二門）、他の史料とは配備数が違い過ぎるので、史料2より前の年代の計画を記したものではないかと思われる。

『松乃落葉』の嘉永五年一一月一七日付け、江戸在勤藩士に送った両島台場増築の進捗状況の報告（史料2）には、「御筒配」として両島台場の台場ごとの配備砲五四門の記録がある。伊王島台場二六門、神島台場二八門（一五〇ポンドカノン二門、八〇ポンドカノン一七門、三六ポンドカノン一七門、二四ポンドカノン九門、一二ポンドカノン九門）で、史料1より二門増加している。

「長崎御番人数割」（史料3）には、記載内容の年代は不明であるが、両島台場の台場ごとの配備砲は、史料2と同じく五四門の記録がある。伊王島台場二六門、神島台場二八門（一五〇ポンドカノン二門、八〇ポンドカノン一三門、三六ポンドカノン一九門、二四ポンドカノン一一門、一二ポンドカノン九門）であるが、史料2と比べて、八〇ポンドカノンが四門減少し、三六ポンドカノンと二四ポンドカノンが二門ずつ増加している。二門増加した二四ポンドカノンの一一門という数量は、これ以降の配備記録に共通するので、この史料3が配備直前の実施計画であったと考えられる。

3　配備初期段階（一八五三―五四年）

この段階は、幕末佐賀藩の反射炉操業の時期区分では、前述の築地が単独で操業していた時期（一八五二―五四）にあたる。

両島台場への配備記録ではないが、「諸雑記」には嘉永四年九月から嘉永七年六月まで、大銃製造方から両島台場への供給の大砲五一門の記録がある。[37]嘉永五年四月の五〇門という計画とよく合致する（表3）。この嘉永六年は両島台場増築の一つの節目とされることもあって、[38]この五〇門程度という配備数が両島台場配備の一つの目標であったと考えられよう。

また、当初は鋳鉄砲で予定されていた一五〇ポンドカノン・八〇ポンドカノン・三六ポンドカノンのうち、三六ポンド鋳鉄製カノン九門を除くと全て青銅製カノンである事実は、この時点での築地反射炉の実状をよく表すものである（表6）。

前述の通り、嘉永五年六月一一日に、初めて両島台場配備規格の三六ポンド鋳鉄製カノンの鋳造に成功したものの、築地反射炉における実用操業は未だ完全なものではなかった。

このように、両島台場配備砲の大部分が青銅砲であった実態は、安政五年（一八五八）に長崎港を訪れたイギリス人海軍士官オズボーンの記録からも、「大部分は真ちゅう製で、中には鉄製もあり、みな車輪付の台車上に据えられてあり、その砲の歯車の具合からみて、よく準備を整えて効果を挙げるようになっている様子だった。砲台は非常に堅固で、その建設にはヨーロッパ式と日本式の趣向が奇妙に混合していた」と確認できる。[39]「車輪付の台車上に据えられて」という点から、オズボーンの記述対象が、内外台場の石火矢・大筒を指しているのではなく、前述のロルパールド（台車砲架）に据えられた両島台場の配備砲を指していることがわかる。

表6　大銃製造方から両島台場への供給状況（1851-54年）

青銅砲	門数	鋳鉄砲	門数
150ポンド青銅製カノン	2	―	―
80ポンド青銅製カノン	10	―	―
36ポンド青銅製カノン	10	36ポンド鋳鉄製カノン	9
24ポンド青銅製カノン	11	―	―
12ポンド青銅製カノン	9	―	―
計	42	計	9

「諸雑記」より作成

しかし、築地反射炉による鋳鉄砲の製造が間に合わない状況のなか、両島台場配備砲の生産が青銅砲を主体として達成された事実は重要である。それは、「鋳鉄砲と同程度の弾道特性でよければ、幕末佐賀藩在来の鋳銅技術による青銅砲でスムースに達成できたこと」を示し、当時の佐賀藩における在来の鋳銅技術の技術力を示すからである。[40]

4　配備完成段階（一八五五-六〇年）

この段階は、幕末佐賀藩の反射炉操業の時期区分では、築地・多布施両反射炉が並行で操業していた時期（一八五四-五七）と、築地反射炉が廃止され多布施反射炉が単独で操業していた時期（一八五七-五九）にあたり、鋳鉄砲が最も安定的に量産されるようになった時期にあたる㊶。

安政二年二月付けの「長崎下向御目付永井岩之丞殿ゟ御尋御ヶ条御答書」（史料4）には、両島台場の台場ごとの配備砲六〇門の記録がある㊷。伊王島台場二六門・神島台場三四門（一五〇ポンドカノン二門、八〇ポンドカノン一七門、三六ポンドカノン二一門、二四ポンドカノン一一門、一二ポンドカノン九門）であり、史料3の計画段階と比較して神島台場に六門（八〇ポンドカノン四門、三六ポンドカノン二門）が増強されている。

万延元年（一八六〇）の「両御番所其外御武具一通」（史料5）には、両島台場の台場ごとの配備砲六一門の記録がある。伊王島台場に二六門・神島台場に三五門（一五〇ポンドカノン二門、八〇ポンドカノン一七門、三六ポンドカノン二二門、二四ポンドカノン一一門、一二ポンドカノン九門）配備され、史料4の段階と比較して神島台場に三六ポンドカノン一門が増強されている（表5）。今回把握した史料の中では、この史料5の配備数が最多であり、万延元年には両島台場への大砲配備が完成していたものと思われる。

両島台場配備の完成時期については、「新御台場築立凡ソ積御増築勘定目安」という史料に、嘉永三年一〇月から安政四年九月までの両島台場増築費用と、嘉永四年一〇月から安政四年九月までの大銃製造方における費用の記録が残っていることから㊸、安政五年には完成していた可能性が高い。一〇代藩主鍋島直正の年譜には、「嘉永三年戌冬ゟ安政三辰年迄ニ而、御台場共全ク御落成相成候事」とある㊹。

配備初期段階と比べて八〇ポンドカノンが増強されている点は、安政元年閏七月二六日に本島藤太夫らが長崎出島を訪問した際のオランダ船将ファビウスとのやりとりにおいて、長崎港砲台の現在の配備砲では、蒸気船が出力を上げて突入する場合、二、三発は射撃のチャンスがあるかも知れないが、このような口径が大きくない大砲では連続命中させても致命傷にいたらず、相手に脅威を感じさせないので、早急にペキサンズボムカノンを多数配備するよう再三言及しているとあり、(45)「六十tt以上之ペキサンズボムカノン」の有効性が強調されていることから、(46)その助言を受け入れた結果かも知れない。

また、『松乃落葉』の「天保十四年より慶応元年迄銅鉄大砲御鋳立、偖又外国御注文御買入惣計」には、嘉永四年から同五年にかけての鋳造計画として両島配備用五門、同五年から同六年にかけて同じく五門で、八〇ポンド鋳鉄製カノン計一〇門が記載されている。(47)前述のとおり、安政元年に入ると佐賀藩の反射炉事業は軌道に乗り、安定的に鋳鉄砲の量産が行われた築地・多布施両反射炉による並行操業期（一八五四―五七）に入る。安政元年六月一二日には、鉄製八〇ポンドの初鋳造は良好であった、との記述が残されていることから、(48)神島台場に追加で増強された八〇ポンドカノンについては鋳鉄砲であった可能性が考えられる。

5　配備削減段階（一八六一―六七年）

安政六年一一月七日の幕府に献納した一五〇ポンド鋳鉄製カノン「三番」を最後に、多布施反射炉での明確な鋳砲記録は途絶えている。安政年間をもって、幕末佐賀藩の反射炉における鋳鉄砲量産は終了したものと考えられる。(49)

文久年間（一八六一―六三）に入ると、長崎奉行所と佐賀・福岡両藩の間で、長崎港内（内目）の警備強化が検討されるようになり、文久二年四月五日には伊王島台場の配備砲三二門（八〇ポンドカノン六門、三六ポンドカノン一四門、二四ポンドカノン四門、一二ポンドカノン四門）を、内目に新築する稲佐海岸砲台と、改築される御屋敷台場（後の大黒町砲台）へ移設する計画が持ち上がる。(50)伊王島も外目の重要地点であるが、内目防備には替えがたいとされ、(51)長崎警備の戦略的価値について、伊王島台場よりも内目がかなり重視されていることがわかる。

長崎港内奥部に元屋敷台場が新たに設置された背景は、文久年間に入ると全国的に「遠く離れた湾外の砲台よりも、身近にあって直接目の前に見える砲台の方が、心理的にもより頼り」になり、「港、あるいは市街を直接防禦することによって市民に安心感を与える必要が高まり、内海台場が重視された」結果であると指摘されている[52]。

文久三年六月には大明寺干場台場が解体され、大明寺干場台場詰めの人員が鵰ヶ崎へと移されている[53]。

元治元年(一八六四)七月二三日には、御屋敷台場の改築に取り掛り、既存の大砲を撤去して、新たな造成を行い、石垣を築き直し、胸壁・石庫(弾薬庫)・製作所に掩蓋を設ける等、堅実な手法を採用し[54]、同元年八月九日には、改築が完成し、大砲配備も完了し、空砲試射を長崎奉行所に届け出て、準備も整ったとある[55]。

慶応元年(一八六五)には、稲佐海岸台場の工事にも着手したが、大浦居留地の外国人から長崎奉行所へ苦情が申し立てられ、対岸にある大浦居留地の外国人が不安を表明した結果、砲台建設を中止するよう各国領事が連名をもって申し入れた。この砲台は港口方向に向けたものであり、居留地へ向けたものではないと詳しく説明したが受け入れられず、止むを得ず長崎奉行所から佐賀・福岡両藩に工事の中止命令が出された[56]。

慶応三年には、佐賀・福岡・幕府の三者で、神崎を中心とした長崎港防衛構想が協議され、内外台場の古い和筒を撤去し、一二ポンド以上、六〇ポンド八〇ポンド位までの大砲を取り混ぜた形で新たに鋳立てるべきであると、佐賀側が提案している[57]。

このように、文久年間ごろには、長崎警備の在り方は、両島台場より内目を重視する形へと変化していた。

「火術控(長崎台場備砲控)」(史料6)には、記載内容の年代は不明であるが、両島台場の台場ごとの配備砲四一門の記録がある。伊王島台場一五門、神島台場二六門(一五〇ポンドカノン二門、八〇ポンドカノン一〇門、三六ポンドカノン六門、二四ポンドカノン一三門、一二ポンドカノン一〇門)であり、史料5の段階と比較して、伊王島台場の八〇ポンドカノン、三六ポンドカノンが集中的に配備から外されたことがわかる。配備初期段階・配備完成段階よりも、大幅に配備数が減少していることから、上記の新たな内目警備強化に伴って、伊王島台場の配備砲が削減されたものと考えられる。

「硫黄神ノ島御筒備秘書外二冊」（史料7）には、記載内容の年代は不明であるが、台場ごとの配備砲三三門の記録がある。伊王島台場一五門、神島台場一八門（一五〇ポンドカノン二門、八〇ポンドカノン六門、三六ポンドカノン七門、二四ポンドカノン一〇門、一二ポンドカノン八門）であり、史料6の段階と比較して、今度は神島台場の配備砲が集中的に外されたことがわかり、史料6より後の年代の記録と考えられる。

「手覚」（史料8）には、慶応三年の両島台場の台場ごとの配備砲三〇門の記録がある。伊王島台場一二門、神島台場一八門（一五〇ポンドカノン二門、八〇ポンドカノン五門、三六ポンドカノン五門、二四ポンドカノン一〇門、一二ポンドカノン八門）であり、史料7の段階と比較して、さらに伊王島台場から配備砲が外されている。今回把握した史料の中では、この史料8の配備数が最少であり、年代的にも両島台場の最後の時期の配備記録であろう。この史料には、配備砲の銅・鉄の区分が記載してあり、最終段階の両島台場配備でも、三六ポンドカノンを除くと、全て青銅砲であった事実を確認できる。前述したとおり、反射炉において安定的に鋳鉄製の大砲が鋳造できるようになった後も「長崎両島台場配備の青銅砲については、鋳鉄砲との積極的な置換は選択されなかった」事実[58]は、鋳鉄砲というものの取扱いの難しさを示唆している。

三　両島台場の評価

1　安政元年一月の神島台場見聞記録

ロシア使節プチャーチンに対する幕府全権委員として、西丸御留守居（大目付格）の筒井政憲、勘定奉行の川路聖謨が任じられ、その一行が嘉永六年（一八五三）一二月八日に長崎に到着した。その後、筒井・川路ら一行は、同年一二月二〇日から同七年一月四日まで六回の交渉を行い、妥結にいたらないまま交渉は切り上げられ、ロシア使節・幕府全権とも長崎を去った。筒井・川路ら一行は同年一月一五・一六日に両島台場（神島台場）を視察した後、長崎を出立した。

神島台場視察については、一月一五・一六日の両日に行われ、同一五日には川路（『川路長崎日記』[59]）と箕作阮甫（『箕作西征紀行』[60]）、同一六日には古賀謹一郎（『古賀西使日記』[61]）・窪田茂遂（『長崎日記』[62]）・片山一貫（『従征日記』[63]）・八木鈞（「陪征日記」[64]）がそれぞれ視察の記録を残している。

箕作阮甫は、津山藩士で蘭学者、幕府天文台翻訳員としてロシア交渉団に参加した。前述の武田斐三郎は、旗本格の通詞御用として箕作に随行していた。

古賀謹一郎は、古賀穀堂の甥にあたり、蘭学者でもあった幕府儒官であり、交渉応接掛に任じられ、窪田茂遂・片山一貫・八木鈞らの従者を随行させていた。窪田茂遂と片山一貫は出羽米沢藩士で古賀謹一郎の門下生であり、八木鈞は佐倉藩士と思われる古賀謹一郎の門下生である。

安政元年（一八五四）一月一五・一六日の神島台場視察の記録については、川路を除けば、それなりに蘭学、また洋式砲台についても知識を有する者の記録であると考えられる。なお、筒井・川路ら一行は、江戸への帰路の途中で佐賀城下に立ち寄り、同年一月二二・二三日に築地・多布施の両反射炉について、同じように視察記録を残している。(65)

このとき、両島台場がどのような状況にあったかというと、前述のとおり嘉永五年一一月には神島台場への大砲配備が始まっている。

同六年七月一五日に長崎に来航したプチャーチンの秘書官のゴンチャロフは、神島台場について「左側の切り取った山の上に砲台を築造中である。艦の砲術士官の評によると、それは相当のものらしい」と記述している。(66)構築中の神島台場がこの時点では〈洋式砲台〉としても見るべき点があったらしいことがわかる。安政元年一月の神島台場の状況については、主要砲座がかなりの部分は完成し、砲配備もかなり進んでいたものと考えられる。一方、伊王島台場については、途中で配備砲数が増強された形跡があり、整備と配備が完成に近づくのは安政二年に入ってからと思われる。

安政元年一月一五日の川路の神島台場視察については、佐賀藩新台場の出来は非常によろしく、一六万両という増築費に感服した、と川路は書き記している。同日の箕作の記録は、神島には一五〇ポンドカノン二門、二四ポンドカノン数門、ほかに大小砲多数が据えられている、と簡単な配備砲に関する記述のみである。

翌一六日の古賀とその門下生三人の視察記録は、かなり細かい。佐賀藩屋敷から乗船し、西泊番所や内外台場の砲台群を船中から視察し、高鉾島と陰ノ尾島の間を通過して神島に到着し、高鉾島の対岸にある船着場から兜崎台場・崎雲台場を経て、塡海通路を通り四郎島台場に至っている。特に、配備砲についての記述は詳細であり、共通する項目も多い。注目されるのは四郎島台場の鋳鉄製カノンで、この時点での実戦配備は二門に留まっていることが確認される。

また、神島台場には、三～四ポンドクラスの小口径砲（野戦銃）とゲベールが、多数配置されていたことがわかる。この点は、オランダ人ハンオークルが一八四二年（天保一三年）に著した砲術書を嘉永二年に訳出した『海岸砲台略説』に、「防御は砲台だけで定められるのではなく、軍卒も用いる。近傍に野戦砲を備えた一隊を駐屯させ、敵艦の行動に対応させる」と記載されていることと同様であると思われる。(67) つまり、両島台場期の長崎警備も、決して海防砲台の対艦砲のみに頼っていたわけではないことが確認される。

箕作阮甫が書き残した武田斐三郎の神島台場に対するコメントの全文は、「砲の制度が洋式と合わない部分が多く、海岸砲架（ロルパールド）も全て粗略であり、砲座の造りもみすぼらしく、胸墻も不完全である。ここに来るまでに、佐賀藩の新しい台場は完全な洋式砲台で、西洋人も驚いていると人々は口煩く噂していたが、これほど疎漏なものとは予想もしていなかった。火薬庫は深さが足りないうえに露出していて危険であり、砲は海岸に剝き出しにされ、ボムフレーも設置していない。このような砲台を自慢することは、「遼東の豕」（井の中の蛙）といわれても仕方がなく、鎖国の弊害と言わざるを得ない」というものであった。

これほどの〈酷評〉でなくとも同じような感想は、武田だけではなく、古賀謹一郎も抱いていたようである。「台場の上の胸墻が少し薄くてみすぼらしく見える。〔古賀〕先生も砲座が〔洋式ものと〕構築法が異なると論じられ、案内役人はどのように感じただろうか」と、門下生である窪田茂遂が書き残している。

武田によって「不完全」、窪田によって「少し薄くてみずぼらしく見える」と評された神島台場の胸墻（護胸壁）とは、和流台場の玉除け土手とは異なる規模のものであって、本来は「砲台では砲の前面に大なる土堤を築いて、敵弾から防禦する」ものである。(68)

武田によって「深さが足りないうえに露出していて危険」と評された神島台場の火薬庫は、本来は「敵砲から狙い撃ちされることが必然であるので、地中深く掘り込んで地面より低く造るか、それができなければ可能なだけ掘り込んで半端は土中に埋め込み、敵砲からの被弾を避ける」ものである(69)。

武田によって「海岸に剝き出し」、古賀によって「構築法が異なる」とされた神島台場の砲座は、本来は「射界を広く有することが重視され、胸墻に砲眼〔砲門〕を設けず、砲を海岸砲架〔キュスト・アホイト〕にセットして、胸墻の上に砲だけを突き出して発射する」ものである(70)。

武田によって、神島台場には設置されていないとされたボムフレーとは「ボムヲ避ル様ニ作ルヲ云フ」の意であり(71)、この場合には土堤や掩蓋など防弾（弾除けの）施設を指すものである。

武田と古賀・窪田の視察所見に共通するのは、配備砲そのものではなく、砲台の構成要素である防御施設について否定的なことである。古賀とその門下生たちは、視察記録の内容からすると、洋式砲や洋式砲台の何たるかを知らなかったとは思えない。佐賀藩士以外の同時代人の見聞結果として、神島台場は、配備砲の出来栄えに対して、砲台そのものにはアラが目立ったのだろう。

2　安政元年閏七月、オランダ海軍ファビウス中佐の意見

川路聖謨ら一行による神島台場視察の半年ほど後、安政元年閏七月に大銃製造方の本島藤太夫・杉谷雍介らが、出島蘭館を訪ねている。蒸気軍艦スームビング号（後の観光丸）とともに長崎に到着したファビウス中佐に、幕府に供給するための鋳鉄製カノン製造に関する技術的な質問を行うことが直接の目的であった。

議論の合間、三年前に制式化されたペキサンス砲（ボムカノン）用新型砲架の話題となった。ファビウスは、今でもキュスト・アホイトが要塞や砲台での通常砲に用いられ、旧式となったロルパールドでも砲台などでまだ使用されて

いると教えている。また、長崎砲台の現在の配備砲では、蒸気船が出力を上げて突入する場合、二、三発は射撃のチャンスがあるかも知れないが、このような大口径でない火砲では連続命中させても致命傷にいたらず、相手に脅威を感じさせないので、早急に六〇ポンド以上のペキサンズボムカノンを多数配備するよう指摘している(72)。

両島台場で採用していたロルパールドは、ファビウスによって完全に否定されたわけではなかった。

長崎砲台に関するファビウスの所見は、おそらく艦上から観察した結果と思われ、両島台場のことだけを指すと断定することはできないが、文久年間(一八六一－六三)に入る前に打撃力の不足を具体的に指摘した外国人関係記録は珍しい。前述のとおり、佐賀藩はその後、大口径の大砲の増強を行っている。

3　安政五年夏、イギリス海軍フェリアス号艦長オズボーンの意見

ファビウスによる観察結果から約四年後の安政五年、日英修好通商条約締結の使節団とともに長崎に寄港したオズボーンは、神島台場について艦上から観察し、「大部分は真ちゅう製で、中には鉄製もあり、みな車輪付の台車上に据えられてあり、その砲の歯車の具合からみて、よく準備を整えて効果を挙げるようになっている様子だった。砲台は非常に堅固で、その建設にはヨーロッパ式と日本式の趣向が奇妙に混合していた。―結果は、下の部分は敵からの大量の攻撃に耐えられるかもしれぬが、不幸な砲手たちは、あまりにも身を露出してしまっているので、自分たちの砲に長くはついていられなくなってしまうだろう、ということである」と述べている(73)。

〈洋式〉海防砲台といわれた神島台場であるが、オズボーンの目からするとかなりの違和感があったのだろう。砲台そのものの直接防御には問題ないが、砲員の防御が図られておらず、継続して戦闘を行う能力が不足しているであろうとの指摘は重要である。「車輪付の台車〔ロルパールド〕上に据えられ」た配備砲の大部分が青銅製カノンであること

も確認できるが、ここでも配備砲に関して否定的な見解はない。

4 安政五年一二月、オランダ海軍伝習教官カッテンディーケの意見

安政五年一二月、かねてより第一〇代佐賀藩主鍋島直正の招きを受けていたカッテンディーケは、幕府の許可が下りたこともあり、神島台場を訪れ砲台内に立ち入って視察を行った。「藩侯は既に長い以前から、我々に堡塁の視察をして所管を述べて貰いたいとの希望を表明していた」からである。(74)

その結果についてカッテンディーケは「視察したものはすべて予想以上である。そうしてこの堡塁は、取扱いに気を付けるならば、十分に敵に立ち向かうことができる」としかいわないでおくことにした」としか書き残していない。

しかし、実際はその所見が多岐詳細にわたっていたことを、視察に立ち会った本島藤太夫が書き残している。(75)本島は、四郎島台場を築造した時点では、砲台構築法の書籍が少なくて設計が行き届かず、胸墻や火薬庫の設置、砲配備などがうまくいかなかったといい、研究のうえ改築しようとしたが実現できていないので、忌憚のない意見を聞かせてほしい、と要請している。これに対してカッテンディーケは、神島台場の砲台施設について、

①一般的に胸墻には砲門を設けないので、この砲台でも砲門は無い方が良いこと。
②胸墻の高さが砲架上端より低い部分が多いので、土を盛り上げ、胸墻の高さを確保すること。
③胸墻の厚みを六〇㎝ほど増すこと。
④砲座上には土厚一ｍ以上のボムフレー（掩蓋）が必要なこと。
⑤敵弾が命中すれば大損害を受けることになるので、砲ごとの上屋は撤去すること。

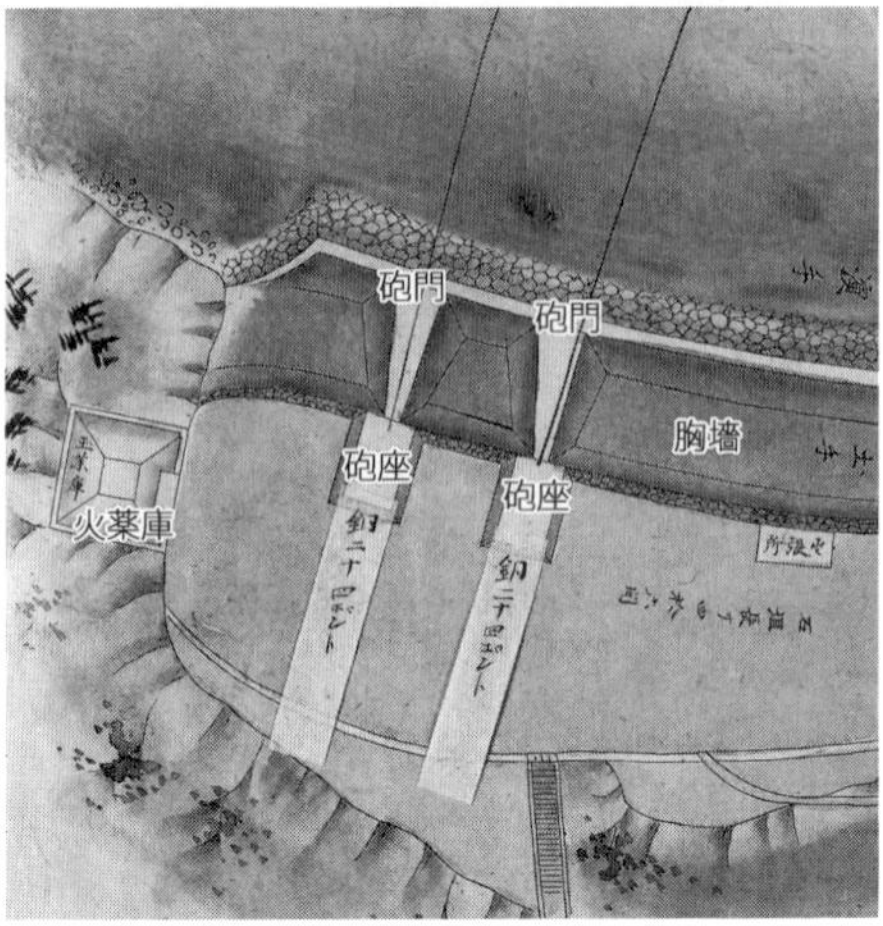

図２　神島台場の崎雲台場の砲座
（部分拡大のうえ加筆）

⑥火薬庫・兵舎などは、可能な限り地中深く掘り下げ、ボムフレー（土堤）を設置し、ボムフレー上部は胸墻より低くすること。
⑦火薬庫などの天井が平面であるが、六〇ポンド以上の炸裂弾が落下した場合、天井の石材が折れて内部に落ちる可能性があるので、曲面をもった天井に造り替えること。

といった指摘を行っている。

①については、砲座前面の胸墻にオープンカットされた砲門が存在したことが、神島台場の絵図資料で確認できる（図２）[76]。掲載写真中、銅製二四ポンド砲座二基の砲床とともに白く見える部分が、胸墻を切り開いた砲門の床面である。オープンカットされた砲門が必要であったのは、砲架にロルパールドを用いたためであろう。砲床に対して砲身を高い位置で保持できたキュスト・アホイトに比べて、ロルパールドを砲架に用いた場合、砲身の位置がどうしても低くなってしまうためであろう。

②については、砲架にロルパールドを用い、胸墻に砲門を開いたままでの対応策と思われる。砲架にロルパールドを用いた場合でも、砲門内の胸墻をロルパールド上端ギリギリまで高くせよの意であろう。

③については、胸墻に厚みが足りないことの指摘である。

④については、砲架にロルパールドを用い、胸墻に砲門を開いたままでの対応策と思われる。安政元年四月九日に佐賀藩主直正が出島を訪問した際、医師ファン・デン・ブルックが作製した要塞雛形の説明で、「砲門を有する備砲は、

戦時には門上に小材を束ねて積み、その上に土を厚く置き、ボムフレーを造る」とある[77]。

⑤については、和流台場では砲門上に雨避け上屋を一門ごとに設置していたようで[78]、砲ごとの上屋が存在していた点は、嘉永六年九月二七日の長崎港口のおそらく神崎台場について、「砲台の真下の山の分れになつて海中に出てゐる岩石の間を通つた。この砲台には日本人が砲一門毎に小舎を建ててゐた。こちらの砲術士官K・I・L君はこの小屋を見てひどく嗤つたものである。そして小舎のために射角が邪魔されるのだ等と説明した」と前述のゴンチャロフが記述している[79]。和流の内外台場のやり方を、両島台場でも踏襲してしたものと思われる。

⑥については、火薬庫・兵舎などは間接防御の対象として、防弾設備（弾除け）が必要であることを指摘している。土堤や掩蓋に類するものが確認できる絵図資料は、現在のところ両島台場では見当たらない。

⑦については、前述の窪田の『長崎日記』に神島台場の火薬庫の図が残されていて、確かに平たい天井であったことが確認される。

ここでも、配備砲についてのコメントは、厚手に見えた佐賀藩製造の鋳鉄製カノンの試射方法について質問したのみである。

このカッテンディーケに関する視察記録は、神島台場の砲台内に立ち入っての所見に基づくものであり重要性は高く、前述の武田の指摘とも一致している点が多い。

安政元年一月に武田斐三郎が嘆息し、安政五年一二月にカッテンディーケが指摘した、神島台場の防御力不足が存在したことは、間違いないと考えられる。それは主として、オズボーンが書き残したように、直接的な砲台の防御力の不足というよりも、戦闘中に砲員が砲撃を継続できなくなるという間接防御の不備にあたる。また、約五年間にわたり、砲台の主要部分について、大規模な改造（改装）が行われていないことも確認できる。

5 両島台場の評価とキュスト・アホイトの採用

当時の両島台場に対する評価を見るに、両島台場は洋式対艦砲を備えた海防砲台であったことは間違いないが、砲台そのものは洋式とは言い難かった。

特に、砲架に関する問題では、両島台場は対艦砲架にロルパールドを採用し、キュスト・アホイトを採用しなかったため、砲門が開いた不完全で和流砲術的な胸墻が特徴となり、またボムフレー(防弾の土堤や掩蓋)も設置されず、見た者に洋式砲台という印象を与えていない。

安政年間以降、日本国内では、キュスト改装の事例や、キュスト設計されたものが出現するが[80]、長崎両島台場では明治二年(一八六九)にいたるまでキュスト改装が行われたような形跡は認められない[81]。

両島台場の計画段階で、佐久間がキュスト・アホイトの採用を勧めていたにも拘わらず、なぜ両島台場の増築時にキュスト・アホイトを採用しなかったのかということについては、幕府との関係の中で発生した時間的な制約によるものと考えられる。なぜならば、嘉永五年六月一一日のロルパールド採用決定が、主戦装備であった一五〇ポンドカノン・八〇ポンドカノンの鋳造を、配備が間に合わないことを理由に鉄材料でなく青銅材料で行うという決定と同時に行われたからである[82]。

しかし、技術的にキュスト・アホイトの作成が難しかったのかというとそうではない。同年一〇月には、試射場に二四ポンドカノン用キュスト・アホイトが設置されていた[83]。また、品川台場配備用に鋳鉄砲とともに幕府に供給した砲架は、キュスト・アホイトであった[84]。安政二年一一月一七日には、キュスト・アホイト七組が長崎より品川に向けて積み出されている[85]。つまり、砲架製作に関する限り、安政年間に佐賀藩が長崎両島台場でキュスト・アホイトを採用することに関して技術的な障害は存在しなかったのである。

最後まで両島台場にキュスト・アホイトが採用されなかったことについては、推論の域を超えないが、文久年間以降、佐賀藩の長崎警備の方針が両島台場から内外台場重視の方針へと切り替わり、戦略的価値が低下したことと無関係ではなかったものと思われる。

元治元年（一八六四）に竣工した元屋敷台場（大黒町砲台）については、胸墻に砲門は無く、弾薬庫は胸墻と一体化して掩蓋を備え、火薬庫・製作所の周囲や弾薬庫の出入口付近には「子リヘイ（練屏）」が設置されていた⑯。本島藤太夫が、わざわざ「胸壁・石庫・製作所等都而ボムフレーを設」と書き残している点は、これまでにはそれが存在していなかったものと思われ、両島台場では達成はできなかった技術的な課題が、解決されたことを意味している。

むすびにかえて

その後の両島台場は、明治二年（一八六九）六月に版籍奉還をむかえて、全て取り払われたが、元屋敷台場（大黒町砲台）は外国船出入りなどの時の祝砲用砲台として、（佐賀・福岡両藩から）朝廷へ献納された、とある⑰。嘉永三年（一八五〇）以来の幕末佐賀藩最大の課題であった両島台場は、この段階でその使命を終えた。

旧佐賀藩所有分の銃砲について、明治七年九月の伊万里県（現在の佐賀県）「官省進達」には、不用のものは地金として売り払うための兵部省への伺があり、「大砲四百五十九門内、有用二百四十六門、不用二百十三門」とある⑱。両島台場配備された可能性がある規格の火砲については、計四三門が記載されている。「武庫囲」「東京囲」「大坂囲」「元島雲隊渡」「諫早深堀其外囲」とあり、両島台場配備規格の記載があるのは「武庫囲」「諫早深堀其外囲」のみである。

このうち、実際に両島台場に配備されたものがどの程度残っていたかはわからない。しかし、前述の「天保十四年より慶応元年迄銅鉄大砲御鋳立、偖又外国御注文御買入物計」の記載を手掛りにすれば(89)、一五〇ポンド青銅製カノン一門、八〇ポンド青銅製カノン二門、八〇ポンド鋳鉄製カノン五門、三六ポンド青銅製カノン一二門、三六ポンド鋳鉄製カノン四門、二四ポンド青銅製カノン六門、一二ポンド青銅製カノン三門については、両島台場の配備砲であった可能性がある。

幕末佐賀藩は、第一次アヘン戦争後、高まる海外圧力に対して長崎警備を強化するため、嘉永三年に独力での長崎港外自藩領の伊王島・神島に、洋式対艦砲専用の海防砲台である両島台場増築を計画した。配備の大砲に関しては、在来の鋳造技術による洋式青銅製カノンを主とした対艦砲の配備によって達成された。しかし、砲台自体は、時間的な制約のなか、当時の海防砲台構築法とは異なって、砲架としてロルパールドが採用され部分的には和流砲術の影響も認められる、防御施設に不備な点が目立った海防砲台として完成した。元治元年(一八六四)に新たな港内砲台として完成した元屋敷台場(大黒町砲台)ではこのような防御面での不備は解消されていたが、両島台場についてはその廃絶(明治二年)にいたるまでそのような改装の形跡は認められない。後続する品川台場が「和製洋式の水準(90)」であるとすれば、それに先行し、海防砲台としての十分な防御力を発揮できなかった長崎両島台場は、その前段階に留まるものといえるだろう。

註

(1)　冨川武史「幕末期における長崎警衛と江戸湾防備―軍事技術関係蘭書による影響を中心に―」(『日蘭学会会誌』三〇-

一、二〇〇五年）四七～七一頁。

（2）杉谷昭『鍋島閑叟—蘭癖・佐賀藩主の幕末』（中央公論社、一九九二年）。

（3）『佐賀藩長崎警備のはじまり』（鍋島報效会、二〇一二年）。

（4）長野暹「長崎警備初期の体制と佐賀藩—防衛体制を中心に—」（『佐賀大学経済論集』三五-四、二〇〇二年）二〇一～二三二頁。

（5）梶原良則「寛政～文化期の長崎警備とフェートン号事件」（『福岡大学人文論集』三七-一、二〇〇五年）三三九～三七七頁。

（6）梶原前掲註（5）三五二～三五六頁。

（7）梶原前掲註（5）三七一頁。

（8）藤野保『佐賀藩』（吉川弘文館、二〇一〇年）五七～五九頁。

（9）冨川前掲註（1）六二頁。

（10）「伊王島御台場図」（三、七四一-一）長崎歴史文化博物館蔵。

（11）「天保十四年より慶応元年迄銅鉄大砲御鋳立、偖又外国御注文御買入物計」（『幕末軍事技術の軌跡—佐賀藩史料『松乃落葉』—』思文閣出版、一九八七年。以下『松乃落葉』とする）。

（12）「諫早家日記」（一九-一五-九三二）嘉永七年正月一八日の条。

（13）鍋島家文庫「長崎下向御目付永井岩之丞殿ゟ御尋御ヶ条御答書」（S複鍋二五二-一二八、鍋島報效会蔵、佐賀県立図書館寄託）。

（14）表2に関しては、「両島新御台場御備大砲其外於築地ニ鋳立記」（『幕末佐賀藩製砲関係史料集』佐賀市重要産業遺跡関

係調査報告書第二集、佐賀市教育委員会、二〇一二年）、「手覚」（前掲『幕末佐賀藩製砲関係史料集』）、「贈正二位公御年譜地取七」（『佐賀県近世史料』第一編第一一巻、佐賀県立図書館、二〇〇三年）より作成した。
(15) 「贈正二位公御年譜地取五」（前掲『佐賀県近世史料』第一編第一一巻）六四四頁。
(16) 「贈正二位公御年譜地取五」六四五〜六四六頁。
(17) 「贈正二位公御年譜地取五」六七八〜六七九頁。
(18) 『松乃落葉』四二頁。
(19) 『松乃落葉』五一頁。
(20) 『松乃落葉』五二〜五四頁。
(21) 松尾千歳「薩摩藩の砲台整備事業」（『鹿児島紡績所跡・祇園之洲砲台跡・天保山砲台跡』鹿児島県立埋蔵文化財センター発掘調査報告書一二七、二〇一二年）一三七〜一三八頁。「諸砲製造」（前掲『幕末佐賀藩製砲関係史料集』）七七〜七〇頁。
(22) 『松乃落葉』五八頁。
(23) 「贈正二位公御年譜地取七」七四一頁。
(24) 「贈正二位公御年譜地取七」七四七〜七四八頁。
(25) 「両島新御台場御備大砲其外於築地ニ鋳立記」一〇頁。
(26) 前田達男「幕末佐賀藩における鋳鉄砲の試射記録」（『銃砲史研究』三七四、二〇一二年）三〜四頁。
(27) 『松乃落葉』七五頁。
(28) 前田前掲註（26）三頁。

（29）前田前掲註（26）一一～一二頁。
（30）前田前掲註（26）一二頁。
（31）『松乃落葉』八六頁。
（32）「贈正二位公御年譜地取七」七六四頁。
（33）前田前掲註（26）四頁。
（34）鍋島家文庫「伊王嶋神ノ嶋両所外目御台場御増築ニ付諸控」（鍋三五八‐六、鍋島報效会蔵、佐賀県立図書館寄託）。
（35）史料1　前田家資料「両島御備筒幷町数調子控」（八二九六、佐賀県立博物館蔵）。
史料2『松乃落葉』。
史料3　鍋島家文庫「長崎御番人数割」（S複鍋二五二‐一〇八、鍋島報效会蔵、佐賀県立図書館寄託）。
史料4「長崎下向御目付永井岩之丞殿ゟ御尋御ヶ条御答書」（前掲史料）。
史料5　鍋島家文庫「両御番所其外御武具一通」（S複鍋三五五‐一五、鍋島報效会蔵、佐賀県立図書館寄託）。
史料6　牟田家資料「火術控（長崎台場備砲控）」（八二二三、佐賀県立博物館蔵）。
史料7　牟田家資料「硫黄神ノ島御筒備秘書外二冊」（八三一四、佐賀県立博物館蔵）。
史料8「手覚」（前掲史料）。
（36）前田前掲註（26）四～五頁。
（37）「諸雑記」（前掲『幕末佐賀藩製砲関係史料集』）六〇頁。
（38）木原溥幸「嘉永期佐賀藩の長崎台場強化と幕府」（『日本歴史』五七五、一九九六年）一七九頁において、嘉永六年中に長崎両島台場は、「ある程度でき上がっていた」と推測している。

(39)「オズボーン日本近海巡航記」(『長崎県史史料編』第三編、吉川弘文館、一九六六年)四五六頁。
(40) 前田前掲註(26)一二頁。
(41) 前田前掲註(26)五頁。前田達男「幕末佐賀藩における反射炉の鋳砲記録」(『産業考古学』一四五、二〇一二年)七~八頁。
(42)「長崎下向御目付永井岩之丞殿ゟ御尋御ヶ条御答書」(前掲史料)。
(43) 鍋島家文庫「新御台場築立凡ソ積御増築勘定目安」(鍋三四九-八、鍋島報效会蔵、佐賀県立図書館寄託)。
(44)「直正公譜六」(『佐賀県近世史料』第一編第一一巻、佐賀県立図書館、二〇〇三年)二三八頁。
(45)『松乃落葉』一四一頁。
(46)『松乃落葉』一四〇頁。なお、「tt」とは蘭ポンドの記号であり、幕末佐賀藩関係の原本史料ではそのままの表記で多用されているが、刊本史料などの場合は「£」「㎏」「lb」に置き換えられているケースも多い。
(47)『松乃落葉』三二〇頁。なお、この「惣計」に記された鋳造年は、他の製砲記録と合わない部分も多く、計画・受注・発注の年代を記載したものと理解される。
(48)『嘉永七年御目通幷公用諸控』(古文書研究会・佐賀、二〇〇七年)八九頁。
(49) 前田前掲註(26)五頁。
(50)『松乃落葉』二七六~二七七頁。
(51)『松乃落葉』二七九頁。
(52) 原剛『幕末海防史の研究—全国的にみた日本の海防態勢—』(名著出版、一九八八年)五四~五七頁。
(53) 蓮池鍋島家文庫「請役所日記」文久三年六月二日条(佐賀県立図書館寄託)。

(54)『松乃落葉』二九一頁。
(55)『松乃落葉』二九四頁。
(56)『松乃落葉』三三六頁。
(57)黒田家文書「長崎」慶応三年四月条（福岡県立博物館所蔵）。
(58)前田前掲註(26)一二頁。
(59)『川路長崎日記』（大日本古文書幕末外国関係文書附録之一、一九八六年）。
(60)『箕作西征紀行』（大日本古文書幕末外国関係文書附録之一、一九八六年）。
(61)『古賀西使日記』（大日本古文書幕末外国関係文書附録之一、一九八六年）。
(62)『長崎日記』（米沢市史編集資料第一四号、米沢市史編さん委員会、一九八四年）。
(63)『従征日記』（私家版・片山敏夫、一九二八年）。
(64)「陪征日記」（東京大学史料編纂所所蔵史料謄写本二〇七三―三三、東京大学史料編纂所蔵）。
(65)倉田法子「嘉永七年甲寅正月・築地反射炉見学記」（前掲『幕末佐賀藩製砲関係史料集』）一八一～一八八頁。
(66)『日本渡航記』（岩波文庫、一九四一年）。
(67)「海岸砲台略説」（ア一六―八、長崎歴史文化博物館蔵）。
(68)「海岸砲台略説」（ア一六―八）。
(69)「海岸砲台略説」（ア一六―八）。
(70)「海岸砲台略説」（ア一六―八）。
(71)唐澤靖彦「マルテロ・タワーとしての和田岬石堡塔―その世界史的位置―」（『和田岬砲台の源流を探る』神戸市兵庫

区区役所、二〇一〇年）。
(72)『松乃落葉』一四〇～一四一頁。
(73)『オズボーン日本近海巡航記』（長崎県史史料編第三編、吉川弘文館、一九六六年）。
(74)『長崎海軍伝習所の日々』（平凡社東洋文庫、一九六四年）。
(75)『松乃落葉』二二八～二二九頁。
(76)「崎雲台場」（〇一四、鍋島報效会蔵）。
(77)『松乃落葉』一二六頁。
(78)淺川道夫『お台場―品川台場の設計・構造・機能―』（錦正社、二〇〇九年）。
(79)『日本渡航記』一七〇頁。
(80)松尾前掲註(21)、淺川前掲註(78)。
(81)「内外台場改築始末」（鍋島文庫：鍋三五八-九、鍋島報效会蔵、佐賀県立図書館寄託）。
(82)『松乃落葉』八六頁。
(83)『松乃落葉』九一頁。
(84)『諸砲製造』（佐賀市重要産業遺跡関係調査報告書第二集、佐賀市教育委員会、二〇一二年）。
(85)「池田日記」（鍋島文庫：鍋〇二三-四九、鍋島報效会蔵、佐賀県立図書館寄託）。
(86)「大黒町砲台図」（B三・一九〇、長崎歴史文化博物館蔵）。
(87)鍋島家文庫「内外台場改築始末九」（S複鍋三五八-九-五、鍋島報效会蔵、佐賀県立図書館寄託）。
(88)佐賀県明治行政資料「官省進達」明治七年七月～九月（S複県〇二-〇二二、佐賀県立図書館蔵）。

（89）『松乃落葉』三二〇頁。
（90）浅川前掲註（78）一九〇頁。

第二編　反射炉の構築

ヒュゲーニン「鋳造書」の佐賀藩翻訳書の分析
――『電子書籍・ノート』のソフトを用いて――

竹下幸一
長野暹

はじめに

佐賀藩は諸藩に先駆けて、嘉永三年（一八五〇）七月に城下町北西分の築地に反射炉の一基の構築を開始し、同年一一月に炉は竣工した。一二月には鋳造が開始された。この反射炉の築設と鋳造に用いられたのが Ulrich Huguenin（ユリッヒ・ヒューゲニン）著 "Het Gietwezen in's Rijks Ijzer-Geschutgieterij te Luik"（『ロイク王立鉄製大砲鋳造所における鋳造書』）である。この書は一八二六年に刊行された。日本に最初に輸入されたのは天保七年（一八三六）とされる(1)。国会図書館の江戸幕府旧蔵蘭書にも同書の完本一冊と図欠の五冊があるとの指摘がある(2)。このことから天保七年以後も輸入されていたことが窺える。佐賀藩はこの書を翻訳した。

佐賀藩の反射炉に関する技術は、鹿児島藩・韮山・水戸藩などに伝えられ、また、佐賀藩のみが多数の鉄製大砲を鋳造したことからすると、佐賀藩の反射炉構築と操業の意義は大きい。このことを可能にしたのが翻訳書である。

原書を丹念に読みこみ、内容の理解を深めていったことは、訳語の推敲からも窺うことができる。佐賀藩の翻訳書は鹿児島藩・水戸藩・尾張藩に貸し出されたが、この翻訳書のみでは、かなりの洋式製鉄に関する知識がないと反射炉構築と鉄製大砲の鋳造を効果的にできないことは、佐賀藩の翻訳過程から推察できる。

佐賀藩の翻訳書とされているのが複数存在しており、構成・訳語などで相違がみられる。このことから佐賀藩翻訳書の系統を確定することが肝要なので、以下で考察をすすめる。

一　翻訳書と分析方法

1　翻譯書の所在

佐賀藩の翻訳書は、(A)鍋島報效会蔵『鉄砲全書』、(B)宮内庁書陵部蔵『鉄熕全書』、(C)名古屋市蓬左文庫蔵『熕鉄全書』、(D)佐賀県立図書館蔵『熕鉄新書』が知られている。[3] これらの翻訳書の内容は、お互いに類似している。従って、このうちのどれかが最初の翻訳書であり、他はそれを写筆したものと考えられる。

ヒューゲニンの原著は、高炉や反射炉の建設、鉄製カノン砲の鋳造に関する二六二頁の解説(以下解説文)と、それに必要な図に関する七五頁の解説(以下図解)からなる。解説文の構成は、「序」「目次」「本文」である。「本文」の構成は、章・節・項の構成と番号付けを用いる階層表現を使用しておらず、項目のタイトルと項目の解説文である。図解は、一版から一三版まで一三枚の図版に関する解説文である。ただし原著は、図そのものを含まず、解説文のみである。

各翻訳書は、数冊に分けられて記述されている。さらに、「巻」と「項目」から構成され、階層構造をもつ。従って、「冊」「巻」「項」から構成される三階層の構造とする。但し、番号付けはなされていない。

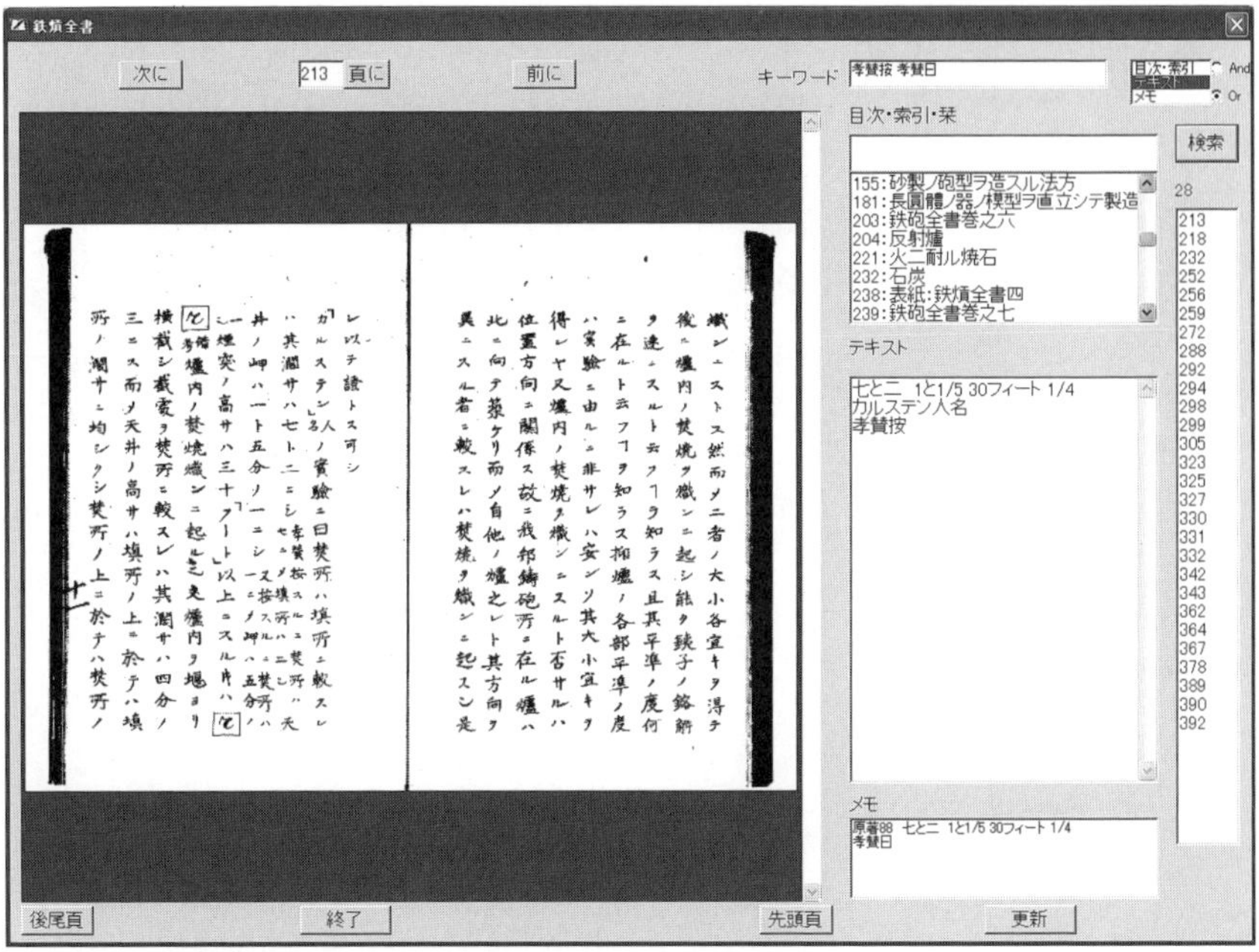

図1　『電子書籍・ノート』画面見本

2『電子書籍・ノート』の利用

原著と翻訳書の検討には、『電子書籍・ノート』を用いた。

『電子書籍・ノート』は、資料をスキャナーやデジタルカメラで取得したPDFタイプなどの画像データを利用し、それをパソコン上で表示・閲覧する「電子書籍」の機能を有する。また、「電子ノート」の機能を有する。「電子ノート」には、「目次・索引・栞」「テキスト」「メモ」の三種類があり、利用者が情報を記録できる。さらに、「電子ノート」を対象とするキーワード検索機能があり、検出箇所が「電子書籍」で参照できる。「電子書籍・ノート」は、同時に多数の書籍が表示可能であり、資料の相互比較が容易となる。

この『電子書籍・ノート』を用いて、翻訳書の各頁と原著の各頁に関して、それらの対応関係を検討した。

図1は、『電子書籍・ノート』の使用例である。画面の左半分が「電子書籍」、右側が「電子ノート」部分、右端が「検索」結果の表示である。

「電子書籍」掲出の本文は『鉄熕全書』巻之六の一〇丁ウラと一一オモテで、上部のページ数は、原本を見開きで撮影した際のページ数を示す。「電子ノート」の「目次・索引・栞」欄には、ページ数：目次項目を入力。「テキスト」欄には、キーワード検索に必要な事項を入力（事例では、「七と二」「1と1/5」「30フィート」「1/4」「カルステン人名」「孝賛按」を本文中から抽出）。下の「メモ」欄には、この翻訳書の内容に該当する原著のページ数を「原著88」で示し、上記のテキスト欄で抽出したキーワードも掲げた。

この情報をもとに、右上の「キーワード」欄に検索したいキーワードを入力すると、右端の「検索」に『鉄熕全書』の該当ページが示され、必要なページが見られるようになる。検出されたページ数が多すぎた場合は、検索のキーワードを増やすかして絞り込む。

図1では、「孝賛按　孝賛曰」という「キーワード」で、右上端の「目次・索引／テキスト／メモ」欄で「テキスト」を選択（グレー表示）した結果で、二一三～三九二ページまでの間に「二八」あることを示している。

3　構成に関して

⑴項目

解説文おいて、各項目に関する情報を整理した。その結果を、表1に示す。「原著頁」は、項目名が出現する原著の頁数である。翻訳書の項目名は、『鉄砲全書』と『鉄熕全書』に現れる項目名である。

(A)『鉄砲全書』における項目名は、「巻之一」に記載されている総目録、各巻の冒頭の目次、各項の最初に現れる項目名（各項の項目名）の三種がある。表に記載したのは、総目録における項目名と各項の項目名である。但し、『鉄砲全書』の訳本は総てが現存していないので、原著の六六頁以降に関しては、各項の項目名は判明しない。

表1　解説文における原著と翻訳書の項目

原著頁	（A）鉄砲全書総目	（B）鉄砲全書項目	（C）鉄熕全書項目
	序		
1	総論　鉄砲ノ沿革並ニ昔人鉄製「カノン」砲 連用持久ノ力徳ニ明ナラサル原由	総論　鉄砲ノ沿革並昔人鉄製加炳砲 連用持久ノ力徳ニ明ナラサル原由	総論　鉄熕ノ沿革並昔人鉄製加炳砲 連用持久ノ力徳ニ明ナラサル原由
20	鉱鉄　鉱種並ニ鎔化ニ準備スル方	鉱鉄　鉱種並ニ鎔化ニ準備スル方	鉱鉄　鉱種並ニ鎔化ニ準備スル方
29	高炉	鎔鉱炉	鎔鉱炉
33	高炉最初投火並ニ作用	鎔鉱炉最初投火並作用	鎔鉱炉最初投火並作用
36	鉱鉄鎔化法	鉱鉄鎔化法	鉱鉄鎔化法
43	鋳鉄	鋳鉄	鋳鉄
66	型料粘土並ニ砂		型料粘土並砂
72			砂製熕礮型之模並模筐
80	砂製ノ砲模並ニ模殻		砂製ノ砲型ヲ造スル法方
96	長円体ノ器ノ模型ヲ直立シテ製造スル法		長円体ノ器ノ模型ヲ直立シテ製造スル法
110	反射炉		反射炉
120	火ニ耐ル焼石		火ニ耐ル焼石
127	石炭		石炭
130	反射炉ノ装塡並ニ鎔鉄法		反射炉ヲ装塡シ及ヒ鉄ヲ鎔鉄スル法方ヲ論ス
138	鋳坑並ニ坑中ニ型ヲ排列シ 鉄湯ヲ注湯スル等ノ法方		鉄湯ヲ注湯スル等ノ法方 鋳坑並坑中ニ型ヲ排列シ
154	「カノン」砲孔ヲ鑚開スル器械ノ位置 及ヒ錐刀ノ使用法		「カノン」砲孔ヲ鑚開スル器械ノ位置
186	火門ノ鑚法		火門ヲ鑚開スル方法ヲ論ス
193	新造砲身ノ点検法		新造ノ砲身ヲ点検スル法方ヲ論ス
206	火門之修整法		火門ヲ修整スル方法ヲ論ス
217	実弾虚弾柘榴弾等模型ノ製造 並ニ鎔冶法		実弾虚弾柘榴弾等模型ヲ製造 並鎔冶ノ法方ヲ論ス
222			鋳鉄ノ性質
223			炉ノ種類
224			高炉

224		「コウボール」炉
226		「レフルヘール」炉
227	弾模並ニ模殻	実弾殻弾ノ模型
229	弾型	弾型
236	殻弾ノ核模	殻弾ノ核型
243	弾ノ注鋳	弾丸ノ鋳法
251	弾ノ選択	弾ノ選択並ニ點検法

(B)『鉄熕全書』における項目名は、各項の項目名である。『鉄熕全書』には、総目は存在しない。また、巻頭の目次が存在しない巻があるので、ここの部分は省いた。『鉄熕全書』の項目名には、原著の項目の総てが含まれている。

一方、『鉄砲全書』の総目録には、原著の七二、二二一～二二六頁の項目名が欠如している。これは、総目録を作成するときの不手際か、訳本にも存在しなかったか、該当部分の『鉄砲全書』がないので定かでない。

表2は、『鉄砲全書』の一版から一三版の図解の総目と項目と巻数を掲げたものである。総目録には、原著の四九頁にある第一一版図解の項目名が欠如しているが図解文中には存在する。このことは、総目録に欠如している項目が訳本中に存在する可能性を示唆する。なお、図解が存在するのは、この『鉄砲全書』のみである。

表2　図解『鉄砲全書』図解一覧

原著頁	総目	項目	巻数
2	高炉図解	第一版図解　鎔鉱炉	巻之十三
6	鉄製模図解	第二版図解	巻之十三
13	三十「ドイム」窩蘭弾丸「モルチール」砲ノ鉄製模図解	第三版図解	巻之十三
20	砂製模図解	第四版図解	巻之十三
22	二体合築反射枦図解他	第五版　二体合築反射枦図解	巻之十四

26	平錐台図解	第六第七第八版図解	巻之十四
37	錐刀図解	第九版図解　諸種ノ錐刀ヲ論ス	巻之十四
44	鑽火門台並ニ鑽開及ヒ修整ニ用ル器械並ニ錐刀図解	第十版図解　火門ノ鑽法並ニ錐刀ノ使用及ヒ火門修整ニ用ル錐刀使用ノ法方ヲ論ス	巻之十五
49		第十一版図解　新製「カノン」及ヒモルチール砲ヲ點検スル器械ヲ論ス	巻之十五
61	暴母拓榴弾ノ模核模並ニ殻等図解	第十二版　暴母拓榴及ヒ実弾等ノ模核模並ニ殻等図解	巻之十六
68	殻弾點検ノ器械図解	第十三版　実弾殻弾選択並ニ點検ノ器械図解	巻之十六

(2)冊と巻

表3は、各訳本における各冊の表紙のタイトル（外題）と、そこに含まれる各巻のタイトル（内題）の一覧である。タイトルには、連番が付加されている。

現存する(A)『鉄砲全書』は、二冊である。「鉄砲全書一」には、「鉄砲全書巻之一」から「巻之三」が含まれる。「鉄砲全書五」には、図解に関する「巻之十三」から「巻之十六」が含まれる。欠如している「鉄砲全書二」「鉄砲全書三」「鉄砲全書四」には、「巻之四」から「巻之十二」が収録されていたと想定できる。これらの訳本は、そのものが存在しなかったか、紛失したかのいずれかである。しかし、「巻之一」に存在する総目録中に、「巻之四」から「巻之十二」中の項目名が記載されているので、実在していた訳本が、紛失したと推定した。

(B)『鉄熕全書』は、「鉄熕全書一」から「鉄熕全書六」の全六冊である。巻に関しては、「巻之一」から「巻之十二」までの一二冊があり、各冊に二巻ずつ収められている。巻名は、「巻之一」が「熕鉄全書」であり、「巻之二」から「巻之十二」までが「鉄砲全書」とある。

表3　翻訳書四種構成比較

(A)鉄砲全書	(B)鉄熕全書	(C)熕鉄全書	(D)熕鉄新書
鉄砲全書一　鉄砲全書一	鉄熕全書一　鉄熕全書一	熕鉄全書一　熕鉄全書一	熕鉄新書一　熕鉄全書一
鉄砲全書二	鉄砲全書二	熕鉄全書二　熕鉄全書二	熕鉄新書二　熕鉄全書二
鉄砲全書三	鉄熕全書二　鉄砲全書三	熕鉄全書三　熕鉄全書三	熕鉄新書三　熕鉄全書三
	鉄砲全書四	熕鉄全書四　鉄砲全書四	熕鉄新書四　熕鉄鋳造新書四
	鉄熕全書三　鉄砲全書五	熕鉄全書五　鉄砲全書五	熕鉄新書五　熕鉄全書五
	鉄砲全書六		熕鉄新書六　熕鉄全書六
	鉄熕全書四　鉄砲全書七	熕鉄全書七　鉄砲全書七	熕鉄新書七　熕鉄鋳造新書七
	鉄砲全書八		熕鉄新書八　熕鉄鋳造全書八
	鉄熕全書五　鉄砲全書九	熕鉄全書九　鉄砲全書九	熕鉄新書九　熕鉄鋳造全書九
	鉄砲全書十		
	鉄熕全書六　鉄砲全書十一		
	鉄砲全書十二		
鉄砲全書五　鉄砲全書十三			
鉄砲全書十四			
鉄砲全書十五			
鉄砲全書十六			

(C)『熕鉄全書』は、一冊ごとに一巻が収められ、全部で七冊であるが、六と八が欠如している。巻名は、「巻之一」から「巻之三」まで「熕鉄全書」で、「巻之四」から「巻之九」までが「鉄砲全書」である。

(D)『熕鉄新書』は、一冊に一巻の九冊からなる。巻のタイトルは統一されていず、「熕鉄全書」「熕鉄鋳造新書」「熕鉄鋳造全書」の三種類が使用されている。

(3) 項目名と巻数

表4には、解説文に関して、項目名と翻訳書の巻数との関連を示す。項目名は、表1に掲載した『鉄砲全書』の総目録を用いた。しかし『鉄砲全書』の総目録には、項目名の一部に欠如が見られる。そこで、欠如している項目名は、『鉄熕全書』から補った。表4における（　）内の項目名がそれである。

(A)『鉄砲全書』の「巻之一」には、総目録に項目名と巻数の関連が記載されている。しかし、「巻之四」から「巻之十二」までの訳本は、現存していない。そこで、(欠本)のマークを記入した。また、項目の訳が存在しないか、存在しても欠本なのか判断を下せない場合は、(欠)のマークを記入した。

(B)『鉄熕全書』には、「序」と「総目」の項を除いて、総ての項目に関して翻訳がなされている。項目と巻数の関係は、「砂製ノ砲模並ニ模殻」を除いて、『鉄砲全書』のそれと同じである。

(C)『熕鉄全書』は、『鉄砲全書』や『鉄熕全書』の「巻之八」までの項目に関する訳本である。「巻之一」から「巻之五」までの巻数の振り方は、『鉄熕全書』のそれと同一である。「巻之六」と「巻之八」は、欠如している。「巻之六」に関して、「巻之五」と「巻之七」の間に挿入されるべき項目が原著には存在せず、なぜ巻数の振り方が「五」から「七」に飛んだか疑問である。「巻之八」は、『鉄熕全書』の「巻之七」の部分の項目に該当する。従って、訳本は存在したが、紛失した可能性がある。『熕鉄全書』には、解説文に関する総目録が存在する。但し、項目名は「巻之三」まで振り分けられているが、それ以降は項目名のみが記載されている。それらの項目名は、『鉄砲全書』や『鉄熕全書』のそれらとは必ずしも同一でない。

(D)『熕鉄新書』は、『鉄砲全書』や『鉄熕全書』の「巻之八」までの項目に関する訳本である。巻数は、「巻之一」から「巻之九」であるが、その振り方は独自のものである。「序」と「総目」は、欠如している。

表4

解説文の項目名	(A)鉄砲全書	(B)鉄熕全書	(C)熕鉄全書	(D)熕鉄新書
序	巻之一（欠）	巻之一（欠）	巻之一（欠）	巻之一（欠）
総目	巻之一	巻之一（欠）	巻之一（一部）	巻之一（欠）
総論	巻之一	巻之一	巻之一	巻之一
鉱鉄　鉱種並ニ鎔化ニ準備スル方	巻之二	巻之二	巻之二	巻之二
高炉	巻之二	巻之二	巻之二	巻之三
高炉最初投火並ニ作用	巻之二	巻之二	巻之二	巻之三
鉱鉄鎔化法	巻之二	巻之二	巻之二	巻之三
鋳鉄	巻之三	巻之三	巻之三	巻之三
型料粘土並ニ砂	巻之四（欠本）	巻之四	巻之四	巻之四
（砂製熕礟型之模並模篋）	（欠）	巻之四	巻之四	巻之四
砂製ノ砲模並ニ模殻	巻之四（欠本）	巻之五	巻之五	巻之五
長円体ノ器ノ模型ヲ直立シテ製造スル法	巻之五（欠本）	巻之五	巻之五	巻之六
反射炉	巻之六（欠本）	巻之六	巻之七	巻之七
火ニ耐ル焼石	巻之六（欠本）	巻之六	巻之七	巻之七
石炭	巻之六（欠本）	巻之六	巻之七	巻之七
反射炉ノ装塡並ニ鎔鉄法	巻之七（欠本）	巻之七	欠	巻之八
鋳坑並ニ坑中ニ型ヲ排列シ鉄湯ヲ注湯スル等ノ法方	巻之七（欠本）	巻之七	欠	巻之八
「カノン」砲孔ヲ鑽開スル器械ノ位置及ヒ錐刀ノ使用法	巻之八（欠本）	巻之八	巻之九	巻之九
火門ノ鑽法	巻之九（欠本）	巻之九		
新造砲身ノ點検法	巻之九（欠本）	巻之九		
火門之修整法	巻之十（欠本）	巻之十		
実弾虚弾柘榴弾等模型ノ製造並ニ鎔冶法	巻之十（欠本）	巻之十		
（鋳鉄ノ性質）	（欠）	巻之十		
（炉ノ種類）	（欠）	巻之十		
（高炉）	（欠）	巻之十		
（「コウボール」炉）	（欠）	巻之十		
（「レフルヘール」炉）	（欠）	巻之十		
弾模並ニ模殻	巻之十一（欠本）	巻之十一		
弾型	巻之十一（欠本）	巻之十一		
殻弾ノ核模	巻之十二（欠本）	巻之十一		
弾ノ注鋳	巻之十二（欠本）	巻之十二		
弾ノ選択	巻之十二（欠本）	巻之十二		

二　訳本の比較検討

1　四種類の訳本の比較検討

以下、四種類の訳本を、訳本の一部を抜粋して比較を行う。

図2は、「巻之一」の最初の頁である。ここには、巻名・訳者・項目名が記載されている。これから、(B)『鉄熕全書』、(C)『熕鉄全書』、(D)『熕鉄新書』の巻名と項目名が同一であり、これら三種類の類似性が判別できる。(A)『鉄砲全書』では、「銕熕」が「銕砲」に置き換わっている。訳者の一人の杉谷雍助に注目すると、『鉄砲全書』での諱は「孝賛」である。他の三種類は「貴蘊」である。

図3は、「巻之一」の一節である。『鉄熕全書』と『熕鉄全書』を比較すると、全く同一であることが判明できる。『熕鉄新書』は、四行目の「数々用ヒテ」を「救用セラ」と変化している以外は、『鉄熕全書』と同じである。『鉄砲全書』は、字詰・行数など他の三種と異なる。

図4は、原著四九・五〇頁に記載されている装薬に関する情報である。〝pond〟の訳語として、『鉄砲全書』では「封土」が、他の三書は「封度」が用いられている。

図5は、原著の七頁に記載されている試放に関する情報である。ここで、時間〝minuut〟の訳語に用いられている「分」の書体に注目すると、『鉄砲全書』では楷書体の「分」を、他の三種は草書体の「分」を用いている。

図6は、原著の六頁の脚注の訳である。原著では、複数の脚注の見出しとして、(a)(b)…が用いられている。訳本では、『鉄砲全書』が「備考甲」「備考乙」を、他の三種類は「備考甲」「備攷乙」を使用している。

（A）鉄砲全書

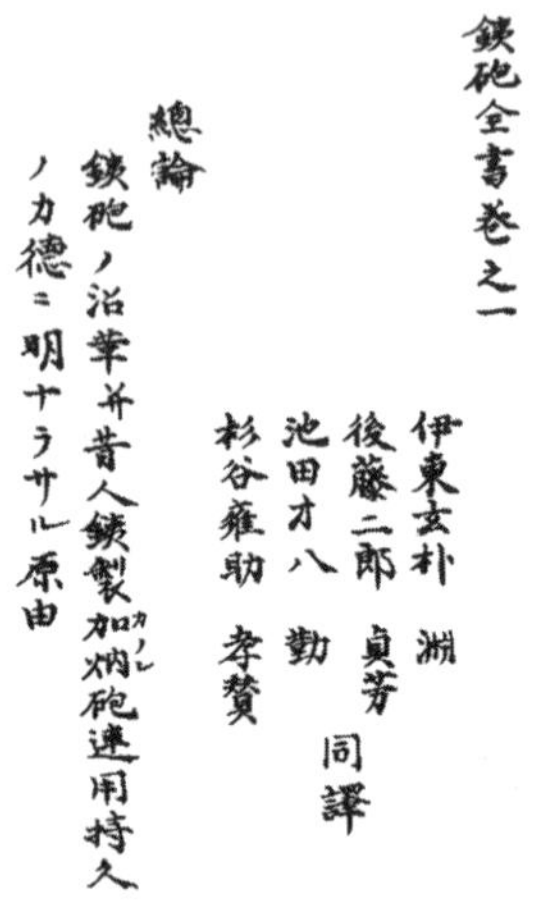
鉄砲全書巻之一
伊東玄朴　淵
後藤二郎　貞芳
池田才八　勤　同譯
杉谷雍助　孝賛
總論
鉄砲ノ沿革并昔人鉄製加納《カノン》砲連用持久
ノ力徳ニ明ナラサル原由

（B）鉄熕全書

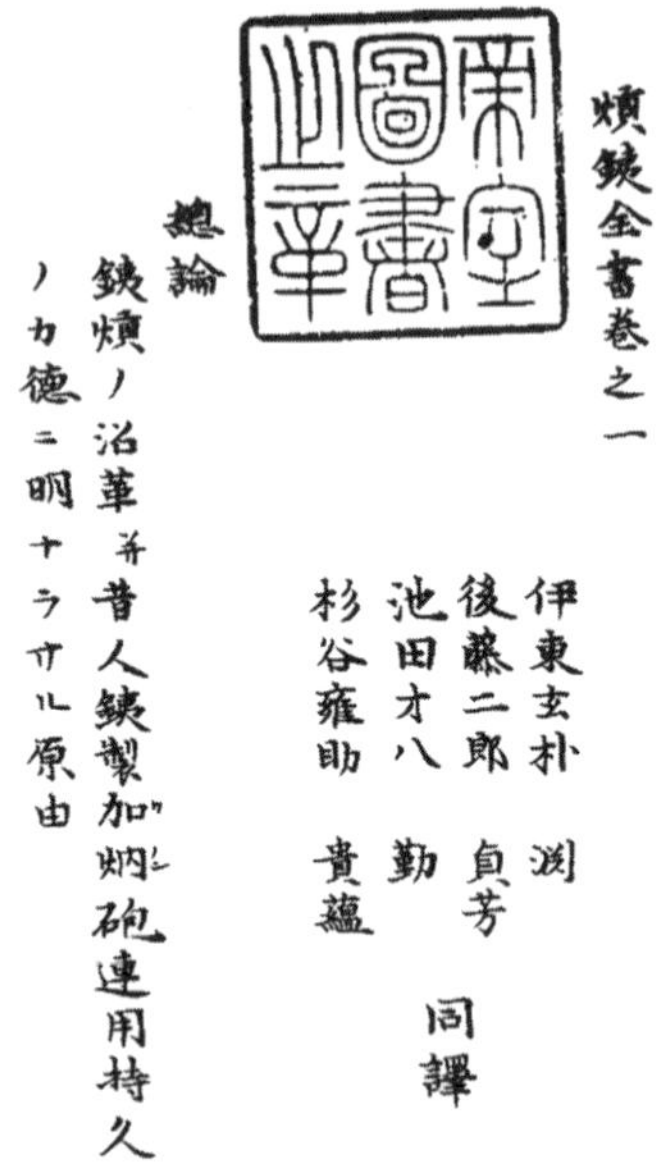
熕鉄全書巻之一
伊東玄朴　淵
後藤二郎　貞芳
池田才八　勤　同譯
杉谷雍助　貴蘊
總論
鉄熕ノ沿革并昔人鉄製加納《カノン》砲連用持久
ノ力徳ニ明ナラサル原由

（C）熕鉄全書

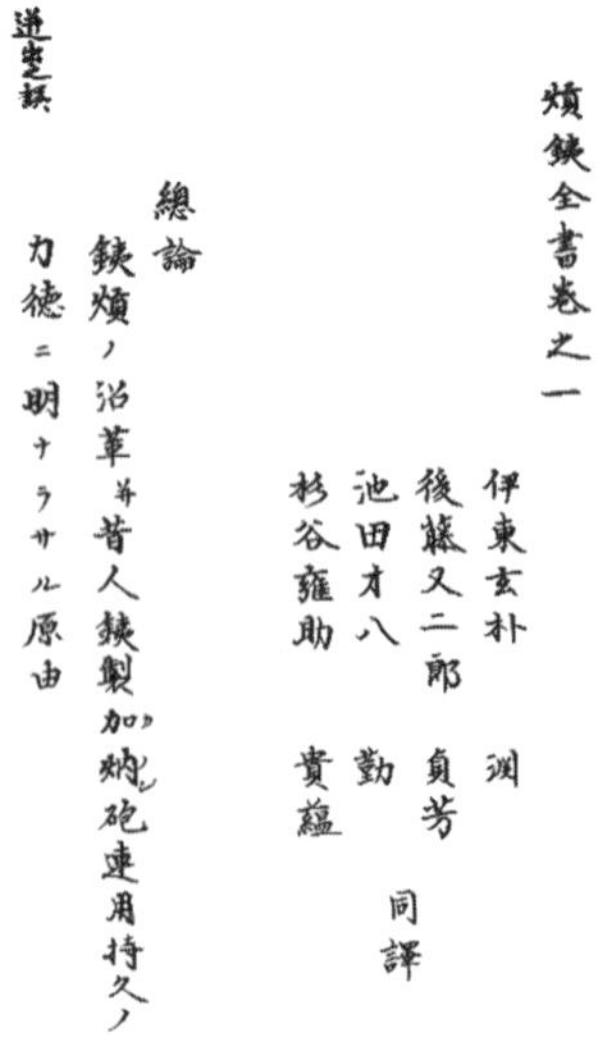
熕鉄全書巻之一
伊東玄朴　淵
後藤又二郎　貞芳
池田才八　勤　同譯
杉谷雍助　貴蘊
總論
鉄熕ノ沿革并昔人鉄製加納《カノン》砲連用持久ノ
力徳ニ明ナラサル原由

（D）熕鉄新書

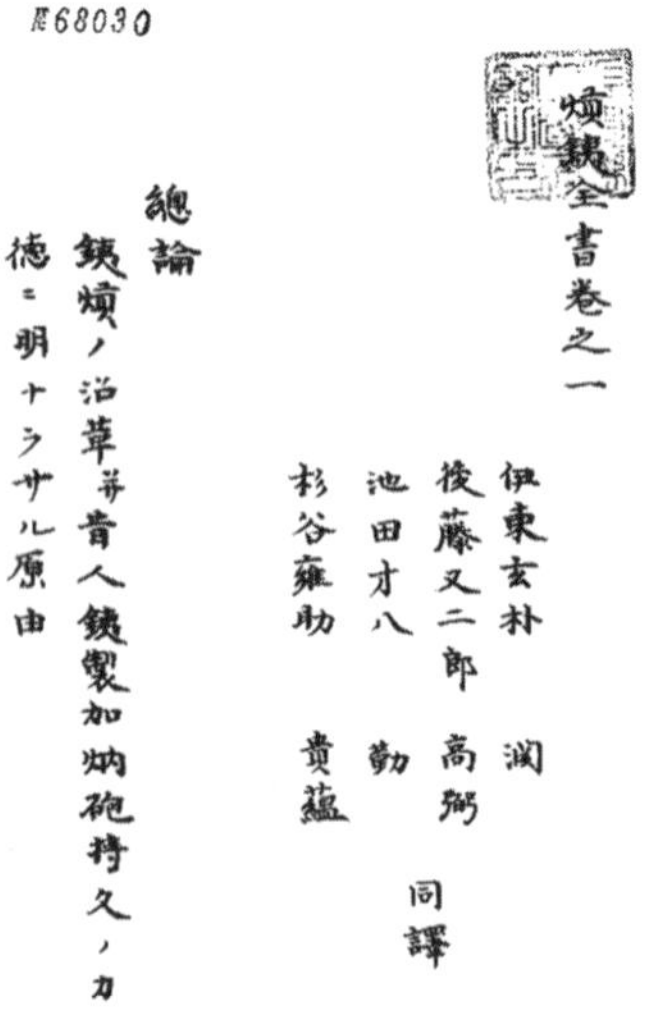
熕鉄全書巻之一
伊東玄朴　淵
後藤又二郎　高鄉
池田才八　勤　同譯
杉谷雍助　貴蘊
總論
鉄熕ノ沿革并昔人鉄製加納砲持久ノ力
徳ニ明ナラサル原由

図２　訳本比較「書名」「杉谷諱」

（A）鉄砲全書

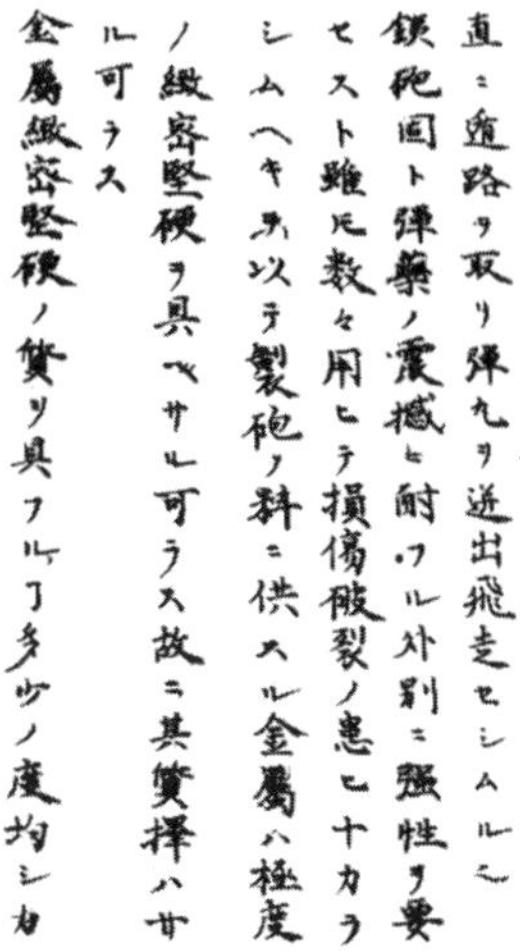
直ニ適路ヲ取リ弾丸ヲ迸出飛走セシムルニ
鉄砲固ト弾薬ノ震撼ニ耐フル外別ニ強性ヲ要
セスト雖圧数々用ヒテ損傷破裂ノ患ヒナカラ
シムヘキヲ以テ製砲ノ料ニ供スル金属ハ極度
ノ緻密堅硬ヲ具ヘサル可ラス故ニ其質擇ハサ
ル可ラス
金属緻密堅硬ノ質ヲ具フルヿ多少ノ度均シカ

（B）鉄熕全書

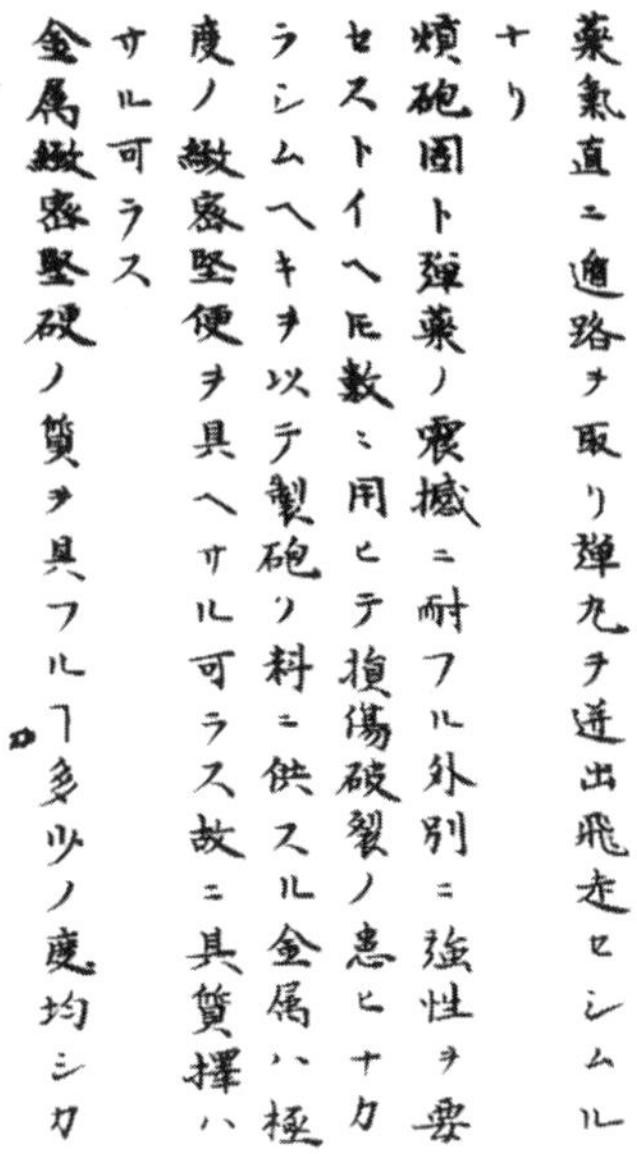
薬氣直ニ適路ヲ取リ弾丸ヲ迸出飛走セシムル
ナリ
熕砲固ト弾薬ノ震撼ニ耐フル外別ニ強性ヲ要
セストイヘ圧数ミ用ヒテ損傷破裂ノ患ヒナカ
ラシムヘキヲ以テ製砲ノ料ニ供スル金属ハ極
度ノ緻密堅硬ヲ具ヘサル可ラス故ニ其質擇ハ
サル可ラス
金属緻密堅硬ノ質ヲ具フルヿ多少ノ度均シカ

（C）熕鉄全書

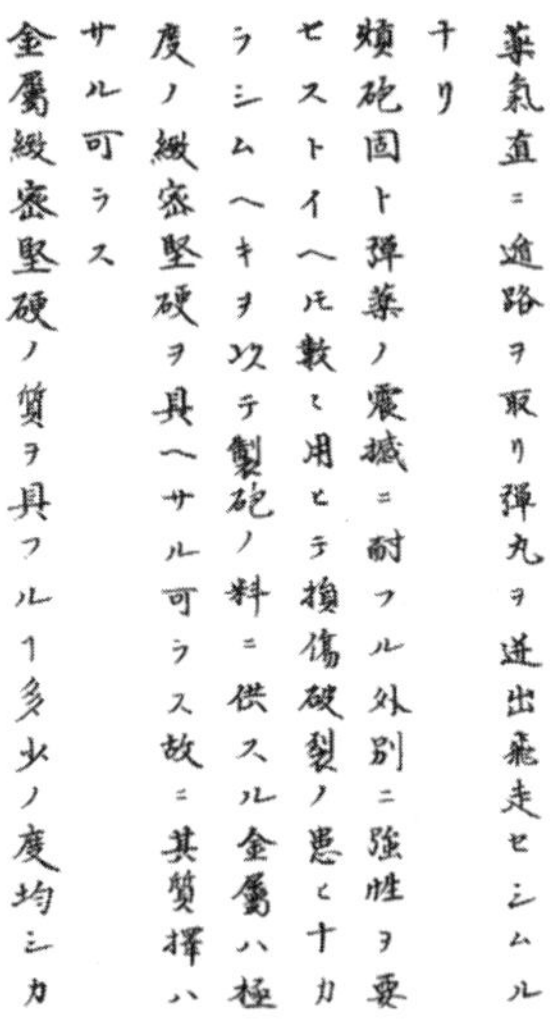
薬氣直ニ適路ヲ取リ弾丸ヲ迸出飛走セシムル
ナリ
熕砲固ト弾薬ノ震撼ニ耐フル外別ニ強性ヲ要
セストイヘ圧数ミ用ヒテ損傷破裂ノ患ヒナカ
ラシムヘキヲ以テ製砲ノ料ニ供スル金属ハ極
度ノ緻密堅硬ヲ具ヘサル可ラス故ニ其質擇ハ
サル可ラス
金属緻密堅硬ノ質ヲ具フルヿ多少ノ度均シカ

（D）熕鉄新書

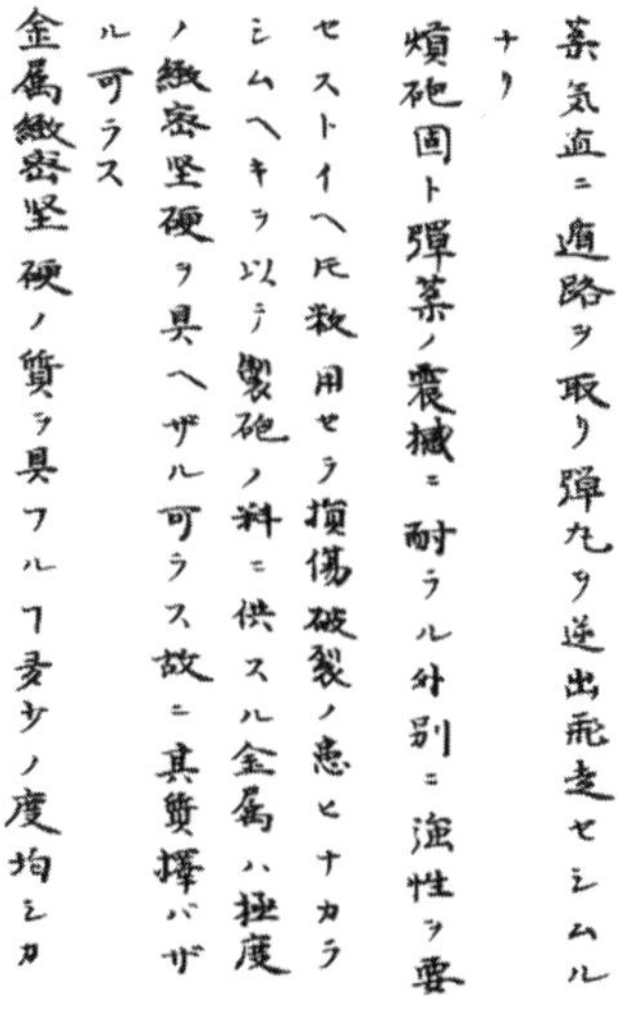
薬氣直ニ適路ヲ取リ弾丸ヲ迸出飛走セシムル
ナリ
熕砲固ト弾薬ノ震撼ニ耐ラル外別ニ強性ヲ要
セストイヘ圧救用セラ損傷破裂ノ患ヒナカラ
シムヘキヲ以テ製砲ノ料ニ供スル金属ハ極度
ノ緻密堅硬ヲ具ヘザル可ラス故ニ其質擇バザ
ル可ラス
金属緻密堅硬ノ質ヲ具フルヿ多少ノ度均シカ

図3　訳本比較「数々用ヒテ・救用セラ」

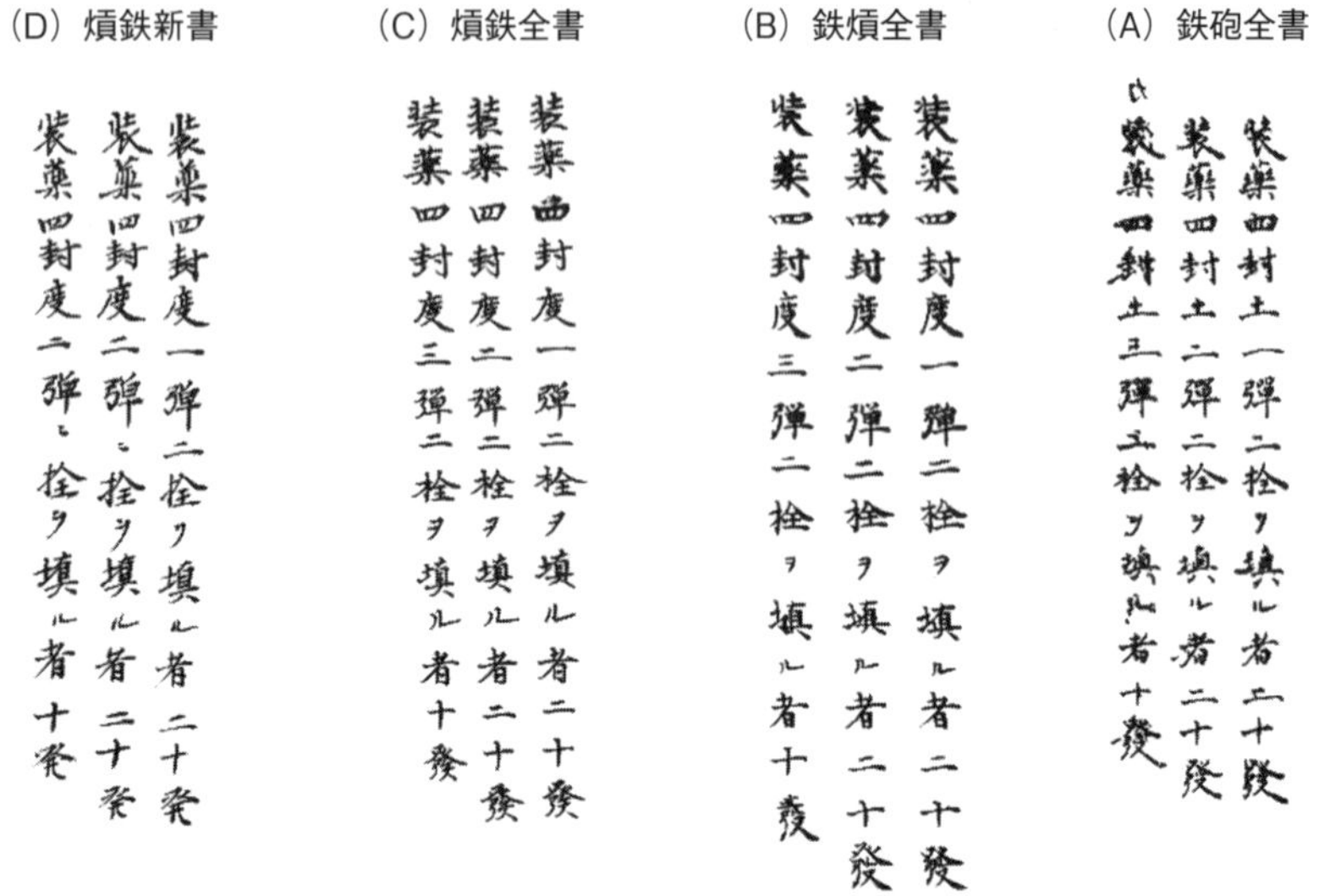
(D) 熕鉄新書
装薬四封度一弾二栓ヲ填ル者二十発
装薬四封度二弾ゝ栓ヲ填ル者二十発
装薬四封度二弾ゝ栓ヲ填ル者十発

(C) 熕鉄全書
装薬四封度一弾二栓ヲ填ル者二十發
装薬四封度二弾二栓ヲ填ル者二十發
装薬四封度三弾二栓ヲ填ル者十發

(B) 鉄熕全書
装薬四封度一弾二栓ヲ填ル者二十發
装薬四封度二弾二栓ヲ填ル者二十發
装薬四封度三弾二栓ヲ填ル者十發

(A) 鉄砲全書
装薬四封土一弾二栓ヲ填ル者二十發
装薬四封土二弾二栓ヲ填ル者二十發
装薬四封土三弾三栓ヲ填ル者十發

図４　訳本比較「封土・封度」

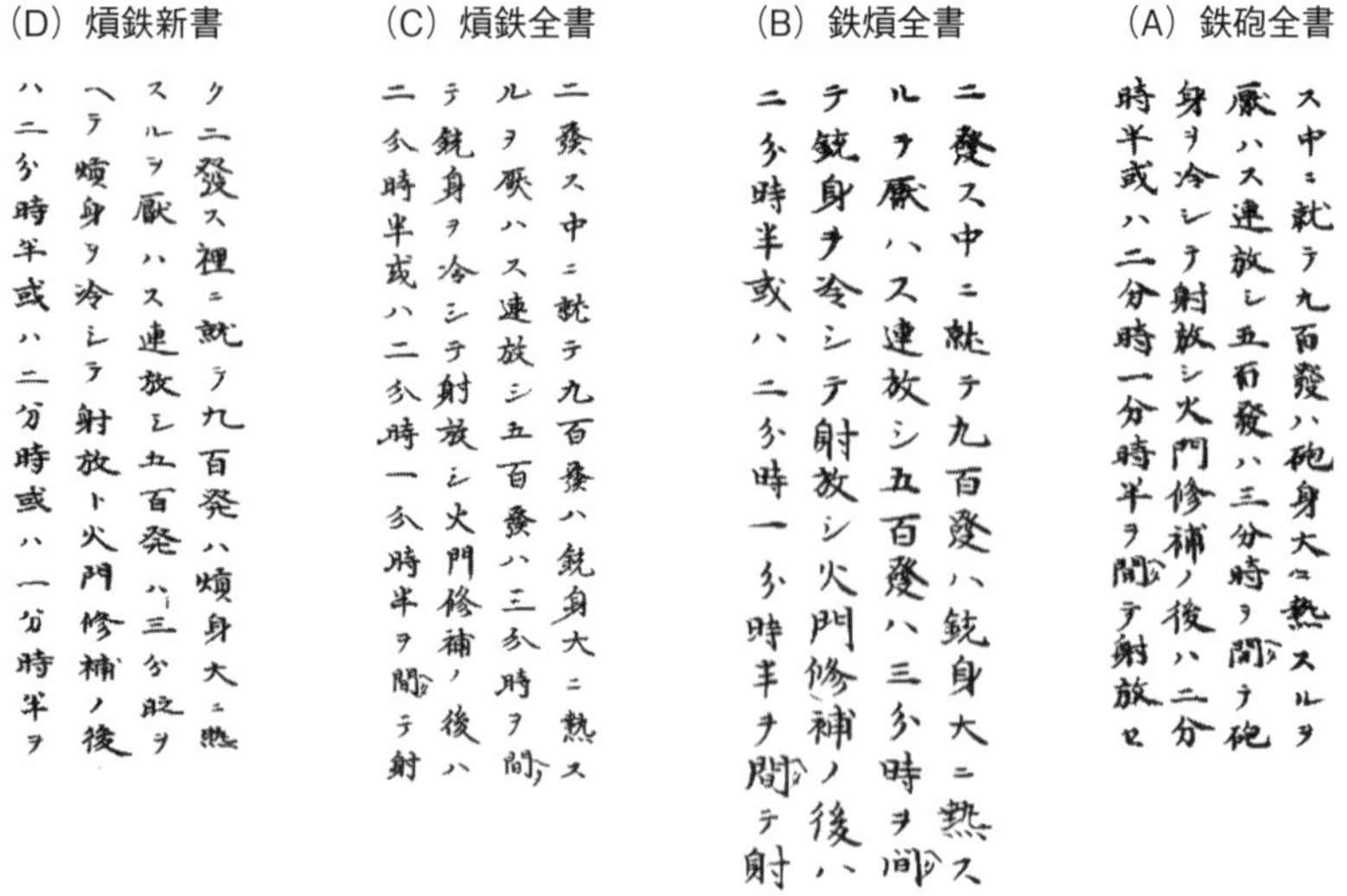
(D) 熕鉄新書
クニ發ス裡ニ就テ九百発ハ熕身大ニ熱
スルヲ厭ハス連放シ五百発ハ三分時ヲ
ヘテ熕身ヲ冷シテ射放ト火門修補ノ後
ハ二分時半或ハ二分時或ハ一分時半ヲ

(C) 熕鉄全書
二發ス中ニ就テ九百發ハ銃身大ニ熱ス
ルヲ厭ハス連放シ五百發ハ三分時ヲ間
テ銃身ヲ冷シテ射放シ火門修補ノ後ハ
二分時半或ハ二分時一分時半ヲ間テ射

(B) 鉄熕全書
二發ス中ニ就テ九百發ハ銃身大ニ熱ス
ルヲ厭ハス連放シ五百發ハ三分時ヲ間
テ銃身ヲ冷シテ射放シ火門修補ノ後ハ
二分時半或ハ二分時一分時半ヲ間テ射

(A) 鉄砲全書
ス中ニ就テ九百發ハ砲身大ニ熱スルヲ
厭ハス連放シ五百發ハ三分時ヲ間テ砲
身ヲ冷シテ射放シ火門修補ノ後ハ二分
時半或ハ二分時一分時半ヲ間テ射放セ

図５　訳本比較「分」

(A) 鉄砲全書

備考甲　試放ヲ經タル鐵砲常用ニ供セ
サル者諸國類例多シト雖モ窩蘭ニテ做
備考乙　龍動《ロンドン》府ノ人「ヨン、ミュルレル」人名砲
術書一千七百八十八年天明八年第二板ノ序

(B) 鉄熕全書

備考甲　試放ヲ経タル鉄熕常用ニ供セ
サル者諸国類例多シトイヘ𪜈窩蘭ニテ
備攷乙　龍動《ロンドン》府ノ人「ヨン、ミュルレル」人名砲
術書一千七百八十八年天明八年第二板ノ序

(C) 熕鉄全書

備考甲　試放ヲ経タル鉄熕常用ニ供セ
サル者諸国類例多シトイヘ𪜈窩蘭ニテ
備攷乙　龍動《ロンドン》府ノ人「ヨン、ミュルレル」人名砲
術書一千七百八十八年天明八年第二板ノ序例ニ

(D) 熕鉄新書

備考甲　試放ヲ経タル鉄熕常用ニ供セ
サル者諸国類例多シトイヘ𪜈窩蘭ニテ
倫攷乙　竜動府ノ人「ヨンミュルレル」人名砲
術書一千七百八十八年第二板ノ序例ニ

図6　訳本比較「備考・備攷」

以上、項目名と巻数の関連や四種類の訳本の比較検討から、訳本は(A)『鉄砲全書』と、(B)『鉄熕全書』・(C)『熕鉄全書』・(D)『熕鉄新書』の二種類に大別できる。『鉄熕全書』と『熕鉄全書』は、ほぼ同一の内容である。『熕鉄新書』は、内容に関しては『鉄熕全書』や『熕鉄全書』の範囲と同じであるが、訳語に関しては一部に独自な表現がある。

2　訳本の相互関係

(B)『鉄熕全書』は、江戸の伊東玄朴邸にあったのが後に宮内庁図書寮文庫に収められた（現在は書陵部蔵）。したがって、江戸に所在していたものと推定される。

(C)『熕鉄全書』は、名古屋の蓬左文庫に保管されている。蓬左文庫は、尾張徳川家の蔵書を所蔵する文庫である。この『熕鉄全書』の巻末には、以下のように写筆の時期と写筆者が記載されている。

巻之一　庚戌（嘉永三年）仲秋初九校了　上田仲敏
巻之二　庚戌仲秋初六校了　上田仲敏
巻之三　庚戌仲炑初一校了　上田仲敏
巻之四　嘉永三年庚戌九月念三日　臣上田仲敏謹校合了
巻之五　辛亥（嘉永四年）五月念四日謹校了　大津益西村朝陽
巻之七　辛亥榴夏念五一校了　大津益西村朝陽
巻之九　嘉永四年五月廿五日一校了　大津益西邨朝陽

写筆者の一人である上田仲敏は、砲術の研究を行った尾張藩士である。写筆は、嘉永三年（一八五〇）の秋から翌年の夏までに行われた。

(D)『熕鉄新書』は、佐賀藩の支藩である蓮池藩の所蔵本である。本書は、いままでの考察から『鉄熕全書』『熕鉄全書』の写しであると思われるが、尾張徳川家の『熕鉄全書』をわざわざ借り出して写すよりは、江戸の伊東玄朴邸にあった『鉄熕全書』を写した可能性が高い。

(A)『鉄砲全書』は、佐賀県立図書館に「鍋島家文庫」として所蔵されているので、江戸ではなく佐賀に所在したものだと推定できる。訳者の一人である杉谷雍助の諱に注目すると、『鉄砲全書』の現存する「巻之一」から「巻之三」までが「孝賛」である。『鉄熕全書』の「巻之二」から「巻之三」は「貴蘊」であり、「巻之四」以降は「孝賛」が用いられている。従って、『鉄熕全書』の翻訳中に杉谷雍助の諱が「貴蘊」から「孝賛」に変わったものだとすると、『鉄砲全書』の成立は『鉄熕全書』の「巻之四」成立以降だと推定できる。先に見たように、『鉄砲全書』と『鉄熕全書』の訳語には、一部に修正が見られる。これより、『鉄砲全書』における訳語の変化は、『鉄熕全書』の作成における訳語の推敲過程を反映したものだと推定できる。従って、『鉄熕全書』は未完成の訳本であり、『鉄砲全書』が完成した訳本であったと想定できる。

佐賀藩は、反射炉を用いた鉄製カノン砲の製造を嘉永三年一二月に築地において開始し、一七次にわたる試行錯誤の末、嘉永五年六月に三六ポンド砲の製造に成功している。杉谷雍介は、技術主任として指導的な対場にあった。この間、『鉄熕全書』は尾張藩に貸し出されているので、『鉄砲全書』が現場において使用されたと考えられる。従って、嘉永三年七月の時点では、『鉄砲全書』が完成していたと推定できる。『鉄砲全書』は、「巻之四」から「巻之十二」までが欠如している。これらの巻は、反射炉の建設・大砲の鋳造・弾丸の製造に必要な情報を含み、佐賀藩築地の現場で使用され、その過程で紛失した可能性が想定できる。

三　『鉄熕全書』の注釈と訳語の検討

1　注釈について

前述のように『鉄砲全書』が完成版と思われるが欠本があるので、「序」を除く巻一から十二まで総ての解説の項目に関して原著の翻訳がなされている。ここでは『鉄熕全書』を検討する。実際には、見開きの原本をカメラで複写したデータ化した電子書籍版を用いた。（適宜『鉄砲全書』も参照する）。

翻訳書は四五八頁からなる。原著の翻訳の他に翻訳者の注釈が挿入されている。先に掲げた図6を例にすると、「ロンドン」「人名」「天明八年」の記述がそれで、読み方・人名・地名・国名・和暦・その他があり、通常の訳文中に二行割注で挿入されているので、容易に区別が可能である。

『鉄熕全書』における「その他」の注釈は、六五頁以上にわたっている。「その他」の注釈の中でも、「孝賛按スルニ」や「孝賛曰」と記述された箇所が、「巻之六」の反射爐の項から出現し、それは二八頁に及ぶ。「孝賛」は、杉谷雍助の諱である。注釈の中で、訳者

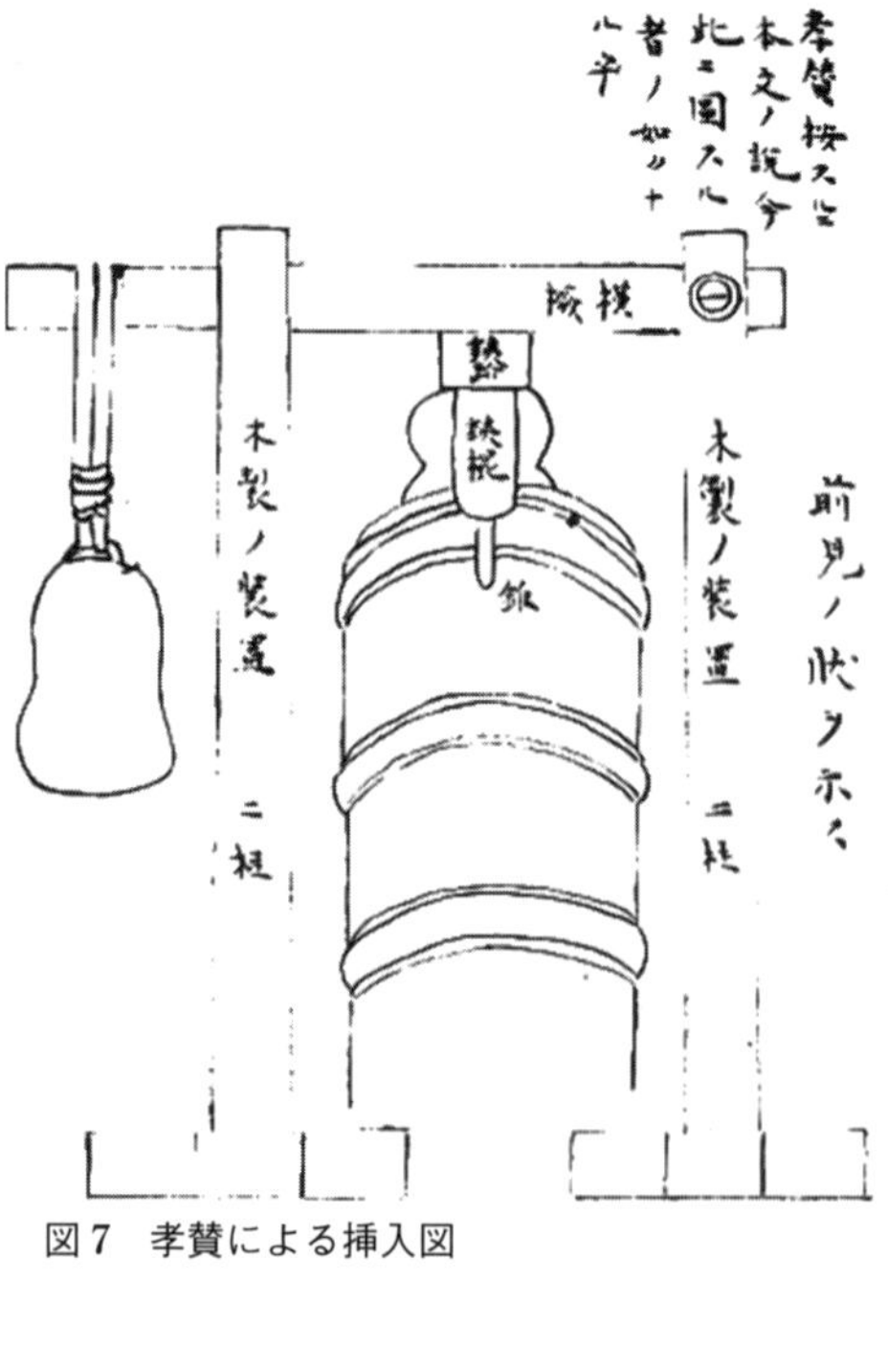

図7　孝賛による挿入図

名が記載されているのは、「孝賛」だけである。注釈は、文章のみならず図も用いてなされている。孝賛による図は、一四頁にわたる。図7は、「巻之十　火門之修整法」に見出される図である。原著には、図版番号と図番号が記載されているものの、図そのものは存在しない。またこの図8に該当する図は、図版の第一版から第十三までの何れにも見出されず、孝賛によるものである。従って、『鉄熕全書』の成立において、杉谷雍助の役割の大きさが計り知れる。

2　訳語の検討

"hooge ovens"　原著の一一頁において、"hooge ovens"に関する記述がある。この訳語は、「巻之一　総論」の中に見出される。注釈では、形状から「高爐」であるが、その用途から「鎔鉱炉」を採用するとしている。しかしながら、「鎔鉱炉」が使用されているのは「巻之六　反射炉」までであり、「巻之七　反射炉ヲ装塡シ及ヒ鉄ヲ鎔鉄スル法方ヲ論ス」以降は、「高炉」が使用されている。『鉄砲全書』においては、項目名では「鎔鉱炉」が用いられているが、「総目」では「高炉」が用いられている。「総目」の作成が訳本作成の最終段階になされるものとすると、『鉄砲全書』の作成開始は、『鉄熕全書』の「巻之四」から「巻之六」の作成過程であると推定される。これは、杉谷雍助の諱が「孝賛」に変化し、「鎔鉱炉」の訳語が使用されていた期間に該当する。

"pond"　弾薬や大砲の重量の単位として、"pond"が用いられている。この訳語は、「封度」から「封土」、さらに「ポンド」への変化が見られる。「巻之一」から「巻之三」においては「封度」が、「巻之四」から「巻之五」においては「封土」が、「巻之六」以降は「ポンド」が使用されている。『鉄砲全書』では、「巻之一」から「巻之三」において、「封土」が用いられている。「巻之六」では「封土」が使用されていないことを考慮すると、『鉄砲全書』の作成開始期は、『鉄熕全書』の「巻之四」から「巻之五」の作成期間中であると限定できる。

“vuurmonden”“geschut”　原著の「目次」において、“ijzeren vuurmonden”が、「序」のタイトル中に用いられている。単語の“vuurmonden”は、原著の全編に渡って使用されている。その訳語は、一様でない。「巻之一」から「巻之四」では、「熕砲」が用いられている。また「巻之五」では「鉄砲」が、さらに「巻之五」以降は、「砲身」や「砲」が使用されている。“ijzeren vuurmonden”の訳語は、「鉄製の熕砲」を短縮して、「鉄熕」としたと推定される。また、“geschut”は、大砲の意味をもつ。“ijzer geschut gieterij”は、「鉄砲鋳造所」であるが、「鉄熕鋳造所」の訳語も使用されている。しかしながら、「鉄熕」が使用されているのは、「巻之三」までである。“vuurmonden”“geschut”の訳語として「鉄熕」が採用されたのは、「巻之三」まであり、それ以降の使用はなされていない。この事情は、「巻之二」以降の巻名が、「鉄熕全書」でなく「鉄砲全書」が採用されていることと関連をもつものと言える。さらに、『鉄砲全書』において、訳文中から「鉄熕」が消失した原因かと推定される。

“kanons”　“kanons”は、様々な意味で使用されていて、留意する必要がある。「巻之一」においては、“ijzeren kanons”の訳としては「鋳銕製加炳砲」「鉄熕」「鉄製加炳」が、“kanon metal(bronze)”は「加炳青銅」が、“metalen kanon”は「青銅熕」が、“kanon”は「加炳」が用いられている。“kanon”の訳語として「加炳」が用いられているのは、「巻之五」までである。「巻之七」以降では、“ijzeren kanons”の訳は、「銕砲」である。「巻之八」以降の“kanons”の訳は、「砲身」「カノン」「大砲」が使用されている。“metalen kanons”は「青銅砲」である。「砲身」の訳文のみでは、それが“kanons”に由来するのか、“vuurmonden”に由来するのか、判別しがたい。『鉄砲全書』において“metalen kanons”の訳語は「青銅熕」から「青銅砲」に、“ijzeren kanons”は「鉄熕」から「鉄砲」に修正されている。また、「巻之一」の項目名には「加炳」が用いられているが、総目録では「カノン」である。従って、総目録の作成は、『鉄熕全書』の「巻之八」作成以降である。

おわりに

以下に、これまでの考察の結果をまとめておく。

オランダの Ulrich Huguenin（ヒューゲニン）による“Het Gietwezen in's Rijks Ijzer-Geschutgieterij te Luik”の和訳は、江戸において、佐賀藩の伊東玄朴や杉谷雍介等によって開始された。日本語の書名は、“ijzeren vuurmonden”の訳語が用いられた。翻訳の初期には、“vuurmonden”の訳語は、「熕砲」であった。従って、“ijzeren vuurmonden”の訳語として、「鉄製の熕砲」を短縮した「鉄熕」を用い、『鉄熕全書』としたものと推定される。「巻之五」の作成以後は、“vuurmonden”の訳語として、「砲身」や「砲」が用いられている。『鉄砲全書』の書名は、これに起因するものと考えられる。

『鉄砲全書』は、佐賀藩の反射炉構築と鉄製大砲鋳造に利用された、完成した訳本である。最初に作成された『鉄熕全書』は、その作成過程において推敲がなされて訳語が変化する、未完成の訳本であったと推察できる。それ故、推敲の結果を反映した『鉄砲全書』が必要になったと推察できる。このことからも、反射炉構築と鉄製大砲鋳造を真剣に検討していたことが伺える。

訳語には推敲が重ねられ、それによる変化が、“hooge ovens”, “geschut”, “kanons”, “pond”の訳語に見出される。訳語の変化は、『鉄熕全書』に遅れて作成された『鉄砲全書』に反映している。また翻訳において、杉谷雍介の役割が大きかったことが、訳文中に挿入されている注釈文や独自の図から、推察できる。

杉谷雍介の諱と"pond"の訳語の変化に注目すると、『鉄砲全書』の作成は、『鉄熕全書』の「巻之四」から「巻之五」の作成中に開始されたものと推定できる。

『鉄砲全書』は、嘉永三年（一八五〇）の佐賀藩築地における反射炉の建設に利用されたが、その過程で「鉄砲全書二」から「鉄砲全書四」が紛失したものと推定する。

『鉄熕全書』は、嘉永三年から嘉永四年の間に尾張藩に貸し出され、上田仲敏等により写筆され、『熕鉄全書』の原本となった。また、佐賀藩の支藩である蓮池藩の『熕鉄新書』の原本となった。

註

（1）芹澤正雄『洋式製鉄の萌芽（蘭書と反射炉）』（アグネ技術センター、一九九一年）一二頁。

（2）同書、一〇頁。

（3）大分県立図書館。水戸彰考館にも所蔵されていることが紹介されている。芹澤正雄、前掲載書。『復刻日本化学古典全書』Ⅳ（朝日新聞社、一九七八）にも「鋏砲全書　巻九・十・十一」が収録されている。

幕末佐賀藩における反射炉操業の変化と画期

前田　達男

はじめに

一般に誤解されていることも多いが、反射炉とは、砂鉄や鉄鉱石から鉄（金属鉄）を取り出すための装置（製鉄炉）ではない。反射炉によって鉄そのものが〈生産〉されることは有り得ない。

反射炉とは、銅・鉄などの金属溶解炉である。幕末期に限らず、現在でもアルミニウムなどの再溶解に用いられている工業装置の一種である。日本で最初の本格的な造兵廠であった大阪砲兵工廠でも、明治一五年（一八八二）一月、フランス式の銅製四斤山砲鋳造のために、新たな反射炉・諸器械を備えた製砲工場が竣工している。(1)

幕末期日本で導入された反射炉とは、もっぱら一度に大量の鉄を溶解して大型鉄製品の鋳造を行うために用いられた。ここでいう大型鉄製品とは、洋式鉄製砲（以下、鉄製砲とする）の砲身のことである。幕末期日本において外来技術である反射炉が導入された理由は、「それまでの在来技術によるこしき炉では、数トンに及ぶ大砲用鉄の溶解はとても不可能」(2)であったからである。

反射炉築造の技術テキストであるU・ヒュゲェニン著“Het Gietwezen in's Rijks Ijzer-Geschutgieterij te Luik”（『ロイ

ク王立鉄製砲鋳造所における鋳造法』一八二六年刊、以下、ゲシュキットギーテレイとする）の佐賀藩翻訳書の一つである「熕鉄新書」[3]には、①高炉によって鉄鉱石から銑鉄（金属鉄）を取り出し、②その銑鉄を反射炉で溶解・鋳造し、③鋳造された砲身を蒸気駆動の錐台（穿孔台）によって砲腔を穿孔（切削）する、という一連の工程が記述されている。佐賀藩では反射炉の導入に際して、①による鉄生産工程を省き、②の反射炉による鋳造材料には国内で流通していた銑鉄を用い、③の砲身穿孔の駆動力には水車を用いた。

幕末期日本における各地の反射炉事業では、佐賀藩と同様にゲシュキットギーテレイに記された②と③の部分が実施されている。①の高炉に関しては、鹿児島藩による集成館や、函館奉行所による古武井、庄内藩の大橋・橋野で築造が行われた。③の蒸気駆動による砲身穿孔に関しては、ゲシュキットギーテレイによるような鉄製砲では実現していない。

この幕末期日本において鉄製砲の鋳造を目的とし、ゲシュキットギーテレイによって導入された各地の反射炉事業の中で、唯一佐賀藩反射炉のみが量産化を達成したことは明確とされているが、それと同時に「佐賀藩反射炉成功に関する記述は極めて文学的なものであって、技術面からの研究はあまりなされていなかった」とも指摘されている[4]。幕末佐賀藩の近代化事業について、そのような研究状況が現在においてもさほどの変化のないことは、この論集の構成を見てもよくわかる。

近年、「明治日本の産業革命遺産　製鉄・製鋼、造船、石炭産業」の世界文化遺産登録推進に関して、幕末佐賀藩の近代化事業に関しても遺跡・文献の両面から新たな調査が行われている[5]。本稿では、そうした新たな調査成果に基づき、二基の佐賀藩反射炉（築地《ついじ》及び多布施《たふせ》）について、産業考古学的な側面から変化と画期について記述する。なお、本稿で記す月日は、明治五年（一八七二）一二月二日以前は、全て和暦（旧暦）による。また、単位系は一斤＝〇・六kg、一貫＝三・七五kg、一尺＝三〇・三cmとし、時刻については不定時法を二四時法で換算した。

一　佐賀藩反射炉の位置と概略

最初に築造された築地反射炉と、二番目に築造された多布施反射炉は、どちらも佐賀城の西北にあたり、佐賀城下（現佐賀県佐賀市）のはずれ近くに位置している（図1）。この立地の理由は、後述する水車駆動用の水源を得るためと、佐賀城下の中心部では近世初期に町割りが固定されていて適当な佐賀藩用地が無かったためと思われる。

1　築地反射炉の概略

(1) 築地反射炉の設置

高まる対外危機意識の中、福岡藩とともに長崎警備を担当していた佐賀藩にとって、その警備体制強化は最大の課題となり、その帰結として嘉永三年（一八五〇）三月に、佐賀藩独力で自藩（深堀）領である伊王島・神島に、新しい洋

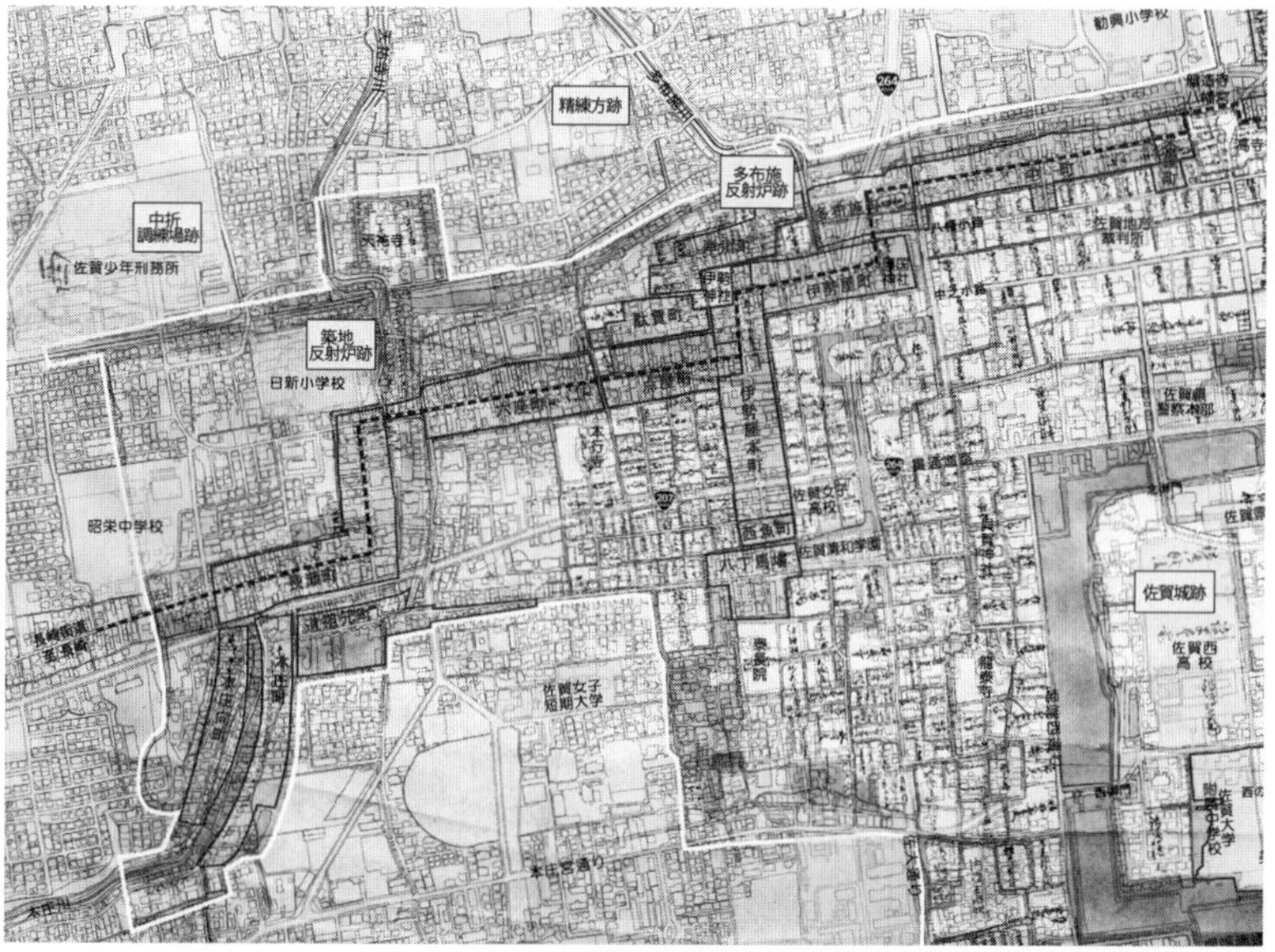

図1　佐賀藩反射炉の位置（公益財団法人鍋島報效会提供）

式海防砲台群を増築することを決定した。[6] これを両島台場（佐賀台場）と呼ぶ。

両島台場に備え付ける対艦砲（大口径砲）を鉄で鋳造するために導入されたプラントが反射炉であった。当時、ヨーロッパでは鋳鉄と青銅はともに砲身材料としてその特性に応じて利用されており、[7] 佐賀藩は洋式銅製砲（以下、銅製砲とする）の鋳造を進めると同時に、反射炉をはじめ鉄製砲鋳造に必要な設備や道具を図解付きで説明したゲシュキットギーテレイをもとに、鉄製砲製造プラントの導入を決定した。

(2) 築地反射炉の位置

築地反射炉は、嘉永三年六月、天祐寺川沿いの「築地土居筋東川端より西江百間之処」[8] に設置された大銃製造方の施設として整備が始まった。築地は佐賀城からは直線距離で一km余り、長崎街道からも近い場所であり、在来の鋳物師・鍛冶師が多く住む佐賀城下長瀬町からほど近い場所でもあった。築地大銃製造方の「鉄製鋳立場」図からは、築地反射炉の敷地が北側で「十間堀」[9] と接していることが明らかであり[10]（図2）、現在の日新小学校敷地北端に位置するものと想定され、重要遺跡確認調査（発掘調査）も継続されているが、反射炉本体の位置は未だ特定されていない。

この築地という土地について、反射炉以前のことはあまり多くはわかっていない。天保九年（一八三八）以降、「敵繰東射場偖又築地西射場」として、

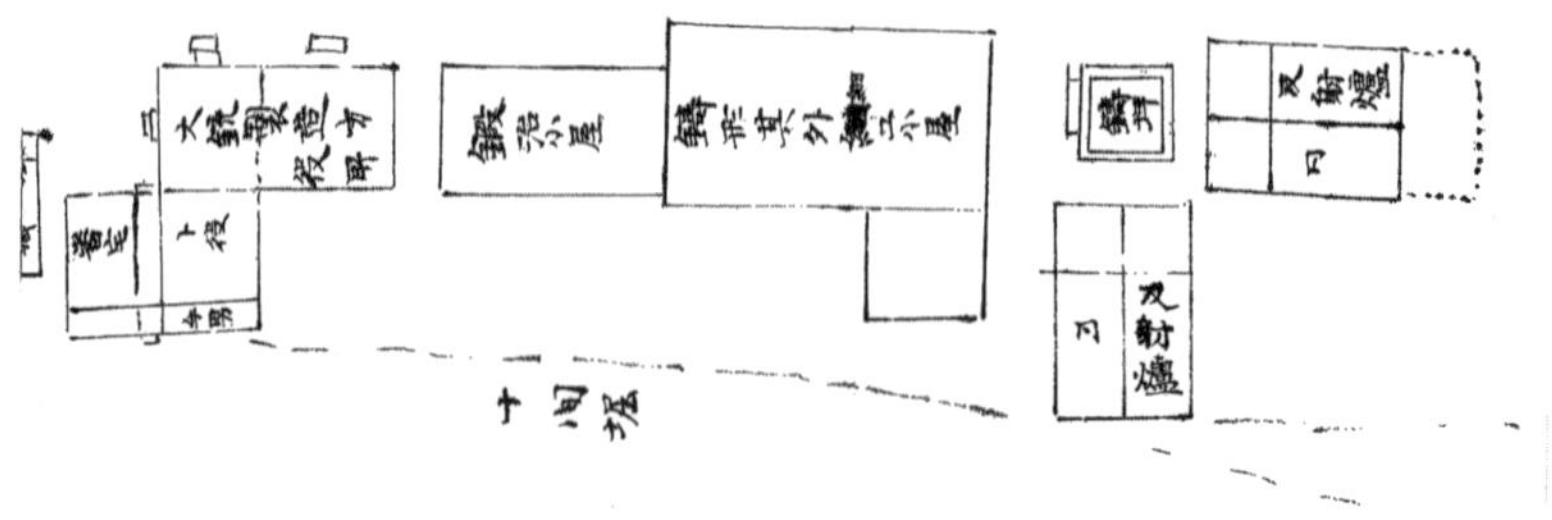

図2　築地大銃製造方「鉄製鋳立場」
（「両島新御台場御備大砲其外於築地ニ鋳立記」より引用）

もともと石火矢などと関係があった場所であったことは確認されている[11]。

(3) 築地反射炉の設備

この築地大銃製造方の「鉄製鋳立場」には、反射炉だけではなく、反射炉も含めた鉄製砲製造のための一連の施設が整備され、銅製砲の鋳造所（「銅製鋳立場」）等も置かれていた。特に、鉄製砲の製造は、鋳造の段階で砲孔を開けないので、築地の製砲所には砲身鋳造の後、穿孔する錐台などの設備が設けられた。この錐台は築地には三座一組あり、水車駆動によって稼働していた。川沿いに製砲所が設けられたのは、駆動力として水車を回す必要があったためである。嘉永七年（安政元年：一八五四）一月二二・二三日の筒井政憲・川路聖謨ら幕府役人の一行による築地大銃製造方での視察では、反射炉をはじめとして、鋳型や鋳坪と溶鉄を鋳型に導く樋や鋳坪の上に設置されていた大滑車（ガラーン）、錐台、木製のガルレイ（錐台上部のハシゴ状構造物）と二重滑車や吊り金具、銅製砲や鉄製弾丸の鋳造所といった一連の施設が確認されている[12]。

(4) 築地反射炉の整備過程

築地反射炉の技術主任であった杉谷雍介の手記[13]には、反射炉の「其一」は嘉永三年七月から一一月、「其二」は嘉永四年六月から一〇月、「其三、四」は同四年一一月から嘉永五年四月にかけて工事が行われ、最終的に連装二基四炉の反射炉として溶解プラントが完成した。鋳造した砲身に砲腔を穿孔する水車駆動の錐台なども、右記の反射炉工事と併行しながら整備されていった。築地反射炉の初操業は「其一」が完成した段階の嘉永三年一二月に行われ、以後、第一五次操業の四炉溶解にいたるまで、一炉・二炉溶解による部分操業が繰り返された。これらの過程から築地の製砲所では、後述する多布施反射炉とは異なり、試験プラントとして反射炉の部分操業を繰り返しながら、実用的な製砲プラントを目指して、徐々に整備されていったことが理解できる[14]。

(5) 築地反射炉の終焉

安政四年（一八五七）一月九日の徳島藩に供給する二四ポンド鉄製砲[15]を最後に、築地反射炉での確実な鋳砲記録は見当たらない。同年には、

一七月廿二日、於御武具方ドントル筒製作被相止、別段役局被相立、西洋法則を以相整候様被仰出、

但、役局は大銃方内相立、役名は手銃製造方と相唱候様被相達[16]、

とあり、七月までには操業を停止していたものと思われる。また、安政六年一〇月四日の見聞記録には、うどん屋の「亭主云、只今ノハンシヤロハ、公儀之御注文、場所、今一ケ所此辺ニアリケレ共、御タ、ミニナルト云[17]」とあることから、この段階ではすでに「手銃製造方」に移行し、プラントとしての築地反射炉は撤去されていた可能性が高い。慶応二年（一八六六）六月には「築地元大銃方跡」に弾薬庫建設が検討されている[18]。

2　多布施反射炉の概略

(1) 多布施反射炉の設置

嘉永六年のペリー来航後、佐賀藩は幕府からの品川台場配備砲五〇門の供給を受注し、供給鉄製砲を量産するため多布施（現佐賀市伊勢町）に新たな多布施反射炉を増設し、同年九月には着工した[19]。竣工前の嘉永七年一月一二日には、「往来に公儀石火矢鋳立所と申候、大造なる杭打」があった[20]。

(2) 多布施反射炉の位置

佐賀藩にとって二番目に築造された多布施反射炉は、築地よりさらに佐賀城に近くなり、多布施川沿いの多布施（現佐賀市伊勢町）に置かれた製砲所の中に築かれた。この製砲所もまた、長崎街道から近く、水車駆動のために河川

沿いである等、築地反射炉と地理的に共通点が見られる。

後述する大正一四年（一九二五）の発掘と、近年の重要遺跡確認調査（発掘調査）により、少なくとも反射炉西側本体と鋳坪の位置は確定されている。

この多布施という土地については、反射炉以前のことはあまりわかっていない。「御囲堀満浅之場所」[21]であり、「岸川町北裏川端土井開、且又十間堀埋」[22]とあることから、何らかの藩関係の土地であったと思われる。

(3) 多布施反射炉の設備

築地のように完成期の具体的な視察記録が残されていないため、施設的にどのようなものであったかは不明な点も多いが、錐台は三座二組と増え[23]（図3）、築地反射炉の炉数は変わらず連装二基四炉、ただし炉の配置が北・西の逆L字形から、東・西のH字形へと変化しており、築地反射炉の改良型であったことがわかっている。[24]

L形からH形への配置を変更した利点は「後続の多布施炉の対向配置は湯注入樋を短くするための配慮によって行われたのであろう」[25]と説明されている。錐台が増設された利点は明白であり、一度に穿孔できる砲身の数を倍にして、鋳鉄砲の製砲の中で最も長大な

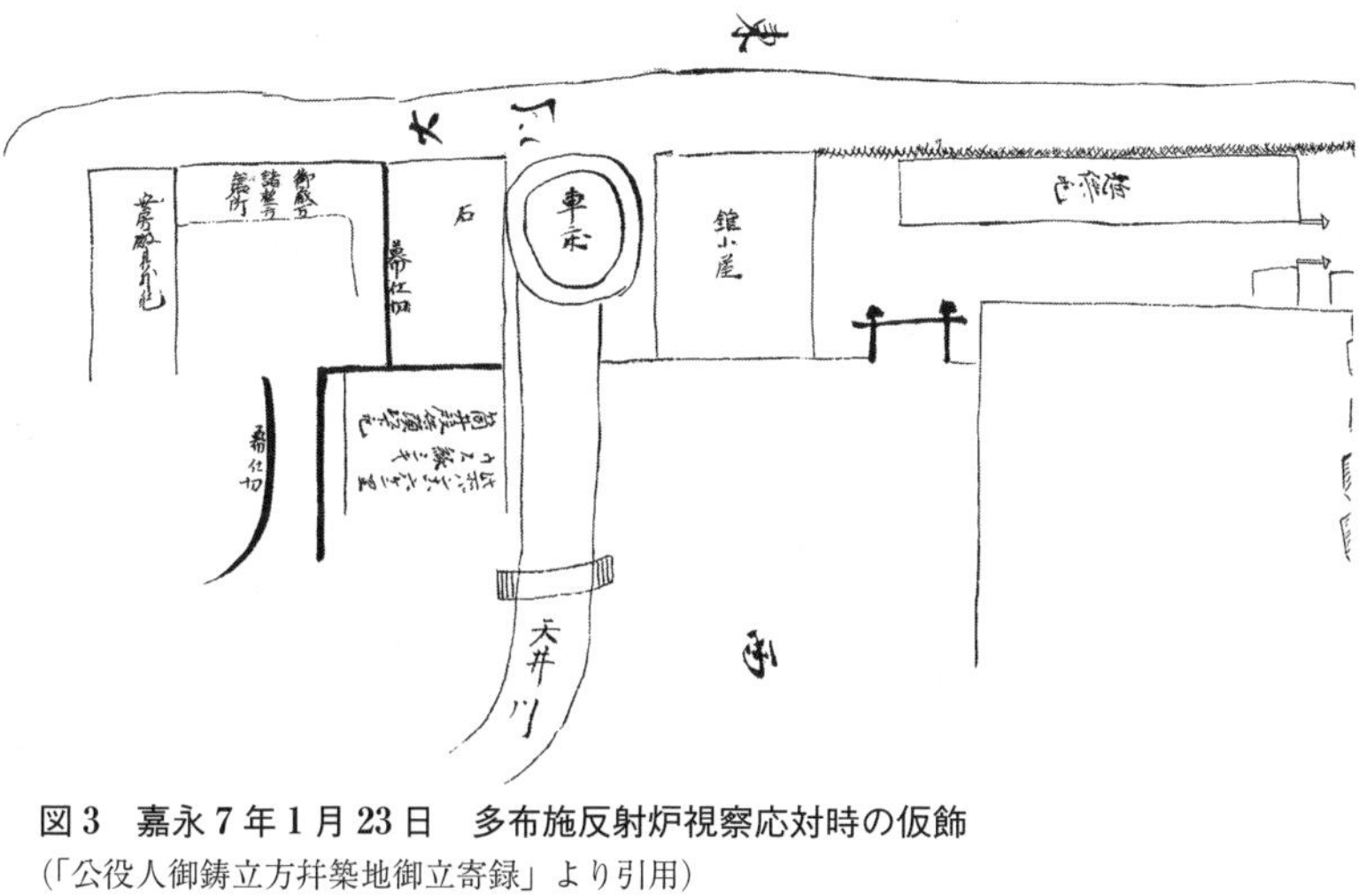

図3　嘉永7年1月23日　多布施反射炉視察応対時の仮飾

（「公役人御鋳立方并築地御立寄録」より引用）

時間を要する穿孔工程を短縮するためである。また、築地反射炉において後付けで設置された水車と錐台とは異なり、多布施反射炉では最初から水車が設置されていて[26]、この穿孔工程に十分に配慮された設計であったことが窺える。

(4) 多布施反射炉の整備過程

前述した築地反射炉とは異なり、多布施反射炉では全ての施設が最初から整備された状態で、嘉永七年三月にはほぼ完成した。同二七日には「今日ハ多布施ニテ初テ大銃御鋳立ニ付罷出見候、御酒頂戴申候、夫ヨリ築地ノ方大銃打様ニ参リ見候、銅鉄倶ニ七貫二百目ニテ候也[27]」と初操業が行われている。その後、安政四年に築地反射炉の操業が停止されるまで、築地と多布施の二か所の反射炉は同時に稼働していたことがわかっている[28]。

(5) 多布施反射炉の終焉

幕府から依頼のあった品川台場の大砲「公儀御用御石火矢」の鋳立てがすべて終わった後、文久元年（万延二年：一八六一）三月には樋を壊し、石火矢鋳立のために蒸気仕掛を導入したこと等が確認されており[29]、時期ごとに施設もまた、変化しているものと思われる。多布施反射炉は、明治四年（一八七一）の廃藩置県前後に解体されたといわれているが、詳しいことはわかっていない。明治五年七月に陸軍省へ差し出された元（第一次）佐賀県関係施設の絵図目録には、多布施反射炉らしき施設は入っていない[30]。

二　佐賀藩反射炉の呼称と構造

1　佐賀藩反射炉の呼称

幕末期日本において、反射炉は、反射釜・反射竈・返照炉・反照炉など、様々に呼称されていた。「西洋弾丸鋳造篇㉛」の「反射竈」を例外とすると、幕末佐賀藩においては、一貫して〈反射炉〉と呼称されていた。

また、今日では、幕末期日本の反射炉という場合、溶解炉本体を指すだけでなく、錐台などの関連施設を含んだ製砲所のイメージで使われる例が多い印象を受ける。しかし、佐賀藩の反射炉関係の記載では、「反射炉扨又錐台」と並列されている例がほとんどで、同時代人の意識としても、鋳造工程の反射炉と、穿孔工程の錐台とは、異なる別のプラントであったという認識は明確である。

2　佐賀藩反射炉の構造

(1) 煙突

反射炉の外見上での最大の特徴は、地上一六mほどの高い煙突にある㉜（図4）。一炉につき一本の煙突で、佐賀藩反射炉の場合、築地・多布施のどちらも完成時には連装二基四炉であったので、四本煙突である。多布施反射炉の見聞記事では、最上部には銅の蓋があり、煙突の外壁は漆喰（石灰）塗りで鉄のタガが嵌っていた㉝。外面は漆喰で塗られていても、反射炉そのものは大規模なレンガ構造物であり、江戸時代には類例のない地上構築物であった。

(2) 溶解室

溶解炉としての反射炉の構造上の特徴としては、前

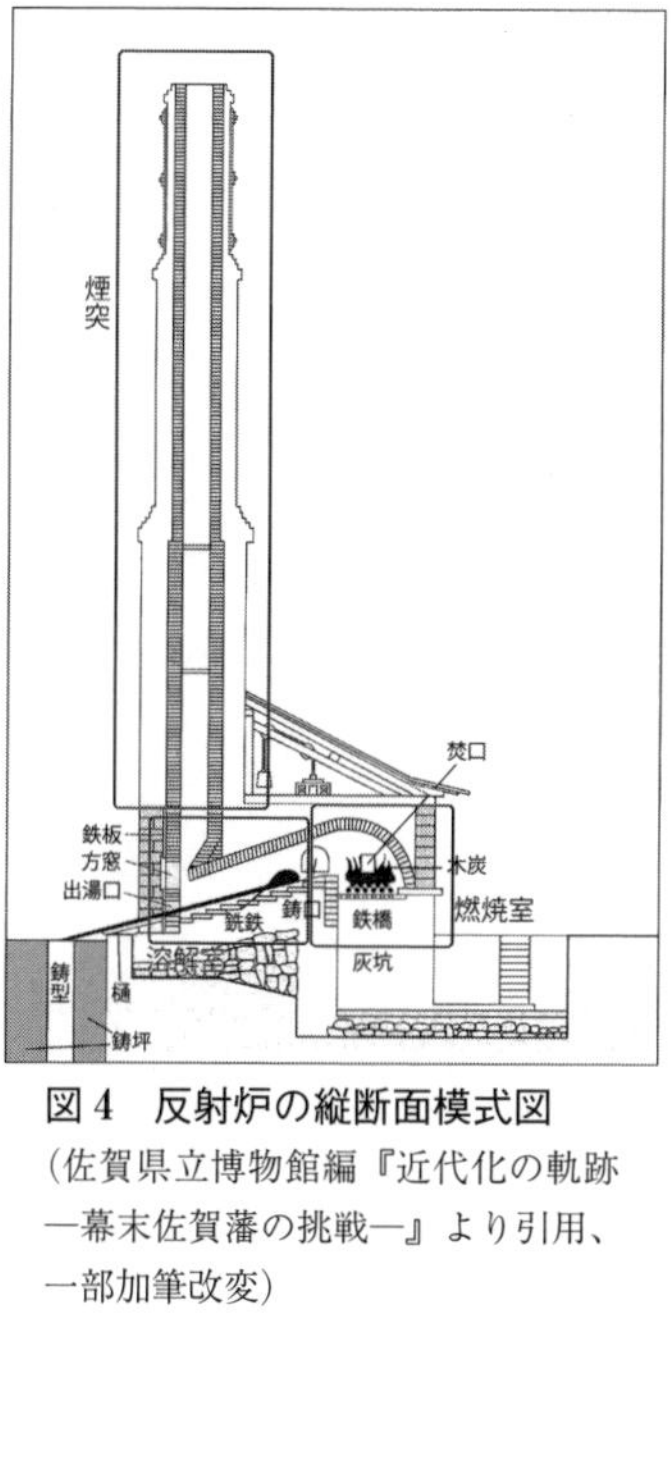

図4　反射炉の縦断面模式図
（佐賀県立博物館編『近代化の軌跡―幕末佐賀藩の挑戦―』より引用、一部加筆改変）

方の溶解室と後方の燃焼室が、横（水平）方向に並んで分離していることにある。この構造ゆえに、燃料材と溶解させる金属材料が、接触して混じることがない。したがって、金属材料は、燃料材からの好ましくない影響を受けにくい。

また、反射炉の構造から機能上の特性の一つに、溶解室の挿入口が大きく、炉床も広いため、鉄製砲の廃頭（鋳型の最も上部で余分に鋳込んだ部分）や、試射で破裂した砲身（破裂地金）など、大型の鉄材料をそのまま炉床に積み上げて溶解できる点があげられる。

(3) 燃焼室

後方の燃焼室は、鉄材による格子状の「鉄橋」（ロストル・火格子）によって構成されていて、燃料材はロストル上部で燃やされ、ロストル下部からは半地下構造の灰坑を通って、空気が燃焼室に流入する構造になっている。

ロストルから流入した空気は、前方の溶解室に流れ込み、さらに煙突根元の〈絞り〉を通った後に高い煙突の中を上昇することで、その流速（空気が流れる速度）が向上する。流速が向上していくと、煙突側に負圧（空気密度が薄くなること）が生じ、さらに空気は煙突側に引っ張られる。この効果により、反射炉では、フイゴなどによる強制送風を行うことなく、自然通風によって燃焼が促進される。

(4) 出湯口と鋳坪

燃焼室で発生した熱は、ドーム状の天井で溶解室に向かって反射して集中し、溶解室の炉床で金属を溶解させる。

燃焼室の炉床は、鉄湯（高温で溶解して液状化した鉄）を炉外に取り出す出湯口に向かって傾斜している。出湯口の先（炉外側）には、鉄製砲の鋳型を固定する鋳坪があり、出湯口と鋳型上部の間には、鉄湯を鋳型に導き流す樋が据えられている。

(5) 在来こしき炉の構造

一方、在来の溶解炉であるこしき炉は、縦（垂直）方向の筒型（シャフト）炉である点、炉体が分割可能な土製品で構成されている点、炉外のフイゴにより強制送風が行われる点、炉の最上部から燃料材と金属材料を交互に挿入されるため金属材料と燃料材は接触して入り混じる点が、大きく異なっている(34)（図5）。

特に、こしき炉の炉体が土製品で構成されている点は、レンガ構造物であった反射炉と比べると、炉体強度が低いことを意味している。つまり、一度に多量の金属材料を溶解しようとすると、その重量で炉体が破れてしまう恐れが高まる。そのため、こしき炉一炉あたりの溶解量は、最大でも一トン程度の溶解量に留まるのではないかといわれている(35)。対艦砲としては最小の二四ポンド鉄製砲でも、一度に四トン程度の鉄材料の溶解が必要であり(36)、在来のこしき炉は大型鉄製砲の鋳造には向かない構造であった。

銅製砲では可能であったこしき炉による多連装鋳造が、鉄製砲では達成できなかった理由は、銅に比べて融解点が高い鉄の溶解状況を各こしき炉で均一に保ちながら合わせることが、銅製砲より難しかったためと説明されることが多い。

溶解に必要な燃料（木炭）は、反射炉では重量比で地金（鉄材量）一に対して燃料二・二〜三・五に及び(37)、こしき炉では一：一程度であるらしい。反射炉は燃費としては良くないためか、反射炉や錐台、鋳型製作用金型などに関わる部品類のような小規模の鋳造の場合には、

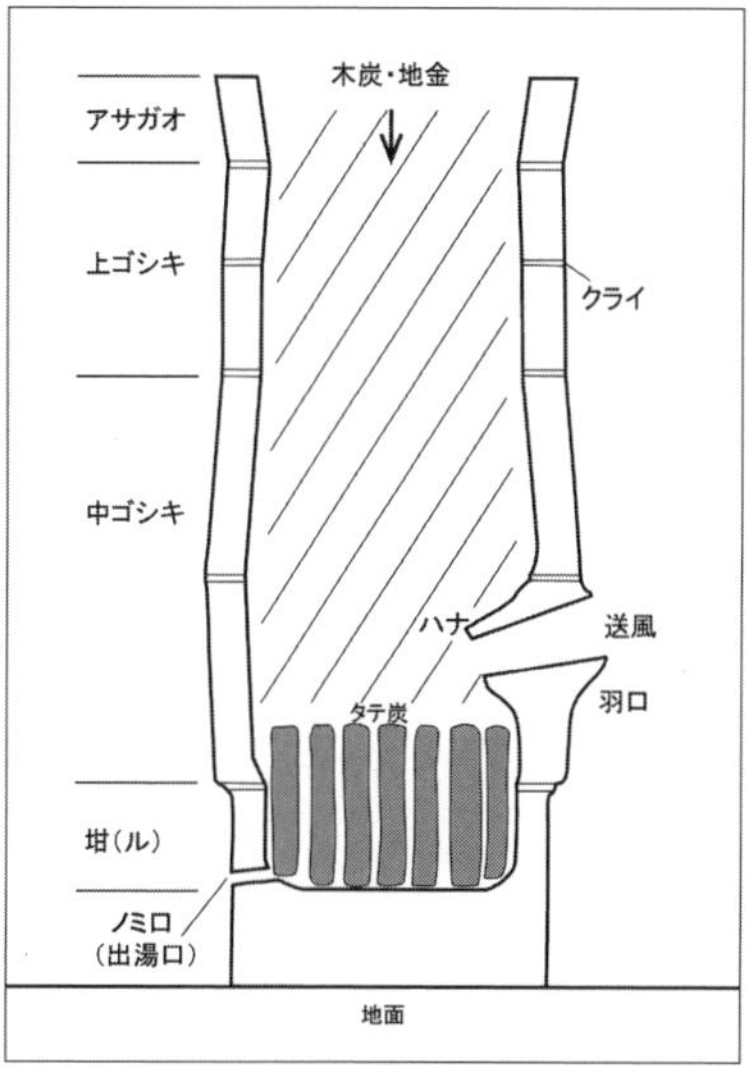

甑炉模式図
（芦屋釜復興工房で2013年2月に実施された土製甑炉操業による鋳鉄溶解実験の際に作成した実測図を許可を得て模式図として精図して掲載）

図５　こしきの縦断面模式図
（『幕末佐賀藩三重津海軍所跡 II』より引用）

こしき炉が用いられたようである。

三　佐賀藩反射炉の発掘調査

幕末佐賀藩の築地反射炉跡・多布施反射炉跡については、「九州・山口の近代化産業遺産群」（当時）の構成資産としての「真正性」と「完全性」を証明するための重要遺跡確認調査（発掘調査）が行われている。また、多布施反射炉に関しては、周辺部で埋蔵文化財保護のための緊急調査（発掘調査）が行われている[38]（表1）。

1　築地反射炉跡の発掘調査

築地反射炉跡に関しては、後述する大正一四年（一九二五）の多布施反射炉跡の発掘に際して、築地反射炉跡も地点特定が試みられたようであるが、既に正確な位置は不明であったようで、発掘は実施されなかった。その後、佐賀市教育委員会によって平成二一～二五年（二〇〇九～一三）にかけて五次にわたる重要遺跡確認調査が行われた。築地反射炉跡は、現佐賀市立日新小学校敷地北端あたりと予想はされているが、発掘調査による反射炉本体や関連施設の特定までには至っていない。

これまでの発掘調査の結果、地中に残る施設の痕跡（遺構）としては、溝跡、造成土（整地層）、鋳造関連廃棄物土坑、性格不明の敷石遺構などが確認検出された。遺物としては、多様な耐火レンガ片、銅滓、こしき炉由来の鉄滓（スラ

表1　佐賀藩反射炉跡の発掘調査一覧

調査年	調査地		調査内容
1925	多布施反射炉跡	本体	西側炉基礎を一部確認
1998	多布施反射炉跡	周辺	廃棄土坑（？）を一部確認
1999	多布施反射炉跡	周辺	こしき炉基礎らしきものを確認
2009	築地反射炉跡	周辺	溝跡を一部確認
2010	多布施反射炉跡	本体	西側炉基礎と鋳坪を一部確認
2010	築地反射炉跡	周辺	廃棄土坑を確認
2011	築地反射炉跡	周辺	造成土を一部確認
2012	築地反射炉跡	周辺	敷石遺構を一部確認
2013	築地反射炉跡	周辺	造成土を一部確認

『幕末佐賀藩反射炉関係文献調査報告書Ⅱ』より引用

グ）、土製のこしき炉の破片などが出土している。

反射炉本体や関連施設の特定はできていないが、右記の調査成果のうち、鋳造関連廃棄物土坑（図6）、こしき炉由来の鉄滓（スラグ）、こしき炉の破片などが確認されたことは重要で、築地大銃製造方の敷地あるいはその縁辺で、こしき炉による鉄の溶解が行われていたことを示している。

2　多布施反射炉跡の発掘調査

多布施反射炉跡については、佐賀市教育委員会によって平成二二年に重要遺跡確認調査が行われた。現在は市街地の中で企業の事務所敷地となっているが、大正一四年に当時の史跡指定を受けることを目的に発掘が行われ、基礎の一部が確認されたという記録がある[39]。

図6　築地反射炉跡の鋳造関連廃棄物土坑

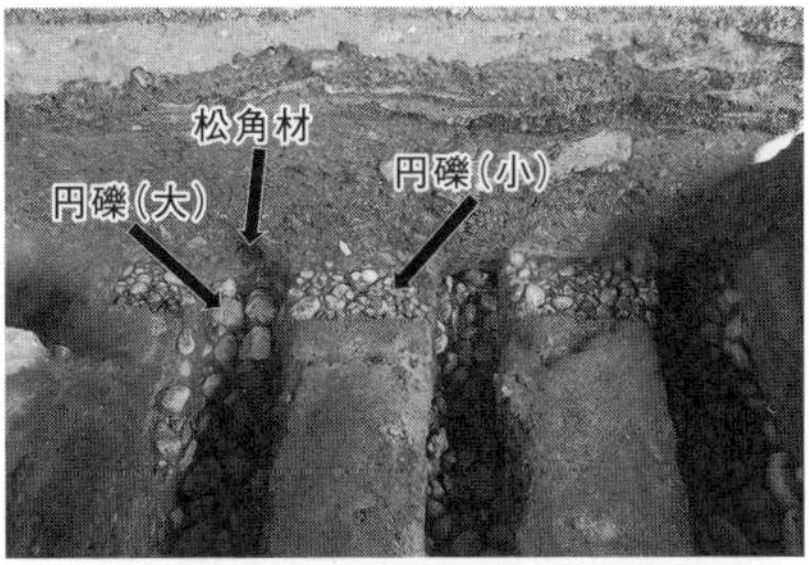

図7　多布施反射炉跡の西側本体基礎

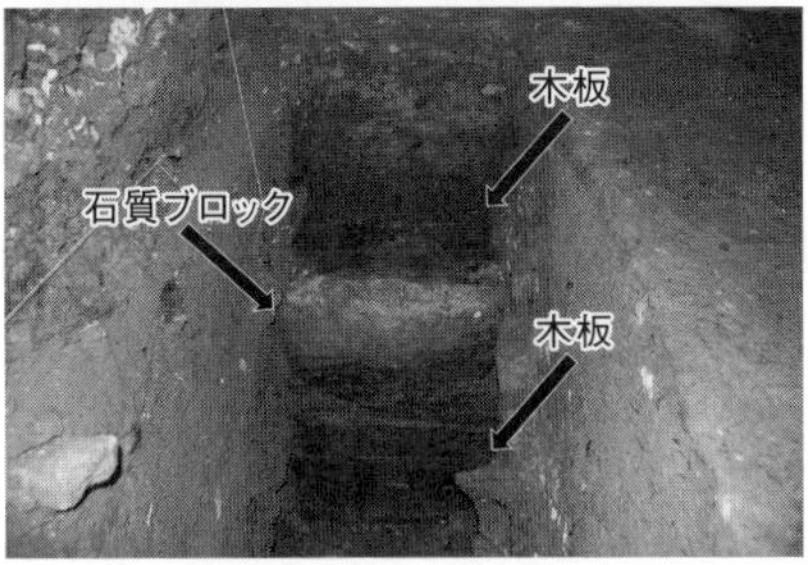

図8　多布施反射炉跡の鋳坪内張り

平成二二年の重要遺跡確認調査では、鋳坪を中心に西側の反射炉本体基礎が検出され、粘土・砂・円礫（大・小）と松の角材を使った基礎構造が確認された（図7）。また、鋳型を据えるための、一辺が二・七m

ほどの方形の鋳坪内張りの一部を確認し、木板・天川（アマカワ）の石質ブロック・木板と重ねて内張りを行っていることが明らかになった（図8）。遺物としては、多様な耐火レンガ片、漆喰片らしきものなどが出土している。特に、円礫（大・小）と松の角材を使った多布施反射炉本体の基礎構造について、佐賀藩から技術供与を受けた伊豆韮山の安政六年（一八五九）五月一〇日付けの記録には、

一反射炉築立地形栗石之上平均角材を用、仕立候事、
是者佐賀并韮山ニ而者同断、水戸ニ而者切石を用候(40)、

とあり、韮山反射炉と多布施反射炉あるいは築地反射炉との反射炉本体基礎の施工の共通性を窺わせている。また、大正一四年の発掘坑の跡が確認され、重要遺跡確認調査の調査地点が大正期のそれと同一地点であることも確定できた。

このほか、平成一〇・一一年には、緊急調査で多布施反射炉周辺の廃棄土坑や、こしき炉の基礎らしきものが確認されている。

四　佐賀藩反射炉の操業

1　佐賀藩反射炉の操業手順

(1)一五〇ポンド鉄製砲の工程記録

佐賀藩が幕府に献納した一五〇ポンド鉄製砲「一番」については、多布施反射炉での連続工程記録が残されている(41)。そこには記録されていないが、操業手順の始まりは、鋳型製作からと考えられる。

記録された操業手順は大きくは、①鋳坪への鋳型のセット（鋳型突込）、②地金（鉄材）装塡と反射炉による溶解・鋳造、③鋳坪からの砲身吊上げと錐台へのセット、④廃頭切離し、⑤砲身の穿孔（初鑽）、⑥穿孔した砲孔の拡大と仕上げ（浚錐）、⑦砲身外面研磨、⑧砲尾切断、⑨火門穿孔、⑩中折にある試放場への移送と製品検査のための試放、といった工程で行われている。

安政六年（一八五九）六月三〇日の鋳坪への鋳型設置に始まり、同年一一月一九日の試射で終了したこの工程のうち、反射炉による鋳造は七月二九日の一日で終了し、八月一九日から一〇月二〇日まで砲身は錐台の上に据えられて作業が行われた。鉄製砲の生産工程において、錐台上での作業が最も長大な時間を要し、ゆえに重要なものであったことが理解できる。

(2) 錐台上での工程

前述したように、ゲシュキットギーテレイでは蒸気機関で駆動される錐台を、佐賀藩では水車で駆動していた。一軸で発生する駆動力は歯車によって三軸に振り分けられ（三座一組）、それぞれ三軸は、①廃頭切断・外面研磨、②主穿孔（初鑽）、③砲腔拡張・仕上げ（浚錐）の機能を分担する。反射炉の錐台の場合、刃や錐は回転せず、それぞれの軸にセットされた砲身が軸とともに回転する。刃・錐は切断や穿孔の状況に合わせて、回転せずに前進する。

工程に沿った三座の間の砲身の移動には、ガルレイという錐台の上に設置してあるハシゴ状の構造物で砲身を吊り上げて行う。佐賀藩の場合、ガルレイは木組みの構造物で、鉄製の車軸や木製レールのようなものを用いた、一種の天井クレーンのようなものであった(42)。

2　佐賀藩反射炉の操業区分

幕末佐賀藩反射炉事業は、その二か所の反射炉の操業段階から、次の四期(43)（表2）に区分できる。

(1) 初期操業期

最初の築地反射炉での部分操業が開始された嘉永三年（一八五〇）一二月から、嘉永五年六月までの一年半ほどの期間にあたる。両島台場に配備する鉄製砲の生産準備期間であり、本期末の三六ポンド鉄製砲を除けば、実戦配備されたものは無いと考えられる。

反射炉「其一」から「其二」「其三、四」と順次整備が行われ、最終的に連装二基四炉の反射炉として溶解プラントが完成した。鋳造した砲身に砲腔を穿孔する水車駆動の錐台なども、右記の反射炉工事と併行しながら整備されていった。築地反射炉の初操業は「其一」が完成した段階の嘉永三年一二月に行われ、以後、第一五次操業で四炉同時溶解が可能になるまで、一炉・二炉溶解による部分操業が繰り返された(44)。こうした過程からは、築地反射炉は、試験プラントとして反射炉の部分操業を繰り返しながら、実用的な製砲プラントを目指して、徐々に整備されていったことが読み取れる。

初期操業期末には両島台場の実戦配備規格である三六ポンド鉄製砲の鋳造に成功し、築地反射炉は、ようやく試験的な初期操業段階を脱して、実用操業段階に入ったものととらえられる。しかし、この時点での築地反射炉における実用操業は未だ完全なものではなく、嘉永五年六月には両島台場の主戦装備とみなせる「百五十ポンド・八十ポンド両様共銅製ニして鋳造之儀被仰出候付、即今より其手配相成候事(45)」という状態であった(46)（表3）。

表2　佐賀藩反射炉事業の操業区分

年	1850	1851	1850	1852	1853	1854	1855	1856	1857	1858	1859	1860
築地												
多布施												
区分		初期操業期		築地単独期			並行操業期			多布施単独期		

前田達男「幕末佐賀藩における鋳鉄砲の試射記録」『銃砲史研究』374より引用

(2) 築地単独期

嘉永五年六月から、嘉永七年（安政元年）三月の多布施反射炉の初操業までの二年近い期間にあたる。両島台場へ配備する鉄製砲の生産期間である。

築地反射炉は実用操業段階に入ったものの、未だ完全なものではなく、両島台場への配備期間中、築地大銃製造方における鋳砲数の大部分（八三・六三％）は銅製砲であった(47)。結局のところ、両島台場への配備が予定されていた鉄製砲のかなりの部分は間に合わせることができずに、銅製砲によって達成されてしまった(48)。

本期後半の嘉永六年九月には、二番目の多布施反射炉が着工された。また、同年一二月二一日には、築地反射炉で「御鋳立方試験用」二四ポンド鉄製砲の鋳造が行われ(49)、同二七日には築地反射炉でも幕府規格二四ポンド鉄製砲の部分生産が開始されている(50)。

(3) 並行操業期

嘉永七年三月二七日の多布施反射炉の初操業から、安政四年七月までに築地反射炉の操業停止が確認されるまでの三年近い期間にあたる。本期中には両島台場への鉄製砲配備は終了したものと考えられ(51)、生産の主体は幕府に供給する鉄製砲に移行し、徳島藩(52)と対馬藩(53)へも鉄製砲が供給されている(54)。

本期中には、築地反射炉と多布施反射炉の操業が並行して行われていた。この頃には、佐賀藩の鋳鉄砲の量産は完全に軌道に乗ったといえる。本期前半には、最短で中一日、最長で中一七日、平均して中七日で鋳砲が繰り返された(55)。この七日間という間隔は、使用炉内の補修などを考えると、同一炉による連続操業とし

表3　両島台場配備火砲の規格と種別

規格	銅製	鉄製
150ポンド砲	○	×
80ポンド砲	○	○
36ポンド砲	○	○
24ポンド砲	○	×
12ポンド砲	○	×

前田達男・田口芙季「幕末佐賀藩における長崎砲台の配備記録」『銃砲史研究』375より作成

ては工程的にかなり困難である。築地・多布施の二つのプラントによる交互ローテーションとともに、後述するような鋳造単位あたりの使用炉数を減少させたことで達成できたサイクルである。

(4) 多布施単独期

築地反射炉の操業停止が確認される遅くとも安政四年七月から、ゲシュキットギーテレイによるようなオランダ系鉄製海防(対艦)砲の鋳砲が終了した安政六年一一月までの二年あまりの期間にあたる。幕府に供給する鉄製砲のみの生産期間である。

安政六年一一月の献納一五〇ポンド鉄製砲三番を最後に、明確な佐賀藩反射炉による鉄製砲鋳造記録は途絶える。

(5) 多布施単独期以後

文久元年(万延二年：一八六一)三月には、新たな蒸気機械導入により多布施反射炉の水車駆動用水路施設の一部は撤去され[56]、反射炉と水車駆動による日本式鉄製砲の生産ラインがその使命を終えたことを窺わせている。

慶応二年(一八六六)頃には、新たな二四ポンド鉄製砲三門が多布施反射炉で鋳造されたようだが[57]、それは長州征討のために準備された攻城兵装であり[58]、既に反射炉の設置目的であった海防用の対艦兵装ではなかった。

五　佐賀藩反射炉の鋳砲実績

これまでの文献調査の結果、確認された佐賀藩反射炉による鉄製砲の鋳造記録は一三八門である[59]。これらは、反射炉による砲身鋳造段階のカウントであり、鋳漏事故により鋳造が完了しなかったもの、鋳造後の穿孔段階で欠損が生じたもの、試放で破裂したものなどを含んでおり、〈製品数〉ではないことには注意を要する。

(1) 年別鋳砲数

安政二～三年（一八五五～五六）には、少なくとも二〇門近くの鋳砲記録の欠落が想定できる。欠落記録の内訳は、二四ポンド・三六ポンド・八〇ポンド鉄製砲の一部と推定できる。この点を考慮すると、安政元年～五年にかけて、佐賀藩反射炉によって毎年二〇門以上の鋳砲が行われたことになる(60)（表4）。

(2) 操業区分別鋳砲数

一一五門（八三・三％）が並行操業期以降、つまり多布施反射炉の操業開始後ということになる(61)（表5）。前述の鋳砲記録の欠落は、並行操業期と重複しているため、この比率は、実際にはさらに大きなものとなる。

(3) 規格・仕様別鋳砲数

佐賀藩反射炉の鉄製砲は、全てオランダ系の球弾前装滑腔形式である。一部の例外を除き、固定的で人力移動の必要が無い要塞（砲台）砲か、艦載砲であった。

これらの鋳砲に用いられた鋳型について、ゲシュキットギーテレイの佐賀藩翻訳書である「熕鉄新書(62)」では、金型を用いた鋳型製作には、砂型による方法と、粘土型による方法の二つが示されている。福井藩士による安政四年六月一三日における多布施反射炉の視察記録(63)では、金型は六～七のパーツに分かれた「鉄形」と「唐銅シン金」で、両者の間に粘土を詰め込んで突き固め、乾燥させた後で「唐銅シン金」を抜き取るとあるので、佐賀藩反射炉では鋳型に粘土型が

表4　佐賀藩反射炉の年別鋳砲数

鋳砲年	門数
1851	6
1852	5
1853	8
1854	40
1855	16
1856	5
1857	24
1858	23
1859	8
1866	3

表5　佐賀藩反射炉の操業区分別鋳砲数

操業区分	門数
初期操業期	10
築地単独期	10
並行操業期	74
多布施単独期	41

前田達男「幕末佐賀藩における反射炉の鋳砲記録(2)」『産業考古学』151より引用

用いられていたことがわかる。これらの金型は、鋳砲規格・仕様ごとに、こしき炉により鋳造されていた[64]。佐賀藩反射炉で鋳造された鉄製砲には、九種の規格・仕様が確認できる[65]。

①八ポンド鉄製砲　佐賀藩規格のみ一〇門で、試作ないし装薬試験用であり、両島台場配備や幕府・他藩への供給は行われなかった。

②二四ポンド鉄製砲　二つの仕様が確認でき、幕府仕様四五門（品川台場配備）と、詳細不明の佐賀藩仕様三門の計四八門である。この規格は、もともと両島台場配備計画には無く、その後も配備された形跡はない（表3）。幕府仕様は幕府以外にも徳島藩と、対馬藩へ供給されている。

③三〇ポンド鉄製砲　鋳砲を命ぜられた幕府規格の艦載砲で、二つの仕様があり、中砲身一五門、長砲身一五門の三〇門である。

④三六ポンド鉄製砲　二つの仕様が確認でき、佐賀藩仕様九門（両島台場配備）と、幕府仕様三四門（品川台場配備）の計四三門である。幕府仕様は幕府以外にも、対馬藩へ供給されている。

⑤八〇ポンド鉄製砲　佐賀藩規格（両島台場配備）のみで四門が確認できる。徳島藩にも供給されている。

⑥一五〇ポンド鉄製砲　幕府（献納用）規格のみで、計三門である。

以上の九種のうちの六種、一三八門中一一二門（八一・一％）が幕府の規格・仕様であり、全体として佐賀藩反射炉における鉄製砲の鋳造は、幕府供給のものが主体を占めていたことがわかる[66]（表6）。

表6　佐賀藩反射炉の規格別鋳砲数

規格	仕様	開始年	終了年	門数	
8ポンド	佐賀	1851	1852	(10)	10
24ポンド	幕府	1853	1858	(45)	48
	佐賀	1866	1866	(3)	
30ポンド	(長)幕府	1857	1859	(15)	30
	(中)幕府	1857	1859	(15)	
36ポンド	佐賀	1852	1854	(9)	43
	幕府	1854	1858	(34)	
80ポンド	佐賀	1854	1856	(4)	4
150ポンド	幕府	1859	1859	(3)	3

前田達男「幕末佐賀藩における反射炉の鋳砲記録(2)」『産業考古学』151より引用

六　築地から多布施へ

1　築地単独期までの操業状況

初期操業期にあたる嘉永五年（一八五二）四月の長崎番方による両島台場配備計画(67)では、三六ポンド以上の大口径砲を中心に、五〇門中二九門（五八・〇％）が鉄製砲で配備される予定であった(68)（表7）。嘉永四年から嘉永七年（安政元年・一八五四）の大銃製造方から両島台場への供給記録(69)では、五一門中三六ポンド九門（一七・六％）のみが鉄製砲であった(70)（表8）。

築地反射炉での四炉同時溶解によって鉄製三六ポンド砲の鋳造に成功した嘉永五年六月には、主戦装備と見なせる一五〇ポンド・八〇ポンドについては銅製砲とすることに決定されている(71)。また、三六ポンド鉄製砲についても、鋳砲の遅延により、当初の配備予定数には達していない。その結果、両島台場における実戦配備砲の大部分は、銅製砲によって達成されている。結局、築地単独期までの佐賀藩反射炉は、一応の実用化には成功したものの、当初企図された三六ポンド以上の大口径鉄製砲による両島台場配備には、間に合わなかった(72)。

表7　長崎番方による両島台場の配備計画（1852）

銅製砲	門数	鉄製砲	門数
—	—	150ポンド	2
80ポンド	1	80ポンド	13
—	—	36ポンド	14
24ポンド	11	—	—
12ポンド	9	—	—
計	21	計	29

表8　大銃製造方から両島台場への供給状況（1851-54）

銅製砲	門数	鉄製砲	門数
150ポンド	2	—	—
80ポンド	10	—	—
36ポンド	10	36ポンド	9
24ポンド	11	—	—
12ポンド	9	—	—
計	42	計	9

前田達男・田口芙季「幕末佐賀藩における長崎砲台の配備記録」『銃砲史研究』375より引用

2　多布施反射炉以降の技術向上

(1) 炉内温度の上昇

築地反射炉のみが稼働していた初期操業期から築地単独期（一八五〇〜五四）と、多布施反射炉操業後の並行操業期から多布施単独期（一八五四〜五九）の鋳砲記録を比較検討した結果を示した(73)（表9）。同じ三六ポンド鉄製砲の鋳砲について、一回の操業単位あたりの使用炉数と、操業単位あたりの溶解時間が減少したこと、一炉あたりの鉄材量と、操業単位あたりの消費木炭量が増大したことが明らかになっている。

反射炉一炉あたり鉄材量は平均で一・五倍以上に増大している。一炉あたりの溶解量が大きくなることは、一回の操業単位あたりで必要な炉数が減少することを意味している。操業単位あたり必要炉数が少なくなることは、次回操業へ向けた補修などの作業効率の向上を示唆している。

一回の操業単位あたりの消費木炭量は一・七四倍ほどに増大しているが、逆に燃料を消費する溶解時間は短くなっている。新しい時期になるほど、消費木炭量の増加と溶解時間の短縮が示しているのは、操業時の炉内温度の上昇・安定を意味するものと考えられる。もっとも、幕府の儒官であり洋学者でもある古賀謹一郎が書き残した嘉永七年一月二三日の築地反射炉視察記録(74)では、最初は烈火によってレンガと鉄が溶け合って流れたが、この頃はその兼ね合いがわかるようになってきた、とある。このことから、築地単独操業期末期以前には、熱量を上げたくても、耐火レンガの耐熱性能がそれについていけなかった可能性が考えられる。

表9　36ポンド鉄製砲の鋳砲記録の比較

項目	初期操業期〜築地単独期	並行操業期〜多布施単独期
操業単位の使用炉数	4炉→3炉	2炉
操業単位の溶解時間	約13.0時間	約8.8時間
1炉単位の溶解鉄材量	約1,800 kg→約2,000 kg	約3,100 kg
操業単位の消費木炭量	約12,000 kg	約20,900 kg

前田達男「幕末佐賀藩における反射炉の鋳砲記録(2)」『産業考古学』151より引用

消費木炭量の増大は、操業時の炉内温度を上昇・安定させ、前記の一炉あたりの鉄材量の増大と、一回の操業単位あたり使用炉数の減少について相関するものと考えられる。こうした操業時の炉内温度の上昇・安定については、「何と言っても、鋳砲の要訣は溶解温度を高め、炉内の高温保持である。「大砲鋳造法」はそれの出来るのが反射炉であると力説していることは注目に値する」[75]と指摘されている。消費木炭量の増大は、並行操業期以降の鋳砲記録に見ることができるような、佐賀藩反射炉の安定的な操業を保証した要因であった可能性が高い[76]。

これらの事実は、多布施反射炉の操業以降に、炉内温度の上昇と安定を示し、並行操業期以降における技術向上を示している。

(2) 溶解能力の向上

築地単独期までは溶解可能な一炉単位の鉄材量は約一八〇〇〜二〇〇〇kgであったが、安政六年の多布施反射炉における一五〇ポンド鉄製砲では四炉同時溶解で一炉単位約三四〇〇kgであり[77]、多布施単独期が築地単独期までの数値を大きく上回っている。並行操業期の八〇ポンド鉄製砲の溶解鉄材量についても、四炉同時溶解で一炉単位最低でも二五〇〇kg以上の溶解鉄材量が必要と考えられる。つまり、初期操業期末の築地反射炉の能力では、四炉同時溶解による三六ポンド鉄製砲の鋳砲が限界であり、それ以上の大口径砲の鋳砲は、事実上不可能であったのである。一炉単位あたりの鉄材量から判断すると、前述した初期操業期末における一五〇ポンド・八〇ポンド鉄製砲の鋳砲見送りは、築地反射炉の溶解能力不足が直接的な原因と推定される。しかし、並行操業期に入って八〇ポンド鉄製砲が、多布施単独期末には一五〇ポンド鉄製砲の鋳砲がそれぞれ実現している。このことから、多布施反射炉の操業以降の並行操業期に入っての佐賀藩反射炉の溶解能力の向上が示されている。

(3)作業効率の向上

初期操業期末から築地単独期にかけての溶解能力では、一回の三六ポンド鉄製砲の鋳砲に三～四炉が必要であった。連装二基四炉の築地反射炉では、鋳砲作業後の補修などが完了しなければ、次の操業に必要な三～四炉を確保できず、連続した操業は行えなかった。築地単独期にあたる嘉永六年九月以前の鋳砲記録では、三六ポンド鉄製砲の鋳砲は、ほぼ一か月に一回で、それ以上に間隔が空いていることもある。(78) 安政四年一月二三日から同二月二三日にかけては、多布施反射炉と思われる「西炉一双、二・三」と「東炉一双、一・四番」による二炉単位の交互ローテーションで、連続四門の三六ポンド鉄製砲の鋳砲記録(79)が確認できる。並行操業期末から多布施単独期では、二四ポンド鉄製砲や、三〇ポンド鉄製砲の中砲身・長砲身の鋳砲において、その大部分が一炉単位の操業で、一炉あたり溶解鉄材量は四〇〇kgを上回っていた。(80)

以上、佐賀藩反射炉における炉内温度の上昇と溶解能力の向上が、八〇ポンド・一五〇ポンドの大口径鉄製砲の鋳砲を可能とし、二四ポンド・三〇ポンドの中砲身・長砲身、三六ポンド鉄製砲の鋳砲については、操業単位あたりの使用炉数を減少させ、反射炉における作業効率を向上させたと考えられる。

おわりに

佐賀藩反射炉の操業記録からは、その技術向上の契機は、多布施反射炉の建設と結論づけられる。

このような築地から多布施への技術向上における要因の一部としては、Ⓐ築地から多布施にかけての耐火レンガの品質向上、Ⓑ築地反射炉の改修、Ⓒ多布施以降の木炭(白炭)供給の一本化が考えられる。

Ⓐについては、初期操業期から築地単独期にかけて、築地反射炉の耐火レンガの品質が不安定なものであったことを示す製造関連記録が散見される。しかし、多布施反射炉操業開始後の並行操業期に入ると、耐火レンガ製造に関する記録は、嘉永七年（安政元年：一八五四）四月以降は途絶え、その品質が安定したことを示唆している(81)。

Ⓑについては、嘉永七年七月一三日に、

一於築地大銃方御鋳立方御制造三十六封度御鋳立ニ付、明六ッ半時大銃方出勤、
　但、大銃方反射炉御築直後、初火入之事(82)、

とあり、同年六月から七月にかけて築地反射炉の「御築直」が行われたことが示されている(83)。この日に鋳砲された三六ポンド鉄製砲は、同年九月二七日の試放後、品川の「五番御台場」に配備された幕府仕様であった(84)。このことから、具体的な内容は不明であるが、幕府規格・仕様への転換に際して行われた「御築直」は、多布施反射炉操業開始後の運用実績に基づいた築地反射炉の改修であった可能性が高い。

Ⓒについては、初期操業期から築地単独期にかけて、築地反射炉の燃料は日向と肥後から木炭を購入していたが、多布施反射炉操業開始後の並行操業期に入ると、

肥前佐嘉表江御公辺ゟ石火矢鋳製御頼之由ニ而、諸国より白炭取寄試相成候処、御国白炭格別上品ニ而、彼御役筋ゟ去年来訳而御頼談相成(85)、

とあるように、各地の木炭を取り寄せて試していたが、日向国都城島津領「日州御手山」産の木炭（白炭）が選択され、供給が一本化されている(86)。

幕末期日本において各地で行われた反射炉事業の中で、一番目の反射炉の運用実績をもって、改良を加えて増設された二番目の反射炉は、唯一、多布施反射炉のみであった。幕府供給用に増設された多布施反射炉こそが、佐賀藩反

射炉における大口径鉄製砲の鋳砲と、鉄製砲量産化を達成した要因であった。
こうした佐賀藩反射炉の改良と向上には、「公儀御頼御石火矢御鋳立御用」が一因であったと思われる。両島台場配備の鉄製砲では果たせなかった資金・原材料等の調達が、品川台場配備の鉄製砲では獲得できたのだろう。その意味で、並行操業期以降の佐賀藩反射炉とは、安政年間における幕府にとっての有力な砲兵工廠だったといえる。

註

（1）三宅宏司『大阪砲兵工廠（日本の技術八）』（第一法規出版、一九八九年）五二〜五三頁。
（2）鈴木一義「幕末期の西洋技術導入に関する一考察（Ⅱ）―佐賀藩の反射炉用耐火煉瓦の製造技術について―」（『国立科学博物館研究報告E類（理工学）』第一五巻、国立科学博物館、一九九二年）五四頁。
（3）「熕鉄新書」（蓮池鍋島文庫、S複蓮三五〇―〇一）。佐賀県立図書館蔵。「鉄砲全書」など伊東玄朴・杉谷雍介らによるゲシュキットギーテレイの佐賀藩翻訳書の一つ。以下、同文庫の史料は（S複蓮三五〇―〇一）のように記す。
（4）所　荘吉「佐賀藩反射炉の成功について」（『銃砲史研究』九二、一九七七年）一頁。
（5）佐賀市教育委員会編『幕末佐賀藩三重津海軍所跡』（佐賀市教育委員会、二〇一二年）。佐賀市教育委員会編『幕末佐賀藩製砲関係史料集』（佐賀市教育委員会、二〇一二年）。佐賀市教育委員会編『幕末佐賀藩三重津海軍所跡Ⅱ』（佐賀市教育委員会、二〇一三年）。佐賀市教育委員会編『幕末佐賀藩反射炉関係文献調査報告書』（佐賀市教育委員会、二〇一三年）。佐賀市教育委員会編『幕末佐賀藩三重津海軍所跡Ⅲ』（佐賀市教育委員会、二〇一四年）。佐賀市教育委員会編『幕末佐賀藩反射炉関係文献調査報告書Ⅱ』（佐賀市教育委員会、二〇一四年）。
（6）『松乃落葉』（『幕末軍事技術の軌跡―佐賀藩史料『松乃落葉』―』思文閣出版、一九八七年）四一頁。藩主の側近であ

り軍事関係に携わった佐賀藩士本島藤太夫が、晩年、藩の史料や自らの備忘録などを勘案して執筆・編纂した回顧録。明治一七年脱稿。

（7）砲身材料としての〈鋳鉄〉は、硬いが粘らず脆く破裂しやすい。粘りがある銅製砲身と同一の耐久性を持たせるには、鋳鉄製砲身では破裂を防ぐためにより肉厚で重くなる必要があった。しかし、地鉄としては銅よりはかなり廉価であった。前田達男「幕末佐賀藩における鋳鉄砲の試射記録」（『銃砲史研究』三七四、二〇一二年）一一～一二頁。

（8）『松乃落葉』（前掲史料）五八頁。

（9）佐賀城下北方の佐賀城惣構。現在の十間堀川。

（10）「両島新御台場御備大砲其外於築地ニ鋳立記」（『幕末佐賀藩製砲関係史料集』佐賀市教育委員会、二〇一二年）二〇頁。佐賀藩大銃製造方の御用鋳物師であった谷口弥右衛門の手元控の一つで、明治期の写本。

（11）「直正公御年譜地取」（『佐賀県近世史料』第一編第一一巻、佐賀県立図書館、二〇〇三年）五三八・七六三頁。明治一〇年代頃に、元佐賀藩士千住大之助が主任となり内庫所に現存した史料をもとに編纂された一〇代藩主鍋島斉正（号は閑叟、後に直正、以後は直正に統一）の年譜。

（12）倉田法子「嘉永七年甲寅正月・築地反射炉見学記」（前掲『幕末佐賀藩製砲関係史料集』）一八一～一八八頁。

（13）『松乃落葉』（前掲史料）五九～六三頁。いわゆる杉谷手記の引用部分。

（14）前田前掲註（7）三頁。

（15）「公儀御用石火矢鋳立記」（前掲『幕末佐賀藩製砲関係史料集』）一二二頁。佐賀藩大銃製造方の御用鋳物師であった谷口弥右衛門の手元控の一つで、明治期の写本。

（16）「直正公譜」（『佐賀県近世史料』第一編第一一巻、佐賀県立図書館、二〇〇三年）一二二頁。明治期に編纂された一〇代藩主鍋島直正の年譜。
(17)「塵壺」(ながおかネットミュージアム／http://www.e-net.city.nagaoka.niigata.jp/museum/tiritubo/index.html：二〇一四年二月二〇日閲覧)、佐賀五・六。越後長岡藩士河井継之助が残した江戸～長崎の旅日記。
(18)『松乃落葉』(前掲史料)三三二頁。
(19)「両島新御台場御備大砲其外於築地ニ鋳立記」(前掲史料)四九頁。
(20)「川路長崎日記」(『大日本古文書　幕末外国関係文書之一』、一九一三年)七二頁。幕府勘定奉行川路聖謨が書き残した江戸～長崎の旅日記。
(21)「直正公御年譜地取」(前掲史料)七七六頁。
(22)「両島新御台場御備大砲其外於築地ニ鋳立記」(前掲史料)四九頁。
(23)「公役人御鋳立方幷築地御立寄録」(『幕府役人(筒井政憲・川路聖謨・古賀茶渓)の佐賀藩反射炉見学記・伊豆戸田村でのロシア船建造見学記』低平地研究会(LORA)、二〇〇五年)三五・三六頁。嘉永七年一月二二・二三日に反射炉視察に訪れた幕府の川路聖謨・筒井政憲らに対する佐賀藩側の対応の記録。
(24)前田前掲註(7)四～五頁。
(25)芹澤正雄「幕末反射炉の形態の再検討」(『金属の文化史』アグネ、一九九一年)七六頁。
(26)倉田前掲註(12)一八三頁。
(27)「鍋島夏雲日記」(鍋島家文庫、S複鍋〇二二一―二三七)、嘉永七年三月二七日条。鍋島報效会蔵・佐賀県立図書館寄託。佐賀藩重臣の鍋島夏雲(市佑)が記した日記で、明治期の写本。以下、同文庫の史料は(S複鍋〇二二一―二三七)のように記す。

(28)　前田前掲註(7)二～七頁。
(29)　「(茂哉公御代)日記」(鍋島家文庫S複鍋〇二一―二五六)万延二年三月一五日条。佐賀藩重臣で、御鋳立方頭人であった鍋島志摩家の日記。
(30)　「官省進達」(佐賀県明治行政資料、S複県〇二一―〇〇七)明治五年七月五日条。佐賀県立図書館蔵。明治五年の佐賀県(元伊万里県)の行政資料。
(31)　「西洋弾丸鋳造篇」(S複蓮九九一―三七三)。洋式鉄製砲弾鋳造法に関する翻訳書。
(32)　佐賀県立博物館編『近代化の軌跡―幕末佐賀藩の挑戦―』(佐賀県立博物館、一九九九年)三八頁。
(33)　「塵壺」(前掲史料)。
(34)　前掲註(5)『幕末佐賀藩三重津海軍所跡Ⅱ』二〇一頁。
(35)　佐賀藩が鋳造した最大の銅製砲である一五〇ポンド砲では、こしき炉七基が連装され、金属材料(銅・錫・唐銅)の一炉あたり最大装塡量は一・二トン程度であった。「両島新御台場御備大砲其外於築地ニ鋳立記」(前掲史料)三三～三四頁。
(36)　前田達男「幕末佐賀藩における反射炉の鋳砲記録」(『産業考古学』第一四五号、産業考古学会)四～六頁。
(37)　前田前掲註(7)四～五頁。
(38)　前掲註(5)『幕末佐賀藩反射炉関係文献調査報告書Ⅱ』九頁。
(39)　西村謙三「佐嘉藩の製砲及び反射炉調」(『肥前史談会講演集』七、一九二六年)一〇七～一一六頁。
(40)　「反射炉ニ而銑鎔解試候覚」(『江川坦庵全集』巌南堂書店、一九七二年)三〇一頁。伊豆韮山代官手代八田兵助の手元控。なお、南部藩士大島高任の発言を伝えた安政三年七月二六日付けの覚書にも、類似した内容が記載されている。「反射炉御用留年々用」(国文学研究資料館マイクロフィルム収集史料、韮山江川家文書、F六七〇一―〇四六四。http://

base5.nijl.ac.jp/infolib/meta_pub/CsvSearch.cgi：平成二六年二月二〇日閲覧）八四コマ。
(41)「御献納砲録」（前掲『幕末佐賀藩製砲関係史料集』）一三一～一三二頁。佐賀藩大銃製造方の御用鋳物師であった谷口弥右衛門の手元控の一つで、明治期の写本。
(42)倉田前掲註(12)一八四頁。
(43)前田前掲註(7)二～六頁。
(44)『松乃落葉』（前掲史料）五九～六三頁。いわゆる杉谷手記の引用部分。
(45)『松乃落葉』（前掲史料）八六頁。
(46)前田達男・田口芙季「幕末佐賀藩における長崎砲台の配備記録」（『銃砲史研究』九八九、二〇一一年）二五～三〇頁。
(47)前田前掲註(7)四頁。
(48)前田・田口前掲註(46)二六～二七頁。
(49)「両島新御台場御備大砲其外於築地ニ鋳立記」（前掲史料）四九頁。
(50)嘉永六年一二月二六日には、幕府規格の二四ポンド鉄製砲「大一」の鋳造が行われている。翌年三月二七日の多布施反射炉の初操業以前であるので、築地反射炉による操業である。「諸砲製造」（前掲『幕末佐賀藩製砲関係史料集』）八九頁。佐賀藩大銃製造方の担当者であった兵動忠平の手元控の一つで、明治期の写本。
(51)前田・田口前掲註(46)二七頁。
(52)「諸控」（前掲『幕末佐賀藩製砲関係史料集』）一一八～一一九頁。佐賀藩大銃製造方の会計を担当した田代孫三郎の手元控で、明治期の写本。
(53)「佐藤恒右衛門毎日記」（『鳥栖市誌資料編第五集』鳥栖市、二〇〇三年）三八七・三九〇・三九九・四一五頁。対馬藩

の飛地田代領（現佐賀県鳥栖市）の副代官であった佐藤恒右衛門が残した日記。
(54)　幕末佐賀藩の反射炉事業において、佐賀藩が多方面に鉄製砲を供給したような記述を見かけることがあるが、幕府を除けばこの両藩以外の供給記事は見当たらない。
(55)　前掲註（5）『幕末佐賀藩反射炉関係文献調査報告書』表三、一二一～一二三頁。
(56)　「［茂哉公御代］日記」（前掲史料）。
(57)　詳細は明らかではない。二四ポンド鉄製砲であることから一門あたりの溶解鉄材量は四トン前後と想定されるので、こしき炉での鋳砲はきわめて困難であり、今のところ佐賀藩反射炉によるものと推定しておく。
(58)　『松乃落葉』（前掲史料）三三二頁。
(59)　前掲註（5）『幕末佐賀藩反射炉関係文献調査報告書』表三、一二一～一二三頁。
(60)　前田達男「幕末佐賀藩における反射炉の鋳砲記録(2)」（『産業考古学』一五一、二〇一四年）一一頁。
(61)　前田前掲註（60）一一頁。
(62)　前掲註（3）。
(63)　「関西巡回記」（『関西巡回記』、三秀舎、一九四〇年）九一～九五頁。福井藩士村田氏寿が京都～鹿児島の行程で見聞した各藩の状況をまとめた記録。
(64)　「両島新御台場御備大砲其外於築地ニ鋳立記」（前掲史料）二一～二二・二九～三〇頁。
(65)　前田前掲註（60）一〇～一一頁。
(66)　前田前掲註（60）一〇頁。
(67)　『松乃落葉』（前掲史料）七五頁。

（68）二四ポンド以下に銅製砲が採用された理由は、銅製砲に対して鉄製砲が、佐賀藩の例では二三～五五％ほども重くなるからと考えられる。幕末佐賀藩は、鋳鉄砲と青銅砲の特性を深く理解し、両島台場の配備方針を計画したことが示唆されている。前田・田口「幕末佐賀藩における長崎砲台の配備記録」（前掲論文）二三～二四頁。
（69）「諸雑記」（前掲『幕末佐賀藩製砲関係史料集』）六〇頁。佐賀藩大銃製造方の担当者であった兵動忠平の手元控の一つで、明治期の写本。
（70）前田・田口前掲註（46）二七頁。
（71）『松乃落葉』（前掲史料）八六頁。
（72）前田・田口前掲註（46）一五～三四頁。
（73）前田前掲註（60）一三頁。
（74）「古賀西征紀行」（『大日本古文書　幕末外国関係文書之一』一九一三年）四八八頁。幕府儒官であり、洋学者でもあった古賀謹一郎が書き残した江戸～長崎の旅日記。
（75）芹澤正雄『洋式製鉄の萌芽（蘭書と反射炉）』（アグネ技術センター、一九九一年）七六頁。
（76）前田前掲註（7）七～八頁。
（77）前田前掲註（7）五～六頁。
（78）前掲註（5）『幕末佐賀藩反射炉関係文献調査報告書』表三、一二一～一二三頁。
（79）「公儀御用石火矢鋳立記」（前掲史料）一二二頁。
（80）前田前掲註（7）五～六頁。
（81）前田前掲註（60）一二頁。

（82）「私記」（鍋島家文庫、S複鍋〇二三―五〇）嘉永七年七月一三日条。佐賀藩重臣であった池田半九郎が書き残した日記で、明治期の写本。
（83）前田前掲註（60）一三頁。
（84）「諸砲製造」（前掲史料）八四頁。
（85）「日州御手山方諸書附留帳」（山元家文書、目録未作成）。個人蔵、宮崎市天ヶ城歴史民俗資料館寄託。日向国で薩摩藩御手山支配人を務めた山元荘兵衛の手元控。
（86）前田前掲註（60）一三頁。

本稿は、佐賀県・佐賀市によって平成二二・二三年度にかけて共同で行われた幕末佐賀藩近代化事業に関する歴史文献調査の成果の一部に基づいている。

佐賀藩「御鋳立方の七賢人」
――経歴と事績を中心に――

串間聖剛

はじめに

佐賀藩における反射炉築造及び鉄製大砲鋳造は、一〇代藩主鍋島直正により嘉永三年(一八五〇)に始められた事業である。佐賀藩は、寛永一八年(一六四一)より、幕府の命により福岡藩とともに長崎警備[1]を担当していたが、文化五年(一八〇八)に起こったフェートン号事件[2]では、英国艦フェートン号の長崎港侵入を許し、当時の藩主鍋島斉直が逼塞を命じられている。このような経験から、佐賀藩は早くから長崎港の警備に対して強い危機感を持っており、直正はアヘン戦争[3]後、長崎外港に新砲台を増築することを主張している。しかし、幕府からの同意は得られず、ついに佐賀藩領である伊王島と神ノ島に独力で砲台を築くことを決断するに至った。

新砲台には一〇〇門の大砲配備が計画され、据え付ける鉄製大砲の鋳造、及び鋳造施設である反射炉の築造が必要となった。そこで嘉永三年六月、佐賀城下の築地に大銃製造方が設置されることとなった。当時、日本において反射炉は実用化されておらず、事業を成功させるために大銃製造方には藩内からあらゆる分野の専門家・技術者が集められた。その中でも特に中心的な存在であったといわれているのが、本島藤太夫・杉谷雍助・田中虎六郎・馬場栄作・

橋本新左衛門・谷口弥右衛門・田代孫三郎の七人である。彼らは事業を成功に導いた功績により、後世「御鋳立方《いたてかた》の七賢人」と称されたが、今日まで彼らの経歴や事績についてはあまり知られていない部分が多い。

本稿では、反射炉築造と鉄製大砲鋳造成功の背景にあると思われる「御鋳立方の七賢人」の経歴と事績について詳しく見てゆくこととしたい。

一　「御鋳立方の七賢人」の由来

まず、「御鋳立方の七賢人」の由来について検討する。「御鋳立方の七賢人」とは、反射炉築造及び鉄製大砲鋳造に携わった前述の七人を指す呼称であるが、その初出は管見の限り、大正九年（一九二〇）に出版された『鍋島直正公傳』である。そこには、反射炉築造の係員として「西洋砲術に本島藤太夫、会計に田代孫三郎、漢洋両学に兼通したる田中虎六郎、蘭学には杉谷雍助、算術には佐嘉第一の造形者馬場栄作、鉄工棟梁には是迄鑄砲に熟練せる谷口弥右衛門、鉄の鎔化鍛錬には刀鍛冶橋本新左衛門」らを採用したとあり、(4)さらに彼らについて、「斯く各種の人物の一局に集合したるは甚だ奇観にて、世に御鋳立方の七賢人と称えたり」と記されている。(5)「世に」との表現から、これが『鍋島直正公傳』の著者による造語ではなく、当時世間にひろまっていた呼称であったことが分かる。

なお、「七賢人」という語句については、古代からある分野で功績を挙げた人々を讃えるために用いられている。例えば、ギリシャでは「ギリシャ七賢人」(6)、中国では「竹林の七賢人」(7)などが挙げられる。日本においては明治以降、維新に尽力した志士が「維新の三傑」「維新の十傑」として顕彰されるようになったが、(8)佐賀においては、大正以降に鍋島直正・大隈重信らが「佐賀の七傑」「佐賀の七偉人」として顕彰されるようになった。(9)「御鋳立方の七賢人」についても、これらの事例と同様に反射炉築造及び鉄製大砲鋳造の功労者を顕彰するために、後世の人々が「七賢人」になぞらえることにより生まれた呼称であると考えられる。

二　「御鋳立方の七賢人」の経歴と事績

次に、「御鋳立方の七賢人」各人の、事業に携わる以前の経歴と事績を中心に見てゆくこととする。

⑴本島藤太夫

本島藤太夫は、文化七年（一八一〇）一二月、佐賀藩士・坂井弥兵衛の三男として佐賀城下に生まれている。文政一一年（一八二八）に本島家の養子となり、文政一三年には御側に出仕して藩主直正の側近となっている。藩命により伊豆韮山代官の江川太郎左衛門より大砲に関する知識を習得し、天保一五年（一八四四）に本島家の家督を相続して御火術方掛合を仰せ付けられている。嘉永三年（一八五〇）三月には、長崎砲台増築の意見を聞くために再度江川の元に派遣され、江戸湾岸の実情調査とともに佐久間象山に砲術・築城法などを学び、帰国後の同年六月、四一歳の時に大銃製造方の主任を命ぜられている。[10]

本島は反射炉築造及び鉄製大砲鋳造の実質的な責任者であったが、事業の詳細については本島が後年執筆し編集した『松乃落葉』[11]の中で知ることができる。そこには、完成した反射炉での大砲鋳造は、十数回に及んだがなかなか成功せず、一時は切腹を考える程に大いに苦心した旨が記されている。嘉永四年正月には、大銃製造方に加えて外目御台場御増築方の兼帯を命じられ[12]、砲台設計も同時に担うこととなった。度重なる実験と研究の末、嘉永五年に鉄製大砲の鋳造に成功し、新設された長崎の台場に据え付けられた。後にその功積により役米二五石を拝領している。[13]

その後は、公儀御石火矢鋳立方付役、蒸気船製造役局掛合等を歴任し、元治元年（一八六四）の第一次長州征討で参謀を務めている。明治元年（一八六八）の戊辰戦争では、鍋島直大の出陣方相談役となり、維新後は隠居して「松陰」と号し、鍋島家の経営や国立第百六銀行の経営を指導している。『松乃落葉』『本島系図』等を完成させた後、明治二一年九月、七八歳で亡くなっている。

(2) 杉谷雍助

杉谷雍助（元譲）は、文政三年（一八二〇）三月一五日、禄高一一石五斗の手明鑓[14]の家に生まれている。幼くして藩校弘道館に入り、弘化二年（一八四五）、二六歳の時に長崎に出て蘭学を学んでいる[15]。その後さらに江戸に遊学して、佐賀出身の蘭学者である伊東玄朴が開いた象先堂に入門し、玄朴・後藤又二郎・池田才八らと共同で、大砲鋳造法を記したヒュギューニン著の蘭書を『鉄熕全書』として翻訳している。この翻訳により佐賀に帰国後の嘉永三年（一八五〇）年に、三一歳で弘道館の蘭学寮頭となり、さらに火術方と大銃製造方兼帯を命じられて本島とともに反射炉築造と鉄製大砲鋳造の中心人物となった。

反射炉築造は、先に杉谷が翻訳した『鉄熕全書』を元に進められたが、翻訳した内容とは違い、耐火煉瓦の原料土や鋳型に用いる砂の選定などに苦慮し、大砲鋳造においても当初は原料の銑鉄がうまく溶解しなかった。杉谷は蘭書のさらなる翻訳・分析を行うとともに、オランダ商館長を訪ねて直接質問を行うなどして事業を成功に導いている。

その後は、安政四年（一八五七）に、韮山代官江川英敏の要請により田代孫三郎他職人とともに伊豆韮山に赴き、建造中の反射炉の技術支援を行っている。また文久三年（一八六三）には、造砲局主事を任ぜられ、鉄製大砲を幕府に納入・献納するなど、鉄製大砲の鋳造に貢献したが、慶応二年（一八六六）九月二四日に、四七歳で亡くなっている。

(3) 田中虎六郎

田中虎六郎（貞則）は、文化一二年（一八一五）生まれである。佐賀藩の藩士名簿『早引』[16]によると、物成四五石、佐賀城下の天祐寺町に居住していた。

弘道館指南役を務めたのち、天保九年（一九三八）に、藩主直正が弘道館の優秀な人物を代官に抜擢した際に、「学館（弘道館）にありても屈指の人物」[17]であるとして神埼代官に任命されている。しかし、『鍋島直正公傳』には、神埼代官時代に「天満宮の倒木を伐ろうとしたところ倒木が起き直ったのを、村民が神為と信じて参詣したため、祠に火を放ち焼いてしまった」との記載があり[18]、この事件により、田中は謹慎処分となったが、謹慎中にも西洋理化学の研究を続けている。

三六歳のときに、「漢洋両学に兼通」していることから大銃製造方の役員に任命されている。田中の役割は、杉谷雍助が翻訳した大砲鋳造法が記された蘭書の内容を「講究修潤」することであり、事業を成功させるために重要な任務であった。また、学問以外でも鉄製大砲鋳造が進まぬため切腹しようとした本島を諫め、事業継続の必要性を説いたといわれている[19]。

晩年の田中は、「学者を軽蔑し俗吏を慢弄する」[20]ところがあったため、才能が有りながら世に容れられなかったが、熊本藩士の横井小楠や木下徳太郎とは詩文の応答などを通して交流を行っていたようである[21]。安政四年（一八五七）七月に四三歳で亡くなっている。

(4) 馬場栄作

馬場栄作は文化四年（一八〇七）、佐賀城下に生まれている[22]。馬場家の禄高は切代五石であり、一代限りの手明鑓という低い身分の出身であった[23]。馬場の経歴については不明な点が多いが、『佐賀城下竈帳』によると、嘉永七年（一八五四）には佐賀城下六座町に、息子の幸助他四人の子供・弟・母親の八人で居住している[24]。佐賀藩の家臣団編制では鍋島志摩組（相良源兵衛預り）に所属している。四四歳の時に「佐賀藩随一の算術家」として大銃製造方の役員に任命されており、『鍋島直正公傳』によると、杉谷の翻刻書を元に反射炉の設計を推算する役割を担っていたようである[25]。

佐賀藩の手明鑓名簿である『物成』[26]には、馬場の職務についての記載があるが、安政五年（一八五八）には「御絵図方」「御火術方」「別段御秘事方」「暦取立」「火船製造」を兼帯しており、反射炉築造と鉄製大砲の鋳造に携わった後も、専門的な部署でその手腕を振るっていたようである。

また、算術家として後進の指導も行っており、弟子には、武雄の儒者である平吉誠舒[27]、維新後に神埼郡内小学校の数学巡回教師として数学思想の普及に尽力した橋本良左衛門[28]、東背振の小河内小学校教員の亀川清次[29]などがいる。

⑸橋本新左衛門

橋本新左衛門は、寛政一三年（一八〇一）、佐賀藩の刀鍛冶師であった橋本家に生まれている。橋本家の先祖は京都で修行をしたのち佐賀で忠吉銘の刀を造り、寛永一四年（一六三七）、初代佐賀藩主鍋島勝茂から城下長瀬町に土地を与えられている。それ以後、橋本家は代々「肥前忠吉」を名乗り刀鍛冶として長瀬町に居住しており、新左衛門はその八代目にあたる。職人ではあるが、藩から切米二〇石を与えられ、手明鑓格の身分を与えられていた。

大銃製造方の役員に任命されたのは五〇歳のときであり、刀鍛冶であり鉄の特性に詳しいため、大砲鋳造に際しては鉄の溶化を担当し、職人たちとともに鉄材の選別、炉の構造材の製作、鋳放しの大砲の加工に携わったとされている。その後、褒賞として毎年米三石を賜り[30]、鉄製大砲の鋳造から七年後の安政六年（一八五九）に五九歳で亡くなっている。

⑹谷口弥右衛門

谷口弥右衛門（利安）は、文政元年（一八一八）、佐賀藩の鋳物師・谷口家に生まれている。谷口家は江戸時代初期から佐賀に居住した御用鋳物師である。刀鍛冶の橋本家同様に職人でありながら、藩から切代一一石の手明鑓格の身分を与えられていた。後に東西二家に分かれており、谷口弥右衛門はこのうち代々長崎台場の備砲鋳立と修復に従事していた西谷口家の出身である。父の谷口安左衛門家良が天保二年（一八三一）に没したため、弥右衛門は、若くして谷口家を統括することになった。

大銃製造方の役員に任命されたのは三三歳のときであり、鋳物師として青銅砲の鋳造に熟達していたため、大砲鋳造においては職人たちを率いて大砲の鋳型製作と鋳造を担当し、同時に青銅砲の製造なども行っていたようである。事業成功後はその功により、毎年米二石を拝領している。[31]

なお、谷口家は明治に入ってからも、谷口清八が谷口鉄工所を設立しており、現在福岡市東公園にある日蓮上人銅像などを製作している。[32]

(7)田代孫三郎

田代孫三郎（通英）は、『早引』によると寛政一三年（一八〇一）の生まれである。田代家の禄高は一九石八斗であり、少禄ではあるが士分の家柄であった。田代の幼少期については詳しく分かっていないが、青年期には四ヶ月間の台場詰や佐賀城三ノ丸の御式台番を務めている。[33]天保二年（一八三一）、三一歳の時に郷普請方見習となったことにより、以来佐賀藩内の土木普請事業に関わるようになり、郷普請方本役、御蔵方附役などを歴任している。

田代が携わった事業については、鍋島家文庫に残されている田代が記した日記等の史料から知ることができる。[34]主な事業を挙げると、天保一〇年には大詫間潟五番潟道の造成に携わり、[35]天保一五年には、筑後川に流れ込む大堂川の付け替え（三丁分堀切）という難工事を指揮している。[36]また、弘化三年（一八四六）には、藩主鍋島直正の別邸として建設された神野御茶屋の庭園普請を担当しており、費用の計算や人夫の調達方法等においてその手腕を発揮している。[37]

このような経験と知識が認められ、反射炉事業では銀遣（会計）を担当したとされており、単に帳簿を付けるだけではなく、事業にかかる莫大な費用の算出や資材の調達などの役割を担っていたと考えられる。なお、田代は鉄製大砲を据え付ける長崎の神ノ島・伊王島の台場（両島台場）の築造においても本島とともに増築係を担当している。特に神ノ島と四郎ヶ島を結ぶ塡海工事については、「新規の事のみならず、見居もなき海中築留を日夜引き受けて成功」させたとして、後に米一〇石の褒賞を賜っている。(38)

晩年は、安政四年（一八五七）に火術方の役人となり、その年の二月より反射炉築造の技術支援のため、杉谷雍助ら一一人の職人とともに、伊豆韮山へ派遣されている。韮山反射炉が完成し、安政五年三月に約一年ぶりに佐賀に帰国するが、その年の七月に当時全国的に流行していたコレラに感染し、五八歳で亡くなっている。(39)

おわりに

本稿では、佐賀藩の反射炉築造及び鉄製大砲鋳造において「御鋳立方の七賢人」と称された、本島藤太夫・杉谷雍助・田中虎六郎・馬場栄作・橋本新左衛門・谷口弥右衛門・田代孫三郎の七人の経歴と事績について述べた。これによれば、彼らは事業のメンバーに抜擢される以前から、それぞれの専門分野に関する知識や経験を持ち、多くの実績を挙げている。また、彼らの身分や年齢は様々であることから、この事業が当時としては珍しい「実力重視」の体制により実施されていたことが分かる。このことは、事業が成功したひとつの要因であったといえるだろう。

最後に、「御鋳立方の七賢人」は、事業の成功により、後世の人々に「賢人」として讃えられることとなったが、事業に参加したのは彼らだけではなかった。例えば、本島が後年記した『松乃落葉』(40)では、嘉永三年六月の大銃製造方が設置された際の主要メンバーとして、銀遣に「川浪儀六」、鉄材の溶化担当に「有吉惣三郎」という人物の名を見ることができる。しかし、彼らは「御鋳立方の七賢人」に数えられてはいない。その理由は定かではないが、おそらく後世に、「七賢人」の数合わせのために除外されてしまったのではないかと推測される。[41] 今後は「御鋳立方の七賢人」だけではなく、川浪・有吉など事業に携わった他の役員の事績についても併せて検証を行っていく必要があるだろう。このことを今後の課題とし、本稿を終えることとしたい。

註

（1）長崎警固ともいう。鎖国後の寛永一九年に、幕府より佐賀藩に命ぜられた。翌年には福岡藩も加わり、以後両藩の隔年勤番となり、幕末まで続いた。

（2）文化五年に長崎港で起きたイギリス軍艦侵入事件。ヨーロッパにおけるナポレオン戦争の余波が日本にも及んだものである。

（3）アヘンの密輸が原因となり、清とイギリスの間で一八四〇年から二年間に亘って行われた戦争。イギリスの勝利に終わり、清は多額の賠償金と香港の割譲、上海などの開港、不平等条約の調印を余儀なくされた。

（4）中野禮四郎編『鍋島直正公傳』第三巻（侯爵鍋島家編纂所、一九二〇年）四五二頁。

（5）『鍋島直正公傳』第三巻、四五三頁。

（6）紀元前六二〇年～紀元前五五〇年に古代ギリシャで賢いとされた人物たち。メンバーについては古代の書物でまちまちであるが、プラトン著「プロタゴラス」では、ソロン・タレス・キロン・ビアス・クレオブロス・ピッタコス・ミュソンの七人とされている。

（7）三世紀の中国魏の時代末期に飲酒・清談を行いながら交友した七人の称。阮籍・嵆康・山濤・劉伶・阮咸・向秀・王戎の七人。
（8）維新の三傑については、岩村吉太郎編『皇国三傑伝』、山脇之人『維新元勲十傑論』などで明治一〇年代には既に紹介されている。一般的には木戸孝允・西郷隆盛・大久保利通のことを指す。
（9）現在の「佐賀の七賢人」（鍋島直正・江藤新平・大隈重信・大木喬任・佐野常民・島義勇・副島種臣）。なお、『佐賀県の事業と人物』（佐賀県の事業と人物社、一九二四年）では、「佐賀の七偉人」として、島義勇に代わり鍋島直大が名を連ねている。
（10）ここまでの本島の略歴は、杉本勲・酒井泰治・向井晃編『幕末軍事技術の軌跡』（思文閣出版、一九八七年）四二六〜四二七頁の「本島藤太夫年譜」を参考としている。
（11）本島藤太夫により明治一七年に編集された幕末佐賀藩の回顧録。全五冊からなり、七種類の異本（鍋島家文庫四点、佐賀県立図書館蔵書一点、本島氏蔵書一点、東京大学史料編纂所蔵本一点）が存在する。
（12）秀島成忠編『佐賀藩海軍史』（知新会、一九一七年）三四頁。
（13）中野禮四郎編『鍋島直正公傳』第四巻（侯爵鍋島家編纂所、一九二〇年）一六二頁。
（14）生馬寛信・串間聖剛・中野正裕「幕末佐賀藩の手明鑓名簿及び大組編制」（『佐賀大学文化教育学部研究論文集』一四―二、二〇一〇年）二三頁。
（15）『佐賀県歴史人名辞典（先覚者小伝）』（洋学堂書店、一九九三年）二九頁。
（16）鍋島家文庫（請求記号：鍋三三一―二九）、生馬寛信・中野正裕「安政年間の佐賀藩士―藩士名簿「早引」「石高帳」にみる―」（『佐賀大学文化教育学部研究論文集』一四―一、二〇〇九年）において翻刻されている。
（17）中野禮四郎編『鍋島直正公傳』第二巻（侯爵鍋島家編纂所、一九二〇年）三九一頁。

(18)『鍋島直正公傳』第二巻、三九一〜三九二頁。
(19)『鍋島直正公傳』第三巻、五六頁。
(20)『鍋島直正公傳』第三巻、二五八頁。
(21) 多久島澄子「佐賀藩御鋳立方田中虎六郎の書簡」（『幕末佐賀科学技術史研究』六、二〇一一年）。
(22) 生馬・串間・中野前掲註(14)の成立年代（安政五年）当時の年齢から逆算すれば、文化四年（一八〇七）の生まれとなるが、三好不二雄・三好嘉子編『佐嘉城下町竈帳』（九州大学出版会、一九九〇年）における年代（嘉永七年）当時の年齢から逆算すると、文化元年（一八〇四）の生まれとなる。
(23) 生馬・串間・中野前掲註(14)。
(24) 前出『佐嘉城下町竈帳』八三七頁。
(25)『鍋島直正公傳』第三巻、五一三〜五一四頁。
(26) 鍋島家文庫（請求記号：鍋四二四-六）、生馬・串間・中野前掲註(14)において翻刻されている。
(27)『武雄史』六五四頁。
(28)『三田川町史』一〇二二頁。
(29)『東背振村史』六八四頁。
(30)『鍋島直正公傳』第四巻、一六二頁。
(31)『鍋島直正公傳』第四巻、一六二頁。
(32) 代々佐賀藩の御用鋳物師を務めた谷口家の一一代目。明治一六年に谷口鉄工所を設立し、長瀬町に本工場、神野町に分工場を置いて諸機械の製造に着手している。

（33）鍋島家文庫「諸控」（請求記号：鍋〇二三－一〇二）。

（34）鍋島家文庫には、管見の限りでは田代孫三郎が記した、あるいは田代の記録を筆写したと思われる史料が三六点確認されている。田代の史料が鍋島家文書に残されている理由については不明であるが、おそらく明治期の鍋島家修史編纂の過程で田代家より提供されたものであると推測できる。

（35）鍋島家文庫「大詫間潟道方日記」（請求記号：鍋六七一－二）。

（36）鍋島家文庫「三丁分堀切日記」（請求記号：鍋六八四－一）、串間聖剛「史料翻刻　田代孫三郎　三丁分堀切日記」（『佐賀城本丸歴史館研究紀要』八、二〇一三年）において翻刻されている。

（37）鍋島家文庫「神野御茶屋御家作一件控」（請求記号：鍋六七三－二）。

（38）『鍋島直正公傳』第四巻、一六〇頁。

（39）佐賀県立図書館編『佐賀県近世史料第五編第一巻』（佐賀県立図書館、二〇〇八年）四三七頁。

（40）前出『幕末軍事技術の軌跡』五八頁。

（41）『幕末佐賀藩反射炉関係文献調査報告書』（佐賀市教育委員会、二〇一三年）一二六～一二七頁。

鍋島文庫『褒賞録』からみる御鋳立方の技術者

山口 佐和子
川久保 美 紗

はじめに

今回我々は、鍋島文庫『褒賞録』(1)から、佐賀藩の公儀石火矢鋳立方（御鋳立方）とその関係人物を取り上げた。公儀石火矢鋳立方は、佐賀藩が嘉永六年（一八五三）に幕府からの鉄製砲発注に応えるため設立した部署である。佐賀藩は既に築地に自分向御備のための反射炉を持っていたが、新たに多布施に反射炉を設置し、御鋳立方はその製造にあたった。『褒賞録』に記録された銅製砲・鉄製砲製作に関わった人物は、執政鍋島安房や鍋島志摩などの佐賀藩の重鎮から、手明鑓・手伝身分の者まで様々である。

本稿では、本島藤太夫などこれまで先行研究がなされてきた人物について、改めて資料中から関係個所を拾い検討するとともに、御鋳立方の関係者であり、これまで取り上げられてこなかった人物についても紹介したい。

『褒賞録』とは、佐賀藩が家中で功績のあった者に対して褒賞を行った記録である。『褒賞録』が一二冊、『褒賞録書抜』が五冊あり、何れも鍋島報效会所蔵・佐賀県立図書館寄託となっている。収録されている年代は、宝暦五年（一七五五）から明治四年（一八七一）までであり、部分的に欠けている年代はあるが、ほとんどが揃っている。これらの資料は、補助的な資料として多くの研究で利用されているが、総合的なデータとしてまとめたものはない。本稿ではこの一七冊の内、文政三年（一八二〇）〜明治二年までの五冊(2)から御鋳立方に関連する人物の褒賞について考察する。

『褒賞録』では、基本的に一つの褒賞の項目に、「年月日」、「褒賞した人物」、「褒賞された人物」、「役職」、「拝領内容」、「褒賞された理由」、「勤続年数」等が併記されているため、人物像や主な出来事などを知ることが出来る。また、跡式が親から子に受け継がれた場合は、親子関係や役職の移行等も確認することが出来る。褒賞の理由は様々であるが、長年の勤労に対するものや、病気等で役方を断る際に褒賞されているものが多い。特別の手柄を立てたことで褒賞される者は全体量から見ると少ないが、佐賀藩の政策に貢献した者が褒賞されているため、その内容から、佐賀藩が重用していた人材が窺える。「武家の褒賞」という特性から、公辺、御広式や藩主の身辺に近しい者に対して重きを置き、借用金・資金繰り等は本来藩にとって重要な問題でありながら褒賞内容が軽い、といった傾向が見てとれるものの、内容は示唆に富んでいる。文政期以降は国外情勢の変化を受けて、長崎警備の強化とそれに伴う海岸防備に関する褒賞と石火矢関係の記述が増え、天保以降は斉正（直正）の藩主襲封と本格的な鋳砲事業の開始によって、大銃製造に関する褒賞、幕府からの依頼を受けての公儀石火矢鋳立に対する褒賞が行われている。特に嘉永期以降は鋳砲に関する記述が以前に比べて著しくなっている。

全冊の項目は膨大・多岐に亘るが、ここでは、㈠所謂「御鋳立方の七賢人」の褒賞と、㈡嘉永四年（一八五一）着工の両島台場増新設と設置大砲の鋳造、嘉永六年受注の公儀大銃製造、元治元年（一八六四）の公辺御頼の大銃製造の褒賞、及び㈢御鋳立方に関わった人物について新たに取り上げる。

一　「御鋳立方の七賢人」への褒賞

ここでは今回調査した五冊の『褒賞録』中に出てくる「御鋳立方の七賢人」の褒賞について述べたい。明治以降、御鋳立方の中心人物であったとして『鍋島直正公傳』に挙げられた、本島(嶋)藤太夫・杉谷雍助・田中虎六郎・谷口弥右衛門・橋本新左衛門・馬場栄作・田代孫三郎の七人を俗にこう呼ぶ。七人の褒賞は一律ではなく、本島や杉本などの勤続年数が長く、低い身分から取り立てられた者は頻繁に登場するが、賞与の内容が「御酒頂戴」などの軽いものである場合も多い。また、後述するが全く資料中に記述のない人物もあった。

まず、大銃製造方の現場主任であった本島藤太夫は、天保一三年(一八四二)三月に弓術出精と六月には御側頭であった親、本島織之助が病気により役方御断のため代理で褒賞を受けている。そして天保一五年に織之助が亡くなった際に織之助の勤功と合わせて藤太夫も勤功を褒賞されており、御加米五石を拝領している。この時、織之助は勤年数四三年、役職は御側固役であり、藤太夫は勤年数一五年であった。藤太夫自身の役職は明記されていない。

続いて藤太夫は、大銃製造方については、嘉永七年(一八五四)反射炉築立、元治元年(一八六四)御献納大銃鋳造と蒸気鑵製作、慶応元年(一八六五)公辺御頼御石火矢扨又御献納之御筒によって褒賞を受けた。同時に長崎警備に関して嘉永六年のロシア船渡来(プチャーチン来航)、嘉永七年のイギリス船渡来等、長崎表への異国船渡来に対する手配、また安政六年(一八五九)にはオランダ人が神島物見をする際の手配を整えたとして褒賞されている。その後、明治元年(一八六八)には深江助左衛門次席を仰せ付けられ、八五石の御加米を拝領し、すべて一五〇石取となっている。

大銃製造方手伝役であった杉谷雍助は、文久三年(一八六三)四月に鉄銃御鋳造について反射炉錐台等創業から日夜

表1　嘉永七年　大銃製造に関する褒賞

No	冊番号	丁数	月	日	褒賞した人物	褒賞された人物	拝領	肩書	褒賞の理由	備考
1	20	二四六	—	—		安房	御鞍鐙	—	伊王嶋神嶋御増築並大銃製造之儀別而は御大業候処全御趣意通御成就相成今般稀成御褒賞をも被為蒙右は初発より御深慮之程を奉敬知数年精慮を整毎事厚遂讃談御内諭諸手配は勿論公辺扨又御奉行所向其外万般行届候通取計殊ニ鉄銃製造海中築留之儀は類例も無之儀ニ而夜白、心労役々へも差引彼是抜郡（ママ）之勤労格別之儀御大慶思召	
2	20	二四七	—	—	御当役安房殿	播磨	御酒	—	伊王嶋神嶋御増築並大銃製造之儀別而之御大業候処諸般綿密相談骨折候	
3	20	二四七	—	—	御当役安房殿	志摩	御酒	—	同右	
4	20	二四八	—	—	御当役安房殿	鍋嶋市佑	御酒	—	大銃製造方御増築方ニ付而は別而之御大業ニ而御仕組所出勤諸事行届候通厚遂讃談別而骨折候	
5	20	二四八	—	—	御当役安房殿	重松善左衛門	御酒	—	同右	
6	20	二四八	—	—	御当役安房殿	丹羽久左衛門	御酒	—	同右	
7	20	二五〇	—	—	御当役安房殿	生野次郎兵衛	御酒	—	大銃製造方御増築方懸り合被仰付別而御大業之儀ニ付而ハ諸事無疎様立入申談別而骨折候	
8	20	二五〇	—	—	御当役安房殿	田中時之丞	御酒	—	同右	
9	20	二五〇	—	—	御当役安房殿	田中作左衛門	御酒	—	同右	
10	20	二五一	—	—	御当役安房殿	南部大七	御酒	—	同右	
11	20	二五一	—	—	御当役安房殿	田中五郎左衛門	麻御上下1 銀10枚	—	御増築方大銃製造方銀方兼被仰付台体之楯組扱も無之儀候処厚遂讃談夫々手を付格別骨折候	
12	20	二五二	—	—	御当役安房殿	森川利左衛門	役米50石	—	大銃製造方御増築方銀方兼被仰付台体之楯組を初諸調子筋等万端主与成相整銀米出入之儀も夫々無疎様取計且又地所為見分出崎をも被仰付彼是格別骨折候	
13	20	二五二	—	—	御当役安房殿	北原有右衛門	御酒	—	御目附勤役中大銃製造方御増築方懸り合被仰付諸事厚申談骨折候	
14	20	二五三	—	—	御当役安房殿	田中虎六郎	銀5枚	—	大銃製造方被仰付反射炉御築立等之儀専御創業之儀候	

									処初発より主与成取計別而骨折候	
15	20	二五三	―	―	御当役安房殿	田代孫三郎	役米10石	―	御増築方被仰付海中御築留扱又四郎嶋崎雲山上厳石切下ヶ両嶋共陣屋より御台場江之通路筋開明ヶ又は山中切通其外至而難事之筋ニ有之就中海中御築留之儀は荒波之場所柄ニ而更ニ見渡も無之儀ニ候処夜白粉骨差部夫々仕寄相付彼地詰切之様罷在暑寒風雨を不相厭普請場出張職方其外之ものへも無手抜致差引ヶ所ニて形之通御成就相成自余不相双抜群骨折候	
16	20	二五四	―	―	御当役安房殿	石田善太夫	銀3枚	―	大銃製造方一順兼帯被仰付受持之筋別而骨折候	
17	20	二五六	7	21	―	本島藤太夫	役米25石	―	御増築方扱又大銃製造方兼帯被仰付一体鉄銃御製造之義は西洋書籍之上而已ニ而現業之義は受拠も無之儀候処如形製造御創業与相成候通昼夜砕心魂職方之者江も夫々加指揮且又両嶋御台場御築立ニ付而は海中築留を始要害之ヶ所ニて縄張相整御武威相顕候様憤発差部候処ゟヶ所ヶ々共御台場其外如形厳重御築立出来普第共相整永世之御備吃度相立候通相成彼是非常之大業而已一身引受数ヶ年之間抜群骨折候	(1)
18	20	二五六	7	21	―	石川寛左衛門	麻御上下1 銀10枚	―	御増築方大銃製造方被仰付置台体之楯組拠も無之義候処厚遂讃談夫々手を付別而骨折候	(1)
19	20	二五七	7	21	―	永渕嘉兵衛	麻御上下1 銀5枚	―	同右	(1)
20	20	二五八	7	13	御当役安房殿	井上丈左衛門	御酒	―	大銃製造方御増築方ニ付而は御仕組所出勤諸事之取調綿密相整別而骨折候	
21	20	二五八	7	13	御当役安房殿	徳永傅之助	銀10枚	―	大銃製造方御増築方ニ付而は御主意之次第厚差含且御増築御拝借金之儀於江戸表田中善右衛門とも相談役筋より之伺事厚遂讃談万端主与成相整別而骨折候	
22	20	二五九	7	13	御当役安房殿	原田小四郎	銀7枚	―	大銃製造方御増築方ニ付而は諸伺等厚讃談御主意御請次且御増築ニ付御拝借金之儀江戸表ニおいて田中善右衛門共相談万端無疎様別而骨折候	

備考欄　(1)七月二一日立宿継ニ而左之通深堀申参ル

工夫を凝らし、両嶋御備筒を成就し公納を済ませた勤労に対し、一代侍へ身分替え、五人御扶持を拝領され、役職は大銃製造方附役を仰せ付けられた。慶応元年には公辺御頼石火矢について御酒を頂戴している。

つぎに、田中虎六郎は、嘉永五年一二月に御国産方（勤年数一五年）と精錬方兼務を仰せ付けられ、銀一枚を拝領している。嘉永七年には大銃製造方をも仰せ付けられ、反射炉築立の功に対し銀五枚を拝領している。

田代孫三郎は、天保一二年五月に郷普請方一順差次の役職で銀三枚を拝領しており、四年後の弘化二年（一八四五）七月には、津方として昨年の紅毛使節船渡来について役筋諸手配の勤功に対し御酒を頂戴している。この頃から長崎警備に関係し始めたものと考察される。嘉永七年には両島御台場築立に貢献し、役米一〇石を拝領している。その後、海軍取調方銀方の役職中、安政五年（一八五八）に病気により役方を断り、改めて両島御増築、韮山における御代官所反射炉御築立、公儀石火矢鋳立の勤功に対する褒賞を受けた。跡式を継ぐ息子兵助へ銀一〇枚が拝領されている。

以上のように本島藤太夫・杉谷雍助・田中虎六郎・田代孫三郎については褒賞の記録が見受けられるが、馬場栄作・橋本新左衛門・谷口弥右衛門の三人は、今回調査した五冊には記載が無かった。橋本・谷口に関しては、職人という身分のため、藩の組織編成に組み込まれておらず、記載が無い可能性がある。この点については今後の調査に委ねたい。

二　「両島台場増築」と「公辺御頼大銃製造」の褒賞

佐賀藩は長崎警備強化のため、嘉永四年（一八五一）より嘉永六年にかけて神ノ島・四郎島との間を埋め、これと伊王島の両島に九台場の増・新設を行った。この頃佐賀藩の財政は逼迫し、台場の整備と鋳砲事業には莫大な資金が必要だったため、[3]これらの財政危機を乗り切るために、鴻池をはじめとする大坂商人からの借財を「借財形付」や「示談」とし、さらに「郷内御仕組替」によって三支藩から本藩への献米等の仕組替えが新たに実行された様子が『褒賞録』にも見える。

嘉永五年九月一六日に深堀より「当夏石火矢火通」が滞りなく行われた、との申し参りがあり、石火矢方からは三人、御番方から一人、総勢一三人が褒賞されている。この石火矢は両島へ配備のために、築地で鋳造され長崎に運ばれた、およそ七〜九門の銅製一二〜二四ポンドカノン砲である。[4]「火通」とあるので、製造後の試発が成功したことへの褒賞であるが、これ以前に鋳造そのものに関する記述は見られない。この前後も継続的に築地での銅・鉄製砲の鋳造が行われているが、『褒賞録』に自分備向・公儀御頼の大銃製造の記述が登場するのは嘉永七年である（表1を参照）。

佐賀藩は嘉永六年に幕府より大銃製造を受注し、嘉永七年には両島台場の整備を完成させた。長崎でプチャーチンとの会見を終えた幕府大目付格筒井政憲と勘定奉行川路聖謨ら一行は、嘉永七年一月一六日に神ノ島・四郎島と伊王島の佐賀藩両島台場を視察し、その後一月二二・二三日に佐賀を訪問して築地反射炉と多布施反射炉を視察した。[5]

多布施反射炉は、品川台場に配備する幕府依頼の大砲製造のために新たに設けられた施設であったが、この時はまだ工事中であり、同年三月二七日に火入れが行われた。「筒井肥前守殿其外、神嶋御巡見之末、御備筒放出玉込をも御一覧相成候」一件と「伊王嶋神嶋御増築並大銃製造」、「両島台場御増築に付而公辺御頼筋」について、同年三月〜九月に褒賞が行われている。これらの褒賞は、御巡見の際に両島台場で設置大砲の演習を披露した石火矢方・御火術方所属の三四人と、台場増築に関わった者二六人、台場増築と大銃製造に関わった者二二人、公辺御頼筋に関わった者一八人の総勢一〇〇人に行われた。

この時、田代孫三郎（表1№15）は「御増築方被仰付、海中御築留扨又四郎嶋崎雲山上厳石切下ヶ、両嶋共陣屋より御台場江之通路筋開明ヶ、又は山中切通其外至而難事之筋ニ有之、就中海中御築留之儀は荒波之場所柄ニ而更ニ見渡も無之儀ニ候処、夜白粉骨差部夫々仕寄相付、彼地詰切之様罷在、暑寒風雨を不相厭、普請場出張職方其外之もの共へも無手抜致差引ヶ所ニて、形之通御成就相成、自余不相双抜群骨折候」として、役米一〇石を拝領している。他と比べても下賜の内容が重く、記述からも神ノ島・四郎島の台場増築で大きな役割を果たしたことが窺える。しかし、御鋳立方との繋がりはここでは見えない。台場増築での手腕が評価されて、後に韮山反射炉御築立方に抜擢されたと推察される。

田中虎六郎（表1№14）は「大銃製造方被仰付、反射炉御築立等之儀、専御創業之儀候処、初発より主与成取計別而骨折候」として銀五枚を拝領、反射炉創業の時より主な役割を果たしてきたことがわかる。

本島藤太夫（表1№17）は「御増築方扨又大銃製造方兼帯被仰付、一体鉄銃御製造之義は西洋書籍之上而已ニ而、現業之義は受拠も無之儀候処、如形製造御創業与相成候通、昼夜砕心魂職方之者江も夫々加指揮、且又両嶋御台場御築立ニ付而は、海中築留を始要害之ヶ所ニて縄張相整、御武威相顕候様憤発差部候処〻、ヶ所ヶ々共御台場其外如形厳重御築立出来、普第共相整永世之御備、吃度相立候通相成、彼是非常之大業而已一身引受、数ヶ年之間抜群骨折候」として、七月二一日に役米二五石の褒賞を受けている。これはこの時の褒賞で二番目に重い下賜内容であり、鋳砲の現場に携わっている者の中では最大である。本島は両島台場の増築と大銃製造方を兼帯し、台場の縄張を担当、鉄製砲の製造については西洋の書籍を参考にしながら成功させたとある。

この時、役米五〇石という最大の褒賞を受けた長崎御仕組方御番方附役、御石火矢鋳立方其外附役兼帯の森川利左衛門（表1№12）は、「大銃製造方御増築方銀方兼被仰付、台体之楯組を初、諸調子筋等万端主与成相整、銀米出入之儀も夫々無疎様取計、且又地所為見分出崎をも被仰付、彼是格別骨折候」とあり、反射炉建設と鋳砲事業の資金繰りに大きな役割を果たしたようである。

　嘉永七年の大銃製造に関する褒賞には、佐賀藩が自藩のために製造した物と、公儀より発注された物の区別がつけられておらず、反射炉建築と鋳砲事業全般として褒賞が行われている。

　藩内の手銃製造、御火術方の褒賞は引き続き行われているが、公儀御頼大銃製造について、『褒賞録』にはしばらく記述がない。「公辺御頼大銃製造」の褒賞が行われた嘉永七年から約一〇年後の元治元年（一八六四）八月二三日～九月晦日に「御献納之大砲製造偖又鋳造」について、一七人に対し（表2）、「製造仰せ付け置かれ蒸気罐製作取扱」（電流丸）の佐野栄寿左衛門ら精錬方九人とともに褒賞が行われた（表3）。これは、幕府が佐賀藩に発注した三門の鉄製一五〇ポンド砲と蒸気船、[6] 製鉄器械の献納に対する褒賞、元治元年六月二三日「佐賀藩主鍋島茂実（直大）「肥前守」に、刀及時服を賜ひ、製鉄器械及大砲等の献納を賞す」、元治元年七月二四日「幕府、佐賀藩家老鍋島安房・同鍋島志摩等に、大砲鋳造・蒸気船製作の功を賞す[7]」の後、藩内で行われた褒賞である。

表2　元治元年　大銃製造・鋳造に関する褒賞

	冊番号	丁数	月	日	褒賞した人物	褒賞された人物	拝領	肩書	褒賞の理由	備考
1	27	一八二	8	23	御当役御差次志摩殿	安房	銀70枚 御時服5	―	御献納之大砲製造、偖又鋳造仰せ付け置かれ候大砲製造取扱骨折候旨を以、名代西御丸召し出され書載之通拝領物仰せ付けられ候段、水野和泉守殿仰せ渡され候	
2	27	一八三	8	23	御当役御差次志摩殿	志摩	銀50枚 御時服5	―	同右	
3	27	一八三	8	23	御当役御差次志摩殿	田中五郎左衛門	銀20枚 御時服3	―	同右	

4	27	一八三	8	23	御当役御差次志摩殿	本島藤太夫	銀20枚 御時服3	—	同右	
5	27	一八三	8	23	御当役御差次志摩殿	渡邉善太夫	銀20枚 御時服3	—	同右	
6	27	一八三	8	23	御当役御差次志摩殿	石田善太夫	銀20枚 御時服3	—	同右	
7	27	一八三	8	23	御当役御差次志摩殿	於保作右衛門	銀20枚 御時服3	—	同右	
8	27	一八三	8	23	御当役御差次志摩殿	田中半右衛門	銀30枚 御時服3	—	同右	
9	27	一八三	8	23	御当役御差次志摩殿	石井平九郎	銀30枚 御時服3	一類	同右	
10	27	一八四	8	23	御当役御差次志摩殿	伊東外記	銀30枚 御時服3	—	同右	
11	27	一八四	8	23	御当役御差次志摩殿	伊東精介	銀30枚 御時服3	一類	同右	
12	27	一八四	8	23	御当役御差次志摩殿	杦本兵力	銀20枚 御時服3	一類	同右	
13	27	一八四	8	23	御当役御差次志摩殿	杉本右馬介	銀20枚 御時服3	一類	同右	
14	27	一八五	8	24	御当役御差次志摩殿	石橋三右衛門	銀20枚 御時服2	—	同右	
15	27	一八六	8	24	御当役御差次志摩殿	志波左傳太	銀20枚 御時服3	—	御献納之大砲製造、並製造仰せ付け置かれ候蒸気鑵製作取扱骨折候旨を以、名代西御丸召し出され拝領物仰せ付けられ候段、水野和泉守殿仰せ渡され候	

16	27	一八六	8	24	御当役御差次志摩殿	佐藤文平	銀10枚 御時服2	—	同右	
17	27	一八七	9	晦日	御当役御差次志摩殿	愛野忠四郎		—	御献納之大砲製造、偖又鋳造仰せ付け置かれ候大砲製造取扱骨折候旨、名代西御丸召し出され拝領物仰せ付けられ候段、水野和泉守殿仰せ渡され候	(1)

備考欄　(1)左之通書附相渡され候

表3　元治元年　蒸気鑵製作取扱いに関する褒賞

	冊番号	丁数	月	日	褒賞した人物	褒賞された人物	拝領	肩書	褒賞の理由	備考
1	27	一八四	8	23	御当役御差次志摩殿	本島藤太夫	銀10枚 御時服2		製造仰せ付け置かれ蒸気鑵製作取扱骨折候旨を以、名代西御丸召し出され書載之通拝領物仰せ付けられ候段、水野和泉守殿仰せ渡され候	
2	27	一八四	8	23	御当役御差次志摩殿	牟田二右衛門	銀10枚 御時服2	一類	同右	(1)
3	27	一八四	8	23	御当役御差次志摩殿	牟田藤吉	銀10枚 御時服2	一類	同右	
4	27	一八四	8	23	御当役御差次志摩殿	増田忠八郎	銀10枚 御時服2	—	同右	
5	27	一八五	8	23	御当役御差次志摩殿	沢野源左衛門	銀10枚 御時服2	一類	同右	(2)
6	27	一八五	8	23	御当役御差次志摩殿	沢野孫市	銀10枚 御時服2	一類	同右	
7	27	一八五	8	23	御当役御差次志摩殿	佐野栄寿左衛門	銀10枚 御時服2	一類	同右	
8	27	一八五	8	23	御当役御差次志摩殿	三ヶ嶋又右衛門	銀10枚 御時服2	一類	同右	(3)
9	27	一八五	8	23	御当役御差次志摩殿	服部善左衛門	銀10枚 御時服2	—	同右	

備考欄　(1)電流丸御船乗込　(2)長崎詰　(3)御船乗込

褒賞を受けた人物は、鍋島安房（表2№1）の銀七〇枚・御時服五枚を筆頭に、鍋島志摩（表2№2）の銀五〇枚・御時服五枚、田中半右衛門（表2№8）ら銀三〇枚・御時服三枚、つづいて本島藤太夫（表2№4）など銀二〇枚・御時服三〜二枚である。最低でも銀一〇枚以上という褒賞は、戊辰戦争以前では他に類を見ない。外圧の高まりと、国内情勢はついに内戦が勃発する中、御鋳立方・精錬方が仕事を全うし幕府の依頼に応えたことを、佐賀藩が自藩にとって非常に重要な事柄であると考えていたとわかる。

この時、本島藤太夫（表3№1）は御献納之大砲と蒸気罐に対する褒賞を同時に受けている。

その後、慶応元年（一八六五）一二月二九日と翌年の一月と四月に、「去ル丑年（嘉永六年）同卯年（安政二年）、従公辺御頼御石火矢扱又御献納之御筒等、夫々御公納被相済右ニ付而は、別而骨折候付」という内容で褒賞が行われている（表4）。この時褒賞を受けたのは三〇人、それまでの褒賞を受けていなかった牟田口利左衛門（表4№30）が銀三枚を

表4　慶応元年　石火矢・御筒等献納に関する褒賞

	冊番号	丁数	月	日	褒賞した人物	褒賞された人物	拝領	肩書	褒賞の理由	備考
1	27	二〇七	12	29	御当役志摩殿	多久縫殿	御酒	―	去ル丑年同卯年、従公辺御頼御石火矢扱又御献納之御筒等、夫々御公納被相済右ニ付而は、別而骨折候付	
2	27	二〇七	12	29	御当役志摩殿	原田小四郎	御酒	―	同右	
3	27	二〇七	12	29	御当役志摩殿	井上丈左衛門	御酒	―	同右	
4	27	二〇七	12	29	御当役志摩殿	伊東外記	御酒	―	同右	
5	27	二〇七	12	29	御当役志摩殿	諸岡彦右衛門	御酒	―	同右	
6	27	二〇七	12	29	御当役志摩殿	羽室雷助	御酒	―	同右	
7	27	二〇七	12	29	御当役志摩殿	田中五郎左衛門	御酒	―	同右	
8	27	二〇七	12	29	御当役志摩殿	杉本兵力	御酒	―	同右	
9	27	二〇七	12	29	御当役志摩殿	本島藤太夫	御酒	―	同右	

10	27	二〇七	12	29	御当役志摩殿	井内小右衛門	御酒	—	同右	
11	27	二〇七	12	29	御当役志摩殿	張玄一	御酒	—	同右	
12	27	二〇七	12	29	御当役志摩殿	渡邉善太夫	御酒	—	同右	
13	27	二〇七	12	29	御当役志摩殿	中嶋弥太夫	御酒	—	同右	
14	27	二〇七	12	29	御当役志摩殿	永渕嘉兵衛	御酒	—	同右	
15	27	二〇七	12	29	御当役志摩殿	石橋三右衛門	御酒	—	同右	
16	27	二〇七	12	29	御当役志摩殿	執行主一	御酒	—	同右	
17	27	二〇七	12	29	御当役志摩殿	石丸嘉右衛門	御酒	—	同右	
18	27	二〇七	12	29	御当役志摩殿	石田善太夫	御酒	—	同右	
19	27	二〇七	12	29	御当役志摩殿	野口栄次郎	御酒	—	同右	
20	27	二〇七	12	29	御当役志摩殿	小出千之助	御酒	—	同右	
21	27	二〇七	12	29	御当役志摩殿	杉谷雍助	御酒	—	同右	
22	27	二〇七	12	29	御当役志摩殿	杉町官太夫	御酒	—	同右	
23	27	二〇七	12	29	御当役志摩殿	深町文八	御酒	—	同右	
24	27	二〇七	12	29	御当役志摩殿	村岡寛蔵	御酒	—	同右	
25	27	二〇七	12	29	御当役志摩殿	中溝忠次郎	御酒	—	同右	
26	27	二〇八	12	29	御当役志摩殿	鍋嶋市佑	御酒	—	同右	(1)
27	27	二〇八	12	29	御当役志摩殿	生野源左衛門	御酒	—	同右	(2)
28	27	二一一	1	17	御当役志摩殿	安房	御酒	—	公儀御用御石火矢、扨又御献納御石火矢等、御鋳立ニ付而は、別而骨折候付	
29	27	二一一	1	17	御当役御差次伊豆殿	志摩	御酒	—	同右	
30	27	二一二	4	14	御当役志摩殿	牟田口利左衛門	銀3枚	—	去ル夘年同丑年、従公辺御頼御石火矢、扨又御献納之御筒等、夫々御公納被相済右ニ付而は、別而骨折候	

備考欄　(1)褒賞を受けた人物は、鍋嶋市佑の親、隠居鍋嶋夏雲。
(2)褒賞を受けた人物は、生野源左衛門の親、隠居生野孫右衛門。

拝領した以外は何れも御酒を頂戴している。元治元年八月の褒賞が功績に対する本来の褒賞で、慶応元年一二月二九日の褒賞はいずれもお酒頂戴であることから、晦日に関係者が藩主とともに直会をして労をねぎらう意味合いが強かったと考えられる。受賞者には本島藤太夫（表4№9）、杉谷雍助（表4№21）らがいる（表4を参照）。大まかであるが、御鋳立方では執政鍋島安房を筆頭に、御火術方を統括する鍋嶋志摩、御側の鍋島市佑（夏雲）、現場指揮を本島藤太夫・杉谷雍助らが行い、銀方を含む二十数人の士分、これに番子四〇～八〇人を加えた人数が動いていたと推測される。火薬製造や研磨等も含めると、一〇〇人以上が常時大砲製造に関わっていたと考えられる。

しかしこれ以後、慶応に入ると佐賀藩の鋳砲事業は段々と収束し、製造から輸入へとシフトしていく。『褒賞録』ではこの元治元年の褒賞を最後に、大砲鋳造の記述が過去の功績に対するもの以外見られなくなる。またこの頃になると、幕府からの依頼に応えるための部署である御鋳立方の必要性も減少した。

よく知られている通り、佐賀藩が戊辰戦争で軍事力を発揮したこと、また御火術方に対する褒賞は慶応三年まで引き続き行われていることからも、銃砲の配備に関して必要性が無くなったとは考えられない。佐賀藩の方針が製造から輸入へ切り替わったと考えるのが自然であろう。

三　御鋳立方に関わった人物

『褒賞録』に出てくる御鋳立方の技術者に対する褒賞は、前述の「御鋳立方の七賢人」及び嘉永七年（一八五四）と元治元年（一八六四）に行われたものが主であるが、それ以外にも褒賞を受けた人物がいる。御鋳立方に関わった人物で、万延元年（一八六〇）に遣米使節団として咸臨丸で渡米した小出千之助の他、これまであまり取り上げられてこなかった人物を次に挙げる。

⑴愛野忠四郎

〔史料1〕（鍋二五五-二〇）三四〇丁

一安政三年辰二月十五日立飛脚ニ而左之通江戸申参ル

一役廿八ヶ年　代々相続十一ヶ年毎歳米拝領後一ヶ年　手明鑓　愛野忠四郎

右者、請役所物書役多年堅固精勤、去々冬以来出府被仰付置、公辺より御頼之御石火矢御製造等ニ付而者、其筋々御用等毎事無手抜相整、諸般事馴向以御用可相立志ニ付、居肩被召替一代侍被召成、五人御扶持被為拝領、御石火矢鋳立方附役より江戸方記録取立兼被仰付候、

愛野忠四郎は、請役所物書役として長年精勤していたが去々年（安政元年〔一八五四〕）の冬以来出府しており、公辺が依頼した御石火矢製造について毎事手抜かりなく整え、御用立てしたことで、一代侍へ召し替えられ、五人扶持を拝領している。さらに御石火矢鋳立方附役から江戸方記録取立を兼任するよう仰せ付けられている。愛野が江戸でさまざまな用筋を整え、情報を記録する職務についていたことが分かる。

⑵馬渡覚之丞

〔史料2〕（鍋二五五-二〇）三五三～三五四丁

一安政三年辰七月廿九日御当役安房殿より

二十八ヶ年　馬渡七太夫実弟　馬渡覚之丞

銀二十五枚

森川利左衛門跡式之儀、一類中より如願不相替覚之丞へ被仰付、末者山崎孫三郎実妹へ嫁娵之儀も願之通被仰付

候、扨又利左衛門儀、長崎御仕組方御番方附役より御石火矢鋳立方其外附役兼帯被仰付置堅固精勤、近年繁々異船渡来ニ付而は毎度出崎をも仰付、御手配向等其時々無間違様取計、且又御増築方之儀、古今類例も無全新規之致事ニ而、火急之御手当向候処、夜白心魂を砕御趣意行届候通相整、扨又御鋳立方之儀、御用柄ニ付而は聊疎之儀等無之様、爰限差部職方其外へも懇ニ申諭遄御成就之場ニ相至り一体ニ付、去秋出府被仰出候処、御役々へも応対其外別而勤労罷在、別役以来数十ヶ年別而骨折候付、右被対勤功其方へ目録之通被為拝領候、

馬渡覚之丞は森川利左衛門の一類であり、跡式を継いでいる。ここでは、森川に対する褒賞を馬渡が代理で受けている。森川は御石火矢鋳立方その他附役を兼務し、精勤していた。近年頻繁に異船が渡来している長崎へ出向き、手配等行き届くように取り計らった。御鋳立方の御用柄について疎かにせず、職方その他へも申し諭した。去年（安政二年）の秋に出府し、御役々へも応対等の勤労をしたことにより、銀二五枚を拝領している。森川が御鋳立方の職方等の内部における調整役として、江戸においては交渉役として活躍していたことが窺える記述である。

⑶小出千之助

〔史料３〕（鍋二五五‐二七）三〇～三一丁

一安政四年巳十二月晦日御当役安房殿より

　　銀二枚　　小出利兵衛

其方弟千之助儀、蘭学寮定詰被仰付置抽、自余格別昇達、去冬より指南役備員、且当時ニ而ハ御石火矢鋳立方其外をも請持一体心掛厚、蘭学勤方等懇切相整一統之請方宜敷惣而、当夏已来御用書等翻訳被仰付候処、昼夜心魂を砕一際御用弁罷在奉至而志厚之儀ニ付、目録之通被為拝領候、

小出千之助は、蘭学寮定詰であり去年（安政三年）の冬から指南役備員も勤めていた。御石火矢鋳立方も請け持ち、

蘭学に励んでいた。夏以降は、御用書等の翻訳を行い功労したとして、兄の利兵衛が銀二枚を拝領している。

(4) 松尾龍蔵・本村九右衛門

〔史料4〕(鍋二五五-二七)二九〇～二九一丁

一明治二年巳十月廿二日当番権大参事より左之書付銘々へ相達ス

　　銀五枚　　松尾龍蔵

元大銃製造方附役被仰付置、平日心懸厚精勤、去ル子年以来諸与渡大砲等打続、数多之御製造殊ニ何連も火急之筋而已候処、聊間違等無之通一身ニ引請、毎事念精を入勉励尽力罷在候処、役局之儀器械所へ被相寄勤揚被仰付候、昇進後十三ヶ年別而骨折候段、大義被思召候、

　　銀三枚　　本村九右衛門

元大銃製造方手伝役被仰付、合薬方兼番宅相談神嶋御備用数十万斤、一時火急之製薬諸職之者共夫々駆引尖ニ出来立候通取計、其後大銃方一篇ニ相部是又大砲其外急場之御製造而已有之候処、夜白詰切諸事念精を入夫々綿密相整御用弁罷在候処、役局之儀器械所へ被相寄勤揚被仰付候、別役取束三十五ヶ年自余不相双別而骨折候段、大義ニ被思召依之書載之通、(以下略)

松尾龍蔵は元大銃製造方附役として精勤し、去る子年(元治元年)以来大砲等の大量製造の急務を一身に引き請けて尽力し、その後、役局を器械所へ寄せられ、勤揚を仰せ付けられ、昇進後一三ヶ年勤労したことに対し、銀五枚を拝領している。

本村九右衛門は元大銃製造方手伝役の合薬方兼番宅相談であり、神嶋御備用数十万斤を臨時の製薬諸職の者共とそれぞれ取り計らい、その後、大銃方だけに集中し大砲その他急場の製造があるときは夜白詰め切り、諸事念精を入れ

それぞれ綿密に整えた。その後、役局を器械所へ寄せられ、勤揚を仰せ付けられた。別役も含め三五ヶ年勤労したことに対し、銀三枚を拝領している。

おわりに

本稿では、公儀石火矢鋳立方の、反射炉築造と鉄製大砲鋳造に関わった技術者の経歴及び、彼らに与えられた褒賞について、鍋島家文庫の『褒賞録』から検討を行った。嘉永七年(一八五四)の「公辺御頼大銃製造」の褒賞、元治元年(一八六四)八月二三日～九月晦日「御献納之大砲製造偖又鋳造」について、御鋳立方で主要な役割を果たしていたと考えられる本島藤太夫らの事績を今一度佐賀藩の褒賞という側面から確認するとともに、今回新たに御鋳立方の関係者についてこれまであまり注目されてこなかった人物についても紹介した。御鋳立方は直接製造に関わる技術者やその補助者、予算や会計・蘭学に通じた者など、様々な技能や役割を持った人間が集まった部署だったことが分かる。

また、御鋳立方の功績について、約一一年にわたる活動期間中、そう頻繁に褒賞が行われていなかったこと、同資料中では大銃製造方・手銃製造方とともに、元治以降の記述が減少し、佐賀藩の鋳砲事業が製造から輸入へと切り替わって行われたことが読み取れた。

今後の課題として、三「御鋳立方に関わった人物」で取り上げた他にも、添付の表1～4中の御鋳立方で働いていた人々について、より詳細かつ広範囲な調査を行うことで御鋳立方の全容がもう少し明確化出来るのではないか。

『褒賞録』は一つの事項の記述内容は多くないが、統計的な手法を用いることで編年的な推移を追うことのできる資料でもある。この資料的性質を活かし、今後の調査に繋げたい。

註

（1）『褒賞録』の表記は、鍋島文庫の表記に準拠する。

（2）文政三年～天保四年（請求記号：鍋二五五―一八）、天保一一年～弘化二年（請求記号：鍋二五五―一九）、弘化三年～安政三年（請求記号：二五五―二〇）、安政四年～明治二年（請求記号：鍋二五五―二七）、明治二年（請求記号：鍋二五五―二八）。

（3）藤野保編『続佐賀藩の総合研究』（吉川弘文館、一九八七年）四九九～五五一頁。

（4）『幕末佐賀藩製砲関係資料集』（佐賀市教育委員会、二〇一二年）一六一頁。

（5）鍋島家文庫「神野御茶屋御家作一件控」（請求記号：鍋六七三―二）。

（6）『幕末佐賀藩製砲関係資料集』一七八頁。

（7）『維新史料要綱』五編、二一一頁。

佐賀藩反射炉見学者の実見録

大園隆二郎

佐賀藩反射炉の稼働過程については、表1のように整理されている。[1]これによれば、鋳造が成功した嘉永五年（一八五二）後半期の築地単独期から安政六年（一八五九）の多布施単独期の八年間が反射炉で実際の生産ができた期間ということになる。この間、佐賀藩以外から反射炉操業を見学した者は表2のとおり、約三〇人ほどにおよび、そのうち長短・精雑はあるものの記録に留めた者も一〇人ほどある（以下№〇は表2の番号を表す）。佐賀藩が反射炉による鉄製大砲鋳造に全力を挙げて取り組んだ事業が、もちろん簡単には許可されなかったものの、意外と多くの藩外者に公開されていたことは、列強にわが国全体として対するため、佐賀藩がこの技術を独占するつもりがなかったことが基本にあったと考えてよいだろう。

また、これらの成功の情報もその概要は一般藩士から、藩外に伝播することもあったので、秘匿されていたものではなかった。たとえば、安政二年と推定されている枝吉龍種（のちの副島種臣）が京都の国学者六人部是香に宛てた書簡には「弊邑には精練方と申す役所にて、諸薬種及び朱水銀等を製し、大銃製造方にて火銃を鋳たて、大船製造方にて蒸汽船等を造り、其他諸西洋向之事共行はれ、洋学生も数百人に及候得共、……」などと見えて、大銃製造方によ

表1　佐賀藩反射炉の操業区分

年	1850	1851	1850	1852	1853	1854	1855	1856	1857	1858	1859	1860
築地												
多布施												
区分		初期操業期			築地単独期		並行操業期			多布施単独期		

前田達男「幕末佐賀藩における鋳鉄砲の試射記録」『銃砲史研究』374より引用

表2　佐賀藩反射炉 藩外見学者一覧

番号	和暦	西暦	月日	見学者	見学場所 (築地)	見学場所 (多布施)	見学記載記録	出典
1	嘉永6	1853	前半期	金子与三郎(上山藩)	○			(1)
2	嘉永7	1854	1月20日	木下助之(熊本藩)	○	○	木下助之日記(一)	(2)
3	嘉永7	1854	1月20日～	武田斐三郎(幕府天文方)	○	○		(2)(3)
4	嘉永7	1854	1月22日	川路聖謨(幕府勘定奉行)	○	○	長崎日記	(4)
5	嘉永7	1854	1月22日	箕作阮甫(幕府天文方)	○	○	西征紀行	(3)
6	嘉永7	1854	1月22日	中村為弥(幕府勘定与頭)	○	○		(5)
7	嘉永7	1854	1月22日	菊地大助(幕府評定所留役)	○	○		(5)
8	嘉永7	1854	1月22日	日下部官之丞(幕府支配勘定)	○	○		(5)
9	嘉永7	1854	1月22日	篠原友太郎(幕府普請役)	○	○		(5)
10	嘉永7	1854	1月22日	石川周蔵(幕府普請役)	○	○		(5)
11	嘉永7	1854	1月22日	森逸八(幕府普請役)	○	○		(5)
12	嘉永7	1854	1月23日	筒井政憲(幕府大目付格)	○	○		(5)
13	嘉永7	1854	1月23日	古賀謹一郎(幕府儒者)	○	○	西使日記	(6)
14	嘉永7	1854	1月23日	八木鈞(幕府随行者)	○	○	陪征日記	(7)
15	嘉永7	1854	1月23日	窪田茂遂(幕府随行者)	○	○	長崎日記	(8)
16	嘉永7	1854	1月23日	片山一貫(幕府随行者)	○	○	従征日記	(9)
17	嘉永7	1854	2月8日・13日	福井金平	○			(10)
18	嘉永7	1854	(9月27日)	水野筑後守(長崎奉行)		○		(11)
19	嘉永7	1854	(9月末)	荻信之介(水戸藩)		○	荻信之介より差出候書取	(11)(12)
20	安政2	1855		三浦義十郎(長崎奉行所)		○		(13)
21	安政2	1855		小比賀良助		○		(13)
22	安政2	1855	8月25日	岡儀右衛門(萩藩)	○			(14)

23	安政2	1855	8月25日	山田卯左衛門(萩藩)	○			(14)
24	安政2	1855	8月25日	藤井百合吉(萩藩)	○			(14)
25	安政2	1855	8月25日	宍道植太(萩藩)	○			(14)
26	安政3	1856	1月14日	大槻格治(仙台藩)	○	○	西遊日記	(15)
27	安政3	1856	12月中旬	南摩綱紀(会津藩)			負笈管見	(16)
28	安政4	1857	閏5月27日	岩瀬伊賀守 (幕府目付)		○		(17)
29	安政4	1857	閏5月27日	平山鎌次郎 (幕府細工頭)		○		(17)
30	安政4	1857	10月	村田氏寿(福井藩)	○	○	関西巡回記	(18)
※31	安政6	1859	10月	河井継之助(長岡藩)		○	塵壺	(19)
※32	文久3	1863	9月	船曳大弐(久留米藩)			佐嘉藩承合書	(20)

※31 反射炉敷地内は見学していないが、外から反射炉を簡単にスケッチしている

※32 反射炉敷地内を見学していないが、近くで稼働の様子を聞いている

出典欄

(1)『幕末之名士金子與三郎』(上山町教育会、1925)

(2)「木下助之日記(一)」(『玉名市歴史博物館こころピア資料集成』4、2001)

(3)「西征紀行」(『大日本古文書　幕末外国関係文書　附録一』東京大学出版会、1986)

(4)長崎日記(『長崎日記・下田日記』東洋文庫、平凡社、1977)

(5)『幕府役人の佐賀藩反射炉見学記・伊豆戸田村でのロシア船建造見学記』(低平地研究会、2005)

(6)西使日記(『大日本古文書　幕末外国関係文書　附録一』東京大学出版会、1986)

(7)陪征日記(謄写本、東大史料編纂所 2073-33)

(8)長崎日記(『米沢市史編集資料』14、1984)

(9)従征日記(『従征日記　附・追征日記』1928)

(10)『佐賀県近世史料』第五編第一巻(佐賀県立図書館、2007)

(11)『嘉永七年御目通幷公用手控』(古文書研究会・佐賀、2007)

(12)『那珂湊市史料』12、那珂湊市 1991)

(13)『長崎支配勘定三浦義十郎殿・御普請役小比賀良助御石火矢為見分御城下被相越候手続』(鍋島文庫 385-1)

(14)『佐賀藩軍事技術の軌跡　佐賀藩史料『松乃落葉』』(思文閣出版、1987)

(15)西遊日記『江戸長崎文庫』第一篇(龍船堂、1955)

(16)「負笈管見」(原本、福島県立図書館所蔵)

(17)「公儀御用石火矢鋳立記」(『幕末佐賀藩製砲関係史料集』佐賀市教育委員会、2012)

(18)「関西巡回記」(永井環編『関西巡回記』三秀社、1940)

(19)『塵壺』(東洋文庫、平凡社、1974)

(20)「佐嘉藩承合書」(原本、久留米市立図書館所蔵、『久留米藩幕末維新資料集』上、鶴久二郎、1967)

る鋳立も含め、佐賀藩内部の事業推進のあらましが知らされている。[2]

反射炉見学者の嘉永七年正月分については、倉田法子氏による「嘉永七年正月　築地反射炉見学記[3]」の詳細な報告があるので、その分は重複をさけ、まだ紹介されていない史料について主に報告したい。

1　金子与三郎（上山藩）№1

佐賀藩以外の侍で、最もはやく反射炉を見学した人物である。金子は「山形藩人山田平馬に就き蘭法砲術及び兵式を学ぶ（中略）既にして海内を周遊し長崎に赴き高島秋帆に従て火技を修む[4]」と見えるので、東北の藩としては、当時としては早い頃から西洋砲術に理解が深かった人物である。嘉永六年三二歳のとき、佐賀に入った。『幕末之名士金子與三郎』には「九州の佐賀に至り反射爐を見て、鐵製の大カノン砲に感じ其鋳造法を伝習し、更に長崎に至りて高島四郎太夫に就き、洋式の火技を収得[5]」と叙述されているが、そのもととなる金子自身の記録が現在残っていないようなので、具体的なことは確認できないが、のちに藤田東湖を通じて水戸の徳川斉昭に献言した『杞憂臆策』には「肥前佐賀鐵製之大かのん砲誠に便利と奉存候」とあり、佐賀藩の大砲を高く評価していたことは間違いない。七月には帰藩したとされているので、佐賀来訪は年の前半、それも早い頃であろう。佐賀城下に来た時、枝吉神陽や横尾小次郎と面会していることは枝吉や横尾の金子宛の書簡で確認できる。[6]直接実見を記録した史料はないが、『幕末之名士金子與三郎』の記載によれば、金子はもっとも早い反射炉見学者となる。

2　荻信之介（水戸藩）№19

見学は嘉永七年九月末ごろと思われる。請役家老鍋島安房の手控『御目通幷公用諸控』の同年九月二七日の状に、

一、水戸家来、伊達う和嶋侯家来、両嶋拝見者御断相成居候へ共、反射爐者頻ニ相願候由、水戸家来増田忠八郎へも申越候由ニ付、当時築地其之方宜敷有之候へ共、当時築地者格別御筒も無之ニ付、御鋳立方之方見掛宜敷有之候ニ付、同所拝見内々可被仰付旨、

と記載されている。(7) 文中の増田忠八郎は、佐賀藩から水戸に留学し会沢正志斎に学んだ人物で、水戸藩に人脈を持っていたので、仲介を依頼されたものであろう。「水戸家来」が誰かということは書いていないが、下記の二つの史料から荻信之介であることは間違いないであろう。『水戸弘道館大観』によれば、荻信之介について次のような記載がある。(8)

加治吉次郎君寛

此の人は荻庄左衛門の次男で即ち吉太郎君孝の弟である。加治氏の養子となつて其の氏を偁したのだが、後に故あつて復帰して荻信之介と偁した。文武に励精し文は舎長に武は砲術に精通した人で、後に烈公の命を以て長崎に赴いて西技を伝習したこともある。又嘗て真田信濃守の知遇を受けたといふ知名の人である。

荻自身の直接の見聞記は残っていないが、翌安政二年二月に「荻信之介より指出候書取」から水戸の反射炉との比較で佐賀の反射炉のことを述べている記録がある。(9) 関係の部分の概要を箇条でしめせば、

①炉が正しく直立するためには基礎が大切であることをいい、佐賀はたびたび曲がってしまったこと、幕府から依頼の多布施の方も「少々曲り候様相見」えたと伝えている。佐賀は完成まで二一回仕直したとも報告している。これは反射炉の基礎作りに軟弱地盤の佐賀が困惑難渋した事態を語っているのであろう。

②燃料について、佐賀は樫や柚の木炭、砕気を取り去った石炭を用いていることを述べている。砕気を取り去った石炭とは一度焼いて燻らないようにした徳用炭のことであろう。この時点で、石炭も用いていることが知られる。

木炭の場合であろうが、三〇〇〇斤（約一八〇〇kg）の鉄を溶かすのに五貫匁俵（約一八・七五kg）五〇俵が必要と教えられている。

③オランダ人は高釜（高炉）というものを用いなくてはならないというが、佐賀藩はその替わりに甑にて鉄を一度吹いて（図あり、省略）このような形に固め、自然とさましてから反射炉に掛ける。石見の鉄を用いると報告している。

④佐賀の水車は、川幅二間（約三・六m）、深さ五尺（約一五〇cm）から二尺（約六〇cm）の川で良く動いている。

⑤水車が一周する間に筒梳《けず》りは一〇から一一回転する。これで二〇ポンドから三六ポンド砲を削ることができる。鉄の仕上がりがよいと錐の開削もよい。初めの頃は、昼夜一日で二寸（約六cm）であったが、自分が見た時は七、八寸（約二一～二四cm）開けることができたと観察している。

以上のような記述があるが、佐賀で丁寧な視察をしていることが分かる。

3　大槻格治（習斎）（仙台藩）No26

『仙台藩人物叢誌』によれば、同藩の藩校を開いた大槻平泉の子で、父没後学頭職を継ぎ、さらに西洋学問所を開き、洋式の兵制・鋳砲・造艦・築城などを教えた人物である。[10] 安政三年、佐賀城下に来訪したのは四六歳のときである。その著『西遊日記』によれば、一月一四日に渡辺善兵衛・洪助之進に出迎えられ、城下の医学館で詩会に臨んでいる。草場佩川や武富文之助など数人も臨席した。[11] 草場佩川や武富文之助といえば、佐賀きっての碩学で藩校弘道館の教師である。習斎は「文武共に盛なり格別大家もなけれと俗吏武人といへとも詩位作らぬ者なし」と佐賀藩の好学の士風を評価している。ただこの詩会で習斎は変名を使っていたようで、佩川の日記『安政三年之日次』一月一四日には「晩前医学寮仙台書生太田盛応接、及二更」とあり、習斎が太田盛と名乗っていたようであるが、[12]二更といえば夜一〇時ごろであるから、熱心な話が展開したものであろう。佩川の日記一五日によれば、習斎は佩川に詩作の添削を願ったようで、添削を使いに持たせた。さらに一六日には太田のために詩画を描いて贈った。佐賀滞在はこの一四日から一六日でこのうち、どの日に反射炉を見たかはわからない。また敷地に入って詳細に説明を受けたかも不明であるが、以下のようなことを記録している。[13]

反射炉二ヶ所にあり、皆城外にて四ツあり、杉谷鷹助田中虎六郎の手になると云、最鉄性を弁る者は刀鍛冶忠吉《タヽヨシ》なり、且二ヶ所之内一ヶ所は公義御用の反射炉なり、西洋学問所の隣にあり、此学校江は毎日諸生百人余も稽古に出席之由、自ら翻訳の出来る者凡二十人余あり、西洋学の盛なる天下恐らくは匹なし、反射炉は二度失作漸く三度目に出来となり、其中異議紛出、家老ども諫上候処、反射炉細工人を呼寄御相談ありしか、今一度造り度と申上けれは、断然衆議を排し御納戸ゟ金子御出、又以命られ候処、果して三度目に出来となり、英雄事を倣す久きに耐るを第一となす、性急なる者如何そ事業を倣し得ん、（下略）（読点は筆者による）

ここで分かることは、

①反射炉が築地と多布施二ヶ所に四基あること。
②杉谷鷹助（雍助）および田中虎六郎の手になると教えられたこと。
③刀鍛冶橋本忠吉《タダヨシ》の専門的知識が評価されていたこと。
④二ヶ所の内一ヶ所は公儀御用の反射炉と知られていたこと。ただ西洋学問所（蘭学寮）の隣にあったのは築地の方で、ここは認識が混乱している。
⑤反射炉は二度失敗し、漸く三度目に出来たこと。その間に異議紛出（噴出）し、直正の直裁で継続できたこと。

などである。一七日には木原義四郎と枝吉次郎（のちの副島種臣）に送られて小城へ向かった。遠来の客でもあり、丁重に扱われている。小城から多久・唐津・呼子・武雄・大村を経て、長崎へ到着した。長崎では四郎ケ島辺に舟を出し、砲台を見分している。出島の蘭館も長崎奉行の役人について見学している。この日記は、胸中記憶するところを帰ったあとまとめたものらしく、長崎から送った荷物がまだ届かないから略記する、としてある。佐賀城下についても詳しい見分記録があったとも推量されるが、現在のところその記録を見出せない。

4　南摩綱紀（会津藩）№27

安政三年一二月に佐賀城下に来訪した。南摩は会津藩から選ばれて昌平黌へ入った秀才である。明治以後も東京大学教授などを勤め、明治四二年、八七歳で没した⑭。佐賀を訪れたときは三四歳である。草場佩川の日記や同船山の日記によれば、一二月一六日に佐賀城下の医学館で佩川に会い、一八日に多久の船山のところに行っている⑮⑯。二三日に船山に送られ武雄に向かっている。南摩もこのときの出会いを「船山詩集序」に書き残している⑰。この日程から推量すれば、南摩が反射炉を見学したのは、一二月一六日・一七日ぐらいのところであろう。旅の報告である『負笈管見』の「佐賀」の項によれば、反射炉については以下のように記している⑱。

反射炉二、一ハ蘭学館ノ近クニアリ、一ハ多布施川畔ニアリ、初ハ一ッ作リタルヲ後ニ幕府ノ大砲ヲ鋳ル為ニ六七年前又一ッ作リタリト云、共ニ其製極テ精密而巨大ナリ、二十四封度ヨリ八十度（封脱カ）迄ノ大砲多ク鋳並ベテアリ、其砲ヲ切リ、穴ヲ穿ツハ皆水車ニテ人力ヲ用ヒス、其法極メテ便ナリ、之ヲ鋳ルニ用フル処ノ炭ハ、柚子木ノ炭也、（石鼓按、蚊子木俗櫛材ニ用フル、イスル樹ナルカ）俗ニ猿ヒヤウノ木ト云、薩州又ハ日州ヨリ出ツ、甚ダ堅木ナリ、実ノナル種ヲ佳トス、花柚子ハ少シ柔ニテ悪シ、、其它ノ柔軟木炭皆用ニ立ヌト云、此反射炉ヲ作リ始ル時、屢損シ十一度改作シテ漸ク成ル、闔藩士ハ勿論、侯モ厭倦セラレ、已ニ廃セラルベキヲ藩士田中虎六郎及何某、強テ強ニ必力ヲ尽シ、遂ニ成就スト云、按スルニ、新ニ事物ヲ作行スルハ短慮ト損失ヲ厭フテハ成就セヌコトナリ、只此炉ノミニアラズ又京摂江都其他諸国ヨリ諸職工ノ名人巧手ヲ招キ、諸器ヲ製作ス、京師ヨリ喜助ト云諸事ニ老練ノ者ノ職工ヲ呼下シ、廿口俸ヲ賜フテ諸器ヲ作ラシム、反射炉抔モ此喜助専労力シテ成ルト云、蘭製ノ瓶抔、甚精巧ニテ今ハ長崎ヨリ買ニ来リ、蘭渡ト称シテ売出ス、真贋弁別シ難シ、又京焼ノ陶器抔モ真物ニ異ナラズ、凡テ諸物ヲ他国へ売出シ、国中ハ他ヲ仰カスシテ足ラスル法ナリ、（読点は筆者による）

南摩は二つの反射炉を見学、その巨大さに驚き、二四ポンドから八〇ポンド砲がずらりと並べられている状況や水車の仕掛けにも目を凝らしている。木炭の材料となる木材の材質にも注目していて細かい。また、南摩は容易に成功しなかった反射炉築造の過程を聴き、かつその技術には他藩の人材を採用していることを特色と捉えている。中村奇輔の名が挙がっているが、この時点では、火薬の関係で製砲に関わっていたものであろう。蘭製の瓶とはガラスのことであろう。京焼とは反射炉築造に関わった力武弥右衛門が指導した佐賀城下での幕末の焼物伊勢屋町焼のことであろう。嘉永七年の川路一行の接待にもこの焼物は一部に使われている。ガラスや京焼などの売買流通に注目している点は他にあまりみられない記述である。

5　村田氏寿（福井藩）№30

松平慶永に仕え、諸藩士と交流した。禁門の変では福井藩兵を率い、長州藩と戦い傷を負った。坂本竜馬との交渉もあった人物である。[19] 村田は安政四年六月一一日、佐賀城下に来訪している。すでに薩摩で反射炉を見学し、宇土、島原、長崎を経て佐賀城下に入った。『西遊日誌』に「十三日　烈暑、……早朝公儀反射炉拝見、御役人於保作左衛門吉村重四郎面会、四ッ前、宿所へ帰り……」とあり、一三日午前中に多布施の反射炉を見学したことが分かる。[20]訪れた地域を個別に記した『関西巡回記』の「佐賀」の項には反射炉について次のように記している。[21]

一、反射炉佐賀藩にて出来候は八九年に相成、近年又公儀より御あつらいにて、今一ヶ所反射炉出来都合二ヶ所に御坐候。但し高炉四ヶ所なり故に鉄溶解所二ヶ所也。

一、公儀より御あつらい鉄製砲卅六封度廿四封度五十門御あつらいに候所、其内十八門磧車共に已に昨年品川へ船載に相成、其後又々出来候分、現に卅六封度十二門廿四封度七八門、架車ともに出来に及び申候。此外鋳造有之分は猶数多相見候。右之外に三十封度ミツテルカノン同ランゲカノン三十門御あつらいの由、是は薩州献上の軍艦備用に相成候由、右両種の砲も追々出来に及び候事の由。

一、キールバング水車二ヶ所に仕掛候故、一時に六門ヅヽの錐モミ出来、大分目醒敷事に御坐候。

一、右様の砲を鋳立候には鉄の鋳形有之候。一門の模形を六或は七ツに分ちて、仮令ば図(筆者注：図あり、省略)の如く、扨中のシン金は唐銅にて作り、鉄形とシン金の間に土を塗込十分につき堅め候上にて乾きたる時分中の唐銅シン金を抜取申候。

一、佐賀侯鉄製砲は六七十門斗も出来に相成候由。

文中、高炉と書いているところは、いわゆる高炉ではなく、煙突を備えた反射炉の鉄溶解部分を指していると考えられる。佐賀藩は、松平慶永の実妹筆姫が鍋島直正の正室であり、「御間柄様の事故少しも御かくしも可申様無之」という態度で臨んだ。村田は技術者ではないので、どちらかというと幕府へ納めた鉄製砲や薩摩から幕府へ献上する艦船に備える鉄製砲などに興味があった模様で、佐賀藩もこれらについて詳しく説明したようだ。技術的なことでは、大砲の中子のことについてはよく観察している。

6　船曳大弐（久留米藩）№32

久留米藩の大石御祖神社の神職で国学者である。鉄門とも称した。池尻葛覃に漢学、中島広足に歌文を学び、明治以後は香椎神社や高良神社の宮司を勤めた。明治二八年（一八九五）七三歳で没した。(22)「佐嘉藩承合書」の内容から見ると、文久三年五月の長州藩の攘夷決行後の佐賀藩の動静を見に来ていた様子で、特に反射炉を調査見学するため佐賀に来たというわけではない。滞在中、城下の伊勢神社の神職と思われる杉野外記の所で雅会があり出向いている。その伊勢神社は築地にも多布施にも近く、このとき近くの見聞談として、反射炉のことを書き残したものであろう。その報告の関連個所は「御城下鍛冶屋ニ而、武器製造いたし居候所は一向見当不申候、尤製練場・返車爐等は盛之模様ニ見受申候間、相尋候得は、全く他所註文之品と相答申候」というものである。(23)この船曳の報告で注目されるのは、報告した年月が、文久三年（一八六三）九月一〇日というところである。もし記されたことに誤りがなければ、反射炉の操業が終了したとされる多布施単独操業期の末、すなわち安政六年の末から四年後である。安政六年以後は、築地・多布施とも反射炉の稼働はないとされている時期である。船曳の報告が事実であり、記録に記されたように反射炉が盛んに稼働していたとするならば、この時点では反射炉は再開していたという状況を考えなくてはならないだろう。そう考えれば、即断はできないが、これまでどう理解したらよいか位置づけ困難とされていた慶応元年（一八六五）頃の二四ポンド鉄製大砲三門の鋳造が、やはり反射炉の再稼働によって行われた可能性も出てくるのではないかと考えられる。

7 秋月悌次郎（会津藩）

秋月が反射炉を見学した記録はないが、見学した可能性がある人物として、紹介しておきたい。秋月も南摩と同じく会津藩から選ばれて昌平黌に遊学した俊才で、昌平黌では舎長にも任じられた人物である。枝吉神陽が昌平黌に在校したとき、同じ古賀侗庵の門下で親しかった。

秋月が藩命を以て諸国観察の遊歴に出て、佐賀を訪れたのは、安政六年（一八五九）の秋であった。その前に薩摩も訪問している。薩摩では昌平黌の友人重野を訪ねるつもりだったようだが、そのころ重野は奄美大島に流謫されていたので会えていない。そのときのものであろう重野士徳を懐う漢詩を残している。(24) その後、旅を続け、佐賀城下でも昌平黌の友人枝吉神陽を訪問し「己未秋日、枝吉詞宗を訪ふ」の七絶を神陽に贈っている。(25) 詞宗とは文人を尊敬して付ける言葉である。末句に「西海故人唯君を訪ふ」とあり、重野に会うことのできなかった秋月が昌平黌の友人では唯一神陽のみに会うことができた感慨が詠われている。この場合、故人とは古くからの友人のことである。秋日とあるので、佐賀に来たのは七月以降となる。

秋月はこの旅の報告を『観光集』七巻にまとめた。肥前はその巻一に入っているが、今残されている清書本と見做される第一巻には肥前は長崎のみで佐賀城下の記載はない。(26) 秋月の役目は諸国の調査観察にあったと思われるので、当然同じ会津藩の南摩が以前見た物は、見ている可能性はある。ほぼ同時期に佐賀城下を通った河井継之助が一〇月五日、諫早で、秋月がすでに長崎に滞在していることを聞いているので、秋月が佐賀を通ったのは九月半ば以前であろうか。秋月は長崎の稲佐の製鉄場を見て、「其の仕掛など妙なり」などと、その観察を同宿の河井に話している。(27) これからしても佐賀で反射炉を見学した可能性はあると思われる。なお、秋月は長崎で佐賀と福岡の藩士の警備状況を比較して、筑肥ノ藩士隔年交番ス、筑人美衣食器玩ヲ求ムルヿ甚タ多シ肥藩ハコレニ反ス、故ニ商人筑士ノ当番ヲ喜ヒ、肥人ヲ喜ハス、コレ細事ト雖ソノ奢倹強弱ヲ知ルニ足レリ…（下略）

と観察して記している。(28) 両藩の気質が分かる話である。

なお、大正一五年に久米邦武が記した「反射炉遺址碑」には、

安政季に至り、銃砲みな施条腔《せじょうこう》を用ひ、円錐形弾を塡《うず》む。旋回直飛して遠離《えんり》に達す。昔は数十百歩の外に射し、今すなはち数町里の外に射す、尋《つ》ひで銅管を用ひ、弾薬雷粉を裹《つつ》み、後腔《こうこう》よりこれを挿入す。牽機《けんき》圧塞《あっそく》して発射すれば、極めて猛烈の威力なり。万延の北支那の戦は、英仏此れを以て太沽を陥ること蘆葦《ろい》を搤《にぎ》るが如く、長軀して北京に入る。爾後《じご》滑腔《かっこう》前装幾ばくか廃れり。その施条後装砲《こうそうほう》、鋼鉄を用ひ、鍛錬しこれを製す。我が工場黽《びん》勉《べん》模《も》倣《ほう》して、一門を鍛成す。江戸邸に秘蔵し、明治戊辰の役に一たびこれを用ふれば、上野灰燼《かいじん》たり。再びこれを用ふれば、会津陥落《かんらく》す。然れども工費貲《あがな》へず。藩力の堪《た》ふる所に非ざるなり。国家統一して工場の廃《すた》るゝこと既に六十年、遺址《いし》殆ど復《ま》た尋ぬべからず。因て建碑し、これを表す。（原漢文）

とある。(29) これを素直に読めば、上野戦争で使用されたといういわゆる「佐賀藩のアームストロング砲」と称されたものは、やはり一門は佐賀藩で造られていたと理解される。それは「我が工場」でとあるので、反射炉を使って鋳造されたものではなかったように推察される。いずれにしても久米は幕末鍋島直正の近くにも侍していた人物であるので、この回顧は、「佐賀藩のアームストロング砲」に関する重要な証言の一つと考えてよいだろう。

註

（1）佐賀市教育委員会『幕末佐賀藩反射炉関係文献調査報告書Ⅱ』（佐賀市重要産業遺跡関係調査報告書第六集、二〇一四年）一二頁。
（2）森下眞男「南里有鄰と六人部是香との交渉」（佐賀県立図書館『佐賀県史編纂資料』三四八『南里有隣の神道思想』分類番号 S200. 88/Sa15/348）二〇～二一頁。
（3）倉田法子「嘉永七年正月　築地反射炉見学記」（『幕末佐賀藩製砲関係史料集』佐賀市重要産業遺跡関係調査報告書第二集、二〇一二年）一八一～一八八頁。
（4）『大日本人名辞書（一）』「金子清邦」（講談社学術文庫、一九八〇年）七三〇頁。
（5）寺尾英量『幕末之名士金子與三郎』（上山町教育会、一九二五年）五五頁。
（6）同右、六九頁及び三二一～三二五頁。
（7）『嘉永七年御目通并公用諸控』（古文書研究会・佐賀、二〇〇七年）一三六頁。
（8）名越漠然『水戸弘道館大観』（茨城出版社、一九四四年）二四三頁。
（9）那珂湊市史編さん委員会『那珂湊市史料』第一二集　反射炉編（那珂湊市、一九九一年）一三～一四頁。
（10）『仙台藩人物叢誌』（宮城県庁、一九〇八年）四四～四五頁。
（11）大槻格次「西遊日記」（『江戸長崎文庫』第一編、龍船堂、一九五五年）一〇頁。
（12）三好不二雄・三好嘉子『草場珮川日記』下巻（西日本文化協会、一九八〇年）六〇一頁。
（13）前掲註（11）一〇頁。
（14）『大日本人名辞書（三）』「南摩綱紀」（講談社学術文庫、一九八〇年）一九六六頁。

(15) 前掲註(12)六二七～六二八頁。
(16) 荒木見悟・三好嘉子『草場船山日記』(文献出版、一九九七年)二七四～二七五頁。
(17) 南摩綱紀『環碧楼文鈔』巻一(写本、国立国会図書館、W131/96)。
(18) 南摩綱紀『負笈管見』(写本、福島県立図書館地域書庫、029/稀覯書/83)。
(19) 『大日本人名辞書(四)』「村田氏壽」(講談社学術文庫、一九八〇年)二六五一頁。
(20) 永井環『関西巡回記』(三秀社、一九四〇年)二一九頁。
(21) 右同、九四～九五頁。
(22) 『大日本人名辞書(三)』「船曳鐵門」(講談社学術文庫、一九八〇年)二三一四頁。
(23) 『佐嘉藩承合書』(久留米市立図書館所蔵、A1944-040-古文書-0003)。
(24) 秋月悌次郎『韋軒遺稿』。
(25) 龍造寺八幡宮・楠神社『枝吉神陽先生遺稿』(出門堂、二〇〇六年)。
(26) 秋月胤永『観光集』(新村出記念財団、重山文庫 210. 58/C-391)。
(27) 安藤英雄校註『塵壺　河井継之助日記』(平凡社、一九七四年)一一六頁。
(28) 前掲註(26)。
(29) 久米邦武『久米博士九十年回顧録』下巻(早稲田大学出版部、一九三四年)撰文集六五～六六頁(復刻、宗高書房、一九八五年)。

本稿を成すに当たって『観光集』の史料閲覧に御便宜を下さいました新村出記念財団に対し厚く御礼申し上げます。

佐賀藩御鋳立方 田中虎六郎の事績

多久島　澄子

はじめに

佐賀藩の御鋳立方七賢人の一人と称される田中虎六郎については、昭和一〇年（一九三五）の『佐賀県郷土資料集』にわずかに次のように記載されている[1]。

田中虎六郎……名は貞則、紫坡と号す。文化十二年（一八一五）生る。人と為り磊落不羈又頗る奇行に富んだ。藩学指南の職に在ること多年、後神埼の代官となった。常に西洋の文物を究め、鉄砲器械の術に通暁し、大に成す所あらんとせしも世に容れられず、只熊本の横井小楠と相知り、互に詩文を応答して楽とした。安政四年（一八五七）七月歿す。享年四十三。

佐賀藩家臣団名簿として安政年間に作成された『早引』によると、田中虎六郎は物成四五石取りで、藩校弘道館の成績は文学独看という最高点である。年齢は四二歳、天祐寺町に在住。鍋島左太夫組に属し、跡継ぎの村之助が一九歳とある。しかし午年つまり安政五年に二二歳の龍之助が相続人として書き込まれている[2]。

本稿は、屈指の人物と評されながら墓所の存在さえ不明である田中虎六郎について、熊本県玉名市の木下家に遺された書簡を通して、嘉永から安政にかけての佐賀藩と熊本藩の関係を探っていくものである。

一　田中虎六郎と横井小楠

1　田中虎六郎の人物像

『鍋島直正公傳』からそのひととなりを読んでいくと、「田中虎六郎は卓落不羈の俊才にて経史を網羅し、詩文に馳騁し有為の資を具して大抱負を抱けり」(3)に始まり、屈指の人物であったことが繰り返されている。天保九年（一八三八）、藩主直正が学館（弘道館）の優秀な人物を代官に抜擢した際、田中虎六郎貞則は「学館にありても屈指の人物にて、人と為り豪宕不羈其器衆に超越したりし」ゆえに神埼の代官に任命された。(4)次の出来事が虎六郎の人物像をよく表しているので概要を述べる。「天満宮の倒木を伐ろうとしたところ起き直った。これは奇特の神為だとの噂を村民が流し、その天満宮は参詣人が群をなした。代官田中虎六郎はこのような迷信を憎み、その天満宮の祠に火を放ち、これを焼いてしまった」。迷信を憎むあまりの過激な行為は処分を受ける事態に陥ったが、直正の擁護により譴責処分で済んだという。この出来事は当時の青年たちには支持され伝承された。(5)

当時、「直正公の他に西洋学に注意したるものは只田中虎六郎一人あるのみ」とある。(6)御鋳立方七賢人の役割を要約すれば、「杉谷雍助が原書翻訳し、田中虎六郎がこれを講究修潤し、馬場栄作が反射炉内屈曲の面積を算定し、鋳造は谷口弥右衛門、鉄の熔解参加物《ママ》の調和は橋本新左衛門の経験を生かし、本島藤太夫は韮山その他で伝習したことを反映、経済事務は田代孫三郎が担当した」とある。(7)

本島藤太夫が鋳砲の製造が進まぬため切腹しようとしたのを止めて、虎六郎は言った。「諸大名は江戸に参集して国家の事は更に心にかけず徒に聲色娯楽に耽りて莫大の資を費し、ために全国困窮に及べども尚無用の濫費に溺れて顧るところなかりしに、我公独り弊風に染まず質素倹約を以て一藩を率い国家の為必要なる防備を成さんとす[8]」。

虎六郎が大砲鋳造にその効力を説いた硝酸、硫酸、塩酸、灰精、遭達の効用が動機となり、嘉永五年（一八五二）一一月一〇日、国産方に新たに精煉方が設置された[9]。このように直正の海防計画をよく理解した人物であった。が、にも拘わらず「時局の變遷に著目して舊學の範囲を逸出し、西洋の理化學に意を注ぐとともに學者を軽蔑し俗吏を慢弄する[10]」ところがあって、人に容れられなかったという。

安政元年（一八五四）、長崎台場完成の褒賞として直正は家定将軍より時服三〇領、備前長船長光の銘刀拝領の栄誉に浴した。弘道館では全藩から募集した恭賀の詩文一五冊が奉呈され、その中の田中虎六郎の長崎両島の築堡工事を叙述した壮快極まる万言の文は、最も雄大な傑作と推された。その結尾「君不見實刀之光夜與太白浮、西洋群胡猶有生気不」の二句はその後、盛んに書生間に吟唱された[11]。

2 「四時軒記」

中島吉郎著『佐賀先哲叢話[12]』には、「田中貞則、一名愼、称虎六郎、號紫坡、嘉永《（マヽ）》四年七月歿[13]」と書かれている。虎六郎が愼の名をもって書いた「四時軒記」が熊本市立横井小楠記念館に展示されている。

今茲乙卯之夏有人自南来者傳肥後横井君手書。余承閲之。曰吾頃者營于我鄙沼山津村既成徒焉。地距府二十里許有山水之勝。吾居之東南曰飯田之山・船底之山。二山對時而當軒並有佳色。吾居之前臨水澤。江津川・美刀利川近之、毎遇霖雨二川之水漲溢合為一注澤中浩々渺々立為大湖、眞壮観也。其後曰鶯原、廣衍可馳馬射猟、為藩閲兵之場。此數地者其勝求諸一國不多得也。而盡環吾居之外。吾日起臥其中山水之観獨縦焉吾甚樂矣。加之朝暮陰

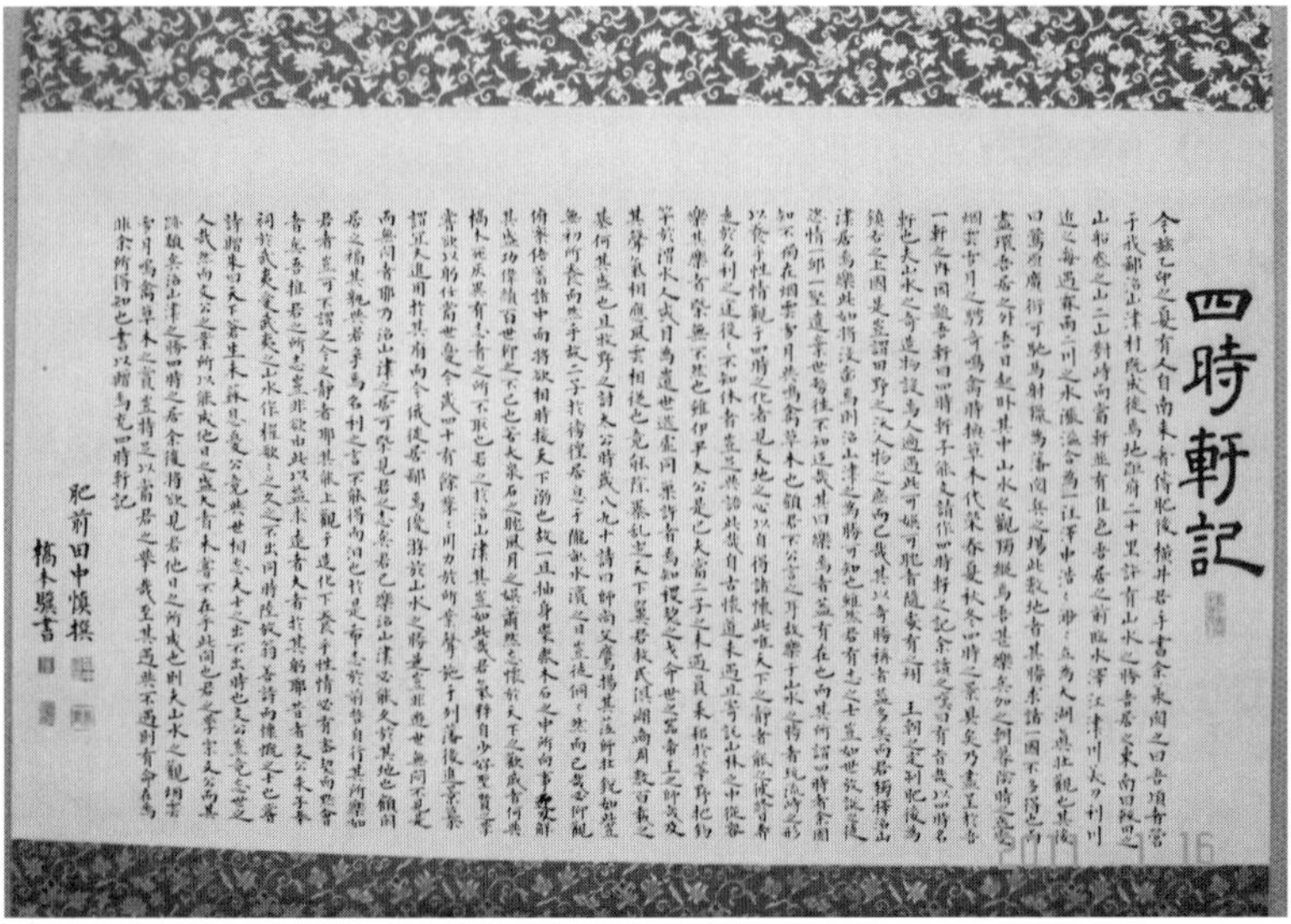

図１　熊本市立横井小楠記念館展示の「四時軒記」

晴之迭變烟雲雪月之騁奇、鳴禽時換草木代榮、春夏秋冬四時之景具矣乃盡呈於吾一軒之内。因題吾軒曰四時軒。子能文、請作四軒之記。余讀之嘆曰有旨哉以四時名軒也。夫山水之奇造物設焉。人適遇此可娯可耽者隨處有之。矧(欠字)　王朝之定制肥後為鎮右之上國。是豈謂田野之沃人物之庶而已哉。其以奇勝稱者盡多矣。而君獨擇沼山津居焉樂此如将没歯焉則沼山津之為勝可知也。雖然君有志之士、豈如世放誕之徒恣情一邱一壑遺棄世務往不知返哉。其曰樂焉者盡有在也。而其所謂四時者余固知不獨在烟雲雪月與鳴禽草木也顧君不公言之耳。故樂于山水之勝者玩流峙之形以養乎性情、觀于四時之化者見天地之心以自得諸懐、此唯天下静者能之。彼終日奔走於名利之途役々不知休者豈足與語此哉。自古懐道未遇且寄託山林之中從容樂其樂者、概無不然也。雖伊尹・太公是巳。夫當二子之未遇負耒耜於莘野把釣竿於渭水人或目為遺世逃虚同巣許者、焉知稷契之才命世之器帝王之師哉。及其聲氣相應風雲相從也、竟能除暴乱定天下、翼君救民倶闢商周數百載之基、何其盛也。且牧野之討太公時歳八九十、詩曰師尚父鷹揚、其泣師壮鋭如此豈無初所養而然乎。故二子於徬徨居息于隴畝水濱之日豈徒偭々然而已哉。必仰觀俯察倍蓄諸中而将欲相時援天下溺也。故一旦抽身麋鹿木石之中所向事迎刃觧其盛功偉績百世仰之不已也。若夫泉石之耽風月娯、蕭然忘懐於天下之歓戚者何與槁木死灰異。有志者之所不取也、君之於沼山津其豈如此哉。君氣粋自少好聖賢之學、嘗欲以躬任當世憂。今歳四十有餘孶々用力於所業、聲施于列藩、後進景慕謂宜大進用於其府。而今俄徒居鄙焉優游於山水之勝。是豈非遯世無悶不見是而無悶者耶。乃沼山津之居可概見君之志。矣君巳樂沼山津必能久於其地也。顧閑居之福、其孰與君争焉。名利之言不能得而汨也。於是希志於前哲自行其所樂。如君者豈可不謂之今之静者耶。其能上觀于造化下養乎性情、必有密契而黙會者矣。吾推君之所志豈非欲由此以益求遠者大者於其躬耶。昔者文公朱子奉祠於武夷、愛武夷之山水作櫂歌々之久之不出。同時陸放翁善詩而慷慨之士也。嘗詩贈朱曰、天下蒼生未蘇息、憂公竟與世相忘。夫士之出不出時也。文公豈竟忘世之人哉。然而文公之業所以能成他日之盛大者未嘗不在乎此間也。君之學宗文公而其跡類矣。沼山津之勝・四時之居余復将欲見君他日之所成也。則夫山水之觀・烟雲雪月鳴禽草木之賞豈特足以當君之擧哉。至其遇與不遇則有命在焉、非余所得知也。書以贈焉充四時軒記。

肥前　田中　慎撰　㊞㊞

橋本　驥書　㊞㊞

この「四時軒記」のお礼に横井小楠は虎六郎に詩を贈った⑭。虎六郎は「鉄砲器械の製作に務めていたが世に容れられず、知己の得難きを嘆いていたが熊本の横井小楠と意気投合し、互に心を許す交際をし」、「小楠に乞われて四時軒記を作った⑮」。

3 虎六郎と小楠の接点

虎六郎と小楠との接点を千住家文書の中の書簡に見ることができる。[16]日付は内容から嘉永六年の一二月二三日と推測する。差出人は横井平四郎（小楠）[17]、宛名は千住大之助[18]と田中虎六郎である。千住大之助は若いころ熊本に留学し、直正の信任篤く御側に勤めた実力派である。また虎六郎も熊本に留学している。

書簡の大要は「熊本藩は浦賀の警備を命じられましたが、これは我藩にとって非常な危機であります。上下心力を尽くしご奉公の覚悟でありますが、軍艦砲器等これまで用意してこなかったのでここに来て当惑しています。尊藩は以前から御用意済であることは兼ねて承って居ります。竹崎律次郎と木下徳太郎（助之）と申す者を派遣しますので大砲、艦船製造を御伝授ください。これは私一人の心得では無く、熊本藩重役の願望であります。万端御配意の程重々願い奉ります」とあり、「この節の事は拙藩生死の路頭にて実に心痛しております。情実お汲み取りご配慮の程幾重にも願い奉ります」と小楠は熊本藩の存亡の危機との心情を繰り返し、佐賀藩の武器の見学を許可してくれるようにと訴えている。

このときの熊本藩の状況は『改訂肥後国事史料』[19]巻一に、嘉永六年一一月一四日「熊本藩長州と共に相模国備場警衛を命せらる」、同一一月一七日「長岡監物を相州出兵の総帥に挙用するに決す」、同一二月一一日「長岡監物熊本を発して江戸に向う」とある。嘉永六年六月ペリー来航事件の後、熊本藩に浦賀警備の命令が下された。困惑した熊本藩は、小楠のつてをもって大砲艦船製造の伝授を佐賀藩に懇願してきたのであった。

大隈重信は「……閑叟公の考えが一変してから熊本との往き来が煩雑になった。……中には朱子学派の横井小楠、元田永孚等の人たちと往き来したものも少なくなかった……両藩の往復が次第に煩雑になり、これまでは大体佐賀藩校出身者を挙げて藩の権力を握らせていた閑叟公は、今では熊本と交わった人を用いてその君側に置き、更に藩の重要な地位に立たしめることにしたから、熊本との交際は益々親密を加えるようになった[20]」と回想している。また「泰国公（治茂）時代から佐賀からは熊本へ盛んに書生を遣った……熊本藩六代藩主細川重賢が堀平太左衛門を大奉行に登用して藩政刷新に成功したその士風に大に敬意を払い熊本へだけは書生を送ることにしていた[21]」、「澤村宮門は熊本では有名な学者で他藩から競うて遊学した。閑叟公もこの澤村宮門を慕われたもので千住大之助、田中虎六郎を初め佐賀からはたくさん就学した[22]」と語っている。

4　木下徳太郎

さて小楠の書簡の中の佐賀藩へ派遣される人物、木下徳太郎と竹崎律次郎について述べる。

まず木下徳太郎は文政八年（一八二五）菊地郡今村（韡磨村）に木下衛門の四男として生まれた。長兄に木下韡村（犀潭[23]）、三兄に木下梅里の学者をもつ。嘉永元年二三歳のとき、玉名郡伊倉町在住で当時南関手永惣庄屋木下初太郎の養子となり、嘉永四年には南関手永惣庄屋代役となる。

竹崎律次郎は木下初太郎の弟であり、小楠の高弟で、妻の順子は小楠の後妻つせ子の姉にあたる。玉名市立歴史博物館の学芸員によれば、木下家の先祖は来国村刀鍛冶集団のリーダーであったという。伊倉の木下家は加藤清正時代に刀工として菊地から移住し、伊倉で政治経済の要として繁栄した家柄で、熊本藩の在御《ざいご》家《け》人《にん》（村に居住する武士）で、玉名郡代の配下にあった[24]。

木下徳太郎の日記[25]によって、熊本藩から派遣された竹崎律次郎・木下徳太郎と、受け入れた佐賀藩の動きがわかる。木下徳太郎（以下、徳太郎）は嘉永六年一二月二三日、郡代杉浦津直に呼び出され長崎・佐賀出張を命じられる。「当時於関町鉄炮製造いたさせ居候ニ付、当方ニ為見聞近国所々差出度」と目的を書いている。委細は下津《しもつ》休也《きゅうや》[26]に相談する

図2　木下徳太郎(『木下助之日記(一)』より)

ようにと指示された。何故関町において鉄炮製造準備をしていたかといえば、日記の同年一一月一五日に「異国の軍船に対応するため郡部の御家人全員に一人一挺ずつ鉄炮を備えるように」との藩命が下されたとある。徳太郎は、熊本や亀甲の細工場に依頼したが断られ、関町で鉄炮製造を始めることに決めていた。杉浦郡代は在任中の安政元年から文久元年(一八六一)まで藩校時習館で宇多長門流砲術の師役を兼務していたので、新式銃に関心を持っていたことは推測される。[27] 当時、横井小楠・長岡監物・荻昌國・下津休也・道家《どうけ》之《し》山《ざん》・湯池丈右衛門は東野六友と呼ばれ、熊本藩に一派をなし実学党といわれる。

徳太郎日記の嘉永六年一二月に戻ろう。一二月二五日「休也殿、竹崎叔父君、油屋之手代文吉、沼山津大工庄右衛門、定夫苧生田嘉兵衛熊本出立……」とあり、御奉行衆の内命を受けた翌々日、徳太郎は長崎へ出発した。二八日に長崎に到着した一行は翌二九日、異国船を見物する。この日に大工駒次が、翌三〇日には兵衛、庄兵衛が来る。年が明けて嘉永七年一月三日、ロシア船四艘に乗り込み隅から隅まで見物した。駒次と寅次郎という大工が一緒であった。翌四日、大工駒次は江戸へ出立し、徳太郎は肥前屋敷に行き千住大之助に会う。その後、御目付船で異船を見物する。五日、異国船は出帆した。この日、大工寅次郎と千住大之助が徳太郎を訪れた。

六日から一〇日までは甚だ興味深い記述が並ぶ。六日には上野俊之允、[28] 竹田斐三郎(ママ)[29]、中嶋(ママ)名佐右衛門(ママ)[30]を訪問し、八日には中島方で天火製法カロナーデ雛形(カロナーデ砲の模型＝短砲の一種)を造り、翌九日も同人方で製薬をする。七日に異人が「銓気管給温管」を求め中島のところへ来たと記すが、翌八日には異船出帆とあるので中島の部品で無事

木下家系図

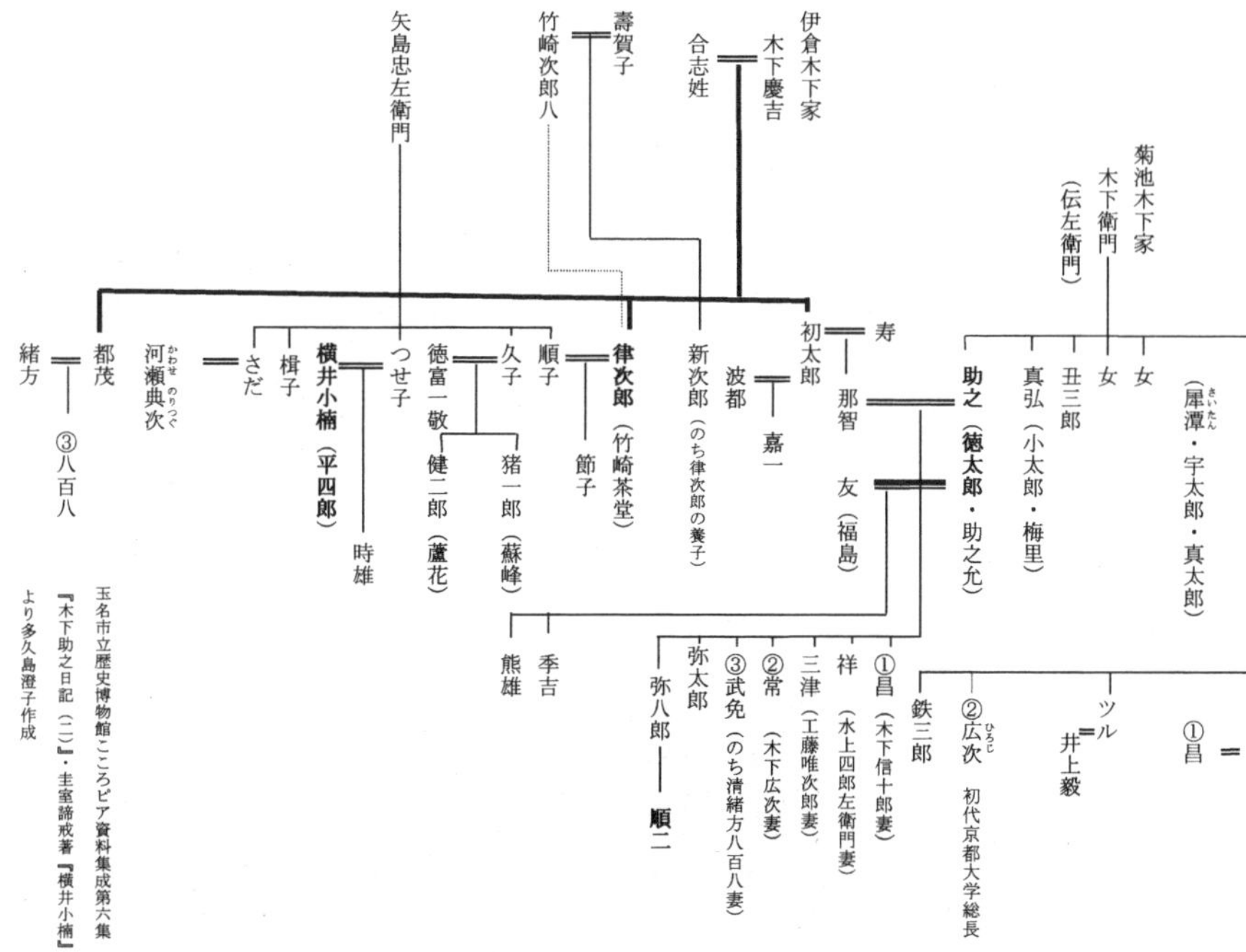

玉名市立歴史博物館こころピア資料集成第六集『木下助之日記（二）』・圭室諦成著『横井小楠』より多久島澄子作成

出港できたと推測できる。一四日は「上野俊之允未亡人に天火製法を習う」とある。つまり上野俊之允後家（上野彦馬の母）㉛に徳太郎は天火製法を習ったという。上野方へは三回、武田斐三郎方へは四回、中島名左衛門方へは九回出かけている。中島へ渡した金額は一二日に六両、一七日に二五両で合計三一両を支払っている。火薬製法の経費と思われる。

佐賀藩関係では肥前屋敷から招待を受け、一一日に伊藤（東）次兵衛㉜・本島藤太夫㉝・千住大之助から馳走を受ける。一六日には本島藤太夫の案内で神島台場の見学をする。一七日、竹崎律次郎は茂木へ出発し、徳太郎は翌一八日、下津休也と諫早から乗船して佐賀へ向かった。二〇日、佐賀白山に宿をとり、翌二一日から二八日まで原五郎左衛門㉞・田中虎六郎・千住大之助・本島藤太夫をしきりに訪ね質問を重ねた。反射炉・硝石精錬所などを見物したが、このときは武田斐三郎・千住・本島・田中が同道している。二九日、徳太郎と下津休也は本庄（津）から帰藩した。

図3　玉名市伊倉の木下家跡地
2009年12月27日撮影

図4　木下家墓所（玉名市伊倉）

　二月二日から徳太郎は下津・杉浦・小山・横井・江嶋等に復命報告に回り、その後は鉄砲製造に専念する。そして六月四日に池部啓太[35]に入門する。九月二日に「監物殿より鉄炮差出候返礼として盃・扇子・反物来ル」、一一月一二日には「西洋流鉄炮拾挺小道具添外に大冒（発火用雷管）八百初上納」とあるので、長崎・佐賀出張見学研修の成果が出たものと考えられる。長岡監物からの品は迅速な鉄炮完成に対する褒賞の品であろう。徳太郎の日記にはこの後も虎六郎が登場し、安政四年一〇月一八日に彼の死亡を郡代から知らされるまで交渉が記されている。

　なお、「夕鶴」で著名な木下順二は、木下家系図にみられるように徳太郎の孫である。処女作「風浪」は曾祖父初太郎の日記をもとに書かれた。順二によって木下家資料は散逸することなく寄贈されている。

二　田中虎六郎の書簡

1　佐賀藩の櫨打道具と徳太郎の西洋流小銃

徳太郎の家には、虎六郎の書簡九通[36]と詠草一枚[37]が遺されている。内容は徳太郎の日記と読み合わせた結果、安政二年（一八五五）から三年のものと推察する。すなわち、嘉永七年（一八五四）一月、徳太郎の佐賀藩精煉方見学に端を発した佐賀藩と熊本藩の交流が、最新小銃と櫨《はぜ》打道具を目的として進行していた。虎六郎が徳太郎に書き送った「当節□南肥混融シ而一塊ハ成し世間之大利ヲ開キ候機会到来ニ付、則御府下ヲ衛罷越申候[38]」との一節に、佐賀藩と熊本藩との上層部で何かしらの謀議があった様子が窺える。佐賀藩は虎六郎が、熊本藩は徳太郎が窓口となり計画は進行していたものと思われる。

虎六郎は徳太郎に二五両[39]で櫨打道具[40]を提供する約束をして、徳太郎には打ち立ての西洋流小銃を依頼した[41]。安政二年六月一三日夜、虎六郎は徳太郎を訪問し、翌一四日の夜帰る。「鉄炮管玉原五郎左衛門に手紙を添え贈る、田中申談によって也、代銭五両壱歩と管代贈る筈[42]」、同年一一月一七日には田中虎六郎の使者が徳太郎を訪れ、「同人に返書、鉄炮弐丁管三百送る」と書く[43]。安政三年四月五日付、田中虎六郎と原五郎左衛門連名の木下徳太郎宛書簡には「旦那（直正カ）が一六日に着城[44]するのでこの前後は都合が悪い、五月になれば本島藤太夫も居るので都合が良い[45]」と書かれている。これは徳太郎側から「依頼された鉄銃の一件で熊本から小山門喜、杉浦津直、木下徳太郎が佐賀へ出向きたい」と連絡したことに対する返書と思われる。原五郎左衛門とは佐賀藩の代官として郡政の殖産に努めている人物である。徳太郎は、嘉永七年の日記の末尾に「一二月二七日熊本藩櫨方御用懸の御達来ル」、「終歳、力を御備筒之事に

図５　あねがわはし北畔の精蠟所跡

懸」けた[46]と書く。翌安政二年（一八五五）も「終年、御備筒に力を尽[47]」くしている。

熊本藩が欲した櫨打道具の契約は、官務[48]として安政二年の七月には熊本方から二〇両の前渡金が支払われた[49]。が、しかし佐賀方から納品されることはなかった。これには安政二年七月、公儀石火矢船順勢丸が紀州沖で沈んだことが大きく関わっている。「幕府へ納品途上の大砲が台風に遭い沈んだため、佐賀藩は再度大砲製造にかかり、職人には櫨打道具作成の時間が無い」と、虎六郎は手紙で弁解している[50]。加えて虎六郎自身の病気が大きく影響した。安政二年の八月晦日に、「天然痘を患い疲れている[51]」と書き、その後も「小生儀于今に病気平快不仕[52]」とある。徳太郎日記には安政三年四月に「虎六郎の子大病」、「虎六郎家内大病」とあるので一家で罹患していたものと思われる[53]。

2　神崎姉川油屋橋畔の精蠟所

虎六郎は、佐賀藩の櫨打道具の性能は「一人で四百斤を打つ[54]」もので、「蠟打場建設は安政二年一〇月には神埼近所に始まっている」という[55]。これは『新佐賀夜話』の「田中虎六郎が佐賀と神埼の中間、姉川の油屋橋畔に製蠟所を設け、大いに藩の財政を裕にし、蒸気船買入れの見返り品としても、この白蠟が重きをなしたものであった[56]」のことであろう。姉川東分の油屋橋は天保郷帳では野田村に属し、明治二年（一八六九）には姉川村に属している[57]。なお、神埼市教育委員会社会教育課佐藤氏に問い合わせたところ、油屋橋は国道三四号線の中池江川に架かる「あねがわはし」であろうとのことで、現地に行ってみた。幸い、地元姉川東分に代々在住の人から「油屋橋は姉川橋の俗称で、位置も変わっていない。あねがわはしの神埼に向かって左側（橋の北）の畔《ほとり》に精蠟所があったと聞いている」という話を聞くことができた。

さて、この白蠟についてだが、安政元年一一月、藩政府の代品方《かわりしなかた》設置を境に代品方管轄となり蒸気船の代価として増産が図られる。安政四年購入の飛雲丸の代銀一〇〇〇貫目は、代品の白蠟で支払う約束になっている。[58]このことに田中虎六郎が関わっていたことが木下家に遺された彼の書簡と『新佐賀夜話』の挿話から推察されるのである。つまり、安政二年一〇月ころ虎六郎が起工した姉川橋畔の精蠟所で製品化された白蠟は、安政四年の飛雲丸購入、翌五年の電流丸購入に大きく貢献したのだった。

徳太郎日記には、佐賀藩御用を勤める商人古川彦兵衛・与四右衛門父子[59]の名が頻繁に出ている。ほかに沢野富之助[60]・夏秋三兵衛[61]・石丸猪兵衛[62]・武富大蔵[63]・吉村寛次[64]・羽根仙之吉・虎六郎家来岩吉・田中朔五郎の名が出てくる。安政三年一月一四日には、このうちの夏秋三兵衛・石丸猪兵衛・武富大蔵が小銃依頼のため徳太郎を訪問している。

3　田中虎六郎の借金

安政二年二月二五日には虎六郎から徳太郎に借金の申し込みがあり、徳太郎は上司の郡代杉浦津直に申達したところ、「横井平四郎殿より弐拾五金は世話に相成べくとの事」、「会所よりは四拾五金は遣方可然とのこと」で、（手永）会所から四五両を、そして横井小楠と下津休也から二五両を貸すことになり、四五両の証文の宛名は会所宛にと指示された。[65]どのような事情の借金申し込みであったのだろうか。とにかく四五両の金が虎六郎へ届き（図６）、彼は感謝

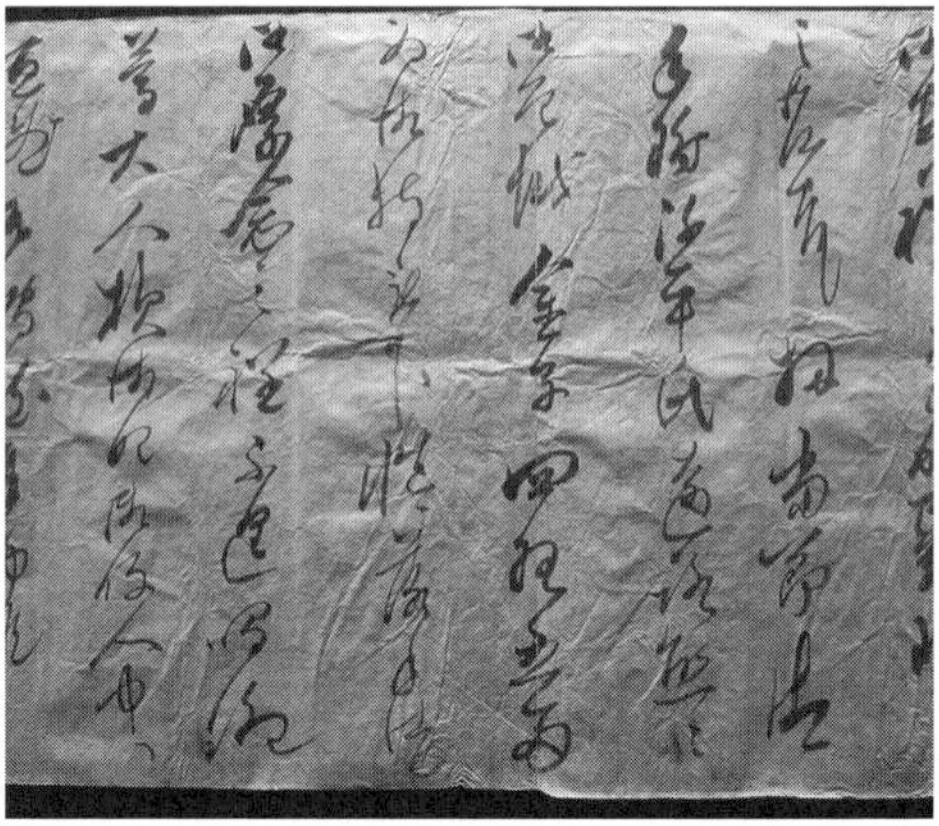

図６　木下家文書 目録番号 410（安政２年）5 月４日　以下、図 11 まで玉名市立歴史博物館蔵

の手紙を安政二年五月四日にしたためた[66]。安政二年の八月晦日付書簡[67]には、「横井ゟ之書状相達、金子之處九月ニ者相整遣呉可申候由申来」とあり、ピストン筒・火打筒・小銃と出てくるが、安政二年五月四日付書簡の「御打立之小銃為見本一挺御願申上越置候處、當今ニ者大分御運も宜敷由、先者大悦之御事奉存候」の文言からは、熊本藩手永木下徳太郎工房の西洋流小銃が、佐賀藩方の小銃に比べ優れていたのではないかと推察される。さらに「硝石中より分離の塩、以前より此方にても色々試見候得共一圓用立候段相成不申、塩酸曹達而已にて無之、多分の塩酸加里を相混居甚苦味を帯、困り物に御座候」と、火薬製造が思う通りにいかないことが書き綴られ、化学者虎六郎の本音の一端をのぞかせている。末尾の署名は田中虎六郎、康道とあり、花押がしたためられている[68]。同年一〇月の書簡[69]には、『植物啓源[70]』『雷火銃小解』『鈐林必携』等書物の貸借・購入の相談が虎六郎側から徳太郎側に寄せられている。

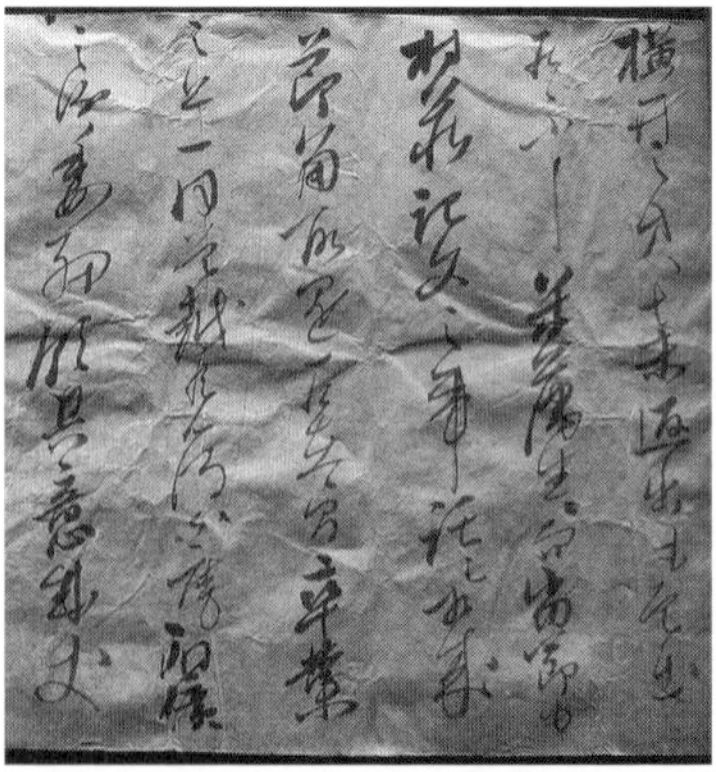

図７　木下家文書 目録番号 410

4　「四時軒記」完成は安政二年晩夏か

虎六郎が小楠に「四時軒記」を贈ったことは、柳川藩家老立花壱岐に宛てた小楠の書簡にも出ている。安政二年九月二七日付書簡の追伸に「先日肥前の田中虎六郎から四時軒記という詩集を受け取りました」とある[71]。山崎正董著『横井小楠』伝記篇には、小楠が安政二年五月に沼山津に転居した際、「小楠は此處に移ってから居を四時軒と名づけ、雅号を別に沼山と称した」、「小楠の需に応じて肥前の田中虎六郎の書いたものが四時軒記である」という。虎六郎が徳太郎に宛てた安政二年五月四日付書簡[72]から、久留米藩の人物によって小楠の詩文作成依頼の書簡が虎六郎に届いていたことが分かる。そして「村荘記文之事託シ相成、節角取懸罷在候間」（図7）と、虎六郎は既に「村荘記」を書き始めていることを徳太郎に伝えている。この「村荘記」が後の「四時軒記」と考えられる。

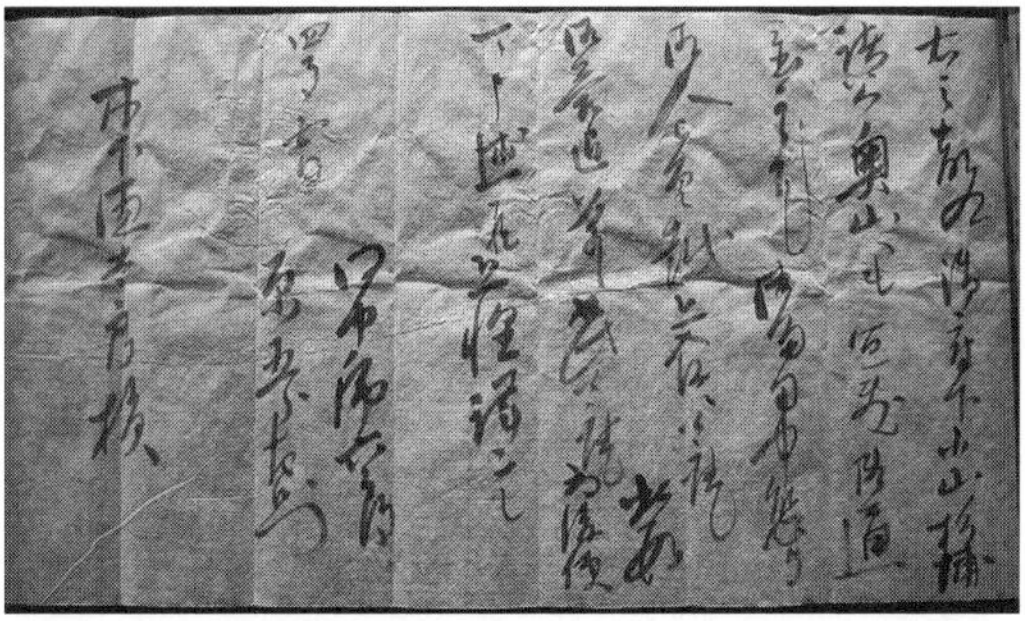

図8　木下家文書 目録番号408（安政3年）4月5日

5　原五郎左衛門

田中虎六郎と横井小楠の交流の深まりは、既に第一節の3に嘉永六年暮であろうと述べたが、木下徳太郎が受け取った書簡の中に田中虎六郎と原五郎左衛門の連名の書簡が含まれている。安政三年四月五日のもの（図8）で、内容から五郎左衛門が小銃一件に大きく関わっていることが分かる。この五郎左衛門は、嘉永四年二月晦日、諸国遊歴のため熊本を出立した横井小楠と下関で出会っている。五郎左衛門が加賀藩の上田作之丞を招待し、「図らずも其の家にて亦小楠と会した」とある。上田は熊本で小楠と談論、詩文のやりとりをした後の帰路のことであった。ここでは原五郎左衛門とは「朱子学を奉じ経済に詳しく詩文に長ぜる人」とある[73]。そして同

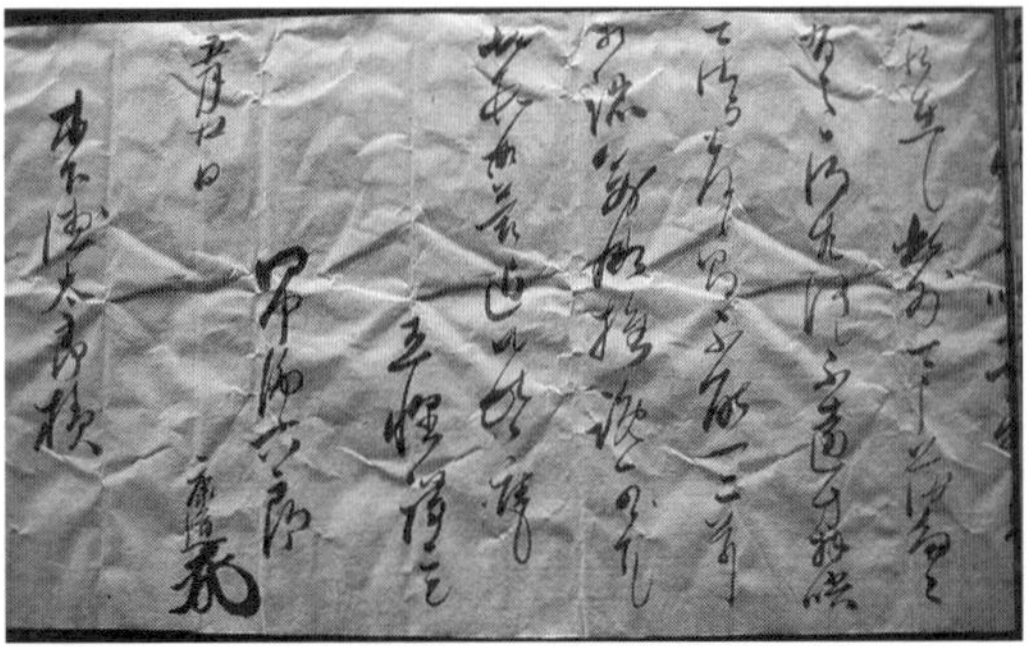

図9　木下家文書 田中虎六郎書簡 目録番号410

年八月一一日に、またもや下関の阿弥陀寺町で、帰国途上の小楠と納涼に出かけている(74)。

原五郎左衛門は下関で、一体何をしていたのだろうか。諸国人士の往来盛んな下関で情報収集でもしていたのであろうか。小楠に敬服し金沢から熊本までわざわざ訪ねてきた上田の情報は、どのようにして摑んだのだろうか。小楠の遊歴に合わせて二回までも面会した理由とは、一体何があったのであろうか。

三　嘉永・安政期における佐賀藩と熊本藩の交流

1　虎六郎の書簡から見える新史実

佐賀藩士田中虎六郎が熊本藩手永惣庄屋木下徳太郎に宛てた手紙と、木下日記から、新しく分かったことを次に述べる。

①熊本藩の神島台場・精錬方視察は、横井小楠と田中虎六郎・千住代之助との誼から実現した。嘉永七年（一八五四）一月一六日、本島藤太夫の案内で木下徳太郎は神島台場を見学した。同月二一日から二八日まで佐賀の反射炉・硝石精錬所等を見学したのは木下徳太郎と下津休也で、このとき武田斐三郎（箕作阮甫の従者）が同道した。対応したのは原五郎左衛門・田中虎六郎・本島藤太夫・千住大之助で、このとき寄書が書かれたようである。

②田中虎六郎は木下徳太郎に安政二年（一八五五）二月、借金を申し込んだ。郡代杉浦津直の指示で、同年五月、南関手永会所から四五両が虎六郎に貸し付けられた（図6・9）。別途、横井小楠・下津休也から二五両用意された模様

である。

③安政二年五月、虎六郎は徳太郎工房の洋式小銃を、徳太郎は佐賀藩の櫨打道具を入手する約束が始まる。

④横井小楠が「四時軒記」を田中虎六郎に依頼したのは安政二年五月四日以前で、同年九月二七日の少し前に届いた。

⑤田中虎六郎は自作和歌の署名に「康道」を用いている（図10）。三通の書簡にも「康道」と署名している。

⑥「南肥混融シ而一塊ハ成し世間之大利ヲ開キ候機会到来ニ付」と虎六郎の安政三年二月の書簡にあり（図11）、佐賀

図10　木下家文書 康道と号した田中虎六郎の和歌 目録番号405

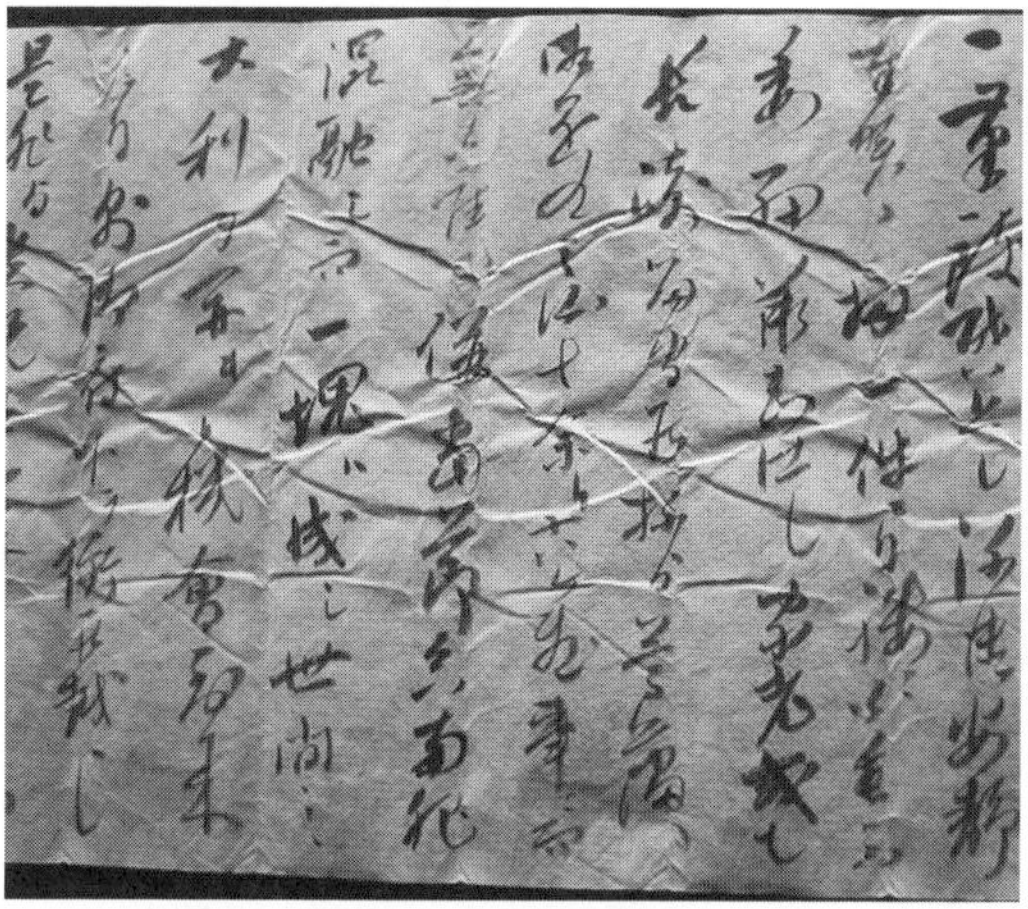

図11　木下家文書 田中虎六郎書簡（安政3年）2月8日 目録番号402「当節□南肥混融シ而一塊ハ成し世間之大利ヲ開キ候機会到来ニ付」

木下家文書の田中虎六郎書簡一覧表

番号	種類	差出人	宛名	年月日	内容・人物等		
402	書簡	田中虎六郎	木下徳太郎	(安政3年)2月8日	家老或は長崎留守居などより尊藩の御懸合の儀は	南肥混融して一塊は成し世間の大利を開き候機会到来	
					小生は三池通にて罷り出候間、植木亘りにて御行逢仕度儀に相含置候		
403	書簡	田中虎六郎康道	木下徳太郎	(安政2年)10月21日	公儀御頼の石火矢公船…二船のうち一船紀州沖にて破没	俄に御頼増に相成、職人など余事を差止められ昼夜混雑	杉浦公・彦兵衛
					蠟打場の儀…神崎近所在中にて取懸おり	植物啓源・雷火銃小解・鈴林必携・新聞	
404	書簡	田中虎六郎康道	木下徳太郎	(安政2年)8月晦日	唐津生事…去冬(安政元年)五郎右衛門迄懸合置候末	ピストン一挺・火打筒一挺、見本用として大坂へ持参するので(依頼人は別)来月10日頃まで製造を願う	五郎左衛門・古川彦兵衛・川瀬安兵衛・横井
					小子儀近来痘疾相煩、少し相疲罷在	雷火銃訳本	
405	詠草	康道		不明	あしか起能　間近幾奈加盤　遍多て阿り亭　余所乃雲井の　光里遠楚可累		
					葦垣の　間近き仲は　隔て有りて　余所の雲井の　光をぞ借る		
406	書簡別啓	田中	木下	403の別啓ヵ(安政2年)10月21日	此秋、河瀬典次氏此方過訪の折、蠟方の事咄懸有之、…横井よりの含めにて懸念の筋と相見居		河瀬典次・横井・杉浦
					蠟方の儀は余の火銃の筋に相係候御書中とは別紙にて御認越儀被下度奉嘱置候		
407	書簡別啓	田中	木下	408の別啓ヵ(安政3年)4月5日	小銃の儀は吉村生今明間より御地罷上筈	長崎懸合の儀は吉村帰りに澤野(富之助)原(五郎左衛門)に当たり今又御申通可然	吉村・澤野・原
					小生儀于今に病気平快不仕		
408	書簡	田中虎六郎 原五郎左衛門	木下徳太郎	(安政3年)4月5日	最前奉嘱置候鉄銃一件於其御元御開候…小山・杉浦両氏御指揮にて貴兄奥山御同伴、此十日より爰許御来臨	旦那帰国日相逼、来る十六日着城の筈にて其前何れも殊の外取混し	小山・杉浦・奥山旦那・本島
					お越し下さるならば来月位にその時分は本島(藤太夫)なども居るので		

409	書簡	虎六郎	徳太郎	4月4日	御取込中別而御面働出来奉深謝候一件何分宜敷御願	管薬込道具…何卒急に御仕立奉願候	彦兵衛
					彦兵衛（古川）の帰便にでも		
410	書簡	田中虎六郎康道	木下徳太郎	（安政2年）5月4日	弥平氏遠路態々御差越、金子四十五両為御持被下慥に落手仕候	米藩生にて当節も村荘記文の事託し相成り	弥平・横井・原五郎・彦兵衛・与四右衛門
					御藩儀は此事一切官務にて被相行儀御座候得ば、随分御国利の筋相成	御打立の小銃為見本一挺御願申上越置候處	硝石　塩酸曹達塩酸加里
411	書簡	木下	田中	（安政2年）5月20日（往信）	（蠟）シメ道具は冬頃迄には拝領できるか道具に馴れるまで指導をお願いできるか	蠟打ち一人四百斤打とは準備作業手伝い人を含むか含まぬか	蠟打ち道具作成費用は25両と聞いたが
〃	〃	田中	木下	（安政2年）5月20日（復信）	秋中共迄にできるだろう　こちらの方が軌道にのれば取り計らう	打ち方にかかる迄の準備作業は含まぬ	是非に欲しいということであれば先ず20両お渡しくだされば大抵できる

藩と熊本藩の謀議が推測されるが、同年四月五日の後は書簡も途絶え、安政四年一〇月一八日、徳太郎は虎六郎の死亡を知る。虎六郎が重病に陥り、謀議も頓挫したものと思われる。

2　虎六郎の死去とその後

安政四年一〇月一八日、徳太郎は郡代の命令で佐賀に赴く、白山の紅屋に宿をとり、古川彦兵衛に面会した。翌一九日、「彦兵衛に面談」し、「田中に椎茸弐升」を贈り弔意を表している。「田中虎六郎死亡により蠟打道具の納品はできない」との佐賀藩側からの申し出に対し、熊本藩小山奉行は事態収拾のため徳太郎を佐賀に派遣したのであった。翌一〇月二〇日、徳太郎は「田中作五郎に手紙を残し置き」帰宅する。[75] その後、徳太郎の許には佐賀藩の古川与四右衛門・田中朔五郎・古川彦兵衛が訪れる。しかし、安政五年五月一二日になっても「納品もされず、返金も無い」様子で、[76] 同八月一九日、古川彦兵衛の使者が「田中返金仕向」の報告をもたらす。[77]

収拾にはかなりの時間を要している。しかし元治元年（一八六四）に徳太郎が佐賀藩より「生蠟しめ製法伝授世話役」に任

命されているところから、佐賀藩との関係は継続されていたものと思われる。(78)

虎六郎は待望の蒸気船を見ることなく逝った。クリミア戦争によって佐賀藩の蒸気船輸入は予定より遅れたが、スクーネル型帆船「飛雲丸」を安政四年秋に、翌五年の暮に大砲を積載した蒸気船「電流丸」をオランダから購入した。幕府が撤退した長崎海軍伝習所のオランダ人教師をひとりじめにした佐賀藩は、安政六年二月から七月まで伝習に明け暮れ、遂には「晨風丸」(安政五年四月進水したコットル型帆船)、「飛雲丸」、「電流丸」を乗りこなし、佐賀藩海軍の体裁がここに整うのである。

3　嘉永七年一月の寄書か

平成二七年(二〇一五)六月に、木下家資料の中に佐賀藩士と熊本藩士の寄書を発見した。寄書をした人名と雅号は別表を参照されたい。道家之山を除き、木下徳太郎の日記と田中虎六郎の書簡に書かれた人物が参加している。之山の書簡が木下家資料の中に三通存在し、横井小楠にごく親しい東野六友の一人であることから、後日の書き込みにしろ、之山の参加理由は十分に考えられる。

寄書のひとつ(図12)は中央に蘭を描き、その周りに五人が和歌や漢詩を書いたもので、展示のために額装されている。もうひとつ(図13)は中央に大砲を描き、周りに七人が和歌・漢詩・絵を書き込み、これは掛軸に仕立ててある。これらの寄書が書かれたのは、徳太郎と下津休也が佐賀に滞在した嘉永七年一月の二一日から二八日の間であろうと推察する。田中虎六郎・木下徳太郎・千住大之助・本島藤太夫・原五郎左衛門・下津休也・道家之山が、今まさに、異国の脅威に立ち向かう感慨を、それぞれ漢詩や和歌で詠じた歴史的に貴重な寄書である。

〔図12〕釈文

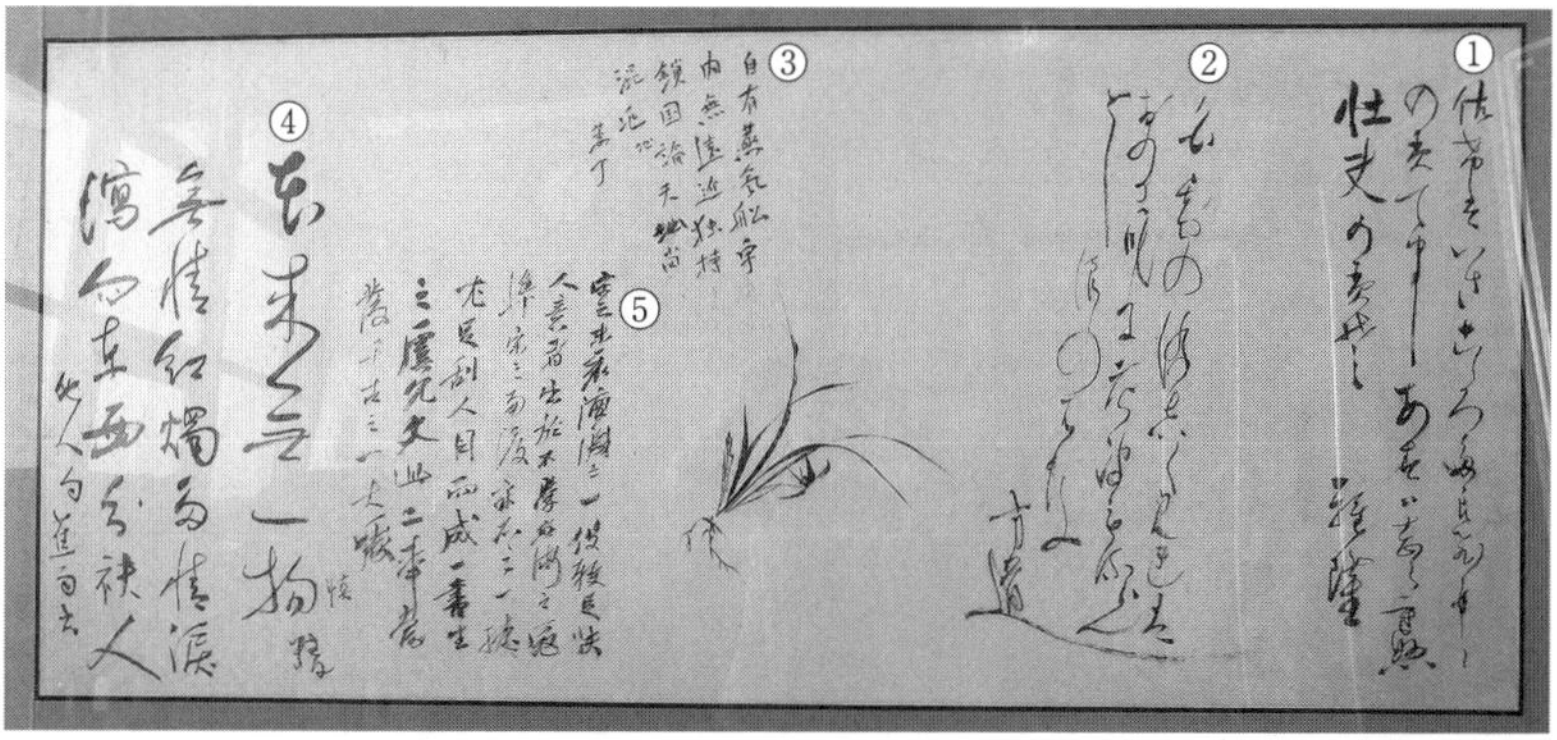

図12　木下家資料163　寄書「画と詩」横120 cm×縦60 cm　玉名市立歴史博物館所蔵

①さけ《酒》はいさこころ《心》たらひ□《に》のみ《呑》てましあす《明日》はしられぬ壮夫《ますらお》のみ《身》そ　雅隆

②白雪の降しく見れはおのか身に老つもるらんとし浪のはな　方道

③自有蒸氣舩　宇内無遠近　独持鎖国論　天地尚混沌　蓁丁

④本来無一物　精無情紅燭　多情涙瀉向　東西分袂人　他人句蕉雨書

⑤＊慎（田中虎六郎）の作品は不載

〔図13〕釈文

①　モルチール

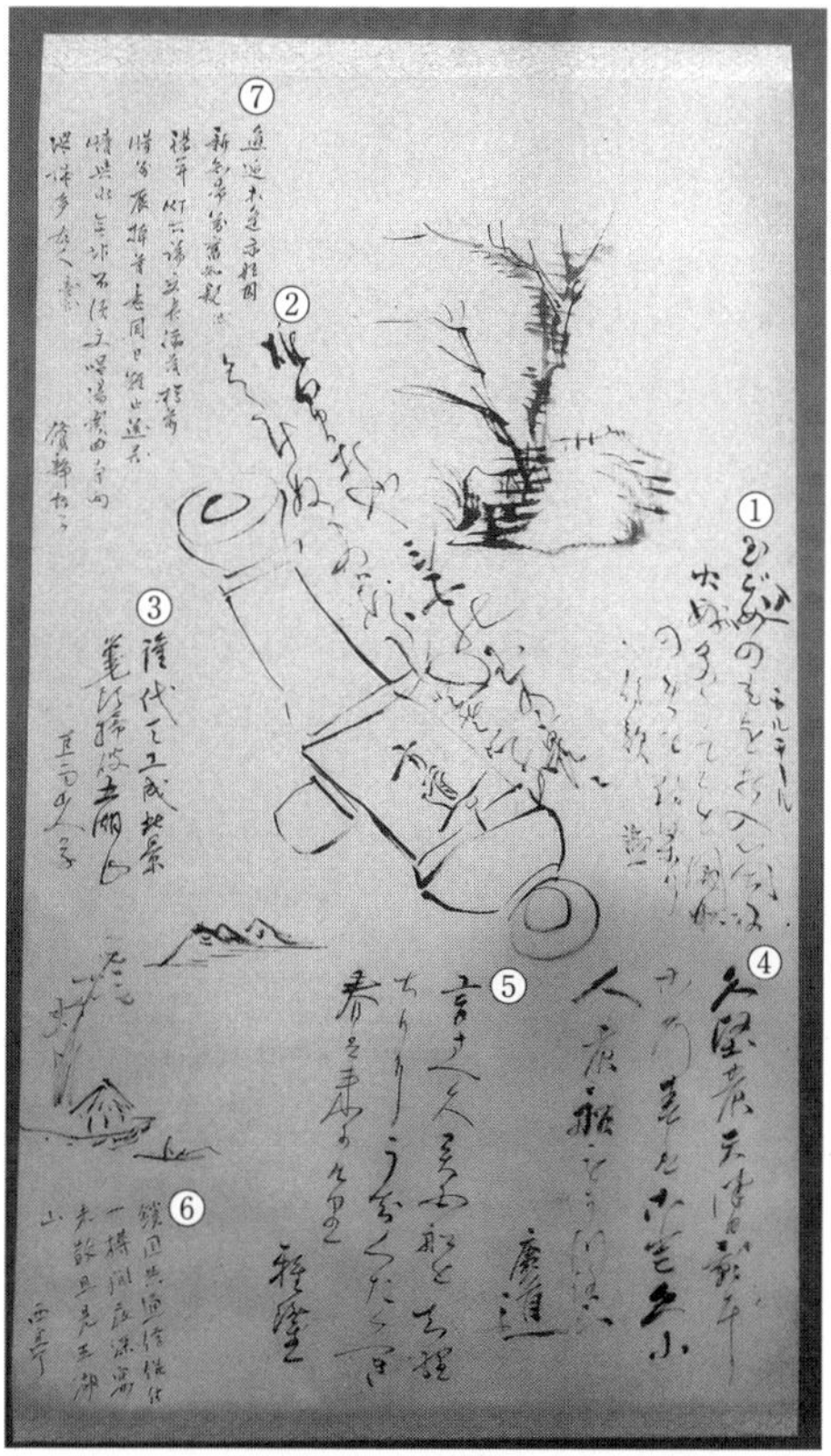

図13　木下家資料164　寄書「画と詩」

横137 cm×縦61 cm　玉名市立歴史博物館所蔵

寄書の人名一覧

木下家文書	雅号	名前	嘉永7年の年齢	生年	没年	出典
163	慎	田中虎六郎	39	文化12年	安政4年	佐賀県郷土教育資料集
164	康道			1815	1857	
163	蔞丁	千住大之助	40	文化11年	明治11年	佐賀藩幕末関係文書調査報告書
164	西亭			1814	1878	
163	方道	本島藤太夫	44	文化7年	明治21年	幕末軍事技術の軌跡―佐賀藩史料『松乃落葉』―
164	方道			1810	1888	
164	誠一	原五郎左衛門	46	文化5年？	？	『佐賀県近世史料』第8編1巻394頁：『安政年間の佐賀藩士』
163	雅隆	木下徳太郎	29	文政8年	明治32年	木下家文書
164	雅隆			1825	1899	
163	蕉雨	下津休也	46	文化5年	明治16年	肥後先哲偉蹟後篇
164	蕉雨			1808	1883	
164	脩静	道家之山	35	文政2年	明治17年	肥後先哲偉蹟後篇
				1819	1884	

玉ご《(込)》めのもを打入筒に火の《(ふ)》たりてこと《(異)》国船の矢を待果り
待歌　誠一

② 雄男か打やミ《(御)》国の玉の裏ニくたけぬものハあらしとそ思ふ　方道

③ 譴代天工成此景　筆頭掃破五湖山　蕉雨山人草

④ 久堅《ひさかた》の天津日影にこの春はこと《(異国)》くに人の船もうつろふ　康道

⑤ 言《こと》さへく異国船をちりちりにうちくたくへき春は来にけり　雅隆

⑥ 鎖国與通信　併付一樽間　夜深宴未散　且見五湖山　西亭

⑦ ＊脩静（道家之山）の作品は不載

おわりに

安政二年（一八五五）に虎六郎が蒸気船購入代品としての白蠟を商品化する櫨打道具を徳太郎に提供する約束ができたのは、佐賀藩精錬方設立の立役者田中虎六郎なればこそのことであった。熊本藩南関手永の木下徳太郎工房の西洋銃開発の軌跡は、平田稔著『幕末熊本の軍制と銃砲』に詳しい。嘉永七年（一八五四）二月、小銃の開発に取り掛かり、同年一〇月、天火銃（燧石銃）を藩に納入し、一一月には西洋流鉄炮（ゲベール銃＝雷管で発火させる）を納入した。安政二年一〇月には、ヤーゲル銃（先込め・施条式）を長崎から取り寄せ開発を始める。(79) このように迅速に最新西洋小銃をつくる才能豊かな徳太郎を虎六郎は尊敬し、彼の最新西洋小銃を購入する。安政三年の最後の書簡には、最新西洋小銃の取引に関する談合が予定されている。田中虎六郎は晩年、佐賀藩の意向を受けて熊本藩との交渉をしていたのであろうか。だとすれば「鋳砲築堡の事に関係して西洋思想を鼓吹したる功は不磨なれど、執政鍋島安房も遂に容るゝ能はず、其職を去らしむるの已むなきに至りしを以て、彼は此頃（引用者註、安政元年）は東郡に隠居し、遂に復出でずして安政の末に物故せり」(80) とは齟齬を生じる。木下家文書の書簡からは、潑剌と西洋文明に立ち向かい、最新書『雷火銃小解』を読み、櫨打道具を改良し、精蠟所建設に奔走する田中虎六郎の容姿が思い浮かぶのである。

註

（1）佐賀県学務部学務課『佐賀県郷土教育資料集』（佐賀県学務部学務課、一九三五年）七四四頁。
（2）生馬寛信・中野正裕「安政年間の佐賀藩士―藩士名簿『早引』、『石高帳』にみる―」（『佐賀大学文化教育学部研究論文集』一四―一、二〇〇九年）。
（3）中野禮四郎編『鍋島直正公傳』第一篇（侯爵鍋島家編纂所、一九二〇年）三〇七頁。
（4）『鍋島直正公傳』第二篇（一九二〇年）三九一頁。
（5）『鍋島直正公傳』第二篇三九二頁。
（6）『鍋島直正公傳』第三篇（一九二〇年）二六三頁。

(7)『鍋島直正公傳』第三篇四五二頁。
(8)『鍋島直正公傳』第三篇五一六頁。
(9)『鍋島直正公傳』第三篇五八五頁。
(10)『鍋島直正公傳』第三篇二五八頁。
(11)『鍋島直正公傳』第四篇(一九二〇年)一六〇～六二頁。
(12)中島吉郎『佐賀先哲叢話』(佐賀郷友社、一九四一年)。
(13)『佐賀先哲叢話』三三〇頁。
(14)『佐賀先哲叢話』三三二頁。
(15)『佐賀先哲叢話』三三六頁。
(16)佐賀県立図書館『佐賀藩幕末関係文書調査報告書』(一九八一年)二七八頁。
(17)横井小楠は文化六年八月一三日生、明治二年一月五日没。幼名は又雄、字は子操、通称を平四郎、時存は実名。畏齋・小楠・沼山と号す(山崎正董『横井小楠』普及版復刻、二〇〇六年)。
(18)千住大之助は文化一一年生、明治一一年没。幼名栄一郎、後に大之助・平之進、再び代之助、西亭、西翁、本名を健壬、通称代之助といった(『佐賀藩幕末関係文書調査報告書』)。切米二〇石。
(19)長岡監物(米田是容)は熊本藩の世襲家老、次席家老として細川家ゆかりの長岡姓を許されていた。天保三年二〇歳で父是睦死去後、家老に就任。
(20)木村毅『大隈伯昔日譚』(早稲田大学出版部、一九六九年)一八頁。
(21)大隈重信著相馬由也筆録『早稲田清話』(冬夏社、一九二二年)四五五頁。

（22）『早稲田清話』五〇七頁

（23）木下韡村（犀潭）は文化二年生、慶応三年没。熊本藩士、儒学者。名は業広、通称宇太郎、真太郎、字は子勤、号は犀潭、韡村。

（24）玉名市立歴史博物館こころピア村上学芸員談。

（25）『玉名市立歴史博物館こころピア資料集成　第四集　木下助之日記（一）』（二〇〇一年）、『玉名市立歴史博物館こころピア資料集成　第六集　木下助之日記（二）』（二〇〇八年）。

（26）下津休也（久馬）は小楠より一歳年上の幼友達で「他日相共に国事を振興せん」と誓い合った仲であった。奉行就任は天保三年（松浦玲『横井小楠』ちくま学芸文庫、二〇一〇年、一九頁）。

（27）平田稔『幕末熊本の軍制と鉄砲』（たまきな出版舎、二〇一二年）一〇一頁。

（28）上野《うえの》俊之丞《としのじょう》（一七九〇～一八五一）、寛政二年生。嘉永四年八月一七日蘭学を学び特に化学に関心をもち鹿児島藩から扶持を貰い、天保年間長崎の中島川のほとりに精煉所を設立、煙硝（火薬）の製造を計画した。ダゲレオタイプ（銀板写真）法を修得（武内博編『日本洋学人名事典』）。

（29）武田《たけだ》斐三郎《あやさぶろう》（一八二八～一八八〇）、軍事（函館五稜郭設計・適塾門下）。文政一〇年、伊予国大洲中村生まれ。藩校明倫堂に学び、弘化二年緒方洪庵に入門、江戸へ出て伊東玄朴についた。嘉永六年長崎にロシア艦隊が来航した際、箕作阮甫に従い同地に赴いた。蝦夷地御用のため堀織部・村垣淡路守に属して函館に渡り、安政三年函館奉行支配諸術調所教授となる。函館湾の周囲に砲台を築き我国最初の西洋式築城である五稜郭を築造した。文久元年黒竜江探検、元治元年江戸に帰任し開成所教授並、明治維新後は兵部省出仕、明治八年幼年学校長。明治一三年没（『日本洋学人名事典』）。

（30）中島《なかじま》名左衛門《なざえもん》（一八一七～一八六三）、砲術（長州藩砲術師範）。文化一四年、肥前国南高来郡守山の代々庄屋に生まれ、

一六歳で長崎高島秋帆に師事、オランダ人教師から砲術を、通詞から蘭学を学ぶ。長崎町年寄中島名左衛門の養子となり家督を相続。秋帆に代わり長崎地役人に砲術を教授、文久元年豊後府内藩に招聘され砲術指南、同三年長州藩に招かれ下関付近の砲台設置、文久三年五月二九日、下関における外国船攻撃に慎重論を唱えたとして主戦者に暗殺された。行年四七（『日本洋学人名事典』）。

(31)　上野《うえの》彦馬《ひこま》（一八三八～一九〇四）。天保九年長崎において上野俊之丞の子として生まれた。文久二年一一月中島川畔に我国最初の写真館を開業。

(32)　伊東次兵衛は文化三年生。父は濱野藤左衛門休明物成九五石。母伊東元鄰女（養父元資妹）。天保一三年伊東家家督相続、嘉永四年請役相談役格・郡方相談役格。後に長崎御仕組方・御番方相談役格兼任。安政三年着座（中老）となり藩政に発言力増す。巳一郎・六郎太夫、祐元・外記と称し、孤雲と号す（佐賀県立図書館『佐賀県近世史料第五編第一巻幕末伊東次兵衛出張日記』二〇〇八年）。

(33)　本島藤太夫は文化七年（一八一〇）一二月生、明治二一年（一八八八）九月没。実は坂井弥兵衛三男。文化一一年一二月本島家の養子となる。天保一三年奥御小姓、嘉永三年江川英竜佐久間象山に学ぶ、同六月大銃製造方掛合主任、同一二月長崎外目御台場御増築方兼帯、嘉永五年一一月精煉方掛合、安政元年一〇月公儀石火矢鋳立方付役、蒸気船製造役局掛合、安政二年六月海軍伝習に付出崎、同三年八月長崎聞役不在のため臨時に一ヶ月勤任、同四年七月手銃製造掛合、主任、同一一月海軍取調方兼帯、佐賀藩第二次海軍伝習生の主任、墓は伊勢町妙覚寺（多久島澄子「佐賀藩御鋳立方田中虎六郎書簡」『幕末佐賀科学技術史研究』六、二〇一一年、五九頁。以下「書簡」と略す）。

(34)　原五郎左衛門とは佐賀藩士、切米三五石、多久伊織組、本庄小路在住、四九歳。先進的代官の逸話あり、櫨はこの人が導入した（「書簡」六〇頁）。

(35) 池部《いけべ》啓太《けいた》（一七九八〜一八六八）、軍事（熊本藩砲術師範）、寛政一〇年生。伊能忠敬に師事、高島秋帆の父四郎太夫に西洋砲術を学び末次忠助より伝授。安政二年熊本藩海軍伝習の第一回生として長崎遊学。嘉永五年田結荘千里に高島流砲術等の免状を与える。文久二年『施条砲射擲表』を著す。慶応四年没（平田稔『池部啓太春常』、二〇一五年）。

(36) 『玉名市立歴史博物館こころピア資料集成　第二集　木下順二氏寄贈「木下家文書目録」』（一九九九年）三六頁の4書簡番号四〇二・四〇三・四〇四・四〇六・四〇七・四〇八・四〇九・四一〇・四一一。

(37) 『玉名市立歴史博物館こころピア資料集成　第二集　木下順二氏寄贈「木下家文書目録」』三六頁。4書簡四〇五。

(38) 「書簡」六五頁。

(39) 「書簡」六二頁。

(40) 櫨打道具とは、植物の櫨の実から蠟をつくる道具。佐賀藩は安政元年一一月、製艦費用支弁のため代品方を設けた（『鍋島直正公傳』年表一二六頁）。代品方とは、外国人の欲しがる品物を開発し蒸気艦購入の代価に当てる物品（陶磁器・石炭・白蠟等）を扱う部署（『鍋島直正公傳』第四篇二〇四頁）。

(41) 「書簡」六三頁。

(42) 『木下助之日記（一）』八二頁。

(43) 『木下助之日記（一）』八三頁。

(44) 『鍋島直正公傳』年表一三四頁に「安政三年三月一三日、公帰国の途に上る四月一六日着城」とある。

(45) 「書簡」六三頁。

(46) 『木下助之日記（一）』八一頁。

(47) 『木下助之日記（一）』八四頁。

(48)「書簡」六三頁、「櫨打之事……御藩儀は此事一切官務にて」とある。
(49)『木下助之日記(一)』八二頁。
(50)「書簡」六五頁。
(51)「書簡」六四頁。
(52)「書簡」六三頁。
(53)『木下助之日記(二)』一一頁。
(54)「書簡」六二頁。
(55)「書簡」六五頁。
(56)後藤道雄『新佐賀夜話』(新佐賀夜話編纂会、一九五四年)一八二頁。
(57)『佐賀県の地名』(平凡社、一九八〇年)一二八頁。
(58)藤野保編『続佐賀藩の総合研究』(吉川弘文館、一九八七年)九一〇頁。
(59)古川彦兵衛は佐賀藩御用商人として夙に著名な野中元右衛門が先輩として鑑とした人物(『鍋島直正公傳』第五篇四二一頁)。
(60)沢野富之助は物成百石五斗、文学独看、三六歳、十間端在住、鍋島弥平左衛門組(「安政年間の佐賀藩士」)。直正は香焼武人で学識ある沢野を京都烏丸邸に駐在させ叔母(徽姫は中の院家)と姉(定姫は久世家)への心遣役とし、情報収集にも努めさせた(『鍋島直正公傳』第三篇五五五頁)。安政三年一月一三日の徳太郎日記に「夜繁常口にて肥前沢野富之助・夏秋三兵衛を尋る」翌一四日「夏秋三兵衛宿に来り同道之石丸猪兵衛・武富大蔵参り候に付参り呉候様頼度に付、津る同道にて相越、但小銃頼度との事也」(『木下助之日記(二)』九頁)とある。

(61)　夏秋三兵衛は三一歳、切米七石、鍋島周防茂郷（姉川鍋島家）組竹野喜兵衛御備立方書整役、水ヶ江在住。生馬寛信・串間聖剛・中野正裕「幕末佐賀藩の手明鑓名簿及び大組編制」（『佐賀大学文化教育学部研究論文集』一四―二、二〇一〇年）。

(62)　石丸猪兵衛は佐賀藩士、米九石一代、五四歳、龍泰寺小路在住、鍋島市佑組（「安政年間の佐賀藩士」）。

(63)　武富大蔵は四二歳、切米一五石、鍋島千之丞（山代松浦家）組、田中五郎左衛門御備立方書整役、正丹小路在住（「幕末佐賀藩の手明鑓名簿及び大組編制」）。

(64)　吉村寛次は徳太郎日記安政三年二月二一日に「夜吉村寛次・羽根仙之吉松風やに来宿、田中・古川書状持参」とある（『木下助之日記（二）』一〇頁）。

(65)　『木下助之日記（一）』八二頁。安政二年二月二五日。

(66)　「書簡」六三頁。

(67)　「書簡」六五頁。

(68)　「書簡」六二頁。

(69)　「書簡」六五頁。

(70)　宇田川榕菴著天保五年（一八三四）三巻。スウェーデンの博物学者リンネ（一七〇七～七八）が提唱した学説を取り入れた。箕作阮甫は序文で「榕菴がアジアで初めて植物学を紹介した」と述べている（『津山洋学資料館常設展示図録』二〇一〇年、二一頁）。

(71)　河村哲夫『志は、天下』第二巻（海鳥社、一九九五年）一五頁。

(72)　『木下家文書目録』４書簡四一〇、「書簡」六三頁。

(73) 山崎正董『横井小楠』上巻伝記篇（明治書院、一九三八年）二一七頁。
(74)『横井小楠』上巻伝記篇二四一頁。
(75)『木下助之日記（二）』二三頁。
(76)『木下助之日記（二）』二五頁。
(77)『木下助之日記（二）』二七頁。
(78)『木下助之日記（二）』七頁。
(79)『幕末熊本の軍制と鉄砲』一〇〇頁・一〇四頁・一〇八頁、『木下助之日記（一）』八三頁。
(80)『鍋島直正公傳』第四篇一六三頁。

佐賀藩反射炉跡出土鉄関連遺物の自然科学的分析

平 井　昭 司

はじめに

江戸幕末期の嘉永３年(1850)、佐賀藩の築地《ついじ》の「大銃製造方」に我が国最初の反射炉が鍋島直正公により建設された(1)。その後、嘉永６年には多布施《たふせ》に「多布施公儀石火矢鋳立所」が増設され、日本各地にも反射炉が建設されてきた。これらの背景として、鎖国令が敷かれている中で多くの外国船が我が国に来航するようになって、国防政策の一環として鋳鉄製の大砲を製造しなければならず(2)、その原料の供給を行わなければならなくなった。当時、一般に使われていた鉄は、和鉄といわれ、主に砂鉄を原料としたたたらによって生産されていた。この和鉄が大砲製造の原料となったり、一説によれば、刀剣が溶かされ、その原料になったとも言われている(3)。また、南蛮渡来の外国船によって運ばれた鉄が原料として使われたとも言われている(4)。

このような事実を検証するために自然科学的分析法が有力な手段になることは、近年の文化財調査・研究において広く知られているところである。現在は、築地反射炉および多布施反射炉は跡地のみ確認されているが、本稿においては、両反射炉跡から出土した鉄関連遺物がどのような材質であったかを調べるために、複数の自然科学的分析法を駆使してその解明を行った。

なお、本稿は主に加藤将彦・平井昭司・鈴木章悟・岡田往子・長野暹「佐賀築地および多布施反射炉跡地から発掘された鉄およびスラグの分析」(5)および加藤将彦・平井昭司・鈴木章悟・岡田往子「佐賀藩反射炉由来の鉄鋼の分析」(6)の資料を基にして記述していることを付記する。

1　自然科学的分析法

1 光学顕微鏡による金属組織の観察

資料の微視的な組織がどのようになっているかを光学顕微鏡により観察し、資料の由来を探る目的のために利用する。そのため、資料をダイヤモンドカッター等により長径で約 2 cm 以下に切断し、顕微鏡観察用の容器(直径 1 インチの樹脂製)に埋め込み、切断面を観察する。埋め込みのためには専用のエポキシ樹脂あるいはウッドメタル(ビスマス・鉛・スズ・カドミウム合金)を使用する。樹脂に切断試料を埋め込んだら、表面を鏡面状になるまで研磨する。その後、表面を 3% ナイタール液(硝酸：エチルアルコール＝3：100)でエッチング(腐食)し、表面を純水で洗浄・乾燥した後、数 10 倍から数 100 倍の光学顕微鏡で複数の視野を観察する。本調査においては倍率 100 倍で観察した。ナイタール液で表面をエッチングする場合は、鉄試料を観察するときに使用する。エッチングにより、鉄組織をよく観察することができるとともに、鉄に含有する炭素濃度により、観察組織は明確に異なってくる。

2 電子プローブマイクロアナリシス(EPMA)による画像解析

光学顕微鏡での視野よりは、より微小領域(数 mm～数 μm)での元素分布を調査する方法で、大型の電子プローブマイクロアナライザーなる装置を必要とする。この装置は電子顕微鏡に蛍光 X 線分析装置が組み合わされている。試料表面の微小部に電子線を照射すると、表面に含まれている元素から特有のエネルギーをもった X 線が放出してくる。含有元素量が多ければ、それだけ X 線の放出量も増加する。それゆえ、X 線のエネルギーと放出量を測定することで、微小部の表面における元素分布を知ることができ、光学顕微鏡で観察した組織がどのような元素で構成されているかが分かる。測定試料は顕微鏡観察したときと同様なものでよいが、EPMA 分析するときはエッチングした表面を再度研磨し直し、帯電防止剤となる金属｛金(Au)、炭素(C)、アルミニウム(Al)｝等を真空蒸着させ

る。帯電防止剤の選択は、分析元素と異なる金属を選択する必要があるので、鉄関連試料の測定にはAuが蒸着される。

本調査での測定した視野は、400μm×400μmで、C、酸素(O)、ナトリウム(Na)、Al、ケイ素(Si)、リン(P)、硫黄(S)、塩素(Cl)、カルシウム(Ca)、チタン(Ti)、鉄(Fe)、コバルト(Co)、ヒ素(As)、アンチモン(Sb)の計14元素についての存在量の分布を示した。Feでは、試料が鉄金属であるか、鉄に関連した試料であるかが分かる。Oでは、試料が酸化物であるかが分かり、Feが存在しOの分布が見られると、その箇所が銹化した箇所か滓部であるかが分かる。さらに、銹化した箇所では、ときにClの分布が見られる。一方、滓部では、主にSiの分布が見られるが、それ以外にNa、Al、Caの造滓成分の分布も見られ、さらに、砂鉄を原料にした滓では、Tiの分布も見られる。金属部が残存していれば、造滓成分に関係する元素は、非金属介在物として金属と金属との粒界に存在する。銹化部では、埋蔵環境からこれら元素が金属部に進入する。PおよびSは、主に鉄の始発物質に含まれていることが多く、また、これら元素含有量が多いと鉄鉱石由来の可能性が強い。Cは、鉄素材の特徴を最も強く表す指標元素で、C濃度が高くなるにつれて鉄から鋼に変わり、さらに鋳鉄に変わることを示す。Co、As、Sbは、鉄中に濃集する特徴がある元素ではあるが、本法により観察されるかどうか分からない。

3 燃焼赤外線吸収法による炭素および硫黄の定量

鉄あるいは鉄鋼資料においてCは重要な元素である。C濃度の違いにより鉄、軟鉄、鋼、鋳鉄など鉄あるいは鉄鋼の特性を表す指標ともなる。また、Sについても鉄原料が鉄鉱石であるか砂鉄であるかの判別や鉄原料を還元させる燃料が石炭であるか、あるいは木炭であるかの判断に利用されるとともに、S濃度が高すぎると鉄あるいは鉄鋼の脆さを判断する指標にもなっている。そのため、切り粉状にした鉄鋼試料を助燃剤{スズ(Sn)、タングステン(W)等}とともに管状電気抵抗炉あるいは高周波炉に導入し、酸素気流中で燃焼させると、鉄鋼試料に含有されているCおよびSは酸化されて、Cは二酸化炭素(CO_2)と一酸化炭素(CO)に、Sは二酸化硫黄

(SO_2)に変換する。これらのガスを外部から赤外線で照射すると、特定の波長において発生したCO_2、CO、SO_2の量に応じて赤外線の吸収が起こる。そのため、C 濃度およびS 濃度を既知の鉄鋼標準物質の赤外線吸収量と比較して、未知試料の鉄鋼中のC およびS の濃度を定量する。

本調査においては鉄が健全に残存している資料あるいは一部銹化している資料を選択的に分析した。分析に用いた試料量は約 100 mg である。

4 中性子放射化分析法(NAA)による微量元素の定量

出土した鉄関連資料は、いろいろな工程から排出されたものや最終工程での残物など様々である。これらの資料には始発原材料の痕跡を残しているものがあり、その中には微量元素が特徴的に含有していることがある。また、出土した試料中の微量元素には埋蔵中に環境から混入したものも含まれている。これらの微量元素を定量することによって、基の始発原料物質を探ることや、どのような工程がなされていたかを知ることができる。このような微量元素を分析する一つの分析法として、中性子放射化分析法(NAA)がある。

中性子放射化分析法は、元素の基となる原子に中性子を照射することにより、原子核において中性子捕獲反応が起こり、安定した原子が不安定な放射性原子に変換する。放射性原子は安定した原子になろうと放射線を放出しながら新たな原子へと壊変を起こす。壊変の仕方についてはそれぞれの原子に特有で、多くはβ壊変を起こし、原子番号が1多い原子に変わる。このときに放射性原子に特有のエネルギーをもったγ線が放出するので、このエネルギーを測定することでこの放射性原子を特定化することができ、次いで間接的に基となった元素を知ることができる。さらに、発生したγ線の放出量を測定することによって、元素量も知ることができる。このような原子核反応は、原子レベルでの反応であるので非常に高感度であり、γ線同士の干渉も少なく、信頼性の高い分析法になっている。特に、γ線検出器としてゲルマニウム(Ge)検出器を利用すると、多くの放射性原子からのγ線を重なりなく判別できるので、一度の測定で多数の元素を定量できる。それゆえ、試料量も少なく、鉄関連試料において数 10 mg から

数100 mgで、20〜50元素を定量することができる。このように高感度で信頼性が高い特長をもつ分析法であるが、研究用原子炉を使用しなくてはならないということと、放射性物質を取り扱わなくてはならないという厳しい制約がある。

本調査においては日本原子力研究開発機構のJRR-4の研究用原子炉を使用し、放射化を行った。放射化した試料のγ線測定は、高純度Ge検出器と4096チャンネル波高分析器からなるγ線スペクトロメトリーにより行い、著者らが開発したGAMA 03プログラムで解析した。対象とした元素は、Na、マグネシウム(Mg)、Al、Si、S、Cl、カリウム(K)、Ca、スカンジウム(Sc)、Ti、バナジウム(V)、クロム(Cr)、マンガン(Mn)、Fe、Co、ニッケル(Ni)、銅(Cu)、亜鉛(Zn)、ガリウム(Ga)、As、セレン(Se)、臭素(Br)、ルビジウム(Rb)、ストロンチウム(Sr)、ジルコニウム(Zr)、モリブデン(Mo)、銀(Ag)、カドミウム(Cd)、インジウム(In)、Sn、Sb、テルル(Te)、セシウム(Cs)、バリウム(Ba)、ランタン(La)、セリウム(Ce)、プラセオジム(Pr)、ネオジム(Nd)、サマリウム(Sm)、ユーロピウム(Eu)、テルビウム(Tb)、ジスプロシウム(Dy)、イッテルビウム(Yb)、ルテチウム(Lu)、ハフニウム(Hf)、タンタル(Ta)、W、イリジウム(Ir)、Au、水銀(Hg)、トリウム(Th)、ウラン(U)の53元素を選択した。これらの元素のうち、多くは定量下限値以下であった。

2　築地反射炉跡・多布施反射炉跡からの鉄関連遺物並びに大砲鋳片の分析

分析資料は長野暹名誉教授(佐賀大学)からご提供いただき、著者が退職する以前の研究室(東京都市大学、旧武蔵工業大学)で分析を行った。分析資料の一覧を表1に示す。一覧表におけるSN-2〜SN-4以外の資料は発掘調査に基づかない、資料採取であることを付記する。なお、表中には「資料」を「試料」と表示し、外見上の資料の名称と分析した際の記号としての試料番号を用いている。また、磁石による着磁性の有無を備考欄に示している。さらに、築地反射炉と多布施反射炉とは直接的には関係はな

表1　分析試料の一覧

試料番号	試料の種類	採取場所	試料の重量(g)	備考
SN-1	鉄塊	築地反射炉跡	234	黒色、着磁性強
SN-2	小鉄滓塊（鉄粒を含む）	多布施反射炉跡 SX04(NO.3トレンチ)	9.7	黒色、着磁性弱
SN-3	小鉄滓塊	多布施反射炉跡 廃棄土坑	5.5	灰色、着磁性強
SN-4	鋳鉄塊	多布施反射炉跡 柳町	229.1	黒褐色、着磁性弱
SN-5	鉄棒片	多布施反射炉跡	87	表面銹化、内部健全な鉄
SN-10	大砲鉄鋳片	武雄	21	赤褐色、内部黒色、着磁性強
SN-11	大砲鉄鋳片	肥後	5.6	板状、黒色、着磁性強
SN-13	鉄鋳片	築地反射炉跡	—	黒色、着磁性なし
SN-14	小鉄滓塊（鉄鋳粒を含む）	築地反射炉跡	16.2	黒色滓に白色粒状物質が混在、着磁性なし、1〜2 cmの鉄鋳粒を含有
SN-15	鉄滓塊	築地反射炉跡	3.4	黒色滓に白色粒状物質が混在、着磁性なし、内部に粒状金属有

いが、反射炉等からの鋳造による大砲の成分分析の参考として大砲の鉄鋳片を選んでいる。

本節では分析資料の形状とその外観写真を示す。外観写真中に示されている直線あるいは四角は、自然科学的分析のために切断した箇所を示す。また、光学顕微鏡による試料内部の写真およびEPMAによる画像解析写真（一部の特徴的な写真）を同時に表示する（写真は本稿末に一括）。

1 SN-1（鉄塊、築地反射炉跡）

(1)外観形状　褐色の錆で覆われた鉄塊片である。表面は流れ出たような跡が残っているが、本資料は割られたような断面がある。鉄塊の側面には小さな石が入り込んでいたり、ところどころに木片が食い込んだりしている。割られた面は黒色、黄色や褐色の層状が見られ、一部には小さな空孔が無数ある。試料全体は、重量感があり、着磁性はあるが、また、磁着力もあり、細かな黒色の粒状物質が付着していた。試料の厚みは約5 cmぐらいである。

⑵顕微鏡観察　濃い灰色の部分と薄い灰色の部分とがあるが、いずれも鉄の錆化部のように思える。また、黒色は空孔の箇所が見えている。

⑶ EPMA 解析　2 か所を分析した。1 か所は、ほとんどが Si と O であり、僅かながら Al と Fe が存在している。すなわち、この箇所での主成分は SiO_2 で、ガラス質であることが推察できる。もう一か所は、全体的に Fe、O であり、この主成分は FeO や Fe_2O_3 などの鉄の酸化物である。また、Fe の強度が弱いところには Si や Al があり、この部分には Fe_2SiO_4、Al_2O_3 や SiO_2 が存在し、鉄滓成分と鉄が錆化したところを分析していると思われる。

2 SN-2(小鉄滓塊、多布施反射炉跡)

⑴外観形状　遺構のトレンチから採取した資料で、軽く、流れ出てきた滓で、ガラス状になっている。表面は赤褐色で土が付着しているようである。裏面には黒色と褐色になっているところがあり、一部側面の切断面は灰色になっている。また、全体的に無数の小さな空孔が見られたが、切断箇所には 3～5 mm 径の鉄粒が残存していた。

⑵顕微鏡観察　鉄粒の金属部が残存している箇所を観察している。この箇所には線状の片状黒鉛組織が無数見られ、ネズミ鋳鉄の金属学的組織を表している。また、幾つかの丸い黒点は、球状の黒鉛の組織と思われる。

⑶EPMA 解析　鉄粒の内部は、主に Fe と C が存在し、僅かながら Si や P が存在している。C は線状のところに多く存在し、特に太い、長い線状には C 濃度が高く含有している。すなわち、片状黒鉛の組織となり、Si が均一に分布していることからネズミ鋳鉄となっている。また、Fe 中に P がところどころ分布していることで、鉄始発原料物質に P が含有していたのが残存したものと推察できる。

3 SN-3(小鉄滓塊、多布施反射炉跡)

⑴外観形状　遺構の廃棄土坑から採取した資料で、表面全体は黒色、ところどころに小さな木片が挟まっている。試料は切断された残りのようで、切断面は灰色で、白色の粒状物質が混在している。着磁性が強く、砂鉄が

付着しているようでもある。切断面は黒色で、小さな空孔が観察される。

⑵顕微鏡観察　濃い灰色と薄い灰色と白色部分がある。これらの部分は鉄が銹化した箇所あるいは滓部かと思われる。また、白色部は外観観察でも見られた白色の物質の一部で、黒色部分は空孔部分である。

⑶EPMA 解析　2か所を分析した。1か所では試料全体に Fe と O が分布し、その中に Si の非金属介在物がある。Fe の場所も Si の場所も O が存在していることから、試料全体は鉄の酸化物（銹化物）であり、SiO_2 のガラス質がその中に残存していることが推察できる。

もう1か所は、試料内の鉄が僅かながら残存しているところを分析したものである。全体に Fe と O とが分布しているが、Fe 強度が高いところに僅かであるが Ti も同時に存在している。このあたりには FeO、Fe_2O_3 などの鉄酸化物以外に $FeTiO_3$（イルメナイト）、Fe_2TiO_4（ウルボスピネル）などの鉄チタン酸化物が存在していると思われる。鉄チタン酸化物は砂鉄や砂鉄を還元したときに見られる。また、Fe 酸化物以外に Si と Al の酸化物や僅かな C が非金属介在物として残存していることを確認できる。

4 SN-4（錆鉄塊、多布施反射炉跡）

⑴外観形状　板状の黒褐色の鉄錆片に白色と黒色の粒状物質が付着している様子である。板状のところには、薄い炭状のものが食い込んでいる。板状の裏面は褐色あるいは焦げ茶色になっている。資料は割られたような跡があり、褐色なところと細かい光沢混じりの灰色となっているところとがある。分析箇所では、小さく金属光沢したものが見られ、切断した箇所の切断面は黒色である。試料全体の着磁性は弱い。

⑵顕微鏡観察　鉄の銹化部を観察している。組織の中に線状の物質が見られる。おそらく片状黒鉛の存在を残している箇所かと思われる。

⑶EPMA 解析　全体に分布している元素は Fe、O、Si、Cl である。Fe の強度の弱いところには C が線状に存在している。これは片状黒鉛であることが推察できる。Fe、O、Cl とが同一場所に分布していることは、鉄が外部環境の影響により銹化したことの証である。Cl が外部環境より

進入してきている。片状黒鉛の分布も、銹化していないネズミ鋳鉄よりは太く、長くなっていることは、銹化過程において片状黒鉛が集まってくることを示しているようにも思える。

5 SN-5（鉄棒片、多布施反射炉跡）

⑴外観形状　資料表面は黒色あるいは赤褐色の錆で薄く覆われた鉄棒片である。鉄棒の断面は楕円状になっており、写真の左側に向かって厚みが薄くなっている。切断面は健全な金属光沢を残した鉄部になっている。表面の錆部の一部は層状になっており、剝がれやすくなっている。

⑵顕微鏡観察　健全な金属部の箇所を観察している。SN-3と同様に線状の片状黒鉛組織が見られるが、SN-3より長く、太い線状組織となっている。この組織も炭素濃度が異なるネズミ鋳鉄と思われる。

⑶EPMA解析　Oの存在がないことから、健全な鉄であることが分かり、FeとCのみが分析された。Cは片状黒鉛であり、本鉄はネズミ鋳鉄であることが分かる。また、僅かであるが、ところどころにPが分布している。おそらく、鉄始発原料物質の中に含有されていたPが表れたものと思われる。

6 SN-10（大砲鉄錆片、武雄）

⑴外観形状　大砲の一部から採取した板状の資料で、表面は赤褐色をし、剝離した裏面は黒色になっている。資料の厚さは約2〜5 mmで、銹化して剝がれやすくなっている。また、1枚の資料も二つに割れて、大きい資料の割れた箇所に近いところから試料を採取した。切断した箇所の内部は黒色であった。

⑵顕微鏡観察　鉄の銹化部である。大砲の一部だとすると、鋳造により大砲を製造するので、本試料は鋳鉄であるかと思う。鋳鉄であれば、SN-2、SN-4、SN-5のようにネズミ鋳鉄の片状黒鉛組織が残存するかと思うが、写真から明らかなようにその痕跡は見えない。銹化部は濃い灰色と薄い灰色の2層が、層状にできている。

⑶EPMA解析　本資料は銹化しているので、健全な鉄部は存在していな

いが、鉄強度の強弱がある。分析箇所全体にOが存在しているが、銹化した証のClや鉄始発原料物質中に含有するPやCの存在を確認することができる。大砲を鋳鉄で製造していれば、片状黒鉛の存在があるはずであるが、銹化によってその存在を確認できない。

7 SN-11（大砲鉄錆片、肥後）

⑴外観形状　大砲の一部から採取した板状の資料で、表面は黒色をし、銹化して剝がれやすくなっている。また、表面のところどころに金属光沢をしているところや、褐色になっているところがある。資料の厚さは約2～4 mmで、切断箇所は黒色になっていた。

⑵顕微鏡観察　鉄の銹化部である。SN-10と同じような大砲の一部であるので、組織も似たような様相を示している。すなわち、濃い灰色と薄い灰色の2層が、層状にできている。

⑶ EPMA解析　全体に分布している元素はFeとOであることから、銹化していると推察できる。また、Cを示す太く、長い線状組織、すなわち片状黒鉛の存在を確認できる。また、Fe強度が弱いところに、強度は弱いが全体にSiの存在がある。おそらく、銹化に伴い含有したものかと思う。さらに、銹化を特徴づけるClが本分析箇所で観察できるが、Pの存在は確認できなかった。

8 SN-13（鉄錆片、築地反射炉跡）

⑴外観形状　築地反射炉跡に残存していた鉄塊から採取した鉄錆片であるが、郵送中に砕けて粉々になっている。表面全体は黒色であるが、一部褐色の錆片もある。いずれの錆片も着磁性はない。これらのうち一錆片を分析試料とした。

⑵顕微鏡観察　砕けた錆片を観察している。すべて銹化し、層状になっているのが見える。これらの層状内には小さな空孔が均一に並んで見える。

⑶EPMA解析　分析箇所全体にFeとOとが存在していることから、銹化していることが明らかである。表面の境界層およびその近辺にCaとOの存在を確認できる。銹化する前から存在していたかどうかは不明である。

9 SN-14（小鉄滓塊、築地反射炉跡）

⑴**外観形状**　築地反射炉跡に残存していた鉄滓塊から採取した小さな塊である。表面は黒色であるが、内部は白色の粒状物質が混在している。黒色部分および白色部分はガラス質状の滓と思われ、小さな空孔が多数見られる。資料全体は着磁性がなかったが、1箇所、多少着磁性が見られるところがあり、その部分を切断すると、直径約1～2 mmの黒色になった鉄粒が存在していた。なお、資料は三つに分かれて郵送されてきたが、大きい資料の鉄錆粒があるところを分析した。

⑵**顕微鏡観察**　鉄滓中に残留している鉄錆部のところである。直線的な線状の片状黒鉛組織が見られるが、ネズミ鋳鉄の組織である。

⑶**EPMA解析**　小鉄錆粒の内部を分析すると、僅かながらOが存在しているので、鉄金属が锈化しようとしている過程の箇所かと思われる。Feの強度が高いことから、いまだ鉄金属も存在し、Cを示す線状の片状黒鉛も存在している。また、Feが存在しているところには、Siの存在も確認できることから、Si濃度の高い鋳鉄になっていたように思える。鉄の粒界の間にはPの存在が確認できる。また異なった視野で、FeとSiとOとが同一箇所に分布しているところがある。ここでは、Fe_2SiO_4のようなケイ酸化鉄のような組織になっていると思われる。すなわち、製鉄中に存在していた不純物が残存した表れかと思われる。

小鉄錆粒の周りの滓部を分析すると、Feは確認されない。Si、O、Na、Ca、Alが確認されているので、ガラス質の滓が存在することが推察できる。また、SiO_2と思われる非金属介在物をも観察できる。

10 SN-15（鉄滓塊、築地反射炉跡）

⑴**外観形状**　築地反射炉跡には現在、日新小学校が建造されている。本資料は小学校校庭から発掘された大きな鉄滓で、校長室に展示されていたものの一部を砕き、採取したものである。写真10-1⒜に資料の外観を示す。黒色の部分に白色の析出物が多く析出し、小さな空孔もところどころに見られる。⒝は試料を顕微鏡観察用に埋め込んだもので、図中の○印部分に金属が残存しており、その他の素地部分では白色の析出物が見られる。

⑵顕微鏡観察　鉄粒部分を残存しているので、表面をエッチングしてから観察した。板状の結晶の周りに筋状の結晶が確認された。すなわち、残存している鉄は、比較的炭素を多く含んだパーライト組織かと思われる。

⑶EPMA 解析　内部に残存していた金属部を分析した。全体に Fe 強度が強く表れており、その中でも強度の強い部分と弱い部分が見られ、反射電子像上の筋状の部分とも対応している。筋状の部分では Fe 強度が若干弱く、Fe と C、また Fe と P が共存している様子が見られる。なお、C と P は同じ箇所には存在していないことが確認される。Fe と C が共存している箇所ではセメンタイト(Fe_3C)となっていることが推察され、P の存在する箇所では Fe と P の化合物となっていることが予想される。このようにパーライト組織の間隔が粗く、結晶粒の境界に板状セメンタイトが存在することと、P を多く含んでいることから、ステダイトと呼ばれる組織となっていることが確認できる。さらに Fe 強度が強く表れている箇所では Si もごく僅かに共存しており、鋳鉄に近い鉄となっていることが考えられる。また、反射電子像(写真 10-3 の CP の部分)中央部分に見られる黒色部分では Fe の強度が低く、非金属介在物であることが分かる。この箇所では S 強度が高く表れた。砂鉄を原料とした鉄滓の場合にはこれまで S の分布はほとんど見られず、このような点と P の存在も含めて、鉄鉱石を原料とした鉄加工の過程で生産された鉄滓であることが推察される。

3　中性子放射化分析法による結果

鉄の金属光沢が残っている SN-5 と僅か銹化している鉄粒の SN-14 m および銹化している鉄塊 SN-3、大砲の鉄錆片 SN-10、SN-11 ならびに鉄粒の SN-14 m の対照として滓部の SN-14s を中性子放射化分析した結果を表 2 に示す。表中の値は、各元素濃度を示し、1% = 10,000 μg/g の単位である。

表 2 の Fe 濃度に着目すると、SN-5 と SN-14 m は、ほぼ健全な鉄であるように思えるが、環境の影響による銹化の指標となる Cl 元素濃度を見

表 2　中性子放射化分析による含有元素濃度　（μg/g : ppm）

	SN-3	SN-5	SN-10	SN-11	SN-14 m	SN-14s
Na	110	<86	470	150	<120	8100
Mg	<630	<1200	<1600	<2300	<5600	<12000
Al	430	15	18	72	150	51000
Cl	420	2200	2200	1800	640	<270
K	270	—	360	170	—	15000
Ca	<990	<810	<770	1100	<1200	6.6
Sc	—	—	0.04	—	0.043	6.6
Ti	<79	<110	<240	<350	570	4400
V	12	49	64	150	1600	530
Cr	67	69	78	120	570	180
Mn	27	120	1600	2900	3900	7200
Fe	830,000	1,000,000	700,000	700,000	990,000	92,000
Ni	310	—	360	150	680	—
Co	220	200	110	100	240	15
Cu	230	610	260	110	590	<340
Ga	4.8	52	15	53	75	—
As	26	36	310	22	410	14
Br	5.2	2.0	6.6	3.7	1.1	—
Sb	2.0	3.4	17	3.6	12	0.44
Cs	—	—	—	—	—	1.9
Hf	—	—	—	0.71	0.26	3.9
Ce	—	—	—	—	—	32
Yb	—	—	—	—	—	1.5
La	0.50	0.36	—	0.34	—	12
Sm	—	—	—	0.71	0.15	2.5
W	7.8	9.2	110	2.3	4.9	2.0
Th	—	—	—	—	—	4.6
U	0.43	0.50	0.49	0.42	0.72	1.3
As/Sb	13	11	18	6	34	32

—：検出せず　<：定量下限値以下の値

ると、いずれも数 100 μg/g 以上の値であり、僅かながら銹化が進行している試料と思える。また、健全な鉄の Fe が銹化すると、Fe は FeOOH、Fe_2O_3、Fe_3O_4 等になる。そのため、Fe 濃度は見かけ上 63%、70%、72% と減少する。SN-10 と SN-11 の Fe 濃度が 70% であることは、Fe_2O_3あるいはFe_3O_4または、これらが混在した形になっているかと思う。SN-3 における Fe 濃度が 83% であることは、Fe が単純に前述のような酸化物になっておらず、鉄金属が銹化していく過程か、鉄と滓が混在しているかであるかと思う。

鉄鉱石あるいは砂鉄を始発原料物質として製鉄を行うと、始発原料物質中に含まれている種々の元素は、鉄金属中あるいは鉄滓中に分配していく。一般に地球科学でいう親石元素は鉄滓中に濃集し、親鉄元素および親銅元素は鉄金属中に濃集する。表2に示されている元素で、Na、Mg、Al、K、Ca、Sc、Ti、V、Mn、Cs、Hf、Ce、Yb、La、Sm、Dy、W、Th、U などである。これらは酸素Oとよく結合しやすい元素でもある。一方、親鉄元素および親銅元素は、Ni、Co、Cu、Ga、As、Sb、W などの元素である。このうち、As と Sb の元素濃度の比は、始発原料物質中と鉄金属中で変化がないことから、始発原料物質の産地推定に使用できる指標となりうる。このように多くの元素は、製鉄中に滓部と金属部に分配していくが、鉄が銹化するときにも同じような傾向で濃度の変化があり、鉄が銹化すると親石元素濃度が増加し、親鉄元素および親銅元素濃度は減少していく。また、Cl と Br の元素は、先にも示したが環境により銹化するとき濃度が増加する元素である。始発物質中に含まれていても、製鉄中にこれらハロゲン元素は揮散してしまい、存在はしない。それが鉄器中に含有されていることは外部環境から混入した表れである。SN-3 から SN-14 m の鉄金属に関係する試料すべてに Cl と Br 濃度が定量されているので、健全と思われている鉄も銹化が進行しているものと思われる。

親石元素のうち Ti と V は、砂鉄を特徴できる指標元素である。すなわち Ti は、砂鉄中に $FeTiO_3$（イルメナイト）、Fe_2TiO_4（ウルボスピネル）などの鉄チタン酸化物として存在し、その影響が現れるとともに、周期表の隣りの元素 V も類似した挙動を示すからである。多くの場合、砂鉄中では Ti 濃度の方が V 濃度より高いので、鉄滓および鉄金属中でも Ti 濃度の方が V 濃度より高い。しかし、SN-14 s の試料を除いて、すべての試料で V 濃度の方が高い。また、同一試料の SN-14 m と SN-14 s でこのような関係が成立していない理由は不明である。

Cu 元素は鉄に濃集しやすい元素であるが、埋蔵環境中に銅製品がある場合にも銅がイオンとして溶出し、鉄器側に移行、濃集するので注意する必要がある。また、多くの場合、鉄鉱石を始発原料物質としたときに Cu や As は鉄器中に濃集することが多い。SN-5 および SN-14 m 中の Cu 濃

度が600 μg/gと高いのは、この可能性が強い。さらにAs濃度に注目したとき、100 μg/g以上の値になっているので、この場合にも鉄鉱石由来である可能性が強く、SN-10およびSN-14 mの始発原料物質は鉄鉱石であるかもしれない。

AsとSbの元素濃度比は、始発原料物質の産地推定に使用できる指標である。表2を見るとSN-3とSN-5が類似した13と11になっているが、Fe濃度および他の元素濃度を比較すると、必ずしも同一ともいえず、多少似ている様相をも示している。SN-10とSN-11は、武雄と肥後の大砲の錆びた箇所である。両試料でFe濃度は等しいが他の元素濃度で異なるとともに、AsとSbの元素濃度比も異なっていることから、両試料には同一性がないことは明らかである。一方、同一の試料から切り取った鉄金属(銹化部を含む)部SN-14 mと滓部SN-14 sのAsとSbの元素濃度比を見ると、前者は34、後者は32とほぼ等しい値となっている。このように、試料の性格が異なっても同一の始発原料物質であればAsとSbの元素濃度比は、両者で等しくなることを示している。

4　燃焼赤外線吸収法による炭素および硫黄の定量結果

表3には、SN-5、SN-10、およびSN-11試料中のCおよびSを定量した結果を示す。参考にNAAにより定量したFe濃度も示すとともに、分析したときの試料重量も示す。健全と思われる鉄試料は、SN-5だけであり、他の二試料は銹化した試料である。銹化前の濃度をそのまま残しているかどうか不明であるが、分析した濃度から鉄の特徴を知ることができると思われる。

C濃度は、2.6%から4.7%と比較的高濃度であった。一般に鋳鉄はCおよびSiを主成分とした鉄合金で、C濃度が2.1%以上を総称して鋳鉄と呼んでいる。それゆえ、これらの三試料は鋳鉄に分類される。光学顕微鏡観察やEPMA分析での結果においても片状黒鉛組織がみられ、ネズミ鋳鉄の様相を示している。

S濃度は、0.05%から0.09%と比較的高濃度であった。Sは、銹化す

表3　燃焼赤外線吸収法による炭素および硫黄の定量結果

試料番号	試料重量(g)	濃度(%) C(炭素)	濃度(%) S(硫黄)	Fe 濃度＊(%)
SN-5	0.120	4.747	0.089	100
SN-10	0.107	3.003	0.056	70
SN-11	0.153	2.620	0.050	70

＊：NAA の結果

るに従い鉄部に濃集しやすい元素なので、SN-10 および SN-11 については、銹化して濃集した可能性もある。その場合には銹化前の S 濃度はもう少し低濃度になると思われる。また、SN-5 の Fe 濃度がほぼ 100% であることから本試料は、最初からこのような比較的高濃度であったと思われる。一般に、鉄鉱石を原料とした鉄には S 濃度が高く、砂鉄を原料とした鉄中の S 濃度は低いことが知られている。我々が分析した多くの分析結果では、砂鉄を原料とした鉄中の S 濃度は、概ね 0.03% 以下の値になっている。

5　自然科学的分析のまとめ

築地反射炉跡および多布施反射炉跡から出土した鉄関連遺物がどのような材質であったかを調べるために複数の自然科学的分析法により遺物試料を分析し、各遺物の特徴を評価することができた。その結果、以下のことが明らかとなった。

① SN-1（鉄塊）は、ガラス質（SiO_2）の滓成分と Fe の酸化物あるいは鉄化合物からできている。

② SN-2（小鉄滓塊）は、鉄粒部分を含んだ鉄滓である。鉄粒内は片状黒鉛を有するネズミ鋳鉄であり、Si が均一に分布しているのと P が粒塊中に多く存在している。この P は、始発原料物質（鉄鉱石）に存在していたものと思われる。鉄滓部では、Si、Ca、Al などの酸化物が存在し、Fe の存在が確認されなかったが、表面部には Fe の酸化物と、Ti が濃集したところが見られる。なお、Ti は Fe と O とも化合している。こ

のTiは埋蔵中に結合したものと思われる。

③ SN-3(小鉄滓塊)は、Feの酸化物あるいは銹化物であり、SiO_2のガラス質が混入している。また、不純物としてAlやSiの酸化物が混入し、また、Cの存在していた痕跡を残している。Fe濃度は、83%と銹化物としては高濃度である。

④ SN-4(鋳鉄塊)は、鉄が銹化したものである。片状黒鉛の存在が見られるが、黒鉛が銹化過程で濃縮しているようでもある。また、Siが試料全体的に存在している。このことから、ネズミ鋳鉄が銹化したものと推察できる。銹化物の周辺には、Si、Ca、Al、Na、Tiの酸化物が造滓成分として残存しているものと思われる。

⑤ SN-5(鉄棒片)の表面は銹化しているが、内部は健全な鉄の様相を残している。しかし、分析の結果、銹化が僅かながら進行していることが確認できた。鉄中には片状黒鉛の組織がはっきりと見られ、ネズミ鋳鉄(C濃度：4.74%)であることが分かる。また、ところどころにPの存在を確認できることから、鉄始発原料物質が鉄鉱石である可能性が高い。さらに、S濃度が0.089%と高いことからもその可能性が強い。

⑥ SN-10(大砲鉄鋳片)は、Feが銹化した試料である。銹化した中にCの存在を確認できるが、その分布は線状になっておらず、ところどころに集まった状態になっている。周辺部では、環境からのSi、Ca、Alの酸化物が見られる。C濃度は3.0%であるが、銹化前の値は不明である。S濃度が0.056%と比較的高いが、環境から移行した可能性もあるので、原料の推定はできない。

⑦ SN-11(大砲鉄鋳片)もSN-10と同様にFeが銹化している。Cの存在は太い片状黒鉛の様相をしている。また、全体的にSiの存在が確認され、ネズミ鋳鉄であることが推察できる。C濃度は2.6%であるが、銹化前の値は不明である。

⑧ SN-13(鉄鋳片)は、Feの酸化物を確認できるが、Caの酸化物の存在も確認できる。Caの酸化物は、楕円状の結晶をなしている。銹化に伴い、環境中から移行したことも考えられる。S濃度が0.050%と比較的高いが、環境から移行した可能性もあるので、原料の推定はできない。

⑨ SN-14（小鉄滓塊）は、鉄滓の中に黒色の鉄粒が混入していた。鉄粒の中の組織は、片状黒鉛と僅かなSiが存在し、ネズミ鋳鉄であることが推察できた。また、粒塊にはPが多く存在し、鉄始発原料物質（鉄鉱石）からの由来かと思われる。滓部においてはFeの存在がほとんどない。

⑩ SN-15（鉄滓塊）は、試料表面に白色の析出物が見られ、鉄滓中には健全な鉄金属が僅かに残存していた。鉄金属中の組織は、パーライトと結晶粒の境界では板状セメンタイトおよびリン共晶から成るステダイトとなっていることが確認できた。つまりPを多く含む金属組織となっていることから、鉄始発原料物質（鉄鉱石）の由来かと思われる。滓部の白色析出物はSiO_2のガラス質となっている。金属組織を見る限り、他の築地反射炉由来の鉄滓試料SN-1、SN-13、SN-14との関連性は見られず、別の鉄滓であると思われる。

⑪中性子放射化分析をしたSN-3、SN-5、SN-10、SN-11、SN-14 mのCu濃度がいずれも100 μg/g以上の値である。これらは、埋蔵環境中にあったCuの影響も考えられるが、鉄始発原料物質とも関係づけられる。特に、SN-5およびSN-14 mの500 μg/g以上の値では、鉄始発原料物質が鉄鉱石であるときにこのような値になる。

⑫鉄始発原料物質の産地推定をするのに、AsとSbの濃度比が有効であるが、分析した試料はほとんど異なっていた。SN-3とSN-5とは類似した様相もあったが、はっきりと示すことができない。

⑬ AsおよびSb濃度に注目したとき、SN-10およびSN-14 mの試料ではAs濃度で数100 μg/g以上の値、Sb濃度で数10 μg/g以上の値になり、砂鉄を始発原料物質とした鉄より1桁高く、鉄鉱石由来であることを示唆している。TiとVの濃度関係であるが、砂鉄を原料とした鉄では、TiおよびV濃度が高く分析され、その中でもTi濃度のほうがV濃度より高くなる。しかし、SN-14 s試料を除いて、すべて逆転している。また、砂鉄を原料とした鉄のV濃度よりも、本分析試料の濃度が比較的高くなっている。なぜこのような現象になるかは不明である。砂鉄を原料とした鉄と鉄鉱石を原料とした鉄が混在して使われたとすると、

このようになるかもしれないが、憶測の域を出ない。また、東南アジアのマレーシアにはＶ濃度の高い鉄鉱石がある(7)と言われているが、他の元素含有量が分からないので、なんとも言えない。

おわりに

我が国最初の築地の反射炉および多布施の反射炉では、どのような鉄材を使用して操業していたかは不明である。そのため、両反射炉跡から出土した鉄関連遺物を複数の自然科学的分析方法により材質の調査を行い、当時生産していた鉄がどのようなものであったか、また、それらの鉄原料が鉄鉱石あるいは砂鉄由来であったかを検討した。分析に供した資料は、発掘調査に基づくものと発掘調査には基づかないものとがあるが、いずれも両反射炉と深く関係する資料であり、また、大砲鋳片資料については直接両反射炉とは関係ないが、当時の大砲鋳造と深く関係するので比較のため分析を行った。

両反射炉跡からの鉄金属部が残存している資料では、片状黒鉛を有するネズミ鋳鉄の組織を観察することができ、反射炉で鋳造の操業を行っていたことが明らかとなった。また、これら資料の金属組織にはＰ濃度が比較的高く、Cu と As 濃度が数 100 μg/g、Sb 濃度が数 10 μg/g と鉄鉱石を鉄始発原料物質であることを示唆していた。さらに、これらの鉄鉱石が国内産か国外産かは判別できなかったが、これらの資料のうち SN-14 m は、明らかにＶ濃度が Ti 濃度に比較して高く、国内産の鉄鉱石あるいは砂鉄を否定するような分析結果が得られたことを付記する。

註

(1)　芹澤正雄『洋式製鉄の萌芽(蘭書と反射炉)』(アグネ技術センター、1991年)66～78 頁。

(2)　金子功『反射炉Ｉ　大砲をめぐる社会史』(法政大学出版局、1995 年)90頁。

(3)　長野暹『佐賀藩と反射炉』(新日本新書 501、2000 年)183～198 頁。

(4)　長野前掲註(3)183〜198頁。

(5)　加藤将彦・平井昭司・鈴木章悟・岡田往子・長野暹「佐賀築地および多布施反射炉跡地から発掘された鉄およびスラグの分析」(『考古学と自然科学』58、2009年)13〜24頁。

(6)　加藤将彦・平井昭司・鈴木章悟・岡田往子「佐賀藩反射炉由来の鉄鋼の分析」(『幕末佐賀科学技術史研究』3、2008年)1〜48頁。

(7)　「東アジア地域等における鉄源開発に関する調査研究報告書」(国際経済交流財団ホームページ、https://www.jef.or.jp/jp/jigyo20.asp、2009年)158頁。

写真 1-1　(外観)SN-1 鉄塊

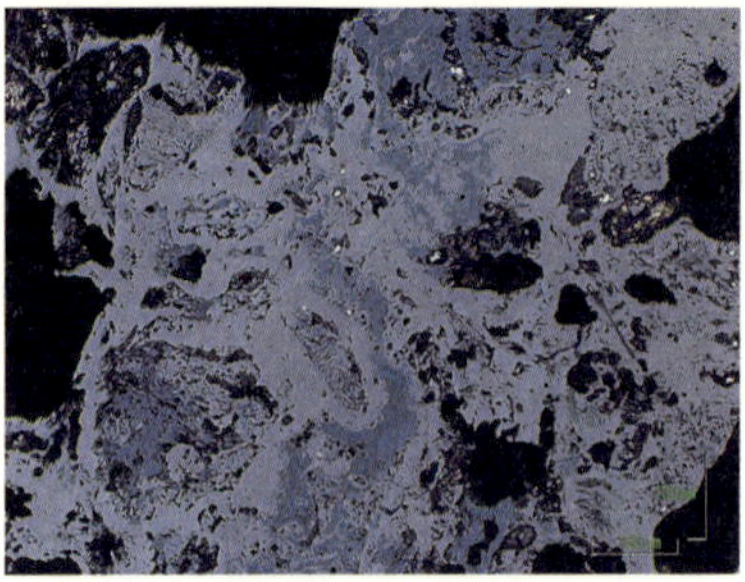

写真 1-2　(顕微鏡)SN-1 鉄塊

写真 2-1　(外観)SN-2 小鉄滓塊

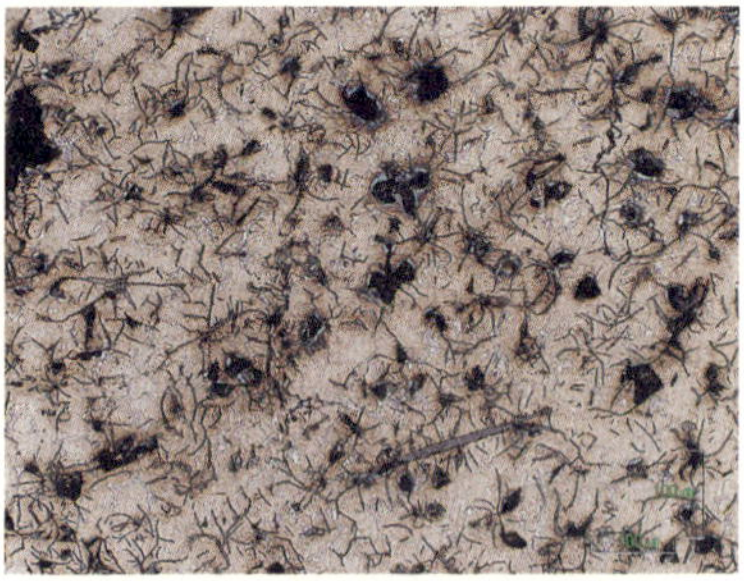

写真 2-2　(顕微鏡)SN-2 小鉄滓塊

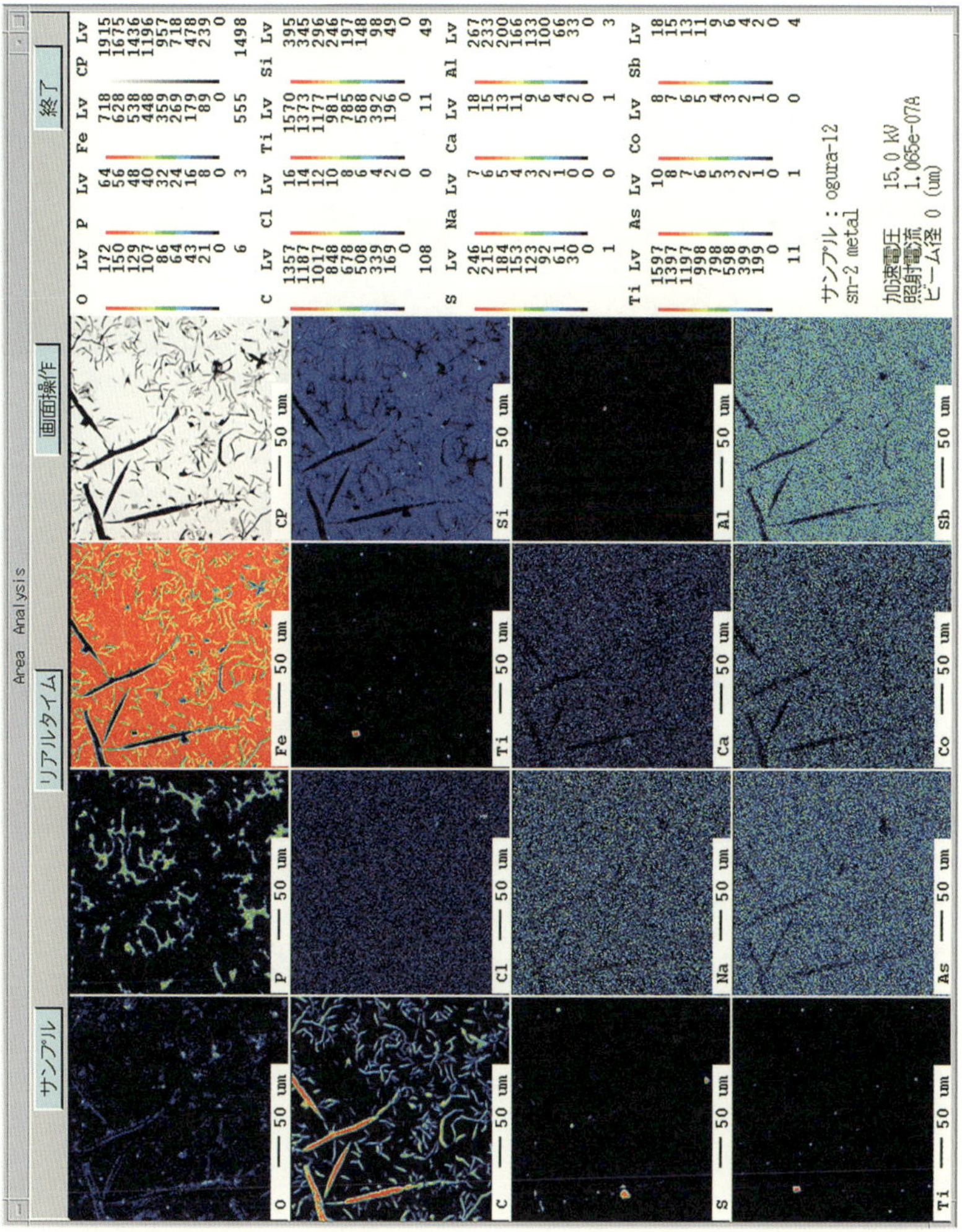

写真 2-3　(EPMA) SN-2 小鉄滓塊

写真 3-1　(外観)SN-3 小鉄滓塊

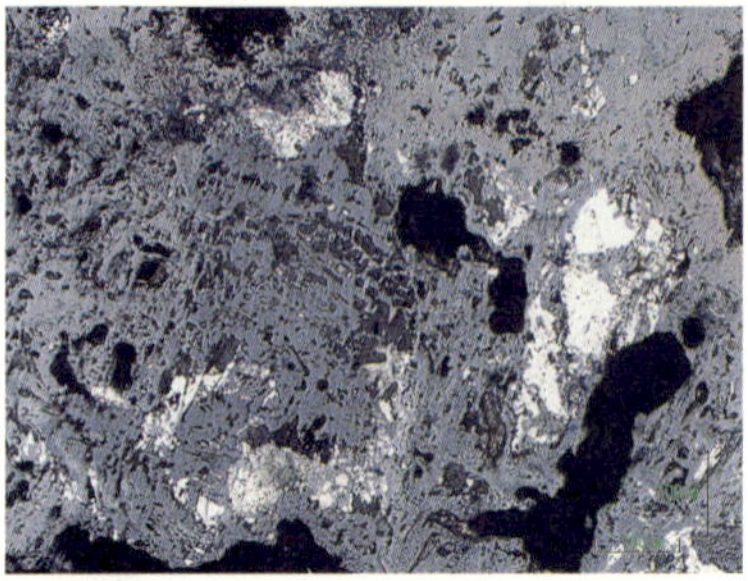

写真 3-2　(顕微鏡)SN-3 小鉄滓塊

写真 4-1　(外観)SN-4 錆鉄塊

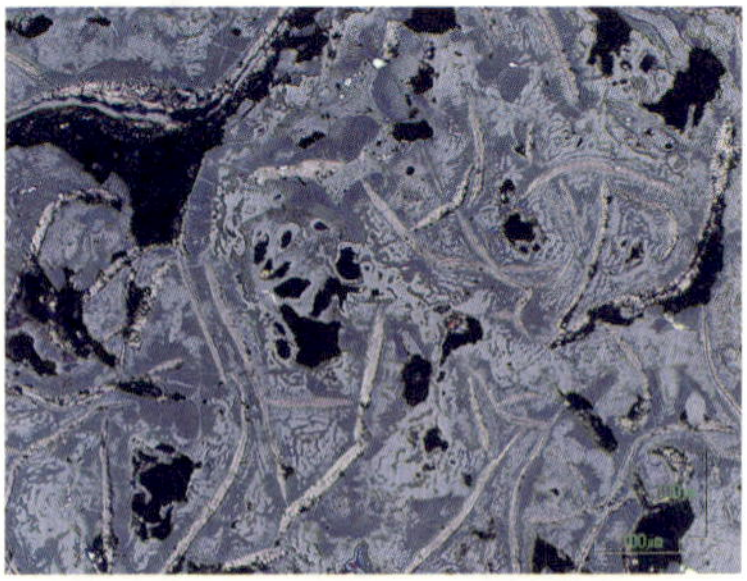

写真 4-2　(顕微鏡)SN-4 錆鉄塊

写真 5-1　(外観)SN-5 鉄棒片

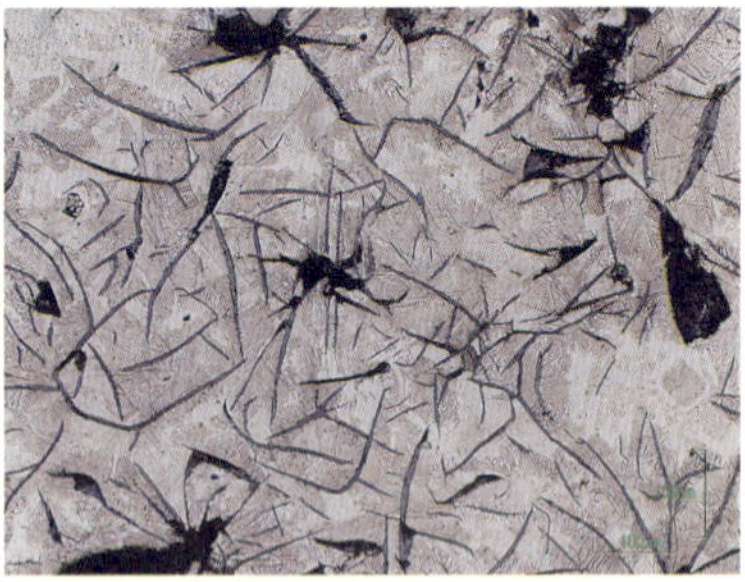

写真 5-2　(顕微鏡)SN-5 鉄棒片

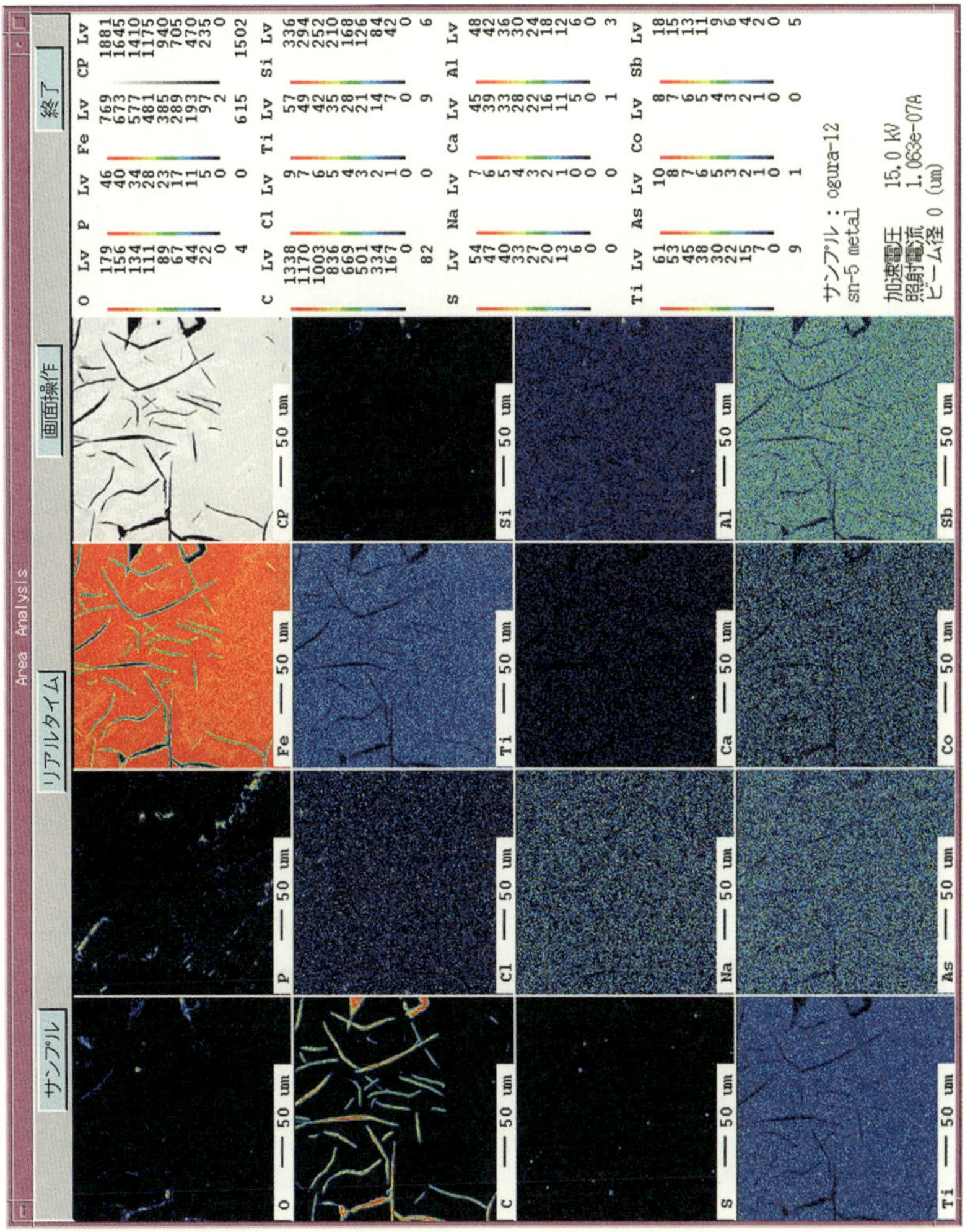

写真 5-3　(EPMA)SN-5 鉄棒片

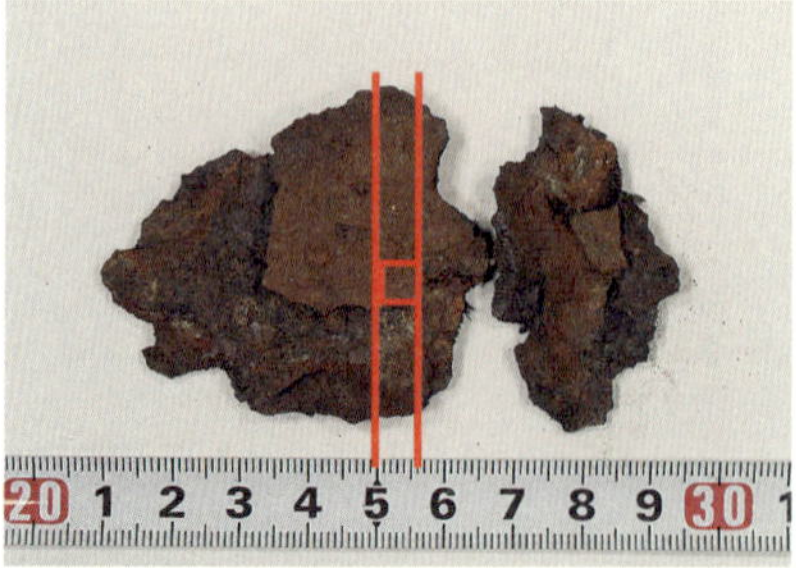

写真 6-1　(外観)SN-10 大砲鉄錆片

写真 6-2　(顕微鏡)SN-10 大砲鉄錆

写真 7-1　(外観)SN-11 大砲鉄錆

写真 7-2　(顕微鏡)SN-11 大砲鉄錆

写真 8-1　(外観)SN-13 鉄錆片

写真 8-2　(顕微鏡)SN-13 鉄錆片

写真 9-1　（外観）SN-14 小鉄滓塊

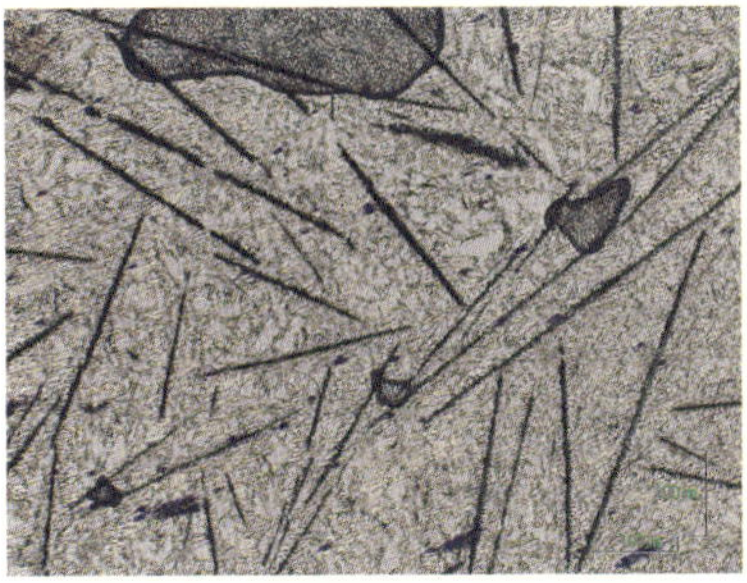
写真 9-2　（顕微鏡）SN-14 小鉄滓塊

写真 10-1（a）　（外観）SN-15 鉄滓塊

写真 10-1（b）　（外観）SN-15 鉄滓塊
（鉄粒部）

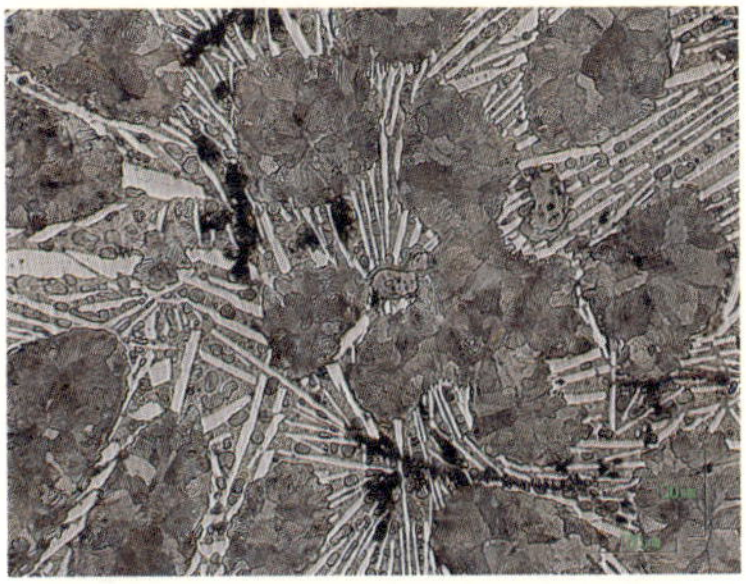
写真 10-2　（顕微鏡）SN-15 鉄滓塊

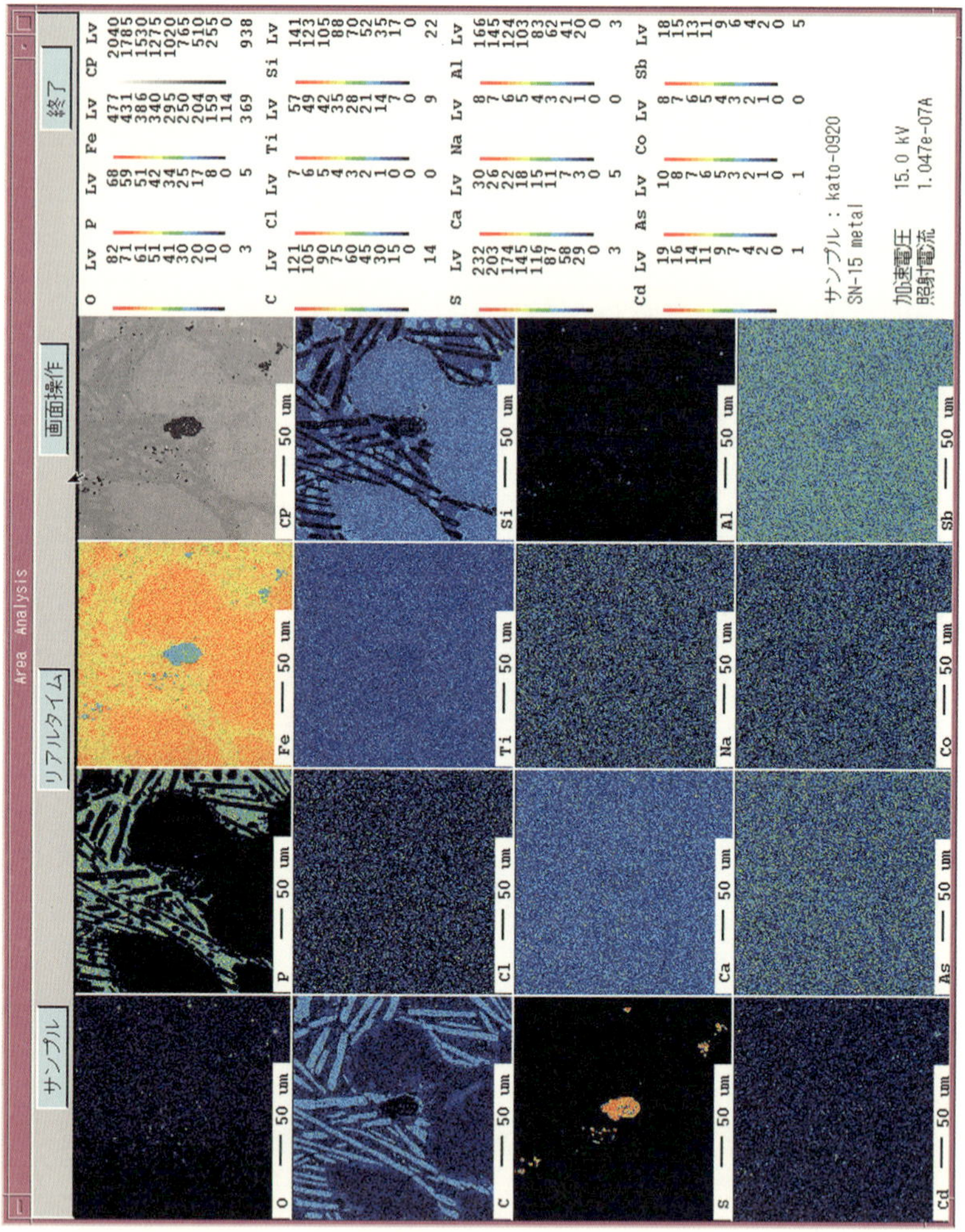

写真 10-3　(EPMA)SN-15 鉄滓塊(鉄粒部)

佐賀藩反射炉跡出土遺物の分析

――レンガ・鉄滓の蛍光X線分析――

田端　正明

はじめに

佐賀藩は江戸初期から福岡藩と隔年交替で長崎港警備を担当し、アヘン戦争後、佐賀藩領(伊王島・神ノ島)に砲台を建設し、外国に対する警備を強化した(1)。そのために佐賀城下築地(佐賀市長瀬町)に反射炉を建設し、鉄製大砲の製造を開始(1850年〔嘉永3〕)した(築地反射炉)。幕府がペリー来航(1853年)後、佐賀藩に大砲50門を発注したので、佐賀藩は反射炉を増設(佐賀市岸川町)し、1854年に製砲場を完成し、築地反射炉は1857年〔安政4〕まで、多布施反射炉はそれ以降も稼働した(2)。さらに、多布施の大砲鋳造所に隣接して精煉方が1852年に設置され、蒸気機関の研究はじめ、様々な理化学研究・実験・開発を行った(3)。また三重津(佐賀市川副町・諸富町)に1858年に「船手稽古所」を設置し、佐賀藩独自の海軍伝習(三重津海軍所)を行った。ついには蒸気船「凌風丸」を完成させた。

このように佐賀藩は在来技術を用いた自力による類を見ない稀なスピードで近代化を成し遂げた。その結果、三重津海軍所跡は幕末から明治にかけての様々な産業遺跡群「明治日本の産業革命遺産　九州・山口と関連地域」に加えられ、日本国政府によりユネスコへ2015年の世界文化遺産登録を目指して推薦された(2014年1月)。2015年7月、同跡地は世界文化遺跡に登録された。当然、佐賀藩の反射炉の稼働とその技術は三重津海軍所で行われた蒸気船の修理・建造に必要な鉄製品の溶解・製造に駆使されたと考えられる。佐賀市は幕末の佐賀藩が行った上記の近代化事業に関わる遺跡の発掘調査と、文献史料調査を精力的に実施した。

本研究では、佐賀市教育委員会文化振興課世界遺産調査室が調査・発掘した佐賀の遺跡群(築地反射炉跡、多布施反射炉跡)からの出土品を、放射

光施設(佐賀県立九州シンクロトロン光研究センター)で微量金属成分の分析を行い、測定結果の解析によって当時の製砲のための反射炉と精錬技術等を検討した。

1　測　　定

九州シンクロトロン光研究センターBL 07(5 keV～35 keV)で、蛍光分析を実施した。ビームサイズは1.4 mm(W)×0.5 mm(H)である。測定試料は、反射炉に使われたレンガ、出土した鉄滓・鉄塊である。2つのレーザービームで試料への照射ビーム位置を決めた。測定強度は表面形状によって変化するので、励起エネルギー(30 keV)によるコンプトン散乱強度が同じになるように相対強度に換算した。

2　結　　果

1 反射炉レンガ

反射炉跡の発掘調査で出土したレンガの蛍光X線分析を行った。多布施反射炉跡(T 113)のレンガは反射炉を支えるための強固な松の木の横木の近くで出土したものである。一方、築地反射炉跡(TJH)から出土したレンガは、鉄滓などと一緒に出土したものであり、必ずしも反射炉の建物の跡からの出土ではない。いずれのレンガも表層は黒ずんでおり、レンガの内層に行くに従って白から赤へと変色している。蛍光X線の測定は、表層の黒い部分、中層の白い部分、下層の赤い部分を測定した。

図1に多布施反射炉跡から出土したレンガ(T 113)の例を示す。図より表層での鉄(Fe)の濃度は極めて高い。Fe以外にはカリウム(K)、カルシウム(Ca)、チタン(Ti)、クロム(Cr)、マンガン(Mn)、銅(Cu)、亜鉛(Zn)、ルビジウム(Rb)、ストロンチウム(Sr)、イットリウム(Y)、ジルコニウム(Zr)、ニオブ(Nb)、モリブデン(Mo)が検出された。特に、Rb、Sr、Zrの含有量が高い濃度で検出された。溶けた鉄がレンガ表面に付着している。築地反射炉跡(TJH)と多布施反射炉跡(T 113)の溶解付着物中

の鉄の含有量をFeKα線強度として比較すると、多布施反射炉跡から出土したレンガの表面溶解付着物の方が鉄の含有量は約25%(モル濃度比)ほど高い。

溶解付着物中の鉄の純度を知るために、溶解付着物中のFeKα線強度を基準にして鉄以外に検出された元素の強度比を築地反射炉跡(TJH)および多布施反射炉跡(T 113)について調べた(図2)。鉄以外の元素の含有割合は多くても2%程度ある。Zrの含有率は築地反射炉では2.2%、多布施では1.7%であった。また成分組成割合については両反射炉レンガの溶解付着物についてほとんど同じである。築地反射炉も多布施反射炉も鉄の高純度の鉄製造工程が行われたと考えられる。溶解付着物が付着していない同一レンガの中層(白色部)、下層(赤色部)に含まれている元素成分を調べると、いずれのレンガもFeを含み、次いでZr、Rb、Sr、Yが両反射炉跡のレンガとも他の元素と比べると高い値を示した。特にZrの含有値が高い。両反射炉で使われたレンガは耐火レンガと考えられるので、耐火性の強いZrの含有率が高くなっている(ケイ酸ジルコニウムの融点は、2,550度)。

多布施反射炉レンガ(T 113)ではFe含有量に対してZr 10%、下層ではZr 28%である。同様に、築地反射炉跡レンガ(TJH)では中層で鉄に対してZr 14%、下層でZr 41%と高濃度である。いずれも下層のレンガほどZrの含有量が高い。レンガの中層、下層中のRb、Sr、Y、Zrの存在割合を比較するとZr＞Rb＞Sr≧Yである(図2)。しかし、溶解付着物ではRb＞Sr≅Zr＞Yである。特にZrの含有割合が違う。溶解付着物中のこれらの元素割合が溶解付着物に近い中層の元素組成割合と違うということは、高温にさらされたレンガ中の元素の溶解付着物への溶解汚染は少なく、溶解付着物中の元素割合は溶解した鉄の原料組成を表していると考えられる。すなわち、製造鉄の高純度化がなされている。

2 鉄滓

⑴築地反射炉出土品

築地反射炉跡の鉄滓置き場から大きな鉄滓が出土した(図3)。そのうち

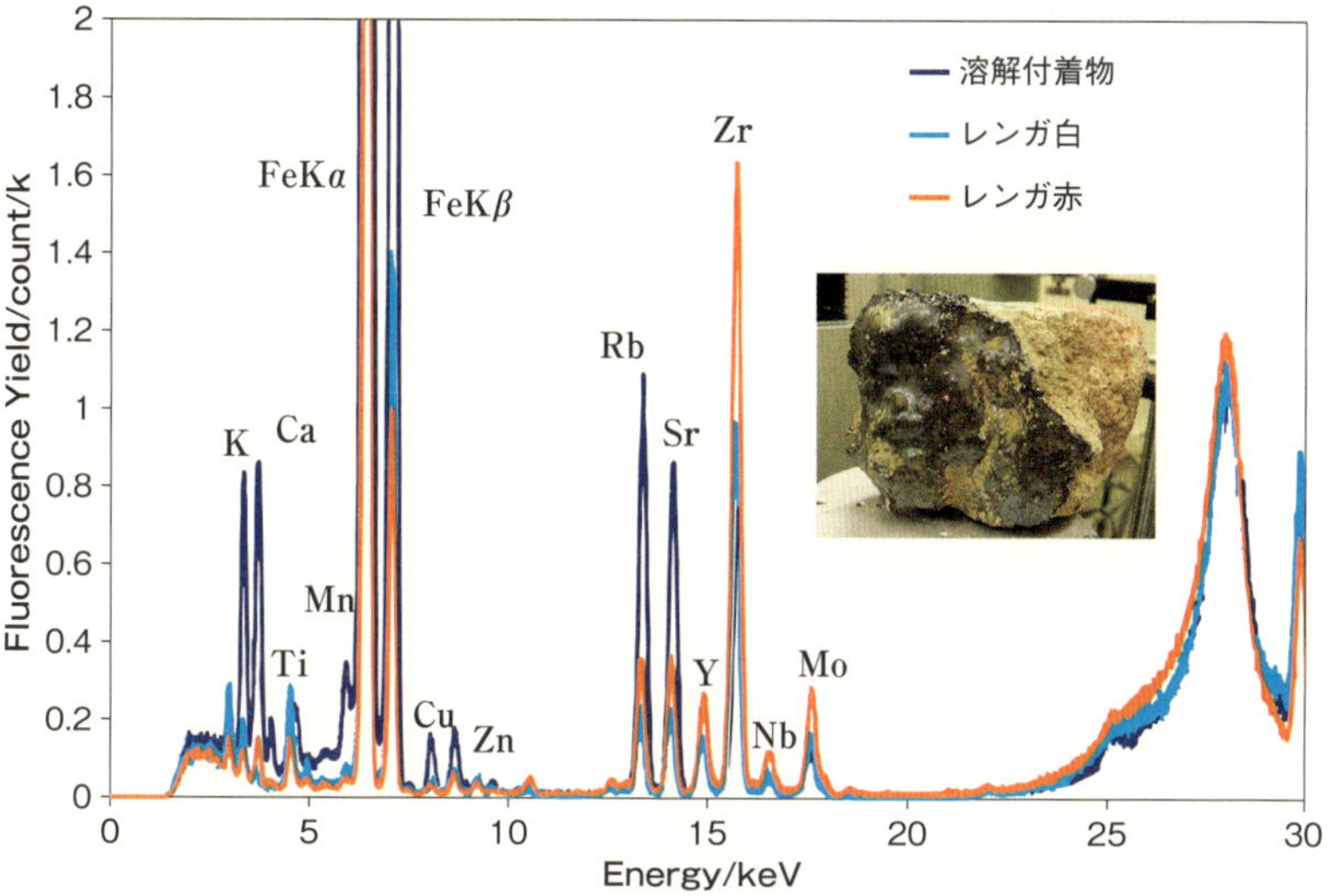

図１　反射炉跡から出土した溶解付着物付着レンガの XRF

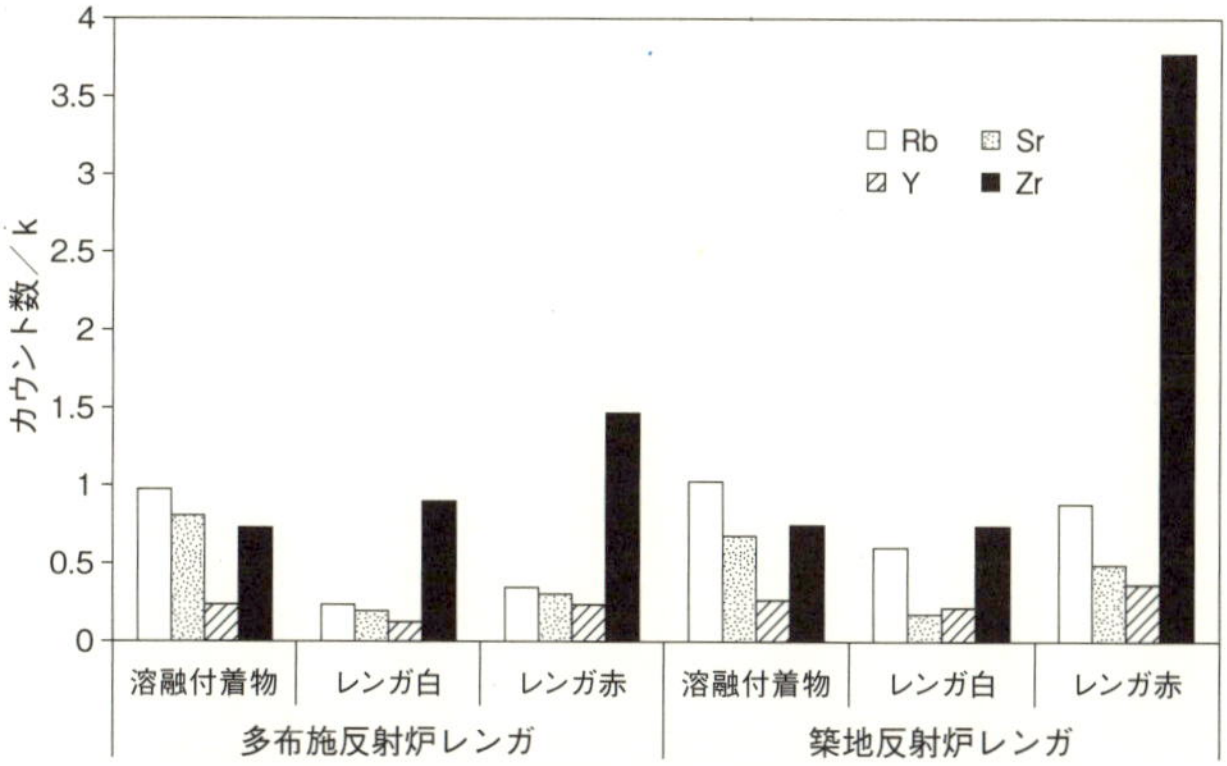

図２　反射炉出土レンガの含まれる鉄以外の主な元素組成

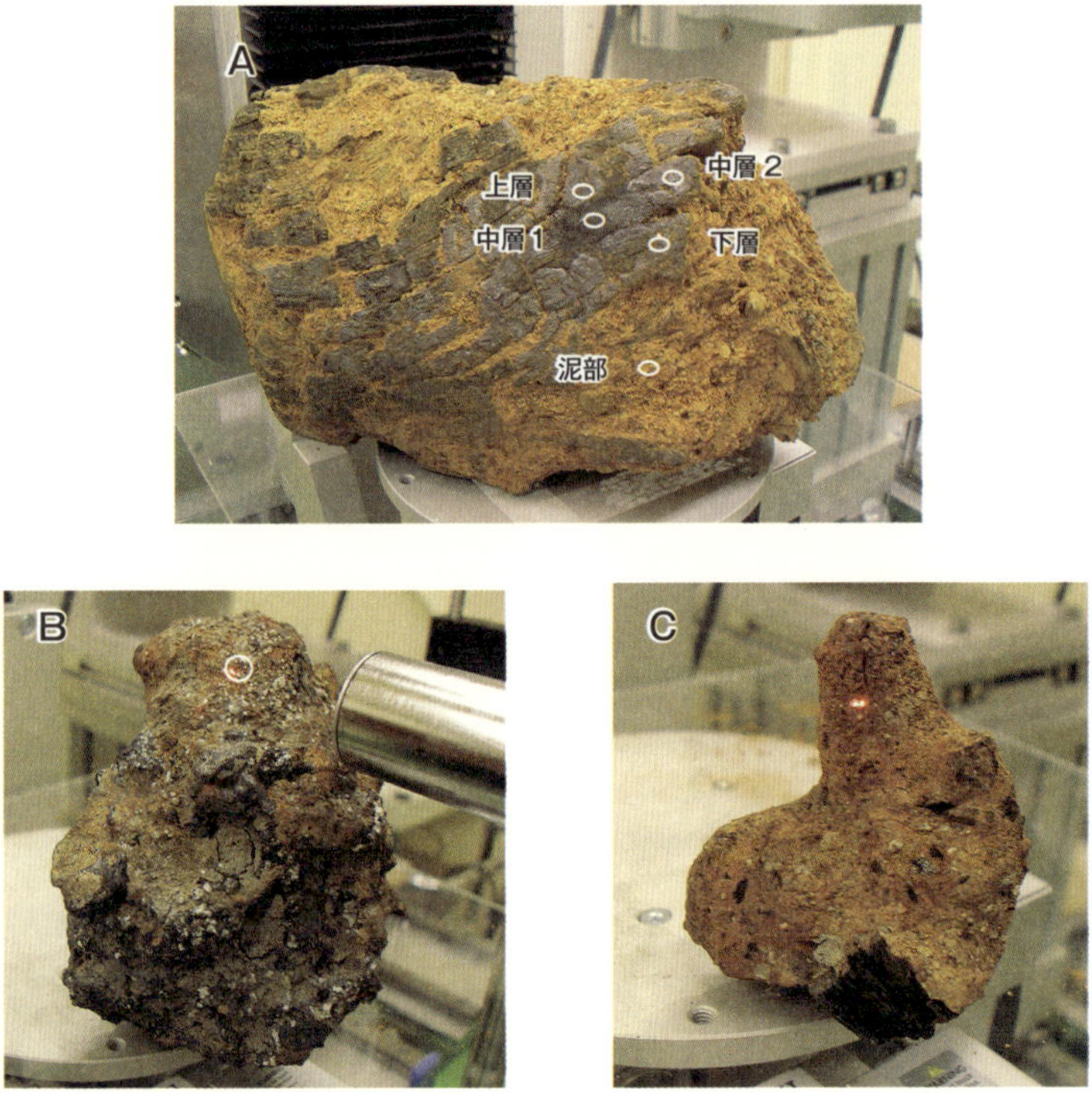

図 3　反射炉跡から出土した鉄滓。(A)(B)築地反射炉跡、(C)多布施反射炉跡。赤印は測定点を示す。

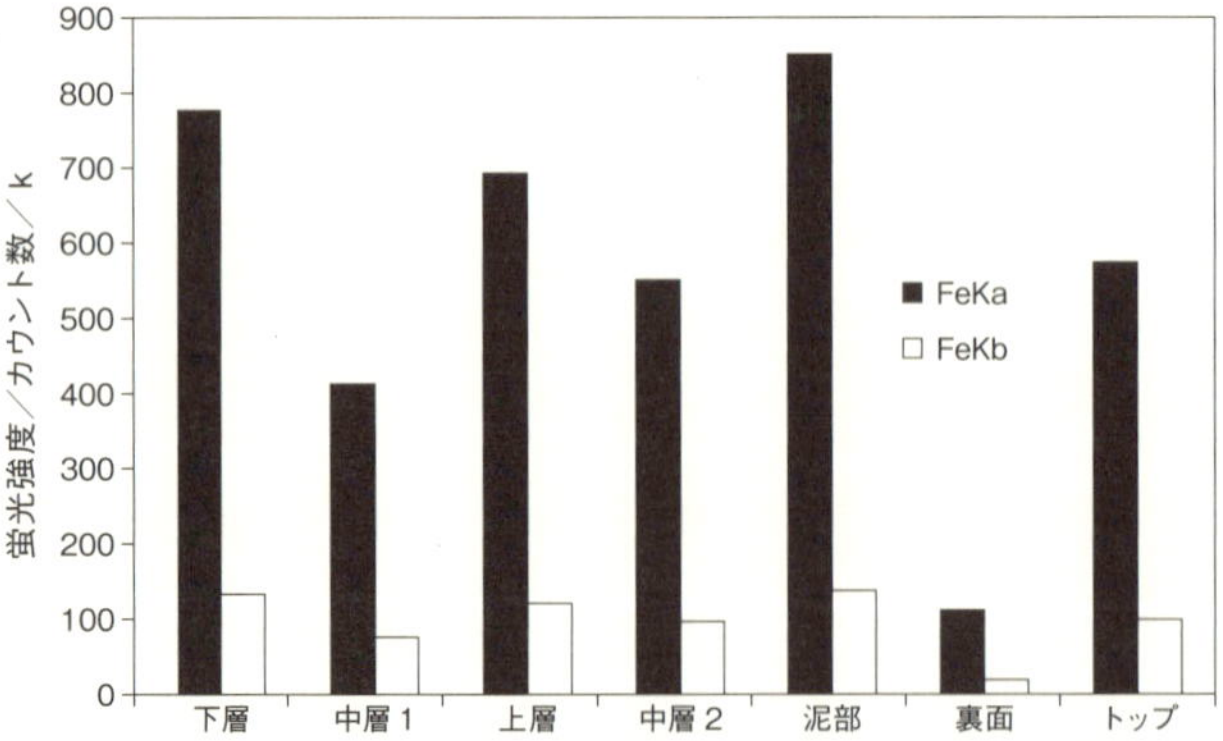

図 4　築地反射炉跡から出土した鉄滓(A)の各層の鉄含有量

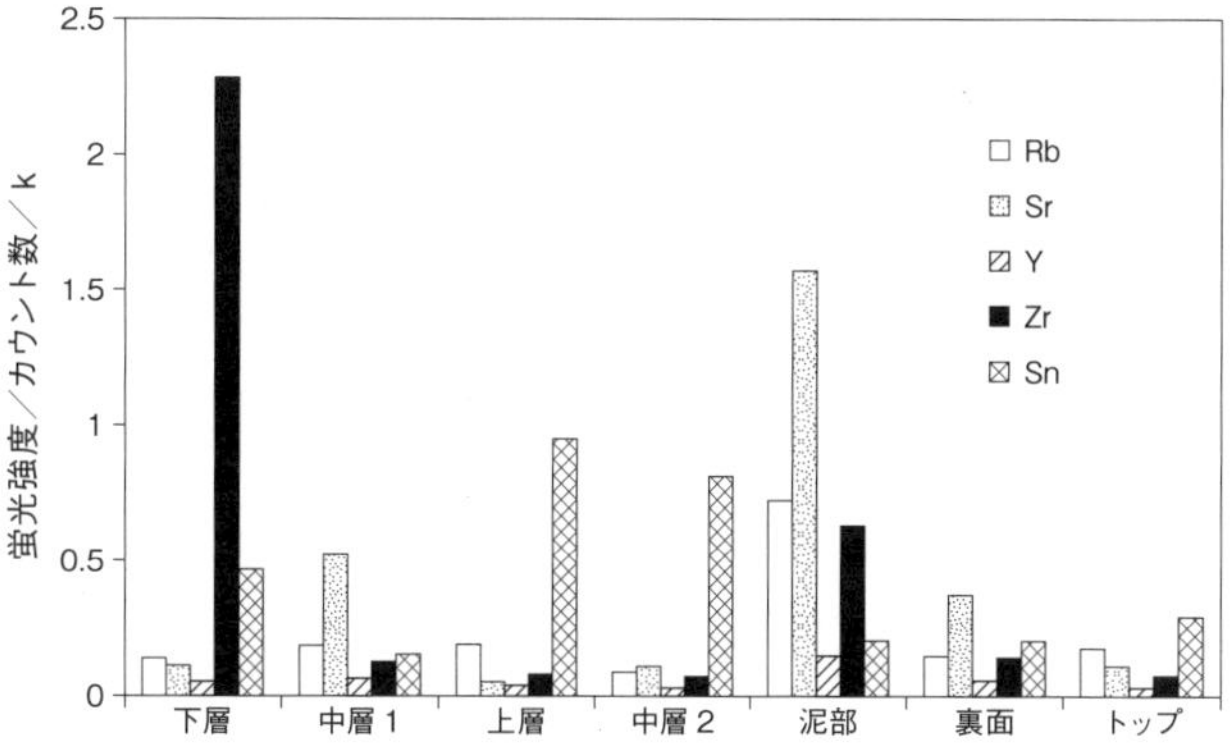

図 5　築地反射炉跡から出土した鉄滓(A)の各層の Rb、Sr、Y、Zr、Sn の含有量

の一つには層状になった鉄の塊が見られた(図 3 A)。層状鉄であることから、反射炉由来の鉄でなく、こしき炉で製造された鉄と考えられる。こしき炉で使用される木炭の木目に溶解した鉄が浸透し、固まったものである。塊を層状ごとに蛍光 X 線分析を行い、層ごとの鉄の含有量を比較した(図 4)。

中層 1 や裏面層で鉄の含有量が他の層と比べると少し低いが、鉄の含有量(相対蛍光強度)はレンガの表層溶解付着物に比べてかなり高い。黄色を帯びた泥部も多量の鉄を含んでいるので、酸化鉄である。鉄層中には Ca、Ti、Mn、Cu、Zn、Rb、Sr、Y、Zr、Mo、Sn が検出された。鉄以外の成分の鉄に対する相対量は少ないが、その種類が多いことからも反射炉由来の鉄とは考えにくい。また、チタンが鉄に対して 0.2% 程度あるので、砂鉄を原料として鉄が製造された可能性が高い。層中の Fe 以外の元素(Rb、Sr、Y、Zr、Sn)の存在量を比較すると、Zr が多い層(下層)、Sr が多い層(中層 1、泥部、裏面)、Sn が多い層(上層、中層 2、トップ)があり、成分割合の一致が少ない。これらの元素割合は鉄の 1% 以下の成分であるので、鉄滓が埋まっていた土の影響を受けやすい。泥部には Sr が多く、中層 1 と裏面層も埋まっていた周りの土の影響を大きく受けていると考えられる。

築地反射炉からは、小さな鉄滓が集まった鉄滓塊も出土した(図 3 B)。

四か所で測定したが、多量の鉄を含有している箇所は、褐色を帯びていたところである。他は鉄の含有量が少ない。鉄以外に K、Ca、Ti、Mn、Rb、Sr、Y、Zr、Sn が検出された。これらの元素うち、Rb、Sr、Y、Zr に着目すると、層状の鉄滓成分(図 5)と違い、いずれの箇所も Sr＞Zr＞Rb＞Y の順で減少している。鉄の含有量によらず、これらの元素の存在割合の傾向が同じであることは、鉄由来でなく鉄滓が埋もれていた地層の成分を表していると考えられる。鉄を多量に含む箇所での他の元素の含有割合は 1% 以下であるので、鉄滓であるが高純度の鉄が製造されていたことが窺われる。

⑵多布施反射炉出土品

多布施反射炉からは、表面は黄褐色を帯び錆びた鉄滓塊が出土した(図 3C)。黄色を帯びた鉄の塊では、高い鉄の含有量(FeKα 相対強度は 1,823,000)であったが、黒い部分では鉄の含有量は少なく(FeKα 相対強度 42,000)、黄色の部分の鉄の 2.3% に過ぎなかった。したがって黒い部分は、鉄製造に使われた木炭に鉄が混入したものであると考えられる。錆びた鉄塊の鉄以外の成分を調べると、Sn の含有量は少ないが、Zr、Sr、Cu、Ti、Ca が検出された。しかし、これらの金属の含有割合は、鉄(FeKα 相対蛍光強度)に比べて、1% 以下である。したがって、かなり高純度の鉄と思われる。鉄以外の元素は Sr＞Zr＞Rb＞Y の順で減少している。築地の鉄滓と同じようにこれらの元素の存在割合は鉄の含有量によらないので、鉄由来でなく鉄滓が埋もれていた地層成分の影響を受けていると考えられる。鉄以外の元素の含有割合は 0.5% 以下であり、高純度の鉄である。多布施の鉄滓の方が築地より 2 倍以上の鉄の含有率である。

3　考　　察

1 精錬鉄の原料

今日では鉄鉱石を原料として製鉄が行われているが、江戸幕末期のほとんどの鉄製品は砂鉄を原料としてたたら製鉄によって製造されていた。しかし、佐賀藩は大砲製造のための鉄を得るためには、高純度の鉄が必要で

あった。そのために、反射炉を使って鉄の精錬を行った。佐賀藩の反射炉による鉄製造は多くの古文書に記されている。反射炉の跡とその遺物を調査するために、佐賀県と佐賀市は、築地反射炉跡と多布施反射炉跡の発掘調査を続けている。多布施反射炉跡からは反射炉を支える基礎構造の一部が出現した。松を横木に用いた土台構造である。その反射炉跡から溶解付着物付きレンガや、鉄滓が出土した。シンクロトン蛍光分析から、溶解付着物付きレンガや鉄滓はすべてチタンを含んでいた。その含有量は全鉄に比べて0.2%ほどである。築地反射炉跡から出土した鉄滓は層状になっていることから、砂鉄を原料としたこしき炉による精錬であると考えられるが、多布施から出土した鉄滓もチタン含有量から考えると砂鉄を用いたと推定される。

2 砂鉄の分析

たたら製鉄で有名な島根県奥出雲から採取される砂鉄が反射炉でも使われたと推定されている(4)。出土した鉄製品のうち、たたらで製造された鉄滓もあった(図3 A)。幸い、奥出雲地方で採取された砂鉄を高崎、相良

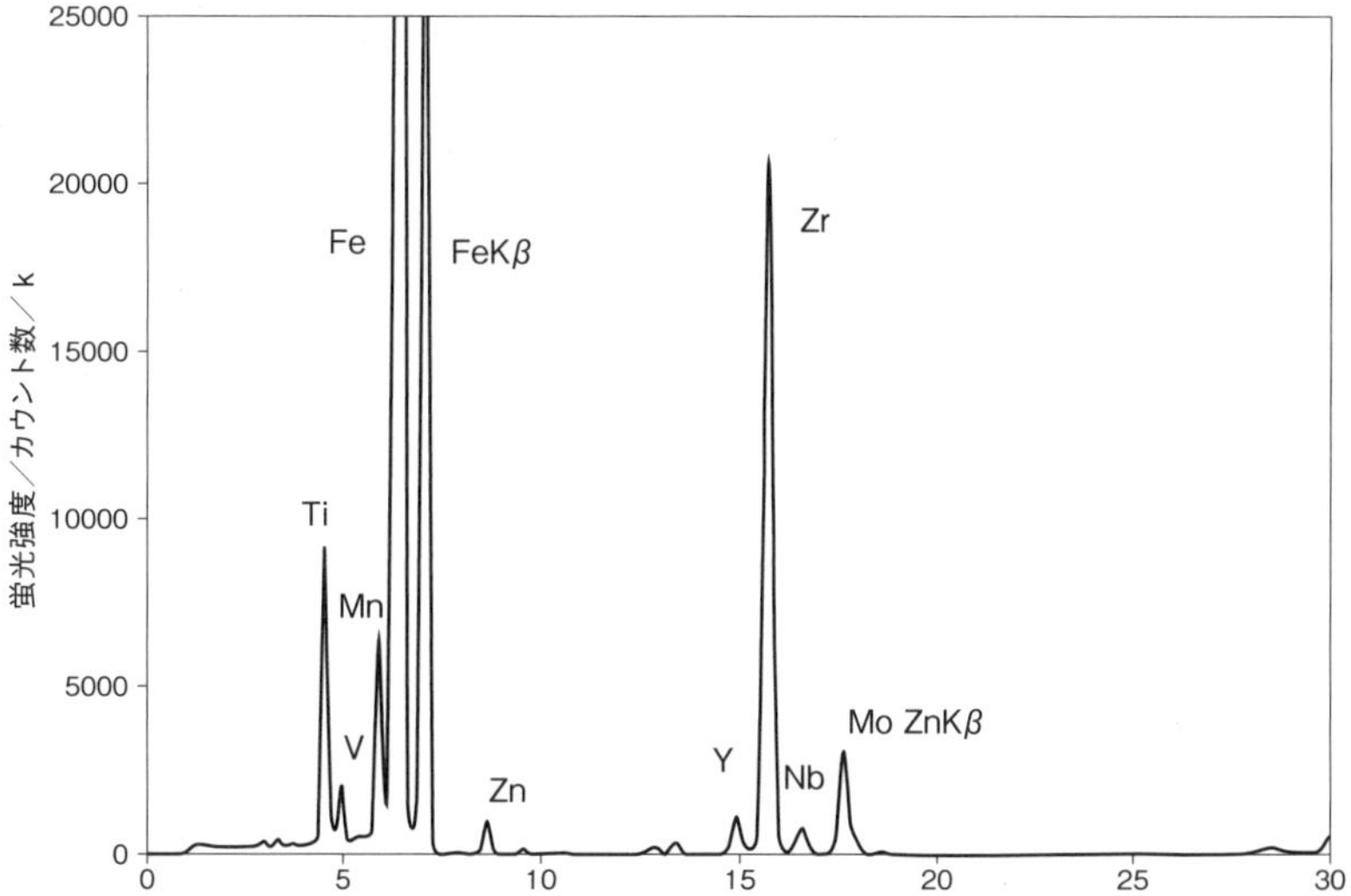

図6　奥出雲から採取した砂鉄(福頼)の蛍光X線分析

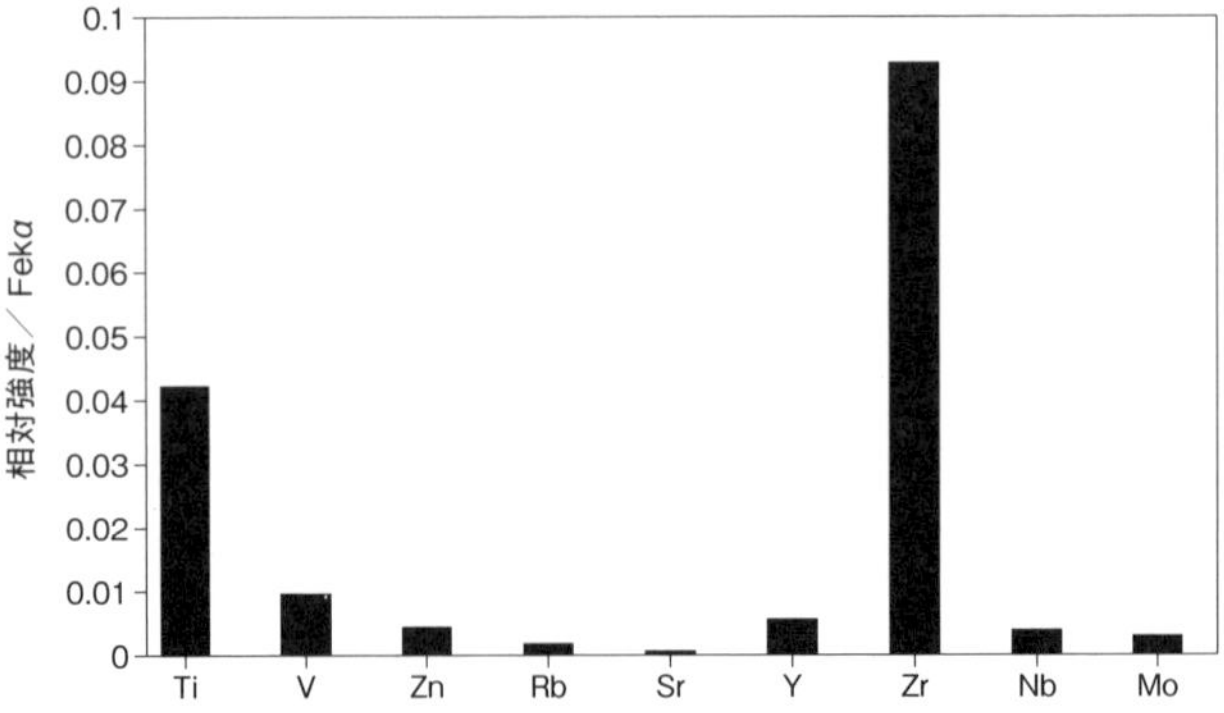

図7　砂鉄中の微量元素の組成比較

氏から借り、分析する機会があった。詳細は後日報告するが、その分析結果の一例を図6・7に示す。チタンは鉄の4.2%程度ある。Zrの含有量が9.3%と高い。中性子放射化分析による砂鉄も高濃度のZrを含有している(5)。反射炉跡地で出土した鉄製品ではこれらの元素の含有量はもっと低い。図3に示す層状の鉄滓のうち、下層の鉄は高濃度のZrを含むが、他の層ではZrは高くない(図5)。しかも砂鉄中の微量元素の組成はレンガに付着した溶解付着物の中のRb、Sr、Y、Zrの組成(図1・2)とは違う。溶解付着物が奥出雲産出の砂鉄が溶解したものであれば、Zrの含有量はもっと高いはずである。したがって、反射炉で他の鉄製品と一緒に鉄を溶解処理した過程でZrの含有率が減少したと考えられる。

3 鉄の精製

出土した鉄製品は、含有量は少ないがFe以外に多くの元素を含んでいた(K、Ca、Ti、Cr、Mn、Cu、Zn、Rb、Sr、Y、Zr、Nb、Mo)。特にRb、Sr、Zrの含有割合が特徴的である。これらの含有量は出土品によって違うが、2%以下である。高純度化の技術が幕末佐賀藩では達成されていた。しかし、前述したように、砂鉄中のRb、Sr、Y、Zrの組成とは違う。佐賀藩が1854年(安政元)から1859年にかけて大量の大砲の製造に成功したのは、失敗の中から習得した技術と経験に加えて、多布施反射炉ではオランダを通じて購入した高炉銑を使ったためとの説もある(6)。したがって、

高炉銑を含めて、種々の砂鉄試料と反射炉跡で出土した鉄製品や溶解付着物付きレンガの更なる分析と比較が今後必要と考える。

まとめ

本研究では、佐賀の幕末近代化を進めた反射炉跡地からの出土品についてシンクロトロン光施設における蛍光X線分析を行い(30 keV の照射エネルギー)、佐賀藩の近代化産業事業、特に反射炉で製造された製砲用の鉄の原料、技術、製造鉄の純度について化学分析の結果に基づいて解明することを目的とした。

築地の反射炉の鉄滓は層状になっており、しかもSnが検出されたことは、こしき炉による鉄の製造によるものと想像される。一方、溶解付着物中の鉄以外の成分割合には、築地反射炉跡と多布施反射炉跡とでは大きな違いは見られなかった。分析したレンガの一つは反射炉跡の横木から出土したレンガであるので、付着物は反射炉で溶けた鉄と考えられる。レンガの溶解付着物や鉄塊、鉄滓の分析から不純物の含有量は少ないので、高純度の鉄の製造が幕末期に行われていることを裏付けることができた。また、今まで着目されていなかった、Rb、Sr、Y、Zr、Nb、Mo、について鉄の組成を比較検討することは、製鉄に用いた原料や製造技術を知るうえで重要であることが分かった。さらに、反射炉で用いられたレンガには耐火性が高いジルコニウム(7)が他の元素に比べて高濃度で含まれていた。当時はジルコニウムの耐火性についての知識は皆無と思われるが、反射炉用の耐火性のある岩石・土を経験から探し、選別していたと考えられる。たとえば、多布施反射炉建設のために白石山・志田山でレンガの生産が始まった(8)。

幕末における佐賀藩は、日本古来の技術を基礎にして高純度な鉄の精錬技術を成し遂げたと考えられる。それが、大砲の製造や洋船の建造・修理を可能とした。佐賀の製鉄技術は、今日の田中鉄工所や佐賀鉄工所へと受け継がれている。

謝辞　佐賀市教育委員会世界遺産調査室の前田達男氏と中野充氏には分析のために出土品の貸し出しとその情報・助言を頂いた。厚くお礼申し上げます。

註

(1)　川副義敦『佐賀藩』(現代書館、2010年)。佐賀県立博物館編『幕末における佐賀藩鋳造の大砲とその復元』(佐賀県立博物館調査研究書第五集、1979年)。

(2)　大橋周治『幕末明治製鉄論』(アグネ技術センター、1991年)。大橋周治「ヒュウニゲンの原料銑規定と砂鉄銑」(『鉄と鋼』73-11、日本鉄鋼協会、1987年)1443-1452頁。長野暹『佐賀藩と反射炉』(新日本図書、2000年)。金子功『幕末の反射炉を訪ねて』(山村文化研究所、2000年)。

(3)　佐賀賀県機械金属工業連合会編『佐賀藩科学技術のあゆみ』(佐賀県機械金属工業連合会出版、1990年)。

(4)　前掲註(1)佐賀県立博物館編書。前掲註(2)大橋書。前掲註(3)。

(5)　平井昭司「大森遺跡から出土の鉄塊系遺物及び砂鉄の中性子放射化分析」(『一般国道六号相馬バイパス遺跡発掘調査報告書Ⅰ(福島県文化財報告書第311集)』、2005年)169-176頁。平井昭司「原町市鳥打沢A及び大船迫合A製鉄遺跡群から出土の製鉄関連遺物の中性子放射化分析」(『原町火力発電所関連遺跡調査報告Ⅳ(福島県文化財報告書第315集)』、2005年)633-644頁。

(6)　奥村正二『小判・生糸・和鉄』(岩波書店、1973年)186頁。前掲註(2)大橋論文。金子功『反射炉Ⅰ—大砲をめぐる社会史—』(法政大学出版局、1996年)。

(7)　窯業協会編『窯業工学ハンドブック』(技報堂、1986年)1368-1382頁。

(8)　佐賀市教育委員会編『佐賀市重要産業遺跡関係調査報告書第二集』(2012)49頁。

執筆者紹介は下巻に収録

幕末佐賀藩の科学技術 上 長崎警備強化と反射炉の構築 （全２冊）

2016年（平成28年）2月　第1刷　350部発行　**定価［本体8500円＋税］**

編　者　「幕末佐賀藩の科学技術」編集委員会

発行所　有限会社岩田書院　代表：岩田　博　http://www.iwata-shoin.co.jp

〒157-0062　東京都世田谷区南烏山4-25-6-103　電話03-3326-3757　FAX 03-3326-6788

組版・印刷・製本：三陽社

ISBN978-4-86602-948-1 C3021 ¥8500E

岩田書院 刊行案内 (22)

			本体価	刊行年月
833	白川部達夫	旗本知行と石高制	3000	2013.11
834	秋山 敬	甲斐源氏の勃興と展開	7900	2013.11
835	菅谷 務	橘孝三郎の農本主義と超国家主義	3000	2013.11
836	飯田 文彌	近世甲斐の社会と暮らし	2500	2013.11
837	野本 寛一	「個人誌」と民俗学＜著作集３＞	18800	2013.12
838	別府 信吾	岡山藩の寺社と史料＜近世史37＞	6900	2013.12
839	酒向 伸行	憑霊信仰の歴史と民俗＜御影民俗21＞	9500	2013.12
840	倉石 忠彦	道祖神と性器形態神	7900	2013.12
841	大高 康正	富士山信仰と修験道	9500	2013.12
842	悪党研究会	中世荘園の基層	2800	2013.12
843	関口 功一	古代上毛野をめぐる人びと	2000	2013.12
844	四国地域史	四国遍路と山岳信仰＜ブックレットＨ16＞	1600	2014.01
845	佐々木寛司	近代日本の地域史的展開	7900	2014.02
846	中田 興吉	倭政権の構造 王権篇	2400	2014.02
847	江田 郁夫	戦国大名宇都宮氏と家中＜地域の中世14＞	2800	2014.02
848	中野 達哉	江戸の武家社会と百姓・町人＜近世史38＞	7900	2014.02
849	秋山 敬	甲斐武田氏と国人の中世	7900	2014.03
850	松崎 憲三	人神信仰の歴史民俗学的研究	6900	2014.03
851	常光 徹	河童とはなにか＜歴博フォーラム＞	2800	2014.03
852	西川甚次郎	日露の戦場と兵士＜史料選書２＞	2800	2014.03
853	品川歴史館	江戸湾防備と品川御台場＜ブックレットＨ17＞	1500	2014.03
854	丸島 和洋	論集 戦国大名と国衆13 信濃真田氏	4800	2014.03
855	群馬歴史民俗	歴史・民俗からみた環境と暮らし＜ブックレットＨ18＞	1600	2014.03
856	岩淵 令治	「江戸」の発見と商品化＜歴博フォーラム＞	2400	2014.03
857	福澤・渡辺	藩地域の農政と学問・金融＜松代藩４＞	5400	2014.04
859	松尾 恒一	東アジアの宗教文化	4800	2014.04
860	瀧音 能之	出雲古代史論攷	20000	2014.04
861	長谷川成一	北奥地域史の新地平	7900	2014.04
862	清水紘一他	近世長崎法制史料集１＜史料叢刊８＞	21000	2014.04
863	丸島 和洋	論集 戦国大名と国衆14 真田氏一門と家臣	4800	2014.04
864	長谷部・佐藤	般若院英泉の思想と行動	14800	2014.05
865	西海 賢二	博物館展示と地域社会	1850	2014.05
866	川勝 守生	近世日本石灰史料研究Ⅶ	9900	2014.05
867	武田氏研究会	戦国大名武田氏と地域社会＜ブックレットＨ19＞	1500	2014.05
868	田村 貞雄	秋葉信仰の新研究	9900	2014.05
869	山下 孝司	戦国期の城と地域	8900	2014.06
870	田中 久夫	生死の民俗と怨霊＜田中論集４＞	11800	2014.06
871	高見 寛孝	巫女・シャーマンと神道文化	3000	2014.06

岩田書院 刊行案内（23）

			本体価	刊行年月
872	時代考証学会	大河ドラマと市民の歴史意識	3800	2014.06
873	時代考証学会	時代劇制作現場と時代考証	2400	2014.06
874	中田　興吉	倭政権の構造 支配構造篇 上	2400	2014.07
875	中田　興吉	倭政権の構造 支配構造篇 下	3000	2014.07
876	高達奈緒美	佛説大蔵正教血盆経和解＜影印叢刊11＞	8900	2014.07
877	河野昭昌他	南北朝期 法隆寺記録＜史料選書３＞	2800	2014.07
878	宗教史懇話会	日本宗教史研究の軌跡と展望	2400	2014.08
879	首藤　善樹	修験道聖護院史辞典	5900	2014.08
880	宮原　武夫	古代東国の調庸と農民＜古代史８＞	5900	2014.08
881	由谷・佐藤	サブカルチャー聖地巡礼	2800	2014.09
882	西海　賢二	城下町の民俗的世界	18000	2014.09
883	笹原亮二他	ハレのかたち＜ブックレットH20＞	1500	2014.09
884	井上　恵一	後北条氏の武蔵支配と地域領主＜戦国史11＞	9900	2014.09
885	田中　久夫	陰陽師と俗信＜田中論集５＞	13800	2014.09
886	飯澤　文夫	地方史文献年鑑2013	25800	2014.10
887	木下　昌規	戦国期足利将軍家の権力構造＜中世史27＞	8900	2014.10
888	渡邊　大門	戦国・織豊期赤松氏の権力構造＜地域の中世15＞	2900	2014.10
889	福田アジオ	民俗学のこれまでとこれから	1850	2014.10
890	黒田　基樹	武蔵上田氏＜国衆15＞	4600	2014.11
891	柴　　裕之	戦国・織豊期大名徳川氏の領国支配＜戦後史12＞	9400	2014.11
892	保坂　達雄	神話の生成と折口学の射程	14800	2014.11
893	木下　　聡	美濃斎藤氏＜国衆16＞	3000	2014.12
894	新城　敏男	首里王府と八重山	14800	2015.01
895	根本誠二他	奈良平安時代の〈知〉の相関	11800	2015.01
896	石山　秀和	近世手習塾の地域社会史＜近世史39＞	7900	2015.01
897	和田　　実	享保十四年、象、江戸へゆく	1800	2015.02
898	倉石　忠彦	民俗地図方法論	11800	2015.02
899	関口　功一	日本古代地域編成史序説＜古代史９＞	9900	2015.02
900	根津　明義	古代越中の律令機構と荘園・交通＜古代史10＞	4800	2015.03
901	空間史学研究会	装飾の地層＜空間史学２＞	3800	2015.03
902	田口　祐子	現代の産育儀礼と厄年観	6900	2015.03
903	中野目　徹	公文書管理法とアーカイブズ＜ﾌﾞｯｸﾚｯﾄA18＞	1600	2015.03
904	東北大思想史	カミと人と死者	8400	2015.03
905	菊地　和博	民俗行事と庶民信仰＜山形民俗文化２＞	4900	2015.03
906	小池　淳一	現代社会と民俗文化＜歴博フォーラム＞	2400	2015.03
907	重信・小池	民俗表象の現在＜歴博フォーラム＞	2600	2015.03
908	真野　純子	近江三上の祭祀と社会	9000	2015.04
909	上野　秀治	近世の伊勢神宮と地域社会	11800	2015.04

岩田書院 刊行案内 (24)

			本体価	刊行年月
910	松本三喜夫	歴史と文学から信心をよむ	3600	2015.04
911	丹治　健蔵	天狗党の乱と渡船場栗橋宿の通航査検	1800	2015.04
912	大西　泰正	宇喜多秀家と明石掃部	1850	2015.05
913	丹治　健蔵	近世関東の水運と商品取引 続	7400	2015.05
914	村井　良介	安芸毛利氏＜国衆17＞	5500	2015.05
915	川勝　守生	近世日本石灰史料研究Ⅷ	9900	2015.05
916	馬場　憲一	古文書にみる武州御嶽山の歴史	2400	2015.05
917	矢島　妙子	「よさこい系」祭りの都市民俗学	8400	2015.05
918	小林　健彦	越後上杉氏と京都雑掌＜戦国史13＞	8800	2015.05
919	西海　賢二	山村の生活史と民具	4000	2015.06
920	保坂　達雄	古代学の風景	3000	2015.06
921	本田　　昇	全国城郭縄張図集成	24000	2015.07
922	多久古文書	佐賀藩多久領 寺社家由緒書＜史料選書４＞	1200	2015.07
923	西島　太郎	松江藩の基礎的研究＜近世史41＞	8400	2015.07
924	根本　誠二	天平期の僧と仏	3400	2015.07
925	木本　好信	藤原北家・京家官人の考察＜古代史11＞	6200	2015.08
926	有安　美加	アワシマ信仰	3600	2015.08
927	全集刊行会	浅井了意全集：仮名草子編５	18800	2015.09
928	山内　治朋	伊予河野氏＜国衆18＞	4800	2015.09
929	池田　仁子	近世金沢の医療と医家＜近世史42＞	6400	2015.09
930	野本　寛一	牛馬民俗誌＜著作集４＞	14800	2015.09
931	四国地域史	「船」からみた四国＜ブックレットH21＞	1500	2015.09
932	阪本・長谷川	熊野那智御師史料＜史料叢刊９＞	4800	2015.09
933	山崎　一司	「花祭り」の意味するもの	6800	2015.09
934	長谷川ほか	修験道史入門	2800	2015.09
935	加賀藩ﾈｯﾄﾜｰｸ	加賀藩武家社会と学問・情報	9800	2015.10
936	橋本　裕之	儀礼と芸能の民俗誌	8400	2015.10
937	飯澤　文夫	地方史文献年鑑2014	25800	2015.10
938	首藤　善樹	修験道聖護院史要覧	11800	2015.10
939	横山　昭男	明治前期の地域経済と社会＜近代史22＞	7800	2015.10
940	柴辻　俊六	真田幸綱・昌幸・信幸・信繁	2800	2015.10
941	斉藤　　司	田中休愚「民間省要」の基礎的研究＜近世史43＞	11800	2015.10
942	黒田　基樹	北条氏房＜国衆19＞	4600	2015.11
943	鈴木　将典	戦国大名武田氏の領国支配＜戦国史14＞	8000	2015.12
944	加増　啓二	東京北東地域の中世的空間＜地域の中世16＞	3000	2015.12
945	板谷　　徹	近世琉球の王府芸能と唐・大和	9900	2016.01
946	長谷川裕子	戦国期の地域権力と惣国一揆＜中世史28＞	7900	2016.01
947	月井　　剛	戦国期地域権力と起請文＜地域の中世17＞	2200	2016.02